前 言

党的十六大把“三个代表”重要思想同马克思列宁主义、毛泽东思想、邓小平理论一道确立为我们党必须长期坚持的指导思想，对高校特别是“两课”教育教学用科学理论武装大学生提出了更高的新的要求。《中共中央关于认真学习贯彻党的十六大精神的通知》(中发〔2002〕14号，以下简称《通知》)指出，“各类大中专院校要把学习十六大精神作为思想政治教育、教学和党团组织活动的重要内容。”《通知》中还指出，“学习贯彻十六大精神，首先要抓住学习贯彻‘三个代表’重要思想这个中心环节。”并要求高校特别是“两课”教育教学的首要任务是要下大力气把“三个代表”重要思想编成教材，进入课堂，武装大学生的头脑。并结合各地各学校的实际，采取有力措施，大力推进邓小平理论和“三个代表”重要思想进课堂、进教材、进学生头脑的工作。

为了在高校“两课”教育教学中全面贯彻党的十六大精神，进一步深化“三个代表”重要思想“三进”工作，教育部于2003年2月13日下发了《关于进一步深化“三个代表”重要思想“三进”工作的通知》，要求将“邓小平理论概论”课调整为“邓小平理论和‘三个代表’重要思想概论”课。各高校从2003年秋季开学开始，应普遍开设“邓小平理论和‘三个代表’重要思想概论”课，成人高等教育和民办高等教育“两课”相关课程，参照通知的要求进行相应地调整。

呈献给大家的这本教材就是根据中共中央和教育部的有关通知精神编写的。编写严格按照2003年2月教育部社会科学研究与思想政治工作司颁布的《普通高等学校“两课”教学基本要求》、《邓小平理论和“三个代表”重要思想概论》课的教学要点进行，同时吸收了近几年来学者们在邓小平理论和“三个代表”重要思想方面研究的最新成果。

在本书编撰过程中，得到了兰州大学出版社和兰州大学网络学院的大力支持，并提出了许多宝贵的意见，在此一并表示衷心的感谢！

限于我们的水平，加之时间仓促，书中难免有不足之处，恳请广大读者和专家学者批评指正，以便进一步修改、完善。

编 者
2003 年 7 月

21世纪高等院校『两课』系列教材

DENGXIAOPING LILUN

邓小平理论和“三个代表”重要思想概论

he SangeDaibiao Zhongyao Sixiang Gailun

刘先春　韩建民　主编

蘭州大學出版社
LANZHOU UNIVERSITY PRESS

图书在版编目(CIP)数据

邓小平理论和“三个代表”重要思想概论/刘先春，韩建民主编. —兰州:兰州大学出版社,2003. 9(2018. 5重印)

ISBN 978-7-311-02248-8

Ⅰ. 邓… Ⅱ. ①刘… ②韩… Ⅲ. ①邓小平理论—高等学校—教材 ②“三个代表”思想—高等学校—教材 Ⅳ. ①A849 ②D261

中国版本图书馆 CIP 数据核字(2003)第 080575 号

策划编辑 张爱民
责任编辑 锁晓梅
封面设计 张友乾

书　　名 邓小平理论和“三个代表”重要思想概论
作　　者 刘先春　韩建民　主编
出版发行 兰州大学出版社　(地址:兰州市天水南路 222 号　730000)
电　　话 0931－8912613(总编办公室)　0931－8617156(营销中心)
　　　　 0931－8914298(读者服务部)
网　　址 http://press. lzu. edu. cn
电子信箱 press@lzu. edu. cn
印　　刷 甘肃北辰印务有限公司
开　　本 880 mm×1230 mm　1/32
印　　张 12.5
字　　数 333 千
版　　次 2003 年 9 月第 1 版
印　　次 2018 年 5 月第 23 次印刷
书　　号 ISBN 978-7-311-02248-8
定　　价 25.00 元

目 录

第一章

邓小平理论是当代中国的马克思主义

本章学习重点

邓小平理论是在和平与发展成为时代主题的历史条件下，在我国改革开放和社会主义现代化建设的实践过程中，在总结我国社会主义胜利和挫折的历史经验并借鉴其他社会主义国家兴衰成败的历史经验的基础上，逐步形成和发展起来的；阐明邓小平理论是当代中国的马克思主义，是马克思主义在中国发展的新阶段；了解邓小平理论完整的科学体系。

第一节 邓小平理论形成的时代背景和社会历史条件

一、邓小平理论形成的时代背景和社会历史条件

任何伟大的思想理论都有其赖以产生的时代背景、社会历史条件和理论基础，它们的产生是社会历史发展的必然现象。马克思、恩格斯说过：“一切划时代的体系的真正的内容都是由于产生这些体系的那个时期的需要而形成起来的。所有这些体系都是以本国过去的整体发展为基础的，是以阶级关系的历史形式及其政治的、道德的、哲学的以及其他的后果为基础的。”[①]马列主义是这样，毛泽东思想是这样，邓小平理论也是这样。因此，我们在学习邓小平理论之前，首先应当弄清楚邓小平理论形成和发展的时代背景、社会历史条件。

邓小平理论形成的时代背景，可以概括为这样一句话：邓小平理论是在和平与发展成为世界主题的时代背景下形成的。

20世纪70年代中期以后，世界形势发生了一系列新变化，和平与发展逐渐成为世界的主题。

1.世界范围内各种制止世界战争爆发的因素在逐步增长，各国人民要求和平、反对战争的呼声越来越强烈。

这一时期，尽管各种矛盾错综复杂，世界形势并不太平，民族矛盾、领土争端和宗教纠纷依然存在，有时甚至激化为局部的、地区的战争，但第二次世界大战后持续了三十多年的东西方严重对峙的国际紧张局势还是出现了一系列趋于缓和的迹象，短时期内爆发世界战争的可能性越来越小。因为随着军事科学技术的发展和先进武器装备的实际运用，现代战争在作战方式、作战规模和杀伤力等方面都与过去的战争有了根本的不同。邓小平明确指出：“现在有核武器，一旦发生战争，核武器就会给人类带

① 《马克思恩格斯全集》第3卷，第544页，人民出版社，1960年版。

来巨大损失”。要维护人类的生存与发展，维护人类的共同利益，必须反对战争，“反对霸权主义，反对强权政治”。当今世界，虽然“世界战争的危险还是存在的，但是世界和平力量的增长超过战争力量的增长”。这个和平力量，首先包括中国在内的第三世界。“第三世界的人口占世界人口的四分之三，是不希望战争的。”这个和平力量还包括某些发达国家和地区，比如欧洲国家，它们经历过两次世界大战，深受战争之害，清醒地认识到，如果发生新的世界战争，“首先受害的将是欧洲”，所以它们希望和平，反对战争。即便是美国人民，他们“也是不支持战争的”。

事实上，第二次世界大战结束以后，以美国为首的西方资本主义集团和以苏联为首的东方社会主义集团这两大集团的对抗，经过几十年的演变，到20世纪70年代实际上已演变成美国和苏联两个超级大国间的对抗。美国和苏联为了争夺世界霸权，不惜集中国家的人力、物力和财力进行军备竞赛。这样做的结果，不仅直接威胁到人类的生存与发展，遭到了世界上一切爱好和平的人们的反对，而且使本国人民背上了沉重的经济包袱，国内政治、经济等问题接连不断，麻烦成堆。在这种情况下，在世界和平力量不断增长的情况下，美国和苏联两个超级大国在20世纪70年代以后，不得不调整政策，由政治、经济、文化等领域的全面对抗转变为对话，从而使国际局势开始缓和，世界历史呈现出要求和平、维护和平、反对战争的特点。进入20世纪80年代以来，特别是80年代末90年代初，两极对抗的世界格局结束，世界出现了多极化的发展趋势，为维护世界和平提供了新的条件。

2.第二次世界大战过去了几十年以后，反思战争的情景和战后发展的历史，使各国政府获得了这样几点深刻的认识：

(1) 对于发达国家来说，它们通过战后几十年的发展历史清楚地看到，军事侵略或扩张并不能达到主宰一个国家的目的，而非军事手段如经济的、文化的和科技的手段等却往往能够取得战场上想取得又取得不到的成果。因此，怎样继续发展本国经济，成为这些国家的突出问题。(2) 对于发展中国家来说，它们从摆脱殖民统治、获得民族独立的几十年发展经验中清醒地认识到，要避免重蹈任人宰割的历史，摆脱对发达国家的依赖，就必须首先发展本国经济，增强国家的综合国力，力争在较短的时间里缩小与发达国家的差距，只有这样，才能与发达国家在经济、政治和文化交往中处于平等地位，才能在国际事务中拥有相应的发言权并发挥相应的作用。因此，发展本国经济更是发展中国家的突出问题。(3) 无论发达国家还是发展中国家都从各自的历史中认识到，各国经济的普遍发展，是世界和平的有力保障，而各国之间政治经济发展的不平衡和差距的扩大则是爆发战争的根源。由于世界各国普遍形成了这样一种共识，因而和平与发展问题也就成了人们共同关心的问题。要求和平，注重发展，力求发展，成为世界各国共同致力解决的主要课题。

3.人类进入20世纪以后，特别是第二次世界大战结束以来，历史进程最显著的特点，就是科学技术的迅猛发展及其在产业领域的广泛应用。

20世纪的近三十年来，现代科学技术不只是在个别的科学理论、生产技术上获得了发展，也不只是有了一般意义的进步和改革，而是几乎在各个领域都发生了深刻的变化，出现了新飞跃，产生了并且正在继续产生一系列新兴科学技术。在科学技术迅猛发展的推动下，一系列新兴工业建立起来，创造了巨大的社会生产力，极大地改变了人类生产方式、生活方式、交往方式和思维方式，把世界各国人民紧密地联系在一起，为人类社会的全面进步开辟了广阔的前景。

以上三点说明，时代主题在20世纪80年代以后，已经发生了明显变化。和平与发展成为各国政府共同关心和解决的问题。能不能抓住这个机会，及时地调整本国对内对外政策，确定一个适合本国实际的发展战略目标，是关系着一个国家在世界新形势下是前进还是落后的大问题。邓小平在第三次复出以后，通过对世界形势演变的分析，敏锐地意识到，旧的两极对立的格局已经崩溃，世界局势正朝着多极方向发展，错综复杂的国际矛盾处于相互制衡、此消彼长的状态，爆发世界性战争的可能性越来越小，战争是可以避免的，延缓世界大战是可能的。因此，“现在世界上真正大的问题，带全球性的战略问题，一个是和平问题，一个是经济问题或者说发展问题”①，世界范围内的各种矛盾都围绕着和平与发展这一主题展开，其中发展问题更为突出。这也就是说，和平与发展已代替革命和战争成为时代的主题。

正是基于对世界主题的这种判断，以邓小平为领导核心的党中央及时调整了对内对外政策，果断地中止了“以阶级斗争为纲”的口号，坚决地把全党和全国的工作重点转移到经济建设上来，提出了到下个世纪中叶实现现代化的宏伟目标以及相应的路线、方针和政策。

由此可见，如果不是对世界形势演变的准确判断和把握，不是对时代主题的正确分析和揭示，并据此及时地调整党和国家的中心工作和发展战略，就不可能提出建设有中国特色社会主义这一命题，更不可能形成建设有中国特色社会主义理论。所以，对和平与发展成为当今时代的主题是邓小平理论形成的时代背景。

二、邓小平理论是在总结中国和其他国家社会主义建设经验教训的基础上形成和发展起来的

邓小平理论的形成不仅有着鲜明的时代背景，而且有着深厚的社会历史条件。这一深厚的社会历史条件就是对我国社会主义建设胜利与挫折的经验教训的反思以及对世界其他社会主义国家兴衰成败经验教训的总结。

20世纪的历史发展有些出乎人们的预料：不是发达的西方国家，而是经济文化比较落后的俄国、中国以及欧亚一些国家率先走上了社会主义道路。但是，与发达国家比，落后国家的无产阶级开始革命时显然要容易一些，可把这种革命坚持下去，真正建成社会主义，困难就很大。这不仅因为落后国家建设社会主义

① 《邓小平文选》第3卷，第105页，北京，人民出版社，1993年10月版。

所需的物质基础差，文化水平低，社会关系复杂，又受到反动力量的四面夹攻，而且世界上没有任何可供参考的理论答案，怎样巩固和发展社会主义，就成了摆在这些国家无产阶级及其政党面前非常现实的问题。

时代提出了崭新的课题，要求马克思主义者去回答、去探索，在实践中开创一条落后国家建设社会主义的新路。

中国共产党人在1956年生产资料社会主义改造基本完成以后，便开始了社会主义建设道路的艰苦探索。那时，我们党一方面照搬了苏联社会主义建设模式，形成了我国社会主义建设的基本道路。另一方面，又通过社会主义建设实践，觉察到了照搬苏联模式的诸多弊端，力图克服这些弊端，走一条符合中国实际的社会主义建设道路。党的八大对我国社会主要矛盾、主要任务的分析，毛泽东《论十大关系》和《关于正确处理人民内部矛盾的问题》等对社会主义建设一些重大问题的阐述，都表明我们试图摆脱苏联模式的决心和勇气，开端是好的，方针是对的，也取得了一定的成效，积累了一些有利于后人的经验。

但是，1957年反右扩大化以后，由于受国际国内各种因素的影响，我们党未能严格地遵循把马克思主义基本原理同中国具体实际相结合的原则，在对中国国情和阶级关系的判断上，以及对国际形势的估计上，出现了重大失误，走上了一条坎坷曲折的发展道路。在总结我国这段历史的经验教训时，邓小平深刻地指出：“过去我们搬用别国的模式，结果阻碍了生产力的发展，在思想上导致僵化，妨碍人民和基层积极性的发挥。我们还有其他错误，例如，‘大跃进’和‘文化大革命’，这不是搬用别国模式的问题。可以说，从一九五七年开始我们的主要错误是‘左’，‘文化大革命’是极左。中国社会从一九五八年到一九七八年二十年时间，实际上处于停滞和徘徊的状态，国家的经济和人民的生活没有得到多大的发展和提高。”①

①《邓小平文选》第3卷，第237页，人民出版社，1993年10月版。

总结我国社会主义建设已有的经验教训，使我们对什么是社会主义，怎样建设社会主义这一极为重要的问题有了更为科学的认识。这就如邓小平在党的十二大开幕词中所指出的那样："正如七大以前，民主革命二十多年的曲折发展，教育全党掌握了我国民主革命的规律一样，八大以后社会主义革命和建设二十多年的曲折发展也深刻地教育了全党。从十一届三中全会以来，我们党在经济、政治、文化等各方面的工作中恢复了正确的政策，并且研究新情况、新经验，制定了一系列新的正确政策"。①

同时，苏联和其他一些社会主义国家探索本国社会主义建设的经验教训与兴衰成败，对我们形成和发展怎样建设社会主义的新思路，也有重要的借鉴意义。特别是苏联和东欧一些社会主义国家因改革背离社会主义方向，脱离本国国情而导致解体或剧变的事实，更加证明了我们在坚持四项基本原则的前提下对社会主义原有的经济体制和政治体制进行有领导、有步骤、有秩序的改革的正确性，证明了从我国具体国情出发，走自己的路，是中国社会主义建设事业不断推向前进、兴旺发达的惟一选择。

三、邓小平理论是在中国改革开放和社会主义现代化建设的实践过程中逐步形成和发展起来的

党的十一届三中全会以后，我国改革开放和现代化过程中产生的新事物、新经验，为建设有中国特色社会主义理论的形成提供了最丰富的实践基础和最深厚的现实依据。

理论来源于实践，又在实践中得到检验和发展。党的十一届三中全会以后，我们党重新确立了解放思想，实事求是的思想路线，并在此基础上制定了正确的政治路线和组织路线，带领全国各族人民进入了改革开放和现代化建设的新时期。正是根据基层和人民群众在实践中创造的诸如农村联产承包责任制、现代企业制度等许许多多新事物、新经验，我们党形成了自己的路线、方针、政策，使社会生产力得到了前所未有的发展，人民生活水平

①《邓小平文选》第3卷，第2页。

隔几年就上一个台阶，综合国力有了明显增强，整个国家焕发出勃勃生机，整个社会面貌发生了翻天覆地的变化。

实践开阔了我们的视野，解放了我们的思想，有力地推动着我们在社会主义建设问题上突破一些陈旧理论教条的束缚，逐步认识并初步掌握了建设社会主义的客观规律，在什么是社会主义、怎样建设社会主义等根本问题上产生新的理论飞跃。特别是在80年代末90年代初世界形势风云变幻的情况下，社会主义中国在进行改革开放和现代化建设中经受住了严峻的考验，充分证明了十一届三中全会以来党的路线、方针和政策的正确性。邓小平理论就是在概括和总结改革开放和现代建设过程中的好做法、好经验和大量新创造的基础上形成的。

第二节 邓小平理论的形成发展过程

一、邓小平理论的形成过程

党的十四大明确使用了“邓小平同志建设有中国特色的社会主义理论”的概念，党的十五大则更明确地提出“邓小平理论”的科学概念，并提出用这个理论来武装全党的战略任务。这一理论是在党的十一届三中全会以后逐步形成和发展起来的，是对毛泽东思想的继承和发展。

1.邓小平理论的酝酿、萌芽时期。

1956年，邓小平作为党的总书记，党的第一代中央领导集体主要成员，对“中国式工业化道路”已经提出了许多重要的理论和闪光的思想，例如，他在党的八大所做的《关于修改党的章程的报告》中，以及进入社会主义初期的一系列重要讲话、谈话中，就已经提出了关于共产主义原则要适合中国实际情况的观点；关于今后的主要任务是搞建设的观点；关于社会主义建设一定要面对国家的现实和群众的需要的观点，等等。显然，这些思想观点同以后形成建设有中国特色社会主义的理论有着密切的关系，这也是当时党内的主流思想。但邓小平关于建设有中国特色社会主义理论形成的起点，却是十一届三中全会。所以，确切地说，这是他的理论的酝酿时期。

如果说，1956年、1957年邓小平关于“中国工业化道路”的思想，是中央领导集体共同思想的话，那么，60年代初邓小平事实上形成了许多符合中国实际的重要思想观点。例如，1962年在恢复发展农业问题上，他主张包产到户、包干到户的做法。他说：“刘伯承同志经常讲一句四川话，‘黄猫、黑猫，只要捉住老鼠就是好猫。’这是说的打仗。我们之所以能够打败蒋介石，就是不讲老规矩，不按老路子打，一切看情况，打赢算数。现在要恢复农业生产，也要看情况，就是在生产关系上不能完全采取一种固定不变的形式，看用哪种形式能够调动群众的积极性就采用哪种形式。”

1975年，邓小平主持中央工作期间，在十分困难的条件下，一方面贯彻毛泽东的指示，通过治理整顿，使整个社会尽快地由大乱走向大治，同时又同“四人帮”极左错误和反革命行为作坚决斗争。在这一时期，邓小平居于独当一面和总抓全局的地位，他构想“中国式现代化”道路，并形成了一系列的重要观点和思想。诸如，一再重申实现四个现代化的宏伟目标；提出把经济建设作为党和国家的大局，要求全力把国民经济搞上去；以整顿为纲，抓好各方面的治理整顿，开始逐步纠正“文化大革命”造成的各种混乱和错误；为生产力正名，把是否促进生产力的发展作为区分真假马克思主义的根本标准，等等。应该说，这个时期邓小平以经济建设为中心的全面整顿，以及围绕这一整顿展开的斗争，为以后粉碎“四人帮”、否定“两个凡是”，为党的工作重点向经济建设转移，做了一定准备。邓小平自己说过：“拨乱反正在1975年就开始了”。因此，“全面整顿”可以看作是邓小平理论形成的先声。

总的说来，从20世纪50年代、60年代到70年代初，邓小平关于中国式的社会主义建设的思想属于酝酿和萌芽阶段，尚未形成完整的建设思想。

2.邓小平理论形成的起点和前导。

1978 年党的十一届三中全会标志着我国进入了社会主义建设的历史新时期，这是邓小平理论形成的起点，也是邓小平理论开始形成的前导。

说它是“起点”，是因为从此中国走上了建设有中国特色社会主义的新道路，中国人民重新开始了建设社会主义的伟大实践；说它是“前导”，是因为我们在认识中国社会主义建设规律的基础上，从理论上开始找到了建设有中国特色社会主义道路，并初步形成了正确的路线、方针、政策。

在这个时期，有两个最基本的东西决定了“新”质。一是，确立了“一个中心、两个基本点”的战略布局。1989 年 11 月，邓小平曾明确指出：“十三大确定了‘一个中心、两个基本点’的战略布局。我们十年前就是这样提出的，十三大用这个语言把它概括起来。”[①]二是，确立了“社会主义也可以搞市场经济”[②]。改革起步阶段的两大突破实践——在农村实行家庭联产承包责任制，在沿海建立经济特区，都是市场经济的产物。通过社会主义市场经济的道路，解放生产力，发展生产力，摆脱贫困最终达到共同富裕。这是邓小平为我们设计的，在中国这样落后的国家实现现代化的道路。

“一个中心、两个基本点”和社会主义市场经济体制，是邓小平理论的最核心、最基本的内容。十一届三中全会起即有了这两个根本的东西。因而完全可以说，邓小平理论的起点已开始形成，并且成为邓小平理论形成的前导。

3.邓小平理论形成和发展的三个阶段。

第一阶段：党的十二大与建设有中国特色社会主义命题的提出。

1976 年 10 月，“四人帮”被打倒以后，广大群众强烈要求

① 《邓小平文选》第 3 卷，第 345 页。

② 《邓小平文选》第 2 卷，第 231 页。

彻底纠正“文化大革命”的错误，破除个人迷信、个人崇拜的束缚，用实践作为检验真理的惟一标准，把一切被错误颠倒的东西重新颠倒过来，开创一个经济发展、政治民主和社会繁荣的新时代。在层层阻力和压力面前，邓小平不负党和人民的厚望，他凭着长期领导党和国家的丰富经验，凭着完整准确地掌握马克思列宁主义、毛泽东思想科学体系的理论力量，凭着坚持真理、不信邪的政治勇气，凭着过人的胆略和智慧，就人们关心的重大问题发表了一系列重要讲话，提出了许多重要思想观点，为我们党领导全国人民在荆棘中开创一条有中国特色的社会主义新路奠定了坚实的基础。

一是通过批判“两个凡是”和支持实践是检验真理的惟一标准的大讨论，冲破了在极“左”思潮影响下形成思想禁锢和思想僵化的局面，打碎了个人迷信、个人崇拜的精神枷锁，重新确立了解放思想、实事求是的思想路线，为使全党全国人民解放思想，大胆地闯、大胆地试，重新探索建设社会主义新路奠定了坚实的思想基础。

二是纠正了“以阶级斗争为纲”的错误方针，强调全党全国人民要以经济建设为中心，同心同德实现四个现代化，并且提出了要走一条中国式社会主义现代化道路的重要思想。

三是提出了为实现四个现代化，必须改革同生产力发展要求不相适应的生产关系和上层建筑的一系列环节，改革和完善党和国家的领导制度，发展社会主义民主，健全社会主义法制等思想，同时强调要实现四个现代化，就要善于学习，要把世界一切先进技术、先进成果作为我们发展的起点，利用外资是一个很大的政策等，初步勾画了社会主义改革开放的蓝图。

四是重申必须坚持四项基本原则，必须反对资产阶级自由化，打击各种刑事犯罪活动，并提出进行社会主义物质文化建设的同时必须加强社会主义精神文明建设，认为这是实现社会主义现代化的重要保证。

五是初步提出了我国的社会主义还处在初级发展阶段的思

想，强调“不要离开现实和超越阶段采取一些‘左’的办法，这样是搞不成社会主义的”。[①]要从中国的国情出发，制定经济发展战略，中国20世纪的目标是使人民生活达到小康水平。

六是支持农村实行和推广家庭联产承包责任制改革，认为这是中国农民的伟大创造；支持在沿海兴办经济特区，并从原则上提出要让一部分人、一部分单位、一部分地区通过辛勤劳动先富起来，以带动和促进落后地区和个人的发展等重要思想。

七是在党的十二大开幕词中郑重提出了“建设有中国特色的社会主义”的命题，并且认为“把马克思主义的普遍真理同我国的具体实际结合起来，走自己的道路，建设有中国特色的社会主义，这就是我们总结长期历史经验得出的基本结论。”[②]这一论述标志着邓小平理论基本命题的正式提出。

这些思想明确无误地表明，邓小平理论的基本理论命题和一些基本观点到党的十二大已经基本明确了。

第二阶段：党的十三大与邓小平理论的逐步形成。

党的十二大提出“走自己的路，建设有中国特色的社会主义”这一基本命题后，我国改革开放和社会主义现代化建设进入新的发展阶段。改革由农村发展到城市，开始了社会的全面改革，对外开放的新格局也逐步形成。在领导改革开放和现代化建设的过程中，在不断总结正反两方面的经验教训，及时汇集全党全国人民的智慧和创造性的基础上，邓小平和我们党进一步提出了一系列新的观点，实现了理论上的一系列重大突破。

一是邓小平提出了21世纪中叶基本上实现社会主义现代化，由此形成了完整的“三步走”的社会主义现代化发展战略。

二是邓小平认识到我国社会主义建设最根本的一条经验教训就是要搞清楚“什么是社会主义，如何建设社会主义”。邓小平认为这是社会主义首要的基本理论问题，并且围绕着这个首要的基本理论问题反复强调“贫穷不是社会主义”，发展太慢也不是

---

①《邓小平文选》第2卷，第312页。

②《邓小平文选》第3卷，第3页。

社会主义，“社会主义要消灭贫穷”[①]，提出了社会主义的两个根本原则即公有制和共同富裕，同时提出了改革是中国的第二次革命，改革是解放和发展生产力的必由之路的思想，标志着邓小平和我们党对“什么是社会主义，怎样建设社会主义”的认识又向前深入了一大步。

三是提出了社会主义经济是公有制基础上有计划的商品经济的理论。1984年10月党的十二届三中全会通过了《中共中央关于经济体制改革的决定》。这一《决定》对社会主义公有制基础上的有计划的商品经济作了较全面的论断，为我国经济体制改革的继续深入提供了理论指导，也为社会主义市场经济体制目标模式的建立奠定了基础。邓小平认为这是“马克思主义基本原理和中国社会主义实践相结合的政治经济学”。[②]

四是总结了我国社会主义精神文明建设的经验，对社会主义精神文明建设的战略地位、精神文明与物质文明的辩证关系作了全面论述，使我党对社会主义现代建设的总体布局有了更加完整的认识。

五是党的十三大报告第一次比较系统地论述了社会主义初级阶段的理论，并在此基础上完整准确地表述了党在社会主义初级阶段的基本路线，并首先提出了“国家调节市场，市场引导企业”的新的经济运行模式。

十三大报告最突出的特点，就是第一次提出了“建设有中国特色的社会主义理论”，论述了邓小平带领全党对社会主义再认识过程中形成的建设有中国特色社会主义理论的十二个基本观点，认为这个理论初步回答了我国社会主义建设的阶段、任务、动力、条件、布局和国际环境等基本问题，并且确立了发展生产力是检验一切工作的根本标准。十三大报告对社会主义初级阶段理论的论述和对邓小平建设有中国特色的社会主义理论十二个基本理论观点的概括，标志着邓小平理论基本轮廓的形成。

---

①《邓小平文选》第3卷，第116页。

②《邓小平文选》第3卷，第83页。

第三阶段：理论体系的形成和确立。

邓小平南巡讲话、党的十四大，标志着邓小平理论走向成熟，并形成完整的理论体系。

1992年初，邓小平视察南方，发表了重要讲话，精辟地分析了国际国内形势，科学地总结了十一届三中全会以来党领导改革开放和现代化建设的基本实践和基本经验，明确地回答了这些年来经常困扰和束缚人们思想的许多重大认识问题，对“什么是社会主义，怎样建设社会主义”认识上有了新的突破，提出了一系列具有划时代意义的重要观点，如关于社会主义本质的论述；关于计划经济不等于社会主义，社会主义也有市场，市场经济不等于资本主义，资本主义也有计划，计划和市场都是经济手段的论述；关于“三个有利于”是衡量改革开放和一切工作得失成败根本标准的论述；关于发展才是硬道理的论述；关于抓住机遇，发展自己，力争国民经济隔几年上一个新台阶的论述；关于革命是解放生产力，改革也是解放生产力的论述；关于要警惕“右”，但主要是防止“左”的论述等，把人们对科学社会主义的认识推向了一个新水平，是当代中国第二次思想解放的宣言书。

1992年10月，党的十四大依据邓小平南巡讲话的精神，把建设社会主义市场经济体制作为我国经济体制改革的目标模式。十四大报告使用了“邓小平建设有中国特色社会主义理论”这个概念，第一次以党的文件的形式正式肯定了邓小平是建设有中国特色社会主义理论的创立者。从而确立了邓小平理论在全党和全国人民的指导地位。邓小平南巡讲话和党的十四大报告对邓小平建设有中国特色社会主义理论的概括和关于建立社会主义市场经济体制目标模式的论述，标志着邓小平理论已经走向成熟，形成体系，同时也表明它还将在实践中不断地向前发展。

二、邓小平理论的科学体系和主要内容

总起来说，邓小平理论第一次比较系统地初步回答了建设有中国特色社会主义的发展道路、发展阶段、发展动力、外部条

件、政治保证、战略步骤、党的领导力量和依靠力量以及祖国统一等一系列根本问题，指导我们党制定了在社会主义初级阶段的基本路线，构成了一个内容丰富、完整的科学体系，其主要内容包括：

1.在社会主义发展道路问题上，强调走自己的路，不把书本当教条，不照搬别国经验和模式，而是以马克思主义为指导，以实践为检验真理的惟一标准，解放思想，实事求是，尊重群众的首创精神，建设有中国特色的社会主义。

2.在社会主义发展阶段问题上，作出了我国还处在社会主义初级阶段的科学论断，强调这是一个至少上百年的历史阶段，制定一切方针政策都必须以这个基本国情为依据，不能脱离现实，超越阶段。

3.在社会主义本质和根本任务问题上，指出社会主义的本质是解放生产力，发展生产力，消灭剥削，消除两极分化，最终达到共同富裕。强调现阶段我国社会的主要矛盾是人民日益增长的物质文化需要同落后的社会生产之间的矛盾，必须把发展生产力放在首要的位置，以经济建设为中心，推动社会全面进步。判断各项工作的是非得失，归根结底，要以是否有利于发展社会主义社会的生产力，是否有利于增强社会主义国家的综合国力，是否有利于提高人民的生活水平为标准。

4.在社会主义的发展动力问题上，强调改革也是一场革命，是解放生产力，发展生产力，是实现现代化的必由之路。经济体制改革的目标是在坚持以公有制和按劳分配为主体，多种所有制经济共同发展和多种分配方式并存的基础上，建立和完善社会主义市场经济体制。政治体制改革的目标，是以完善人民代表大会制度、共产党领导的多党合作和政治协商制度为主要内容，发展社会主义民主政治。同经济、政治的改革和发展相适应，建设社会主义精神文明。

5.在社会主义建设的外部条件问题上，指出和平与发展是当代世界两大主题，必须坚持独立自主的和平外交政策，为我国现代化建设争取一个有利的国际环境。强调实行对外开放是改革和建设必不可少的条件，应当吸收和利用世界各国包括资本主义发达国家所创造的一切优秀文明成果来发展社会主义，封闭只能导致落后。

6.在社会主义建设的政治保证问题上，强调四项基本原则是立国之本，是改革开放和现代化建设健康发展的保证，又从改革开放和现代化建设获得新的时代内容。

7.在社会主义建设的战略步骤问题上，提出分“三步走”来基本实现现代化的发展战略。在现代化建设过程中要抓住时机，争取出现若干发展速度比较快、效益比较好的阶段，每隔几年上一个台阶。允许和鼓励一部分地区一部分人先富起来，最终达到共同富裕。

8.在社会主义的领导力量和依靠力量问题上，强调中国共产党是建设有中国特色社会主义事业的领导核心，要不断加强党的建设和改善党的领导。建设社会主义必须依靠工人阶级、农民、知识分子，依靠各族人民的团结，依靠全体社会主义劳动者，依靠拥护社会主义和祖国统一的爱国者。

9.在实现祖国统一问题上，提出“一个国家，两种制度”的创造性构想。在一个中国的前提下，国家的主体坚持社会主义制度，香港、澳门、台湾是中华人民共和国不可分割的一部分，它们作为特别行政区保持原有的资本主义制度长期不变，在国际上代表中国的只能是中华人民共和国，按照这个原则来推进祖国和平统一大业的完成。

邓小平理论还包括很多很丰富的内容，主要内容是以上九个方面。其理论贯通哲学、政治经济学、科学社会主义等领域，涵盖经济、政治、科学、教育、文化、民族、军事、外交、统一战线、党的建设等方面，是比较完备的科学体系，又是需要从各方面进一步丰富发展的科学体系。

三、邓小平理论的基本特点

1985年9月，邓小平《在中国共产党全国代表会议上的讲话》中，要求各级领导干部努力掌握马克思主义的基本理论，“从而加强我们工作中的原则性、系统性、预见性和创造性”①。这“四性”的实质就是要有科学预见性。这是一种跨时空的思维能力与揭示深层本质的洞察力综合构成的特殊思维方式。换言之，就是创造性思维方式。邓小平作为中国改革开放和现代化建设的总设计师，在他的理论与实践中，对创造性思维或超前思维的科学运用，是他为中国特色社会主义建设事业作出杰出贡献和科学的方法论，它具有邓小平理论创造性思维的基本特征。

1.立足中国，面向世界。

1983年10月1日，邓小平为景山学校题词时，提出“教育要面向现代化，面向世界，面向未来。”②的战略方针。这不仅对教育战线具有重要意义，而且对各行各业都具有普遍的意义。“三个面向”思维方式的巨大贡献，在于提出了20世纪80年代乃至21世纪我们应具备的新思维方式。“面向现代化”是空间和时间的统一。它体现了时间与空间统一、现在和未来统一、中国和世界统一的宏大的世界观，它是一种涵盖面广，包容量大，全方位的跨世纪的思维方式，它的产生是科学技术进步和社会发展变化的产物，也是时代新变化和世界新格局的产物。

邓小平立足现实，高瞻远瞩，一贯主张从世界格局的变化来思考和处理中国的事情。这种立足中国，面向世界的思维，是实现空间跳跃的超前思维。他提出了一系列关于正确处理国际国内各处错综复杂矛盾关系的原则，创造性指导党制定了一系列科学的政策与策略。

2.立足现实，面向未来。

邓小平历来主张，想问题、办事情要看到现在，更要看到未

---

①《邓小平文选》第3卷，第147页。

②《邓小平文选》第3卷，第35页。

来，思考问题必须具有超前意识。1979 年他就指出：“我们要向前看，我们这个事业是千秋万代的事业啊！我们现在提出的、面临的是十年内必然或者可能遇到的一些重大问题。如果再想远一点，二十年后，还可能遇到什么问题，会不会发生什么事情啊？”“现在我们不想远一点，看远一点，不从我们党和国家的根本利益来考虑这个问题，我们就得不出正确结论，好多问题就下不了决心，处理不下去。”①考虑任何问题都要着眼于长远，着眼于大局。他还说，要从大局想问题，放眼世界，放眼未来，也放眼当前，放眼一切方面。

3.解放思想，独立思考。

1988 年 5 月，邓小平在会见莫桑比克总统时指出，“我们党的十一届三中全会的基本精神是解放思想，独立思考，从自己的实际出发来制定政策。因为在中国建设社会主义这样的事，马克思的本本上找不出来，列宁的本本上也找不出来，每个国家都有自己的情况，各自的经历也不同，所以要独立思考。不但经济问题如此，政治问题也如此。”②

邓小平敢于解放思想，善于独立思考，进行创造性思维，敢向陈腐观念挑战，冲破传统思想的束缚，增强思维的独立性和自主性，做到有所发现，有所发明，有所创造，有所前进，从而为我党作出了一系列的科学决策。

邓小平理论的基本特征是极其鲜明的。这里所说的开放性、预见性、独立性只是其中的基本部分，它们相互联系，相互统一，形成邓小平理论创造性思维的鲜明特色，在建设有中国特色社会主义过程中具有极其深远的意义。

---

①《邓小平文选》第 2 卷，第 227 页。

②《邓小平文选》第 3 卷，第 260 页。

第三节 邓小平理论是马克思主义在中国发展的新阶段

实践是理论形成和发展的基础。中国革命的伟大实践选择了马克思列宁主义，中国革命的伟大实践又推动了马克思列宁主义的发展。

一、邓小平理论是马克思主义在中国发展的新阶段

马克思主义诞生以来已经度过了一个半世纪。一百五十年来，世界和中国都已发生了巨大的变化。而马克思主义却始终保持了它的旺盛生命力，发挥着巨大的影响。原因在于马克思主义不是某位学者在书斋里制造出来的某种一成不变的教条，而是不断以新的经验、新的知识丰富着、发展着、完备着的科学体系。正如恩格斯指出的："马克思的整个世界观不是教义，而是方法。它提出的不是现成的教条，而是进一步研究的出发点，和供这种研究使用的方法"。[①] 列宁也指出："我们决不把马克思的理论看作某种一成不变的和神圣不可侵犯的东西；恰恰相反，我们深信：它只是给一种科学奠定了基础，社会党人如果不愿落后于实际生活，就应当在各方面把这门科学推向前进。"[②]一个半世纪以来，马克思主义发展史证明，马克思主义是随着时代、实践和科学的发展而不断发展着的科学，因而能够永葆其革命的青春。邓小平理论是马克思主义在中国发展的新阶段这个命题，指出了邓小平理论的两个互相联系的方面。即一方面邓小平理论是马克思主义，另一方面邓小平理论是在当代中国发展了的马克思主义。理解邓小平理论是马克思主义在中国发展的新阶段，必须全面地把握这两个方面。

邓小平理论是马克思主义，就是说这一理论在结合时代特征

①《马克思恩格斯全集》第 39 卷，第 406 页。

②《列宁全集》中文版，第 1 卷，第 274 页。

和中国国情，丰富和发展马克思主义的时候，运用的是马克思主义的立场、观点和方法，遵循的是马克思主义的基本理论和基本原则，是牢固地站在马克思主义的基本理论阵地上，深深植根于马克思主义世界观之中。

邓小理理论是马克思主义，不仅因为这一理论的依据和所坚持的世界观方法论是马克思主义的，而且表现在它们坚持的基本原则、它们强调的基本理论无不源于马克思主义。邓小平理论所致力于解决的，是搞清楚什么是社会主义，怎样建设社会主义。这一理论中关于社会主义本质和发展道路，关于社会主义发展阶段，关于社会主义根本任务，关于社会主义建设发展战略，关于改革开放和四项基本原则，以及关于社会主义民主法制建设、精神文明建设、党的建设等等方面的论述，都是围绕搞清楚这个关系到能否巩固和发展社会主义的首要的基本理论而展开的。其所以强调搞清楚这个问题，为的是在实践中能够真正体现出社会主义的本质，使社会主义这个很好的名词、社会主义制度这个好制度不至因为搞不好，不能正确理解，不能采取正确的政策而得不到体现；为的是使我国的社会主义经济得到迅速发展，使我们可以更加理直气壮地坚持社会主义制度，证明社会主义真正优于资本主义。

邓小平理论是发展了的马克思主义。邓小平理论对马克思主义不仅是继承和坚持，更重要的是发展和创新，是应时代特征和中国国情，用一系列新思想、新观点把马克思主义的发展推向了一个新的阶段，由此形成了新的建设有中国特色社会主义理论的科学体系。

邓小平理论之所以能够成为马克思主义在中国发展的新阶段，是因为：

第一，邓小平理论坚持解放思想、实事求是，在新的实践基础上继承前人又突破陈规，开拓了马克思主义的新境界。实事求是是马克思列宁主义的精髓，是毛泽东思想的精髓，也是邓小平理论的精髓。1978 年邓小平《解放思想，实事求是，团结一致向前看》这篇讲话，是在“文化大革命”结束以后，中国面临向何处去的重大历史关头，冲破“两个凡是”的禁锢，开辟新时期新道路、开创建设有中国特色社会主义新理论的宣言书。1992年邓小平南巡讲话，是在国际国内政治风波严峻考验的重大历史关头，坚持十一届三中全会以来的理论和路线，深刻回答长期束缚人们思想的许多重大认识问题，把改革开放和现代化建设推进到新阶段的又一个解放思想、实事求是的宣言书。在走向新世纪的形势下，面对许多我们从来没有遇到过的艰巨课题，邓小平理论要求我们增强和提高解放思想，实事求是的坚定性和自觉性，一切以是否有利于发展社会主义社会的生产力、有利于增强社会主义国家的综合国力、有利于提高人民的生活水平这“三个有利于”为根本判断标准，不断开拓我们事业的新局面。

第二，邓小平理论坚持科学社会主义理论和实践的基本成果，抓住“什么是社会主义、怎样建设社会主义”这个根本问题，深刻地揭示社会主义的本质，把对社会主义的认识提高到新的科学水平。新时期的思想解放，关键就是在这个问题上的思想解放。我国社会主义在改革开放前所经历的曲折和失误，改革开放以来在前进中遇到的一些困惑，归根到底都在于对这个问题没有完全搞清楚。拨乱反正，全面改革，从以阶级斗争为纲到以经济建设为中心，从封闭半封闭到改革开放，从计划经济到社会主义市场经济，二十多年的历史性转变，就是逐渐搞清楚这个根本问题的进程。这个进程，还将在今后的实践中继续下去。

第三，邓小平理论坚持用马克思主义的宽广眼界观察世界，对当今时代特征和总体国际形势，对世界上其他社会主义国家的成败，发展中国家谋求发展的得失，发达国家发展的态势和矛盾，进行正确分析，作出了新的科学判断。世界变化很快，特别是日新月异的科学技术进步深刻地改变了并将继续改变当代经济社会生活和世界面貌，任何国家的马克思主义者都不能不认真对待。邓小平理论正是根据这种形势，确定我们党的路线和国际战略，要求我们用新的观点来认识、继承和发展马克思主义，强调只有这样才是真正的马克思主义，墨守成规只能导致落后甚至失败。这是邓小平理论鲜明的时代精神。

第四，总起来说，邓小平理论形成了新的建设有中国特色社会主义理论的科学体系。它是在和平与发展成为时代主题的历史条件下，在我国改革开放和现代化建设的实践中，在总结我国社会主义胜利和挫折的历史经验并借鉴其他社会主义国家兴衰成败历史经验的基础上，逐步形成和发展起来的。它第一次比较系统地初步回答了中国社会主义的发展阶段、根本任务、发展动力、外部条件、政治保证、战略步骤、党的领导和依靠力量以及祖国统一等一系列基本问题，指导我们党制定了在社会主义初级阶段的基本路线。它是贯通哲学、政治经济学、科学社会主义等领域，涵盖经济、政治、科技、教育、文化、民族、军事、外交、统一战线、党的建设等方面比较完备的科学体系，又是需要从各方面进一步丰富发展的科学体系。

"邓小平是伟大的马克思主义者。他为中华民族的独立和解放，为中国社会主义制度的建立，为中国改革开放和现代化建设，建立了不朽的功勋。他把毕生心血都献给了中国人民，一切以人民的利益为出发点和归宿。他对党、对人民、对马克思主义的最大贡献以及他留给我们的珍贵遗产，就是邓小平理论。这个理论，集中体现在十一届三中全会以来邓小平著作以及党和国家的重要文献中。"①

二、坚持邓小平理论就是真正坚持马列主义、毛泽东思想

党的十五大指出，中国共产党以马克思列宁主义、毛泽东思想、邓小平理论作为自己的行动指南。这表明，党中央确立邓小平理论为党的指导思想，同高举马列主义、毛泽东思想的旗帜是统一的、一致的。马克思主义是随着实践的发展而发展的。把马克思主义的基本理论运用于实践，运用马克思主义的立场观点方

① 江泽民：《在中国共产党第十五次代表大会上的报告》，1997 年 9 月 12 日（节选）。

法指导实践，就会产生新的思想，形成新的理论，这不仅不是对马克思主义的否定，而恰恰是对它的丰富和发展。

我们党在把马列主义同中国实践相结合的过程中，产生过两次重大的历史性飞跃，即毛泽东思想和邓小平理论的形成。正如毛泽东思想的形成丰富和发展了马列主义一样，邓小平理论的创立也丰富和发展了马列主义、毛泽东思想；正如我们确立毛泽东思想在全党的指导地位没有丢掉马列主义而是更高地举起马列主义的旗帜一样，确立邓小平理论为全党的指导思想，不仅没有丢掉马列主义、毛泽东思想，而是更好地坚持了马列主义毛泽东思想。这既符合马克思主义理论的发展规律，又符合我国社会主义事业的发展规律。

邓小平理论是我国社会主义现代化建设时期的马克思主义理论，它是集体智慧的结晶，但主要是由邓小平同志创立的。邓小平在中国社会主义现代化建设的新时期，把马列主义、毛泽东思想的基本原理同社会主义现代化建设的实践相结合，创立了邓小平理论。这个理论有着鲜明的时代特征，在继承和发展毛泽东思想的基础之上，成为马克思主义在中国发展的新阶段。这个理论在实践基础上，既继承前人又突破陈规，坚持从当代实际情况出发，提出了许多前人没有提出的理论观点和理论概括，形成了具有时代特色的能够指导实践的科学理论。这个理论体系作为马克思主义在中国发展的新阶段，理所当然地应该成为现阶段我们党的指导思想。正如江泽民同志指出的，在当代中国，坚持邓小平理论，就是真正坚持马克思列宁主义、毛泽东思想；高举邓小平理论的旗帜，就是真正高举马克思列宁主义、毛泽东思想的旗帜。

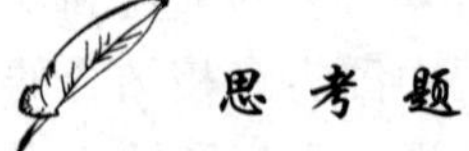

思考题

1.邓小平理论形成的时代背景和历史条件是什么？

2.邓小平理论的主要内容是什么？

3.为什么说邓小平理论是当代中国的马克思主义？

第二章

“三个代表”重要思想是马克思主义中国化的最新理论成果

本章学习重点

“三个代表”重要思想是马克思主义与当代中国实际和时代特征相结合形成的最新理论成果。“三个代表”重要思想是在当今国际局势发生重大变化的背景下，针对我国社会生活发生的新变化和党的自身建设面临的新挑战提出来的。“三个代表”重要思想的提出是马克思主义与时俱进理论品质的内在要求；“三个代表”重要思想的形成是江泽民同志长期思考的结果。我们党要始终代表中国先进生产力的发展要求，要始终代表中国先进文化的前进方向，要始终代表中国最广大人民的根本利益。“三个代表”重要思想是对马克思列宁主义、毛泽东思想和邓小平理论的坚持、继承、发展与创新。

第一节 “三个代表”重要思想形成的社会历史条件

“三个代表”重要思想是马克思主义与当代中国实际和时代特征相结合形成的新的理论成果。它是江泽民同志以马克思主义理论家和政治家的胆略，在新的历史时期，集中全党的智慧、殚精竭虑、长期深入思考的结果。

一、当今国际局势发生重大变化是“三个代表”重要思想提出的时代背景

在千年更迭、世纪交替之际，我们党所处的国际国内环境已经发生并还在经历着前所未有的巨大变化，这是“三个代表”重要思想产生的最重要的时代背景。正如江泽民同志在十六大报告中深刻指出的那样，“世界多极化和经济全球化的趋势在曲折中发展，科技进步日新月异，综合国力竞争日趋激烈，形势逼人，不进则退”。①

经济全球化浪潮汹涌澎湃，世界政治多极化在曲折中发展，科学技术进步异常迅猛，成为20世纪90年代以来世界格局的主格调。政治上，20世纪80年代末90年代初，发生了东欧剧变、苏联解体等重大事件，国际社会主义运动遭受了重大挫折。苏联解体以后，美国作为惟一的超级大国，极力使世界向单极化方向发展，谋求建立以其为领导的世界秩序。从20世纪90年代的海湾战争到科索沃战争，再到本世纪的“反恐怖战争”和“伊拉克战争”；从“遏制中国”，到“制裁古巴”、“孤立朝鲜”……以美国为首的西方集团显示了一种非常强硬的态势。一向以坚决反共著称的美国前总统尼克松就毫不掩饰地宣称：“美国的领导地

① 江泽民：《全面建设小康社会，开创中国特色社会主义事业新局面》，人民出版社2002年11版，第1页。

位和实力是没有任何东西可替代的”，为了促进世界的“民主革命”，美国应该成为“手拿刀剑的自由女神”①。在这种形势下，中国作为世界上最大的社会主义国家，实际上处于两种社会制度对立、斗争的最前沿。中国共产党在21世纪将面临长期的国际压力，渗透与反渗透、遏制与反遏制、分裂与反分裂、颠覆与反颠覆的斗争将长期存在，并且异常尖锐、复杂。

但另一方面，美国的单边主义行径也不断受到许多国家特别是俄、中以及欧盟国家的制约。同时，从维护自身利益和战略上的考虑，各大国之间纷纷建立了各种形式的伙伴关系，彼此间在解决新旧矛盾和历史恩怨中注重对话和协调，避免冲突和对抗，从而进一步稳定了国际关系。因此，尽管霸权主义和强权政治依然存在，世界仍不安宁，但是从总体上看，和平与发展仍然是时代的主题，世界多极化仍然在曲折中获得了发展，这也为我国的社会主义建设带来了一个难得的相对稳定的和平的外部环境。特别是使全球经济日益融为一体的经济全球化浪潮正在蓬勃发展，它是当今世界的生产力、世界市场和科学技术等共同作用的结果，是历史发展不可阻挡的大趋势，任何国家和民族如果不能顺应这种发展的潮流，就势必会被历史所抛弃。尽管发展中国家在经济全球化浪潮中目前还暂时处于劣势，但也存在着巨大的发展空间和机遇，积极参与经济全球化是包括我国在内的发展中国家实现现代化的必由之路。

同时，科学技术的发展也异常迅猛。以信息技术和生命科学为核心的现代科学技术可谓日新月异，并且深刻地推动着世界经济的发展与全球化进程，并越来越在国家社会经济的发展中起着决定性的作用。无论是在发达国家，还是发展中国家，人们对通过科技进步振兴经济、提高综合国力的认识从来没有像今天这样一致和深刻，各国之间的科技竞争也因此空前激烈。对此，作为发展中国家的我国，如何才能迎头赶上时代潮流，在日益激烈的

① [美]尼克松:《透视新世界》,中国言实出版社,2000年版,第24页。

国际竞争中始终立于不败之地？如何发展科学技术，又如何利用科技革命创造的良好机遇，抢占新兴产业的制高点，加速我国经济结构、产业结构和产品结构的换代升级和调整，实现社会生产力的跨越式发展？这些，都是中国共产党这样一个领导着13亿多人口的社会主义大国的执政党所必须正确回应和解决的重大问题。

二、我国发生的新变化和党的自身建设是“三个代表”重要思想提出的现实依据

1.改革开放和社会主义市场经济的建立，使我国的社会生活发生了许多新变化。

随着我国第二步战略目标的实现和加入世界贸易组织，我国开始进入了全面建设小康社会、加快推进社会主义现代化建设的新阶段。伴随着改革开放和社会主义市场经济的进程，我国社会生活发生了广泛而深刻的变化，社会经济成分、组织形式、利益分配和就业方式等的多样化还将进一步发展，这给国家的政治经济文化和社会生活的各个方面带来深刻影响。这些新变化使我们面临的新情况、新问题层出不穷。比如，随着我国社会就业方式、分配方式的多样化，出现了更为复杂的利益关系，原有的社会阶层发生了极大变化，除了工人、农民、知识分子、干部等社会阶层外，还出现了民营科技企业的创业人员和技术人员、受聘于外资企业的管理技术人员、个体户、私营企业主、中介组织的从业人员、自由职业人员等新的社会阶层。此外，我国在经历了长时期的经济增长后，也面临着国际经济衰退、国内经济结构需要调整、部分国有企业发生较大困难、人口与资源矛盾日益突出、发展经济与保持环境生态等重重压力。在这样的情况下，党如何更好地代表全体人民的根本利益和不同社会群体的具体利益；如何才能在扩大自己的阶级基础的同时，始终保持先锋队的性质；如何正确处理社会主义现代化建设中的若干重大关系，如何完善社会主义市场经济体制，如何推进政治体制改革，如何解

决国内的人与资源、环境的矛盾，保持国民经济的可持续发展……这些都是摆在中国共产党面前的必须研究解决的紧迫而重大的问题。

2.进入新的世纪，党的自身建设也面临着一系列新的挑战。

伴随着改革开放和社会主义市场经济体制建设的不断深化，这一时期，正值我们党的队伍进入整体性交接的关键时刻，一大批年轻干部走上了各级领导岗位。尽管党的干部队伍总体是好的，但在一些党员和干部中，还存在着不同程度的思想僵化、信念动摇、道德滑坡、组织涣散和腐败现象。在党员领导干部中违法乱纪、腐化堕落案件仍有发生。社会经济成分、社会阶层结构、社会组织形式、就业方式等的多样化也给党的组织、制度等方面的建设带来了许多新的课题。面对这些新的变化和挑战，最重要的是必须进一步研究和把握党自身建设的规律，加强党的各方面的建设，并从各个方面做出新的变革，以调整自己，从而才能在新的历史条件下焕发新的活力。这是我们党和全国人民面临的时代难题，也是对党的各项工作提出的更高要求和严峻挑战。面对新的要求和挑战，中国共产党作为领导全国人民为建设中国特色社会主义事业而奋斗的执政党，必须有新的思路、新的对策和新的举措。

三、“三个代表”重要思想的提出是马克思主义与时俱进理论品质的内在要求

1.与时俱进是马克思主义的理论品质。

马克思主义是我们党最根本的指导思想，马克思主义又是一个不断发展、与时俱进的思想体系。1872 年，马克思和恩格斯在为《共产党宣言》作第二版序言时，就明确指出，对《共产党宣言》基本原理的实际运用，必须“随时随地都要以当时的历史条件为转移”。[①]与时俱进不仅是共产党人的理论品质，也是政治

① 《马克思恩格斯选集》,第 2 版,第 1 卷,第 248 页,北京,人民出版社,1995 年版。

品质，即对自己创立的理论有勇气去改进、去发展。历史的经验早已证明，一种政治力量的衰落，往往首先是从思想理论上的衰落开始的，而一个政党要保持自身的先进性，不断引导社会前进，就必须坚持解放思想、实事求是、与时俱进。与时俱进不仅是马克思主义的内在品格，也是辩证唯物主义的根本要求。要使党和国家的事业不停顿，首先理论上不能停顿，否则一切新的发展都谈不上。150 多年来的国际共产主义运动正反两方面的经验教训，特别是我们党 80 多年来运用马克思主义解决中国革命、建设和改革问题的奋斗史，都集中体现了这一点。正是秉承了马克思主义与时俱进的理论品质，以江泽民同志为核心的中国共产党第三代领导集体，高屋建瓴、审时度势，充分而正确地认识到了《共产党宣言》发表 150 多年来世界政治、经济、文化、科技等发生的重大变化，认识到了我国社会主义建设发生的重大变化，认识到了广大党员干部和人民群众工作、生活条件和社会环境发生地重大变化，充分估计到了这些变化对我们党执政提出的严峻挑战和崭新课题，从而为“三个代表”重要思想的提出奠定了理论基础。

2.改革开放和现代化建设的实践要求理论创新。

改革开放和建设中国特色社会主义是中国人民进行的一项伟大而全新的事业。20 多年来，中国社会结构发生了极大的变化，经历着由农业社会向工业社会的转变；经济体制由计划经济向市场经济的转变；并开始了信息化的进程。在这一伟大的进程中，我国的政局长期稳定、社会不断进步、民族和睦团结、经济繁荣发展。这些来之不易的伟大成就的取得，从根本上来说，正在于我们党始终坚持和贯彻了解放思想、实事求是的思想路线，与时俱进，勇于创新，为社会主义建设开辟了正确的道路，也才使改革不断有新的突破。党的十五大以来的五年，我们之所以能够经受住各种困难和风险的考验，保持国民经济持续健康稳定的发展，也是与以江泽民同志为核心的党的第三代领导集体与时俱进、不断进行理论创新分不开的。

总之，党能否担当起时代和历史赋予的重任，成功地解决由于当今世界和中国的发展变化给党和国家工作带来的一系列新变化，关键取决于我们党自身，取决于党能否与时俱进地把握自身的建设规律，提出新的理论创造。这是时代和历史对我们党提出的必须解决的重大课题，“三个代表”重要思想则是回应时代和历史要求的理论产物。

第二节 “三个代表”重要思想形成的历史过程

正是由于当代世界和中国的发展变化对党和国家工作提出的新要求，也正是由于有了改革开放和社会主义建设的新经验，有了对理论创新重要性的深刻认识，在党和国家面临新的形势、新的挑战、新的使命之际，江泽民同志以马克思主义政治家和战略家的洞察力，站在世界之交的历史制高点上，站在中华民族伟大复兴和党所肩负的历史任务的战略高度，在深刻思考“建设一个什么样的党，怎样建设党”这一时代课题的过程中，科学地提出了“三个代表”重要思想。

一、“三个代表”重要思想的提出

2000 年 2 月 21 日，《广州日报》头版头条以《江泽民昨日出席广东茂名高州市领导干部“三讲”教育会议发表重要讲话进行动员》的通栏标题，报道了江泽民同志的讲话内容。江泽民同志指出：在新的世纪里，我们要巩固和发展一个多世纪以来中国人民的伟大奋斗成果，把老一辈无产阶级革命家开创的社会主义事业全面推向前进，达到预期的宏伟目标；我们要正确应对国内外错综复杂的环境，坚定不移地完成改革和建设的各项任务；我们要使党始终保持工人阶级先锋队性质，始终代表最广大人民群众的利益，始终成为社会先进生产力的代表，始终领导全国各族人民促进社会生产力的发展，始终坚强有力地发挥好核心领导作用，必须结合新的历史条件进一步从思想上、组织上和作风上把党建设好。这段话，江泽民一连讲了五个"必须"，其中包含了两个"代表"。

2月25日上午，江泽民发表了题为《在新的历史条件下，我们党如何做到"三个代表"》的重要讲话，江泽民指出："总结我们党七十多年的历史，可以得出一个重要的结论，这就是：我们党所以赢得人民的拥护，是因为我们党在革命、建设、改革的各个历史时期，总是代表着中国先进生产力的发展要求，代表着中国先进文化的前进方向，代表着中国最广大人民的根本利益，并通过制定正确的路线方针政策，为实现国家和人民的根本利益而不懈奋斗。"①这是江泽民同志提出"三个代表"重要思想的第一次完整表述。

二、"三个代表"重要思想的形成过程

"三个代表"重要思想作为一个完整理论体系的形成主要是在其后的两年多时间里完成的，但"三个代表"重要思想的发端，却正如江泽民同志所郑重回答的那样："我提出这个问题，是经过了长时期思考的。在实行改革开放和发展社会主义市场经济的条件下，'建设一个什么样的党，怎样建设党'，是一个重大的现实问题，直接关系到我们党和国家的前途命运。"②"三个代表"重要思想，是江泽民同志在充分尊重历史实践、科学总结党的历史经验、深刻思考国际上一些曾经长期执政的大党、老党兴衰成败的教训，在深入分析和慎重回应我们党执政所面临的各类问题和严峻挑战的基础上长期思考形成的。

1."三个代表"重要思想是江泽民同志长期深刻思考新时期党的建设的基础上形成的。

1989年江泽民在党的十三届四中全会上被选为中央委员会总书记，由此开始了由党的第二代领导集体向第三代领导集体的

① 江泽民:《论"三个代表"》,第2页。

② 同上书,第32页。

交接。邓小平在向新一代中央领导的“政治交代”中，把加强党的自身建设当作最重要和最主要的内容。1989 年 6 月，邓小平同志在与部分中央领导同志谈话时，就尖锐地指出：“常委会的同志要聚精会神地抓党的建设，这个党该抓了,不抓不行了。”[①]，在 1992 年视察南方的讲话中，邓小平同志再次以警示的语气强调，“中国要出问题，还是出在共产党内部”；“说到底，关键是我们共产党内部要搞好”[②]。从那时起，江泽民就开始深入地思考党的建设问题，其中，重点考虑的就是“建设什么样的党、怎样建设党”的问题。因为只有把“建设一个什么样的党、怎样建设党”的问题解决好，中国的社会主义事业也才能兴旺发达、长治久安。为此，以江泽民同志为核心的第三代领导集体，在领导我国社会主义现代化事业不断发展的过程中，为党的建设的理论开拓和实践创新作出了多方面的探索和贡献。

1989 年 8 月，中央政治局通过了《中共中央关于加强党的建设的通知》。同年 12 月，江泽民同志在中央党建研究班发表《为把党建设成为更加坚强的工人阶级先锋队而斗争》的讲话，强调指出党和社会主义事业的领导权必须掌握在忠于马克思主义的人手中。1992 年 10 月，党的十四大提出用邓小平建设有中国特色社会主义理论武装全党的战略任务，江泽民同志在政治报告中系统论述了加强党的建设和改善党的领导问题。1994 年 9 月，中央十四届四中全会通过的《关于加强党的建设几个重大问题的决定》中指出，把党建设成为用建设有中国特色社会主义理论武装起来、全心全意为人民服务、思想上政治上组织上完全巩固、能够经受住各种风险、始终走在时代前列的马克思主义政党，这是以邓小平同志为核心的第二代领导集体开创的、以江泽民同志为核心的第三代领导集体正在领导全党继续进行的新的伟大工程。1997 年 9 月，党的十五大再次郑重强调了这一目标，提出“全党要按照新的伟大工程的总目标，从思想上、组织上、作风

① 《邓小平文选》第 1 版,第 3 卷,第 314 页。

② 《邓小平文选》第 1 版,第 3 卷,第 380、381 页。

上全面加强党的建设，不断提高领导水平和执政水平，不断增强拒腐防变的能力，以新的面貌和更强大的战斗力，带领人民完成新的历史任务"[①]。十五大以后，中共中央又决定在全国县处级以上领导班子和领导干部中集中开展以"讲学习、讲政治、讲正气"为主要内容的党性党风教育。与此同时，党中央多次强调，治国必先治党，治党务必从严，加大党风廉政建设和反腐败斗争的工作力度。

党的十三届四中全会以来的十几年间，以江泽民同志为核心的党的第三代领导集体，始终聚精会神地抓党的建设，不断总结经验，提出要求，创新理论，终于形成了"三个代表"的重要思想。

2."三个代表"重要思想是充分尊重历史实践、科学总结历史经验形成的。

江泽民深刻指出："作为一个马克思主义的政党，必须始终注重总结历史，善于运用辩证唯物主义和历史唯物主义的世界观和方法论，从对历史规律的不断认识和把握中找到领导我们前进的正确方向、道路与经验，不断开辟未来发展的新境界。"他认为："在挑战和希望的21世纪里，我们党应该怎么加强自身建设，我们国家应该怎么奋发图强，怎么保持党的事业兴旺发达和长治久安，这是全党同志特别是高中级领导干部要首先和经常考虑的非常重大的问题。其中一个极为重要的方面，就是要全面研究我们党70多年的历史，并结合世界社会主义事业的曲折历程来进行总结和反思。"[②]而20世纪90年代则为中国共产党人总结历史经验提供了难得的历史机遇。以江泽民同志为核心的党的第三代领导集体及时地抓住了这些宝贵的历史机会，对国际国内社会主义运动正反两方面的历史经验、特别是我们党80多年来的实践经验进行了全面深刻的科学总结和反思。

---

① 《十五大以来重要文献选编》(上)，第45~46页，北京，人民出版社，2000年版。

② 江泽民：《在中央经委第四次全体会议上的讲话》，载《中国监察》，2000(5)。

我们党80多年奋斗的实践经验告诉我们，我们党之所以能够从一个最初只有几十人小党的艰难困苦中发展成为有六千六百多万党员的大党，由一个领导革命的党转变为执政党，能够经历革命战争和社会主义建设的不同时期的各种考验，取得极其辉煌的成就，根本原因就在于党坚持了“三个代表”。而党在不同时期也发生过失误，遭遇过挫折，包括“文化大革命”那样的严重错误，其根本原因归根到底也还是在于不同程度地违背了“三个代表”的要求。

在20世纪即将结束的十几年间，一些长期执政的老党、大党纷纷下台，失掉政权；一些虽然长期在野，却一度十分兴盛的政党，也纷纷衰落下去。苏共以及法国和日本的共产党、中国台湾的国民党，墨西哥革命制度党等，都是具体的例证。其中，最令人震惊的莫过于苏联、东欧的共产党先后丢掉政权。这些政党的兴衰成败，引起了江泽民同志的深层思考。江泽民同志不仅对这些时代的重大事件进行思考，而且以博大的胸襟和广阔的视野，进一步联系人类历史的发展进程和大国兴衰的历史教训来思考现实。他多次提到，像秦王朝仅仅二世而亡，“贞观之治”由盛而衰，一朝覆灭。其根本原因都在于自身，在于内部。面对这些深刻的历史教训，江泽民同志警醒全党：“对这些历史和现实的实例，我们应该明鉴啊！”①也正是这种深刻的历史审视，给予了我们明确的答案，即一个政权也好，一个政党也好，其前途和命运最终取决于自身建设，取决于能不能与时俱进，取决于能否始终推进社会生产力的发展，取决于能否不断繁荣和发展先进的思想文化，取决于人心向背、能否赢得最广大人民的支持。

“三个代表”重要思想的提出，正是充分反映了江泽民同志对历史经验，对世界社会主义运动、特别是我们党80多年奋斗历史的经验教训的深刻认识。

① 江泽民:《论“三个代表”》,中央文献出版社2001年8月版,第112页。

三、“三个代表”重要思想形成的三个历史阶段

从江泽民同志2000年2月在广东正式提出“三个代表”重要思想以来，在随后两年多的时间里，江泽民同志多次就“三个代表”重要思想进行了进一步的、更为全面、深刻的阐述，使“三个代表”重要思想不断丰富和发展，逐渐形成了一个完整的思想体系。

1.2000年2月到2001年7月是“三个代表”重要思想提出的阶段。

2000年5月14日，江泽民同志在江苏、浙江、上海党建工作座谈会上，以《“三个代表”是我们立党之本、执政之基、力量之源》的鲜明标题，发表了重要讲话。江泽民同志明确提出，全党必须围绕不断提高领导水平和执政水平，增强拒腐防变和抵御风险的能力这两大历史性课题，全面推进党的建设，并特别强调：“推进党的思想建设、政治建设、组织建设和作风建设，都应贯穿‘三个代表’的要求。”①要“把‘三个代表’的要求贯彻落实到党的全部工作中去”②。而提出“‘三个代表’是我们党的立党之本、执政之基、力量之源”则是江泽民同志对“三个代表”重大意义作出的最精辟概括。

2000年6月9日，江泽民同志在全国党校工作会议上发表重要讲话。他结合当代国际国内形势的新变化，结合“法轮功”组织聚众闹事、美国悍然袭击我驻南使馆、李登辉抛出分裂祖国的所谓“两国论”等严重事件，再次强调了坚持“三个代表”的极端重要性。同时也是第一次指出，“三个代表”重要思想所要回答和解决的正是“建设什么样的党、怎样建设党”的重大问题。

2000年6月28日，江泽民同志在中央思想政治工作会议的

① 江泽民:《论“三个代表”》,中央文献出版社2001年8月版,第7页。

② 江泽民:《论“三个代表”》,中央文献出版社2001年8月版,第16页。

讲话中，引导全党同志共同研究当前思想政治工作面临的新形势新情况，提出了“四个如何认识”的问题，即如何认识社会主义发展的历史进程；如何认识资本主义发展的历史进程；如何认识我国社会主义改革实践过程对人们思想的影响；如何认识当今的国际环境和国际政治斗争带来的影响。这“四个如何认识”，实际上深刻揭示了“三个代表”重要思想产生的历史起点和逻辑起点，反映了“三个代表”重要思想是在时代发展的现实依据的基础上提出的。

2000 年 10 月 11 日，江泽民同志在中共十五届五中全会上就“改进党的作风”发表重要讲话，郑重地告诫全党：要高度地警觉党内存在的腐败问题，要研究和借鉴国际上一些执政几十年的政党下台或衰亡的经验教训。江泽民同志语重心长地指出：“历史和现实都表明，一个政权也好，一个政党也好，其前途与命运最终取决于人心向背，不能赢得最广大群众的支持，就必然垮台。”①因此，务必要使全党同志深刻认识和全面、正确地把握“三个代表”的要求，以“三个代表”作为检验我们各项工作是否合格的根本标准。并再次强调我们党作为执政党，必须高度关注与群众的关系问题、人心向背问题，“按照‘三个代表’要求全面加强党的建设，根本的目的就在于保证我们党能够始终保持与人民群众的血肉联系”。②

2001 年 1 月 10 日，江泽民同志在全国宣传部长会议上指出，从 2000 年 2 月在广东提出了“三个代表”重要思想以来，经过全党同志的广泛研究和讨论，已经取得了一些成果和共识。要求全党“进一步从理论与实践的结合上，紧密结合国内外形势的变化，紧密结合我国生产力发展和经济体制的深刻变革，紧密结合人民群众物质文化生活的发展要求，紧密结合党员干部队伍发生的重大变化，把‘三个代表’要求的研究、阐述和宣传引向

① 江泽民：《论“三个代表”》，中央文献出版社 2001 年 8 月版，第 72 页。

② 江泽民：《论“三个代表”》，中央文献出版社 2001 年 8 月版，第 108、109、113 页。

深入"。[①]这就说明了贯彻落实"三个代表"的要求，必须紧密结合时代发展的客观要求和现实社会生活的客观实际。同时也充分说明，"三个代表"重要思想是集中了全党智慧的产物，将随着研究的深入和实践的发展而不断发展。

2.从"七一讲话"到"五三一"讲话，是"三个代表"重要思想科学内涵和精神实质形成阶段。

2001年7月1日，江泽民同志在庆祝中国共产党成立80周年大会上的讲话中指出，"三个代表"重要思想是我们党坚持以马克思列宁主义、毛泽东思想、邓小平理论和党的基本路线为指导，以我国改革开放和现代化建设的实际问题、以我们正在做的事情为中心，着眼于马克思主义理论的运用，着眼于对现实问题的思考，着眼于新的实践和新的发展，及对党在现阶段以至今后相当长的历史时期中的基本纲领、基本任务的新概括，这就非常明确地表明了"三个代表"重要思想的基本内涵。

2002年5月31日，就在中国共产党第十六次全国代表大会正在筹备召开的关键时刻，江泽民同志出席了中共中央党校省部级干部进修班毕业典礼，并发表重要讲话。他又一次明确指出："要使党和国家的事业不停顿，首先理论不能停顿。"在这次讲话中，江泽民民同志还第一次深刻阐述了"三个代表" 重要思想的内在联系，提出"贯彻'三个代表'要求，关键在坚持与时俱进，核心在保持党的先进性，本质在坚持执政为民"。这就深刻揭示了"三个代表"重要思想作为一个完整理论体系的内在的逻辑联系。这个讲话，为党的十六大的召开，作了政治上和理论上的准备。

3.2002年11月十六大的召开，是"三个代表"重要思想科学体系形成的阶段。

2002年11月8日，党的十六大隆重开幕。这次大会报告提出，要"开创中国特色社会主义事业新局面"，就"必须高举邓

① 江泽民：《论"三个代表"》，中央文献出版社2001年8月版，第129页。

小平理论伟大旗帜，坚持贯彻‘三个代表’重要思想”。党的十六大将“三个代表”重要思想与马克思列宁主义、毛泽东思想和邓小平理论一道庄重地写入党章，成为党必须长期坚持的指导思想。

至此，“三个代表”重要思想就从最初提出时的一个重要观点，逐渐发展成为一个内涵丰富、寓意深刻、思想全面的理论体系；从指导中国共产党自身建设的一个重要纲领，发展成为不仅指导党的工作，而且指导整个国家工作、指导整个建设中国特色社会主义事业的理论体系。它科学地回答了在无产阶级已经取得国家政权成为执政党以后，如何在极其复杂多变的国内外环境中始终保持党的先进性，解决好共产党执政兴国、执政为民的基本规律的重大问题，为我们党完成好在新的历史形势下坚定地站在时代潮流的前头，团结和带领全国各族人民，实现推进现代化建设、完成祖国统一、维护世界和平与促进共同发展的历史任务，在建设中国特色社会主义的道路上实现中华民族的伟大复兴这一庄严使命，奠定了坚实的政治理论基础。

历史已经证明，以《共产党宣言》的发表为标志，社会主义在时代风云变幻中实现了从空想到科学、从理论到实践的伟大跨越。历史也必将证明，“三个代表”重要思想作为中国共产党的立党之本、执政之基和力量之源，也必将引领着全党和全国人民去实现中华民族的伟大复兴和社会主义的再一次伟大振兴。

第三节 “三个代表”重要思想的主要内容和科学体系

一、“三个代表”重要思想的科学内涵

2001 年 7 月 1 日，江泽民同志在庆祝中国共产党成立 80 周年大会上的讲话中，全面系统地阐述了“三个代表”的科学内涵，为我们准确把握“三个代表”重要思想指明了方向。

1.“三个代表”重要思想的主要内容。

我们党要始终代表中国先进生产力的发展要求，就是党的理论、路线、纲领、方针、政策和各项工作，必须努力符合生产力发展规律，体现不断推动社会生产力的解放和发展的要求，尤其要体现推动先进生产力发展的要求，通过发展生产力不断提高人民群众的生活水平。

我们党要始终代表中国先进文化的前进方向，就是党的理论、路线、纲领、方针、政策和各项工作，必须努力体现发展面向现代化、面向世界、面向未来的、民族的、科学的、大众的社会主义文化的要求，促进全民族思想道德素质和科学文化素质的不断提高，为我国经济发展和社会进步提供精神动力和智力支持。

我们党要始终代表中国最广大人民的根本利益，就是党的理论、路线、纲领、方针、政策和各项工作，必须坚持把人民的根本利益作为出发点和归宿，充分发挥人民群众的积极性、主动性、创造性，在社会不断发展进步的基础上，使人民群众不断获得切实的经济、政治、文化利益。

2.“三个代表”重要思想的科学内涵。

自2000年2月提出“三个代表”重要思想以来，江泽民同志对“三个代表”重要思想的科学内涵作了全面系统的阐述，内容十分丰富。

第一，围绕代表先进生产力的发展要求，江泽民同志指出：(1) 生产力是最活跃最革命的因素，是社会发展的最终决定力量，社会主义的根本任务是发展生产力；(2) 不断促进先进生产力的发展，是我们党始终站在时代前列，保持先进性的根本体现和根本要求；(3) 科学技术是第一生产力，是先进生产力的集中体现和主要标志；(4) 通过改革不断完善社会主义的生产关系和上层建筑，不断完善社会主义初级阶段的基本经济制度，不断为生产力的解放和发展开辟通途；(5) 发展先进生产力的根本目的是不断提高人民群众的生活水平。

第二，围绕代表先进文化的前进方向，江泽民同志系统阐述了：（1）在当代中国，先进文化就是中国特色社会主义文化；（2）先进文化的根本特征是面向现代化、面向世界、面向未来的，民族的、科学的、大众的社会主义文化；（3）先进文化的指导思想是坚持以马克思列宁主义、毛泽东思想、邓小平理论为指导，用“三个代表”要求统领社会主义文化建设；（4）发展先进文化的根本任务是培育和弘扬民族精神，培养有理想、有道德、有文化、有纪律的社会主义公民；（5）发展先进文化的中心环节是提高思想道德素质和科学文化素质；（6）建设先进文化的目的是为经济发展和社会进步提供有力的思想保证、精神动力和智力支持，不断满足人民群众日益增长的精神文化需求；（7）先进文化的发展途径是借鉴世界文化，弘扬民族文化，继承革命文化，改造落后文化，抵制腐朽文化，进行文化创新，不断增强中国特色社会主义文化的吸引力和感召力。

第三，围绕代表中国最广大人民的根本利益，江泽民同志有一系列重要论述：（1）江泽民同志讲了“三个不能”：在任何时候任何情况下，与人民群众同呼吸共命运的立场不能变，全心全意为人民服务的宗旨不能忘，坚信群众是真正英雄的历史唯物主义观点不能丢；（2）讲了“三个一致性”：坚持尊重社会发展规律与尊重人民谋利益的一致性，坚持为崇高理想奋斗与为最广大人民谋利益的一致性，坚持完成党的各项工作与实现人民利益的一致性；（3）讲了“三个全局”：首先考虑并满足最大多数人的利益要求，始终关系党的执政全局，关系国家经济政治文化发展的全局，关系全国各族人民的团结和社会安全的全局；（4）讲了“两个绝不”：绝不允许以权谋私，绝不允许形成既得利益集团。

3.深刻领会“三个代表”思想的科学内涵必须注意以下两个方面。

首先要着眼于时代大背景，联系我们党的建设新的伟大工程和中国特色社会主义事业的伟大实践，联系党的基本理论、基本路线、基本纲领和基本经验，从它适应实践的需要、解决历史的课题的时代意义上去把握。

“三个代表”重要思想是着眼于解决在充满机遇和挑战的新世纪建设一个什么样的党，怎样建设党而提出的党的建设的总纲领。这个纲领充分揭示了共产党执政的基本规律，阐明了新时期加强和改进党的建设的基本要求，解决了党在执政和改革开放条件下保持先进性，巩固党的阶级基础和扩大党的群众基础，检验党的建设的科学标准，坚持党的最高纲领和党在社会主义初级阶段基本纲领的统一等一系列重大问题，是我们党从新的历史高度认识自己、完善自己、全面加强自身建设的新的理论成果，表明我们党在解决新世纪建设一个什么样的党，怎样建设党的问题上，形成了系统的思想和明确的思路，标志着党的建设由此进入一个新的发展阶段。

“三个代表”重要思想是着眼于回答我们党的立党之本、执政之基、力量之源作出的重大战略性思考。在新的形势下，我们党面临着如何解决好提高执政能力和领导水平、提高拒腐防变和抵御风险能力这两大历史性课题。必须认真思考和解决我们党的立党之本、执政之基、力量之源，才能始终保持党的先进性，巩固党的执政地位，保证国家的长治久安。“三个代表”重要思想正是从这样的高度把握大局，审时度势，以更加开阔的眼光观察社会发展趋势，以更加主动的姿态顺应时代进步要求，对我们党的立党之本、执政之基、力量之源作出了重大的战略性思考。

“三个代表”重要思想是着眼于深化对共产党执政的规律、社会主义建设的规律、人类社会发展的规律的认识形成的新的理论体系。“三个代表”重要思想是适应当今时代背景和形势要求，着眼于党的建设尤其是执政党建设的根本问题，着眼于社会主义事业兴旺发达这一历史性主题，着眼于世界历史发展的客观趋势，来思考我们党及党的事业的立足基点和发展要求的。

其次要从“三个代表”重要思想的本质要求上把握。江泽民同志在庆祝中国共产党成立80周年大会上的讲话中指出：“‘三个代表’的要求，是我们党保持先进性、始终成为建设有中国特色社会主义坚强领导核心的基本要求。”这是帮助我们从精神实质上把握“三个代表”重要思想科学内涵的一个极其重要的科学论断。“三个代表”重要思想是站在时代的高度对党的建设根本问题进行新的认知的大思路，体现了新形势下对党的先进性的根本要求。

代表中国先进生产力的发展要求是保持党的先进性的根本条件。我们党为什么具有先进性，凭什么领导中国革命、建设和改革事业？从根本上讲，是因为我们党是以与先进生产力相联系的工人阶级作为自己的阶级基础的，代表了中国先进生产力的发展要求。

代表中国先进文化的前进方向是保持党的先进性的内在要求。共产党是在先进文化的孕育下产生、发展和壮大的。没有人类优秀文化成果作为基础，没有体现人类先进文化最高境界的马克思主义理论的指导，就不可能有共产党。共产党和先进文化的这种与生俱来的天然联系，内在地规定了党的先进性。共产党之所以能够代表社会先进生产力，把握历史发展的规律，承担起战胜资本主义、实现共产主义的伟大使命，和它代表着先进文化的前进方向是分不开的。

代表中国最广大人民的根本利益是保持党的先进性的前提和归宿。共产党是工人阶级的先锋队，由工人阶级的先进分子所组成。工人阶级的最高利益和最高理想，是消灭一切剥削阶级，消灭一切私有制，建立共产主义的美好社会。这一历史进程既是工人阶级自身解放的过程，也是其他一切劳动者阶级的解放过程，是全人类的解放过程。工人阶级的阶级特性决定了共产党不仅代表全体工人阶级的利益，而且要代表全体劳动人民的利益，这是共产党不同于历史上一切其他阶级政党的最根本的特点。由此可见，共产党之所以成为工人阶级先锋队，代表最广大人民的根本利益是重要的内在规定。

二、“三个代表”重要思想的科学体系

深刻理解“三个代表”重要思想的科学内涵，全面贯彻“三

个代表”要求，还必须准确把握“三个代表”思想的科学体系。“三个代表”重要思想的精髓和灵魂是解放思想，实事求是，与时俱进。“三个代表”重要思想的主题是进一步深化对什么是社会主义，怎样建设社会主义的认识，重点解决把我们党建设成为一个什么样的党和怎样建设党的问题。把握“三个代表”重要思想的科学体系，可以分为三个层次：

1.“三个代表”重要思想是一个内容丰富的有机统一体。

“三个代表”重要思想不是几个观点的简单组合，而是由一系列互相联系、互相促进的具有丰富内涵的观点共同构成的有机的统一整体。“三个代表”重要思想从经济、政治、文化三个基本方面，更为鲜明、更为集中地揭示了新时期党的建设和党的各项工作的本质要求，从而形成了适应新的形势需要、解决新的时代课题的新的科学理论体系。

“三个代表”重要思想体现了代表中国先进社会生产力的发展要求、代表中国先进文化的前进方向、代表中国最广大人民的根本利益三者之间的辩证统一关系。代表中国先进生产力的发展要求占有首要的地位，它是我们党成为中国先进文化的前进方向和中国最广大人民的根本利益的代表的前提。在当代中国，共产党的执政地位、领导作用，以及党自身的存在和发展，都是与中国先进生产力的发展要求紧密联系在一起的。只有不断提高社会生产力水平，并在这一过程中促进生产关系和生产力、上层建筑和经济基础的动态适应，才能为发展中国先进文化提供物质基础，为代表中国最广大人民的根本利益提供可靠保证。

代表中国先进文化的前进方向在“三个代表”重要思想中具有不可替代的重要意义。中国共产党的指导思想、基本理论、基本路线、基本纲领、基本经验，都是与当代中国先进文化的前进方向紧紧联系在一起的。党只有更好地成为中国先进文化前进方向的代表，不仅自身用先进文化武装起来，而且不断推动中国先进文化发展，才能更好地代表中国先进生产力的发展要求，更好地代表中国最广大人民的根本利益。

人民群众是先进生产力和先进文化的创造主体，是实现自身利益的根本力量。在我国现阶段，包括知识分子在内的工人阶级，广大农民，始终是推动我国先进生产力发展和社会全面进步的根本力量。在改革开放中出现的新的社会阶层，都是中国特色社会主义事业的建设者。中国共产党代表着中国最广大人民的根本利益，主要是通过正确制定和执行党的路线方针政策，将人民群众的根本利益集中起来，把人民群众的力量和智慧凝聚起来，动员和组织人民群众为自己的根本利益而坚持不懈地奋斗。

我们党致力于发展先进生产力和先进文化，最终目的都是为了不断满足人民群众日益增长的物质文化生活的需要，实现和维护最广大人民的根本利益。历史和现实都表明：“政之所兴在顺民心，政之所废在逆民心。”一个政权也好，一个政党也好，其前途和命运最终都取决于人心的向背。没有人民群众的拥护和支持，没有人民群众积极性、创造性的发挥，先进生产力和先进文化的发展就会成为一句空话。坚持“三个代表”的要求，最终要体现在不断实现最广大人民的根本利益上。

“三个代表”重要思想密切相关、辩证统一的关系告诉我们，先进生产力是基础和前提，先进文化是灵魂和旗帜，最广大人民的根本利益是主体和目的，三者统一于党的建设新的伟大工程和建设中国特色社会主义的伟大实践。

2. “三个代表”重要思想与马克思列宁主义、毛泽东思想、邓小平理论是一脉相承的科学体系。

把握“三个代表”的科学体系，必须正确理解和准确把握“三个代表”同马克思列宁主义、毛泽东思想和邓小平理论之间一脉相承的关系。

第一，它们有着共同的哲学基础，这就是唯物史观。马克思恩格斯对人类最伟大的贡献，就在于发现了唯物史观。马克思主义关于社会存在与社会意识相互关系的原理，生产力与生产关系、经济基础与上层建筑相互关系的原理，人民群众创造历史的原理，社会发展的客观规律与人的自觉活动相互关系的原理等等，作为整体得到了创造性的运用和发挥，并以新的结论丰富和发展了唯物史观。“三个代表”重要思想是运用唯物史观考察当代实际的必然结论。

第二，它们有着共同的理论品格，这就是与时俱进。马克思主义的真理性在于以科学的实践观为基础的理论与实践的统一、科学性与革命性的统一。马克思主义的根本要求就是理论符合实际，这样的理论来源于实践，服务于实践，为实践所检验，随实践而发展。“三个代表”重要思想作为一个科学体系，既坚持了马克思主义的根本原则，又具有新的时代内容；既与马克思列宁主义、毛泽东思想、邓小平理论一脉相承，又别开生面，充分体现了马克思主义与时俱进的品格。

第三，它们有着共同的价值取向，这就是视人民利益高于一切。马克思主义一诞生，它的创始人就公开申明，自己的学说是代表无产阶级和广大劳动群众利益的，是为他们的彻底解放服务的。“三个代表”重要思想是代表和维护最广大人民群众根本利益的思想。这体现着与马克思列宁主义、毛泽东思想、邓小平理论一脉相承的价值取向。在新的历史时期，江泽民同志明确指出：“人民群众是先进生产力和先进文化的创造主体，也是实现自身利益的根本力量。不断发展先进生产力和先进文化，归根到底都是为了满足人民群众日益增长的物质文化生活需要，不断实现最广大人民的根本利益。”①“三个代表”重要思想的价值取向与马克思列宁主义、毛泽东思想、邓小平理论的价值取向一脉相承。

“三个代表”重要思想，同马克思列宁主义、毛泽东思想、邓小平理论一脉相承、一以贯之，是统一的科学体系。在新的历史条件下，坚持“三个代表”重要思想，就是坚持马克思列宁主义、毛泽东思想、邓小平理论，就是坚持解放思想、实事求是的思想路线和与时俱进的理论品质。

---

① 江泽民：《论“三个代表”》，中央文献出版社 2001 年 8 月版，第 163 页。

3. “三个代表” 重要思想是一个需要不断发展的科学体系。

“三个代表” 重要思想作为马克思主义中国化的最新理论成果，本身是一个开放的理论体系，也是一个需要不断丰富和发展的科学体系。江泽民同志在党的十六大报告中指出：“世界在变化，我国改革开放和现代化建设在前进，人民群众的伟大实践在发展，迫切要求我们党以马克思主义的理论勇气，总结实践的新经验，借鉴当代人类文明的有益成果，在理论上不断扩展新视野，作出新概括。只有这样，党的思想理论才能引导和鼓舞全党和全国人民把中国特色的社会主义事业不断推向前进。实践基础上的理论创新是社会发展和变革的先导。通过理论创新推动制度创新、科技创新、文化创新以及其他各方面的创新，不断在实践中探索前进，永不自满，永不懈怠，这是我们要长期坚持的治党治国之道。”①江泽民同志在党的十六大报告中还指出：“‘三个代表’重要思想是发展的、前进的。全党必须在思想上不断有新解放，理论上不断有新发展，实践上不断有新创造，把‘三个代表’重要思想贯彻到社会主义现代化建设的各个领域，体现在党的建设的各个方面，使我们党始终与时代发展同步伐，与人民群众共命运。”②因此，在新世纪新阶段，贯彻“三个代表”重要思想，必须使全党始终保持与时俱进的精神状态，不断开拓马克思主义理论发展的新境界。要坚持马克思主义的科学原理和科学精神，善于把握客观情况的变化，善于总结人民群众在实践中创造的新鲜经验，不断丰富和发展马克思主义理论。

三、贯彻“三个代表”重要思想的根本要求

1.贯彻“三个代表”要求，关键在坚持与时俱进。

与时俱进，开拓创新，紧跟世界进步潮流，走在时代前列，

① 江泽民:《全面建设小康社会,开创中国特色社会主义事业新局面》,第 12~13 页,人民出版社,2002 年版。

② 江泽民:《全面建设小康社会,开创中国特色社会主义事业新局面》,第 17~18 页,人民出版社,2002 年版。

这是新时期加强党的建设、全面贯彻“三个代表”的关键。

中国共产党在八十多年的历程中，之所以能创造辉煌的业绩，之所以能够成为中华民族的中流砥柱，经受住各种考验，归根到底，就在于从总体上来说，能够始终走在时代的前列，保持自己先进的性质、地位和作用。二十多年来，我们党在领导改革开放和现代化建设的新实践中，锐意创新，与时俱进，为加强和改进党的建设提出了一系列重大方针政策，并取得了显著成就和积累了许多新的经验。

随着新世纪的到来，我国已进入了全面建设小康社会，加快推进社会主义现代化的新的发展阶段。当今世界和我们所处的时代正在发生着深刻的变化，复杂多变的国际国内形势，使我们党面临着巨大的新考验。实践的发展，时代的进步，文明的升华，既给我们提供了机遇，也向我们提出了挑战。

中国共产党要保持生命活力，把党建设成为经得起任何风险和考验的党，更好地发挥建设有中国特色社会主义领导核心的作用，就必须紧紧把握时代的脉搏，深刻认识时代进步的方向，永远走在时代发展的前列。我们必须继续坚持以马列主义、毛泽东思想、邓小平理论为指导，坚持党的一切从实际出发，解放思想，实事求是的思想路线，紧跟时代发展的潮流，不断研究新情况，解决新问题，形成新认识，开辟新境界。我们只有集中全国人民的智慧，共同研究和回答好关系我们党和国家事业发展全局的新的重大战略问题，保证我们党始终走在时代发展的前列，才能真正做到“三个代表”。因此，与时俱进必然成为我们贯彻“三个代表”的关键。

2.贯彻“三个代表”要求，核心在保持党的先进性。

江泽民同志《在庆祝中国共产党成立八十周年大会上的讲话》中指出：“看一个政党是否先进，是不是工人阶级先锋队，主要应看它的理论和纲领是不是马克思主义的，是不是代表社会发展的正确方向，是不是代表最广大人民的根本利益。”[①]这是对

① 江泽民:《论“三个代表”》,中央文献出版社 2000 年版,第 168 页。

党的历史经验的深刻总结，是对马克思主义党建理论的发展。历史表明，正是因为我们党把马克思主义基本原理同中国革命实际相结合，制定和执行的路线、纲领集中体现了中国工人阶级和最广大人民的根本利益，代表了中国社会发展的正确方向，党才当之无愧地成为中国工人阶级的先进部队；正是因为我们党不断加强自身建设，始终重视从思想上建设党，才解决了在农民和其他小资产阶级占人口大多数的国家，建设一个具有广大群众性的马克思主义政党这一重大课题，保持了党的工人阶级先锋队性质，保持了党的先进性。

在新的历史时期，我们党坚持马克思主义基本原理与中国建设实际相结合，制定的社会主义初级阶段的基本路线和基本纲领，代表了中国先进生产力发展的要求，代表了中国先进文化的前进方向，代表了中国最广大人民的根本利益，体现了时代发展的方向和要求。只要我们坚定不移地贯彻执行党的基本路线和基本纲领，按照“三个代表”要求不断加强和改进党的建设，不断开创现代化建设的新局面，我们党就一定能够走在时代的前列，保持先进性，始终成为中国工人阶级先锋队，同时也始终成为中国人民和中华民族的先锋队。

3.贯彻“三个代表”重要思想，本质在坚持执政为民。

全心全意为人民服务，立党为公，执政为民，是我们党同一切剥削阶级政党的根本区别，也是我们贯彻“三个代表”重要思想的本质所在。我们做到代表中国先进生产力发展的要求，代表中国先进文化的前进方向，最终也是要做到代表中国最广大人民的根本利益。我们坚持与时俱进，保持党的先进性，本质上都是为了为人民掌好权用好权，更好地为人民服务，更好地为人民谋利益。

邓小平 1956 年在党的八大上所作的《关于修改党的章程的报告》中深刻地指出：共产党对于人民群众的伟大的领导作用，是不容怀疑的。“但是，它之所以成为先进部队，它之所以能够领导人民群众，正因为，而且仅仅因为，它是人民群众的全心全意的服务者，它反映人民群众的利益和意志，并且努力帮助人民群众组织起来，为自己的利益和意志而斗争。”[①]江泽民同志指出：“我们党要始终代表中国最广大人民的根本利益，就是党的理论、路线、纲领、方针、政策和各项工作，必须坚持把人民的根本利益作为出发点和归宿，充分发挥人民群众的积极性主动性创造性，在社会不断发展进步的基础上，使人民群众不断获得切实的经济、政治、文化利益。”[②]

坚持“三个代表”的要求，最根本的就是要统一体现在不断实现人民群众的根本利益上。我们党来自于人民，植根于人民，服务于人民。建设有中国特色社会主义全部工作的出发点和落脚点，就是全心全意为人民谋利益。全党同志特别是领导干部，都要关心群众的疾苦，倾听群众的呼声，准确把握广大人民群众的思想脉搏，诚心诚意地为人民办实事、办好事。党的干部特别是领导干部，必须认真执行党的路线方针政策，绝不能有任何偏离；必须正确行使人民赋予的权力，绝不能以权谋私；必须把对上级负责和对群众负责统一起来，绝不能把二者割裂开来、对立起来；必须在工作中坚持群众路线，深入实际调查研究，绝不能搞官僚主义、形式主义、强迫命令。一切为了群众，一切相信群众，一切依靠群众，我们党就能获得取之不尽的力量源泉。实践表明，正是因为我们党把最广大人民的根本利益作为制定党的理论、路线、纲领、方针、政策和各项工作的出发点，代表最广大人民的根本利益，我们党才能把全体人民团结、动员和组织起来，才能当之无愧地成为中国革命、建设和改革事业的领导核心。

① 《邓小平文选》第 1 卷，第 218 页。

② 江泽民：《论“三个代表”》，中央文献出版社 2001 年版，第 160~161 页。

第四节 “三个代表”重要思想的历史地位和指导意义

一、“三个代表”重要思想的历史地位

江泽民同志提出的“三个代表”重要思想，是马克思主义与当今中国实际相结合的又一次伟大创造，是马克思主义中国化的最新理论成果。

1. “三个代表”重要思想丰富和发展了马克思主义建党学说。

“三个代表”重要思想，是对党的性质、宗旨和根本任务的新概括，是对马克思主义建党学说的新发展，对新形势下加强和改进党的建设提出的新要求。“三个代表”重要思想的提出，标志着我们党对共产党执政规律认识的进一步深化。

第一，“三个代表”重要思想从新高度辩证地勾画出一个科学完整的党建体系。我们党是以马克思主义理论武装起来的工人阶级的先锋队，它的性质决定了无论在理论上还是在实践中，都必须始终坚持“三个代表”要求。在马克思主义建党理论体系中，在不同的历史时期，我们党的三代领导核心和中央领导集体都从不同的角度大量深刻论述过党要始终代表先进生产力的发展方向，要高度重视思想文化建设，要坚定不移地实现和维护最广大人民群众的利益。然而，把马克思主义若干基本原理和建党原则综合、提炼、归纳出“三个代表”，使之成为一个有机整体，这在马克思主义建党史上还是第一次，是对马克思主义建党理论的重大创新。其中，始终代表中国先进生产力的发展要求，是根本基础，只有解放和发展生产力，才能创造更多的物质财富和精神财富，为建设有中国特色社会主义文化和实现人民群众的根本利益提供雄厚的物质基础。始终代表中国先进文化的前进方向是发展生产力和实现人民根本利益的重要条件。因为只有始终代表中国先进文化的前进方向，不断推进有中国特色社会主义文化建设，繁荣社会主义文化，才能为发展社会生产力提供足够的文化

条件和智力支持，不断提高人民群众的文化生活水平这也是代表人民群众根本利益的重要体现，而且随着社会的发展，人民群众物质生活水平的提高，他们的文化需要必将日益丰富多彩。始终代表中国最广大人民的根本利益，则是我们党的基本出发点和根本归宿，也是代表中国先进社会生产力发展要求和中国先进文化前进方向的基本保障。只有始终代表中国最广大人民的根本利益，人民群众才会以更加饱满的热情投身于改革开放和社会主义现代化建设的伟大事业，自觉地维护社会稳定，创造更多更好的物质财富和精神财富，使经济发展日新月异，使文化园地百花盛开，使社会安定团结，使有中国特色的社会主义充满生机和活力。这种理论新创，充分体现了“三个代表”重要思想对马克思主义建党原理的继承、运用和创造性发展。

第二，“三个代表”重要思想从新的高度全面地概括了党的先进性问题。正是因为“三个代表”是一个完整有机的辩证统一体，所以用“三个代表”概括党的先进性，就使党的先进性在理论上更加科学，在实践上更加全面，在现阶段更具有时代特征，是一种富有新意、创造性的科学概括。要从“三个代表”重要思想的三个方面不是仅从某一个方面，用马克思主义辩证统一的眼光来衡量和审视党的先进性问题。

第三，“三个代表”重要思想从新的高度科学地回答了“建设一个什么样的党、怎样建设党的问题”。早在 1965 年邓小平同志就说过：“建立一个什么样的党的问题，这不仅是我们这一代的问题，也是下一代、再下一代的问题。”[①]1980 年 2 月，在党的十一届五中全会上他又进一步提出：“执政党应该是一个什么样的党，执政党的党员应该怎格才合格，党怎样才叫善于领导？”[②]这是一个需要根据实践的发展和时代特征不断探索、不断回答的问题。党的十五大明确提出，要把党建设成为用邓小平理论武装起来、全心全意为人民服务、思想上政治上组织上完全巩固、能

① 《邓小平文选》第 1 卷，第 348 页。

② 《邓小平文选》第 2 卷，第 276 页。

够经受住各种风险、始终走在时代前列、领导全国人民建设有中国特色社会主义的马克思主义政党。把新时期党的建设的目标、任务和要求，提到了一个新的高度，具有鲜明的时代特征，从根本上明确回答了在充满希望与挑战的新世纪，要把我们党建设成为一个什么样的党和怎样建设党这样一个重大历史性问题。

第四，“三个代表”重要思想从新的高度深化了对党的阶级基础和群众基础的认识。改革开放以来，我国的社会阶层构成发生了新的变化，出现了民营科技企业人员和技术人员、受聘于外资企业的管理技术人员、个体户、私营企业主、中介组织的从业人员、自由职业人员等社会阶层。这对新时期增强党的阶级基础和扩大群众基础提出了新问题，应当如何看待和对待这样一支庞大的社会力量呢？是充分调动和发挥他们的积极性、主动性、创造性、还是排斥他们甚至将其推向反面呢？对此，江泽民同志进行了细致入微的分析，得出了令人信服的答案，丰富和发展了马克思主义建党学说。这就是江泽民同志在庆祝中国共产党成立80周年大会上的讲话中深刻阐述的：伟大而艰巨的建设有中国特色社会主义事业，需要全社会各个方面忠诚于祖国和社会主义的优秀分子，以自己的实际行动带领群众共同加以推进。能否自觉地为实现党的路线和纲领而奋斗，是否符合党员条件，是吸收新党员的主要标准。来自工人、农民、知识分子、军人、干部的党员是党的队伍最基本的组成部分和骨干分子，同时也应该把承认党的纲领和章程、自觉为党的路线和纲领而奋斗、经过长期考验、符合党员条件的社会其他方面的优秀分子吸收到党内来，并通过党这个大熔炉不断提高广大党员的思想政治觉悟，从而不断增强我们党在全社会的影响力和凝聚力。

第五，“三个代表”重要思想从新的高度提出必须不断改进党的领导方式和执政方式。根据实践的发展提出的要求，不断改进党的领导方式和执政方式，提高党的领导水平和执政能力，是党的建设面临的一项长期的重要任务。进入新世纪，面对新形势和新任务，进一步实现领导方式和执政方式的创新仍然是加强党的建设面临的一个重大课题。江泽民同志提出：“按照总揽全局、协调各方的原则，进一步加强和完善党的领导体制，改进党的领导方式和执政方式,既保证党委的领导核心作用,又充分发挥人大、政府、政协以及人民团体和其他方面的职能作用。”①各级领导干部都要紧密结合国内外形势的发展变化，紧密结合生产力发展和经济体制的深刻变革，紧密结合人民群众对提高物质文化生活的要求,不断提高驾驭市场的能力,提高运用民主法制办法开展工作的能力,提高按照科学规律办事的能力,努力掌握科学的领导方式。这是江泽民同志根据时代的发展变化和发展社会主义市场经济的新形势,对改进党的领导方式和执政方式提出的新要求。

2. “三个代表”重要思想丰富和发展了科学社会主义理论。

深化对社会主义建设的规律的认识，是围绕着“什么是社会主义、怎样建设社会主义”这个根本问题进行的。自从马克思主义诞生以来，这个问题一直处于不断地探索之中。邓小平理论坚持科学社会主义理论和实践的基本成果，抓住“什么是社会主义、怎样建设社会主义”这个根本问题，深刻揭示社会主义的本质，把对社会主义建设规律的认识提高到了一个新的水平。进一步深化了对社会主义建设规律的认识。

第一，“三个代表”重要思想进一步深刻揭示了建设社会主义和走向共产主义的基本途径。社会主义国家建立以后，怎样建设社会主义和走向共产主义？社会主义国家犯的错误，特别是“左”倾错误，大多与没有搞清楚这个问题有关。在深入总结社会主义建设规律的基础上，江泽民同志从党的纲领的角度，深刻阐明了建设社会主义和走向共产主义的基本途径。他在庆祝中国共产党建党八十周年大会的讲话中指出：“一个政党的纲领就是一面旗帜。在革命、建设和改革的各个历史阶段中，我们党既有每个阶段的基本纲领即最低纲领，也有确定长远奋斗目标的最高纲领。我们是最低纲领与最高纲领统一论者。”②这就进一步阐明

① 江泽民:《论“三个代表”》,中央文献出版社，第 177 页。

② 江泽民:《论“三个代表”》,中央文献出版社，2001 年版，第 177 页。

了党的最低纲领和最高纲领之间的辩证关系。那么，在社会主义建设的实践中，怎样正确处理这种辩证关系呢？江泽民同志进一步指出：“全党同志既要树立共产主义的远大理想，坚定信念，以高尚的思想道德要求和鞭策自己，更要脚踏实地为实现党的现阶段的基本纲领而不懈努力，扎扎实实地做好现阶段的每一项工作。忘记远大理想而只顾眼前，就会失去前进方向；离开现实工作而空谈远大理想，就会脱离实际。”①党在现阶段的基本纲领，就是党的十五大提出的建设有中国特色社会主义经济、政治、文化的基本纲领，这是党在社会主义初级阶段的基本目标和基本政策，也是党在社会主义初阶段的行动纲领。实现党在现阶段的基本纲领，就是为我国社会主义建设进入更高的发展阶段奠定基础，创造条件。

第二，“三个代表”重要思想进一步深化了对社会主义建设目标的认识。人的全面发展是社会主义的重要目标，这是马克思主义关于建设社会主义新社会的本质要求。马克思指出，共产主义社会是“以每个人的全面而自由的发展为基本原则的社会形式”。②这种社会形式表现为“自由人联合体”。在那里，在未来社会的自由人联合体中，每个人都能得到自由而全面的发展，每个人的自由发展构成了一切人自由发展的条件。恩格斯在《共产主义原理》中指出：“根据共产主义原则组织起来的社会，将使自己成员能够全面发挥他们的得到全面发展的才能。”③在马克思恩格斯看来，人的全面发展是共产主义高级阶段的目标。而我国正处于社会主义初级阶段，在这一阶段，要不要追求人的全面发展，马克思主义创始人并没有提出具体答案。江泽民同志对此作出了深刻回答，极大地发展了马克思主义关于人的全面发展理论。江泽民同志提出：“我们建设有中国特色社会主义的各项事业，我们进行的一切工作，既要着眼于人民现实的物质文化生活

① 江泽民:《论“三个代表”》,第 128 页。

② 《资本论》第 1 卷,第 649 页。

③ 《马克思恩格斯选集》第 2 版第 3 卷,第 243 页。

需要，同时又要着眼于促进人民素质的提高，也就是要努力促进人的全面发展，这是马克思主义关于建设社会主义新社会的本质要求。我们要在发展社会主义社会物质文明和精神文明的基础上，不断推进人的全面发展。”[①]江泽民同志还进一步阐明社会主义经济、文化发展与人的全面发展的辩证关系，即推进人的全面发展，同推进经济、文化的发展和改善人民物质文化生活，是互为前提和基础的。人越全面发展，社会的物质文化财富就会创造得越多，人民的生活就越能得到改善，而物质文化条件越充分，又越能推进人的全面发展，社会生产力和经济文化的发展水平是逐步提高、永无止境的历史过程，人的全面发展程度也是逐步提高、永无止境的历史过程。这两个历史过程应相互结合、相互促进地向前发展。江泽民同志的这些科学阐述，鲜明地体现了“三个代表”重要思想对社会主义建设规律认识的深化和对马克思主义理论的发展。

第三、“三个代表”重要思想从新的高度明确地阐述了党领导社会主义现代化建设的标准原则问题。社会主义社会是全面发展、全面进步的社会，在建设有中国特色社会主义的伟大实践中，我们党制定了社会主义初级阶段的基本路线和基本纲领，其中无不体现出社会主义现代化建设的全面性、系统性，无不体现出经济、政治、文化全面协调发展的客观要求。正如党的十五大报告所指出的，建设有中国特色社会主义的经济、政治、文化的基本目标和基本政策，有机统一，不可分割，构成党在社会主义初级阶段的基本纲领。江泽民同志明确指出，这就要求全党同志在贯彻党的理论、路线和方针政策时，在从事的各项事业中，都要牢记落实“三个代表”要求，看看我们所采取的措施、所做的工作，是不是符合“三个代表”要求，符合的就毫不动摇地坚持，不完全符合需要的积极调整补充，不符合的就勇于实事求是地纠正，以利我们的改革和建设不断向前迈进，充分体现共产党人的先进性和时代精神。这一重要论断具有极强的现实针对性，

① 江泽民:《论“三个代表”》,第 179 页。

对有中国特色社会主义事业的全面发展也具有极强的现实指导意义。它从执政党自身建设的角度，深刻阐明了党领导建设有中国特色社会主义必须坚持全面性的原则，衡量党的方针政策的成败得失，也要坚持全面性的标准，既要看是否代表先进生产力的发展要求，促进了社会生产力的发展，也要看是否代表先进文化的发展方向，促进了中国特色社会主义文化建设的发展，还要看是否代表最广大人民的根本利益，切实把最广大人民群众的切身利益实现好、维护好、发展好，努力使工人、农民、知识分子及其他群众共同享受到经济、社会发展的成果。

3.“三个代表”重要思想丰富和发展人类社会发展的规律。

马克思主义对人类社会的突出贡献，就是科学地揭示了人类社会发展规律。江泽民“三个代表”重要思想对马克思主义的一大突出贡献，就在于进一步深化了马克思主义对人类社会发展规律的认识，把相关的马克思主义基本原理与时代特征和中国实际相结合，丰富和发展了马克思主义关于人类社会发展规律的理论。

第一，“三个代表”重要思想进一步提示了生产力对人类社会发展的推动作用。马克思主义历史唯物论认为，生产力是最活跃最革命的因素。在人类社会发展进程中，生产力始终是促进社会发展的最终决定力量。马克思主义经典作家早已对此作出大量论证，强调物质生产力的不断发展是整个社会生活以及整个现实历史的基础，是“一切社会变迁和政治变革的终极原因”。[①]人类社会各个不同的社会形态由低级向高级的更替和发展，归根到底都是由生产力的发展所决定的。这就揭示了人类社会发展最基本的规律。那么，怎样发展生产力并通过生产力的发展推动社会发展呢？这个重大问题，江泽民同志在继承马克思主义基本原理的基础上，得出了新的结论：中国共产党要始终代表中国先进生产力的发展要求，这个基本结论具有丰富的思想内涵。这种概括继承了马克思主义关于生产关系一定要适应生产力的发展、上层建

① 《马克思恩格斯选集》第2版第3卷，第741页。

筑一定要适应经济基础的原理，把社会经济基础、上层建筑的多种因素概括为生产力的发展要求。这种概括言简意赅，富有创意。要通过坚持不懈的努力，不断完善社会主义的生产关系和上层建筑，不断为生产力的解放和发展打开更广阔的通途。

第二，"三个代表"重要思想进一步揭示了人民群众在人类历史发展中的重要地位和作用。在人类社会发展中，人民群众的地位、作用与人民群众利益内在地联系在一起。人民群众是历史的创造者，这是历史唯物主义的一个基本结论。这一基本结论决定了"无产阶级的运动是绝大多数人的，为绝大多数人谋利益的独立的运动。"[①]在新的历史时期，"三个代表"重要思想进一步丰富和发展了历史唯物主义的这一基本原理，主要体现在：一是提出"三个一致性"，即任何时候我们都必须坚持尊重社会发展规律与尊重人民历史主体地位的一致性，坚持为崇高理想奋斗与为最广大人民谋利益的一致性，坚持完成党的各项工作与实现人民利益的一致性。二是提出"最大多数人的利益是最紧要和最具有决定性的因素。"人民群众的整体利益是由各方面的具体利益构成的。我们所有的政策和工作，都应该正确反映并有利于妥善处理各种利益关系，都应认真考虑和兼顾不同阶层、不同方面群众的利益。但是，最重要的是必须首先考虑并满足最大多数人的利益要求，这始终关系党的执政的全局，关系国家经济政治文化发展的全局，关系全国各族人民的团结和社会安定的全局。正是在这个意义上，最大多数人的利益是最紧要和最具有决定性的因素。三是结合新问题提出新要求。在改革开放中，由于经济结构和利益关系的调整，部分群众的生活和工作遇到暂时困难。这是改革开放中我们党代表中国最广大人民根本利益遇到的一个新问题。针对这一问题，江泽民同志要求各级领导干部时刻都要把人民群众的安危冷暖放在心上，关心群众疾苦，努力为群众办好事、办实事。各级领导机关和领导干部，要特别关心那些工作和

---

① 《马克思恩格斯选集》第 2 版第 1 卷，第 283 页。

生活上遇到暂时困难的群众，把他们的事情摆上重要议事日程，重点考虑，重点解决，切实安排好他们的就业和生活。

第三，“三个代表”重要思想包含着深刻的历史辩证法思想。在“三个代表”重要思想中，代表中国先进生产力的发展要求，代表中国先进文化的前进方向，代表中国最广大人民的根本利益，是统一的整体，相互联系，相互促进。发展先进的生产力，是发展先进文化和实现最广大人民根本利益的基础条件。人民群众是先进生产力和先进文化的创造主体；也是实现自身利益的根本力量。不断发展先进生产力和先进文化，归根到底是为了满足人民群众日益增长的物质文化生活需要，不断实现最广大人民的根本利益。坚持以经济建设为中心，在高度重视发展社会生产力的同时，又充分重视先进文化的建设，从而为经济和社会发展提供思想保证、精神动力及智力支持，为实现最广大人民的根本利益创造物质文化条件。这表明，我们党对历史辩证法的认识，达到了一个新的高度和境界。

从以上几个方面可以看出，“三个代表”重要思想不是从一个方面发展了马克思主义，而是全方位推进了马克思主义，是马克思主义与中国实际相结合的最新理论成果。这也正是我们党把它确立为指导思想的根本原因。

二、“三个代表”重要思想是党必须长期坚持的指导思想

1.“三个代表”重要思想是立党之本，执政之基，力量之源。

江泽民同志多次指出，始终做到“三个代表”，是我们党的立党之本、执政之基、力量之源。这是对“三个代表”重要思想最为本质的概括。

第一，“三个代表”重要思想揭示了我们党的立党之本，进一步回答了应该建设一个什么样的党，怎样建设党的问题。建设社会主义，必须首先搞清楚什么是社会主义，怎样建设社会主义。同样，建设党，也要首先搞清楚建设一个什么样的党，怎样建设党。

总结中国共产党80多年的历史，我们党的历史使命和任务，从根本上说就是要当好“三个代表”。党的一切活动、一切事业，甚至党赖以存在和发展的基础，都在于这“三个代表”。只有按“三个代表”的目标和方向去建党，我们才能真正成为思想上政治上组织上完全巩固、能够始终走在时代前列的党，才能经得起国际国内各种风险的考验，真正发挥建设中国特色社会主义领导核心的作用。所以，无论从历史，还是现实、未来，无论从经验还是教训来说，“三个代表”都是我们的立党之本。

第二，“三个代表”重要思想揭示了我们党的执政之基，进一步回答了党应该怎样执政的问题。我们党执政的内容和任务，就是要不断解放和发展中国社会的生产力，增强综合国力，推进社会发展；就是要不断建设和发展面向现代化、面向世界、面向未来的、民族的、科学的、大众的社会主义文化，培育“四有”公民，弘扬民族精神；就是要全心全意为人民服务，维护最广大人民的根本利益，不断满足人民群众日益增长的物质文化生活需要。“三个代表”从根本上说明了我们党执政的基础、执政的内容、执政的任务和执政的要求。在新世纪新阶段，我们党执政治国的任务更加艰巨，所要解决的问题也更多、更复杂。只有坚持“三个代表”，当好“三个代表”，掌握好人民赋予的执政权力，我们才能不断提高执政水平，巩固执政基础，稳固执政地位。

第三，“三个代表”重要思想揭示了我们的力量之源，进一步回答了党怎样保持先进性和生命力，始终走在时代前列的问题。中国共产党是中国工人阶级的先锋队，同时又是中国人民和中华民族先锋队。我们党的历史使命、历史地位、历史作用，始终是与党的先进性联系在一起的。“三个代表”重要思想深刻总结我们党以及世界社会主义运动的经验和教训，对马克思主义关于党的先进性的思想作了新的提炼和概括，揭示了党的先进性的实质和内涵。江泽民同志在党的十六大报告中指出：党的先进性是具体的，历史的，必须放到推动当代中国先进生产力和先进文化的发展中去考察，放到维护和实现最广大人民根本利益的奋斗中去考察，归根到底要看党在推动历史前进中的作用。这说明党的先进性，根本上就表现在这“三个代表”上，党是否切实保持了先进性，也要以这“三个代表”为标准来衡量。只要始终坚持“三个代表”，我们党的力量就不会枯竭，我们党的生机就永远勃发。

2.“三个代表”重要思想是加强和改进党的建设的重要指导思想。

江泽民“三个代表”重要思想，围绕建设一个什么样的党，怎样建设党这一时代课题，对党的性质、宗旨、历史任务作出了新概括，涵盖党的建设的各个方面，形成了在新的历史条件下加强党的建设的指导思想。

第一，“三个代表”重要思想丰富和深化了党的建设总目标的内涵。纵观马克思主义的建党学说史，我们可以看到，“三个代表”丰富和深化了我们对为什么要建党、建党干什么、怎样建设党这一根本问题的认识。

第二，“三个代表”重要思想为中国共产党在新世纪新阶段提出了新的任务和要求。江泽民同志在十六大报告中指出：贯彻“三个代表”要求，必须使全党始终保持与时俱进的精神状态，不断开拓马克思主义理论发展的新境界；必须把发展作为党执政兴国的第一要务，不断开创现代化建设的新局面；必须最广泛最充分地调动一切积极因素，不断为中华民族伟大复兴增添新力量；必须以改革的精神推进党的建设，不断为党的肌体注入新活力。

第三，“三个代表”重要思想提供了衡量我们党执政兴国成败的标准，进一步回答了如何实现党和国家长治久安的问题。在新世纪，我们党承担着执政兴国的重要任务。怎么才能把这个任务完成好？检验执政兴国成败得失的标准是什么？“三个代表”重要思想为我们提供了依据。江泽民同志指出：全党同志在贯彻党的理论、路线和方针政策时，在从事的各项事业中，都要牢记落实“三个代表”的要求，我们所采取的措施、所做的工作，都要符合“三个代表”的要求，以使我们的改革和建设不断向前迈进，充分体现共产党人的先进性和时代精神。面向未来，怎样实现党和国家的长治久安？根本上就是要在坚持“三个代表”、当好“三个代表”上下工夫。

3.“三个代表”重要思想是推进我国社会主义制度自我完善和发展的强大理论武器。

在新世纪新阶段，如何进一步完善和发展我国的社会主义制度，是我们党在推进建设中国特色社会主义伟大实践中需要回答的重大问题。江泽民同志“三个代表”重要思想，深刻总结了世界社会主义与我国社会主义制度建立、巩固和发展的历史经验，进一步深化了对社会主义建设规律的认识，是我国社会主义制度自我完善和发展的强大理论武器。

“三个代表”重要思想把始终代表先进生产力的发展要求，始终代表先进文化的前进方向和体现最广大人民的根本利益统一起来，从深层次上揭示了社会主义的本质和建设规律，揭示了社会主义制度不断完善和发展的途径。始终代表中国先进生产力的发展要求，体现了发展社全主义经济、建设社会主义物质文明的理想和价值目标；始终代表中国先进文化的前进方向，体现了发展社会主义政治和文化，建设社会主义精神文明的理想和价值目标；始终代表中国最广大人民的根本利益，强调了我们党的宗旨和我们国家的性质。“三个代表”重要思想从物质基础、文化支撑和社会基础方面揭示了社会主义制度自我完善和发展的途径，说明社会主义制度的自我完善和发展只有具备雄厚的物质基础、强大的文化支撑和广泛的群众支持才能得以实现。

4.“三个代表”重要思想是实现中华民族伟大复兴的行动指南。

党的十六大通过的新党章明确规定，中国共产党以马克思列宁主义、毛泽东思想、邓小平理论和“三个代表”重要思想作为自己的行动指南，“三个代表”重要思想是党必须长期坚持的指导思想。这对于保证我们党统一思想、统一行动，团结和带领全国各族人民，实现推进现代化建设、完成祖国统一、维护世界和平与促进共同发展这三大历史任务，在中国特色社会主义道路上实现中华民族的伟大复兴，具有重大而深远的意义。

21世纪初，中国和世界都在发生巨大而深刻的变化。我们既面临着难得的发展机遇，也面临着严峻的挑战。以“三个代表”重要思想为指导，深入研究和解决面临的各种问题，不断推进理论创新、制度创新和科技创新，为实现中华民族的伟大复兴奠定坚实的基础，是历史赋予我们共产党人的庄严使命。

以“三个代表”为指导，创造性地解决我们所面临的国内国际重大问题，是当前实践“三个代表”的当务之急，也是完成党的新世纪三项大的历史任务，推进中华民族伟大复兴的关键。江泽民同志指出：“我们提出按照‘三个代表’的要求加强党的建设，就是要研究新的情况和新的实践，解答建设有中国特色社会主义进程中提出的重大问题，把现代化建设和党的自身建设不断推向前进。”①

总之，“三个代表”重要思想是我们党的立党之本、执政之基，力量之源，是指导我们在新世纪加强和改进党的建设，推进我国社会主义制度自我完善和发展的强大思想武器。全面建设小康社会，开创建设中国特色社会主义事业新局面，必须高举邓小平理论伟大旗帜，全面贯彻“三个代表”重要思想。

思考题

1. “三个代表”重要思想形成的历史条件。
2. “三个代表”重要思想的科学内涵。
3. “三个代表”重要思想的历史地位和指导意义。
4. 贯彻“三个代表”重要思想的根本要求。

① 江泽民：《在中国科学院第十次中国工程院第五次院士大会上的讲话》，载《人民日报》，2000-06-07。

第三章

解放思想，实事求是，与时俱进

本章学习重点

解放思想，实事求是，是马克思主义的思想路线。党的十一届三中全会重新确立了这一思想路线。解放思想，实事求是是邓小平理论的精髓，体现于邓小平理论的各个方面，贯穿于建设有中国特色社会主义的全过程。解放思想与实事求是是辩证统一的关系，二者共同体现在改革开放和社会主义建设的实践当中。我们要坚持解放思想，实事求是的思想路线，必须弘扬与时俱进的精神。

第一节 解放思想、实事求是思想路线的重新确立和发展

一、实事求是是马克思主义的精髓

实事求是，是马克思主义的精髓。19世纪40年代中叶，马克思、恩格斯综合人类认识史的优秀成果和无产阶级斗争的实践经验，创立了马克思主义哲学，实现了哲学史上的伟大变革，为无产阶级及其政党认识世界和改造世界提供了强大的思想武器。马克思主义哲学是马克思主义科学体系的理论基础，也是无产阶级政党全部实践活动的理论基础。而在这个基础中，实事求是则是贯穿其中的理论精髓。它集中地体现了马克思主义的唯物论、辩证法、认识论、历史观的理论精华，是将这些方面有机地统一起来的一条主线。正是因为这样一个贯穿其中的理论精髓，才使马克思、恩格斯能够运用科学的世界观和方法论深入解剖资本主义的生产方式，发现剩余价值学说，从而使社会主义由空想变为科学，创立了科学社会主义学说。

列宁主义是帝国主义和无产阶级革命时代的马克思主义。列宁主义的理论精髓同样是实事求是。在帝国主义和无产阶级革命的时代条件下，列宁坚持马克思、恩格斯创立的实事求是的思想路线，坚持具体问题具体分析的方法论，坚持把马克思主义的立场、观点和方法用于分析俄国的政治、经济、文化和社会各个方面情况，创造性地解决了在经济文化比较落后的国家进行社会主义革命的一系列重大理论问题和实践问题，取得了十月社会主义革命的胜利，以新的实践材料和实践经验丰富和发展了马克思主义。

毛泽东思想是马克思列宁主义与中国革命具体实践相结合的产物。实事求是是毛泽东思想的出发点和根本点。在中国这样一个半封建半殖民地的东方大国进行革命，必然会遇到许多特殊的复杂问题。一些人靠背诵马克思列宁主义一般原理和照搬国外的

经验，不仅没能解决这些问题，相反几次使中国革命几乎陷入绝境。毛泽东领导我们党克服了党内盛行的把马克思主义教条化、把共产国际决议和苏联经验神圣化的错误倾向，鼓励人们从这种精神枷锁中解放出来，坚持走马克思主义普遍原理同中国革命具体实践相结合的道路，从而确立了实事求是的思想路线，并在这条路线的指导下取得了中国革命的胜利，开创了一条具有中国特色的通向社会主义革命胜利的道路。

新中国成立后的前七年，我们党坚持把马克思主义基本原理同中国具体实际相结合，坚持实事求是的思想路线，因而取得了恢复国民经济和对生产资料进行社会主义改造的伟大胜利。但从1957年反右斗争扩大化以后，毛泽东过多地依赖以往革命斗争中形成的具体经验，对中国进入社会主义时期后的新情况、新问题缺乏深入准确的研究，思想和行动逐渐背离了他一贯倡导的实事求是的思想路线，在阶级矛盾已不再是社会主要矛盾，社会主要矛盾是落后的社会生产同人民群众日益增长的物质文化需要之间的矛盾的情况下，重提“以阶级斗争为纲”，错误地发动了“文化大革命”，使党的实事求是的思想路线遭到了破坏，从而给党和国家造成了严重的灾难。

马克思主义一百多年的发展历史和中国社会主义革命和建设正反两面的经验教训证明，实事求是是马克思主义的思想路线。任何时候，任何情况下，只要坚持这条正确的思想路线，马克思主义和科学社会主义事业就会胜利发展。否则，就会招致失败，陷入艰难曲折的局面。

二、解放思想，实事求是思想路线的重新确立

1976年10月，“四人帮”被打倒后，标志着“文化大革命”的结束和一个新时期的到来。

然而，摆在全党和全国人民面前的形势依然非常困难。第一，“文化大革命”虽然随着“四人帮”的垮台而宣告结束，但是，“文化大革命”给中国社会造成的破坏后果和恶劣影响依然

存在；第二，党和国家最高领导人当时还在强调“以阶级斗争为纲”的错误方针，并且提出了“两个凡是”的错误口号，即“凡是毛主席作出的决策，我们都坚决拥护；凡是毛主席的指示，我们都始终不渝地遵循”；第三，社会生产和生活的必要秩序还没有走上正常轨道，国民经济仍处于崩溃的边缘；第四，人们的思想观念、思维方式还处在僵化凝固状态，各种禁区禁令和条条框框依然束缚着人们，使人们不敢越雷池一步。所有这一切，对于第三次复出的邓小平来讲，都是非常严峻的挑战。

邓小平早在第二次复出并主持中央日常工作的1975年，就以大无畏的英雄气概，对社会生活的各个方面进行了大刀阔斧的治理整顿。虽然这一工作还没有来得及深入就被迫中断了，但它的显著成效以及由此赢得的党和人民的衷心拥护，充分证明了这种做法的正确性和可行性。所以，邓小平于1977年第三次复出以后，面对千头万绪的工作，第一件事，就是沿着1975年治理整顿指明的方向，进行拨乱反正工作。但是，这次拨乱反正与1975年的治理整顿有所不同。1975年的治理整顿首先是从经济领域开始的，目的是在许可的范围内，把“文化大革命”造成的破坏减轻到最低程度，恢复社会生产和生活的正常秩序，把国民经济搞上去，实现政治上的安定团结。这次拨乱反正的切入点却不是经济领域，而是思想路线。思想路线在政治生活中发挥着非常重要的作用。一个党的思想状况如何，路线是否正确，直接关系到这个党的兴衰存亡。

其实，在他正式恢复职务之前，就已经开始了这一工作。1977年5月24日，邓小平在同中央两位同志的讲话时就明确提出两个重要观点：（1）“两个凡是”不符合马克思主义；（2）要用准确完整的观点来理解毛泽东思想，把毛泽东思想看作一个科学的体系。1977年7月，邓小平正式出来工作以后，就开始领导党的思想的拨乱反正工作。

从1978年5月起，报刊上开展了关于实践是检验真理的惟一标准问题的讨论。表面上看，关于实践是否是检验真理的惟一标准的讨论是一场常识的争论，用学术的眼光看，没有任何理论上的深奥性。但深入考察当时的社会背景，就会发现，这场讨论却有着非常重要的政治意义。这种意义就在于我们的思维方式和行为方式究竟是以书本、教条为价值取向，还是以实践为价值取向，其中最关键的问题是怎样看待“文化大革命”，怎样评价毛泽东。邓小平大力支持这场讨论。1978 年 6 月 2 日，他在全军政治工作会议上严肃指出：“我们党有很多同志坚持学习马列主义、毛泽东思想，坚持把马列主义的普遍真理同革命实践相结合的原则，这是很好的，我们一定要继续发扬。但是，我们也有一些同志，天天讲毛泽东思想，却往往忘记、抛弃甚至反对毛泽东同志的实事求是、一切从实际出发、理论与实践相结合的这样一个马克思主义的根本观点，根本方法。不但如此，有的人还认为谁要坚持实事求是，从实际出发，理论与实践相结合，谁就是犯了弥天大罪。他们的观点，实质上主张只要照抄马克思、列宁、毛泽东同志的原话，照抄照转照搬就行了。要不然，就说这是违反了马列主义、毛泽东思想，违反了中央精神。他们提出的这个问题不是小问题，而是涉及到怎么看待马列主义、毛泽东思想的问题。”他还特别强调：“一定要肃清林彪、‘四人帮’的流毒，拨乱反正，打破精神枷锁，使我们的思想来个大解放。”①根据邓小平的讲话精神，《解放军报》6 月 24 日发表了特约评论员文章《马克思主义的一个最基本的原则》，从理论上比较系统地反击了对于坚持实践是检验真理标准的人的种种责难，使得讨论能够向纵深进行。

1978 年 12 月，邓小平对真理标准问题的讨论给予了高度评价，指出：“关于实践是检验真理的惟一标准问题的讨论，实际上也是要不要解放思想的争论”。“进行这个讨论很有必要，意义很大。”从争论的情况来看，越看越重要。一个党、一个国家、一个民族，如果一切从本本出发，思想僵化，迷信盛行，那它就

① 《邓小平文选》第 2 卷，第 114、119 页。

不能前进，它的生机就停止了，就要亡党亡国”。“只有解放思想，坚持实事求是，理论联系实际，我们的社会主义现代化事业才能顺利进行，我们党的马克思列宁主义、毛泽东思想的理论也才能发展”。“关于真理的标准问题的争论，的确是个思想路线问题，是个政治问题，是个关系到党和国家的前途和命运的问题。”①

关于实践是检验真理标准问题的讨论，迅速地扩展为全国范围内的马克思主义思想解放运动，它对于进一步拨乱反正，彻底否定“文化大革命”，正确评价一系列重大历史事件创造了思想条件，为党的十一届三中全会的召开，为重新确立党的实事求是的思想路线奠定了坚实的思想基础。

党的十一届三中全会依据邓小平的这些讲话，重新确立了实事求是这条马克思主义的思想路线。

第二节　解放思想、实事求是思想路线的基本要求

一、解放思想与实事求是的科学内涵

1978年12月，邓小平指出：“解放思想，开动脑筋，实事求是，团结一致向前看，首先是解放思想。只有思想解放了，我们才能正确地以马列主义、毛泽东思想为指导，解决过去遗留的问题，解决新出现的一系列问题，正确地改革同生产力迅速发展不相适应的生产关系和上层建筑，根据我国的实际情况，确定实现四个现代化的具体道路、方针、方法和措施。”②1980年12月，邓小平又进一步指出：“解放思想，就是使思想和实际相符合，使主观和客观相符合，就是实事求是。今后，在一切工作中要真正坚持实事求是，就必须解放思想。”③在党的十四大报告

①《邓小平文选》第2卷，第143页。

②《邓小平文选》第2卷，第141页。

③《邓小平文选》第2卷，第364页。

中，明确地把解放思想，实事求是称之为我们党的思想路线，指出“解放思想，实事求是是建设有中国特色社会主义理论的精髓，是保证我们党永葆蓬勃生机的法宝。”

要把握邓小平理论的这一精髓，就有必要搞清楚解放思想和实事求是之间究竟是一种什么样的关系，怎样理解才能正确地把握它们的相互关系。要解决这个问题，首先要弄清楚“实事求是”和“解放思想”指的是什么，它们各自包含哪些涵义。

什么是实事求是？“实事求是”语出一千九百多年前东汉史学家班固所撰《汉书·河间献王传》，文中称西汉景帝之子河间献王刘德：“修学好古，实事求是。”唐朝颜师古在解释这句话时，对“实事求是”四个字注道：“务得事实，每求真是也”。从颜师古对“实事求是”的注解中可以看出，“实事求是”的本意是指史料古籍整理和研究中的一种求真求实的严谨治学态度。在中国哲学史上，它并不是一个具有普遍意义的哲学命题。1941 年，毛泽东在《改造我们的学习》一文中对这一古语作了一番改造，保留了它的思想形式，赋予了它新的科学内涵，指出：“‘实事’就是客观存在着的一切事物，‘是’就是客观事物的内部联系，即规律性，‘求’就是我们去研究，我们要从国内外、省内外、县内外、区内外的实际情况出发，从其中引出其固有的而不是臆造的规律性，即找出周围事变的内部联系，作为我们行动的向导。而要这样做，就须不凭主观想象，不凭一时的热情，不凭死的书本，而凭客观存在的事实，详细地占有材料，在马克思列宁主义一般原理的指导下，从这些材料中引出正确的结论。”①经过毛泽东这样一番改造创新后，“实事求是”一语旧貌换新颜，成了一个包含唯物论、认识论和辩证法思想的哲学命题，成了科学的世界观和方法论。

什么是解放思想？邓小平在《坚持党的路线，改进工作方法》一文中对它作了清晰明确的界定：“我们讲解放思想，是指在马克思主义指导下打破习惯势力和主观偏见的束缚，研究新情

① 《邓小平文选》第 2 版，第 3 卷，第 801 页。

况，解决新问题。”[①]在这一论述中，解放思想包含了两个方面的内容，一是要求人们在马克思主义指导下打破习惯势力和主观偏见的束缚，一是要求人们研究新情况，解决新问题。

从上面对两个概念各自涵义所作的简单辨析中可以看出，解放思想和实事求是不是一回事，不是同义语反复，而是两个有区别的概念。它们的区别具体表现在：第一，要求不一样。解放思想讲的是要不要、敢不敢冲破思想禁锢、思想僵化和思想保守的问题；实事求是讲的是人们认识事物的观点、态度和方法问题。第二，“实事求是”和“解放思想”是两个不同的判断。“实事求是”是一个科学判断，即关于事物的本来面貌及其规律的判断。“解放思想”是价值判断，即关于主体处于什么样的状态为最好的判断。第三，两者的目标取向不同，实事求是是以客体及其本质为目标取向，强调的是客体的重要性，目的是要揭示客体的规律性，把握客体的内在联系和本质。解放思想则以主体及其素质为目标取向，强调的是主体的重要性，目的是要打破旧的习惯势力和主观偏见的束缚，使主体获得解放，以便能够研究新情况，解决新问题。可见，不能把解放思想与实事求是看成一回事，看成是同义语反复，更不能说提解放思想就不必要提实事求是，或者提实事求是就不必要提解放思想。

二、解放思想与实事求是是辩证统一的关系

虽然把解放思想同实事求是等同起来是错误的，但把解放思想同实事求是割裂开来，进而把它们对立起来，也是错误的。

解放思想虽然与实事求是有所不同，但这种不同不是两个主体、两个对象和两个过程的不同，而是同一主体、同一对象和同一过程内部的不同，是同一主体、同一对象和同一过程内部两个不同的方面。因此，从同一主体、同一对象、同一过程的角度看，两者是统一的。这种统一表现在：

1.解放思想是实事求是的前提条件。

① 《邓小平文选》第2卷，第279页。

就这一认识过程和实践过程而言，只有从思想禁锢、思想僵化和思想保守中解放出来，冲破一切习惯势力和陈旧观念的束缚，大胆地闯，大胆地试，才能为实事求是扫清障碍，开辟道路，才能正确认识和把握事物的发展规律，并运用规律指导我们的行动。如果思想不解放，还处在僵化半僵化之中，还受习惯势力和各种陈腐观念的严重束缚，在认识和实践中就无法做到实事求是。特别是在不断变化和发展的事物面前，无法做到实事求是。比如，为了顺利地完成我国社会主义现代化建设，就必须正确认识和把握社会主义现代化建设的道路、规律和特点，就必须改变与社会主义现代化建设不相适应的各种体制，建立适合社会主义现代化发展要求的新体制，特别是建立适合社会主义现代经济发展要求的经济体制。这就要求我们的思想首先要解放，要从过去的习惯势力和主观偏见中解放出来，开动脑筋转换观念，思考新问题，研究新情况，解决新问题。

2.实事求是是解放思想的客观基础。

解放思想虽然是要打破思想僵化、思想禁锢和思想保守的状态，从各种习惯势力和主观偏见中解放出来，但不是为了解放思想而解放思想。解放思想的目的，是研究新情况，解决新问题。这就需要有科学的态度，科学的观点和科学的方法，需要一切从实际出发，理论联系实际，主观与客观相符合，也就是需要实事求是。解放思想是要以科学为自己的合理性原则，以实事求是为自己的思想基础。如果离开了科学的合理性原则和实事求是的思想基础，解放思想便走向了自己的反面。要么滑向绝对主义，好则一切皆好，坏则一切皆坏，思想重新回到僵化、保守的状态，成为新的主观偏见的奴隶；要么滑向相对主义，没有什么是好的，也没有什么是坏的，这两种倾向的结果都是很严重的。

总之，实事求是必须以解放思想为前提，解放思想必须以实事求是为基础，两者相互依赖，相互促进，缺一不可，两者的关系是辩证统一的关系。党的十四大报告指出：“解放思想同实事求是是统一的，就是要求我们的思想认识符合客观实际，在马克思主义指导下，冲破落后的传统观念和主观偏见的束缚，改变因循守旧、不接受新事物的精神状态。”这段话不仅正确地阐述了解放思想与实事求是的关系，也深刻地揭示了解放思想的实质。

三、解放思想、实事求是统一于建设有中国特色社会主义的实践

1.只有不断地解放思想，才能把改革开放引向深入。

我国改革开放和现代化建设已进入一个新的发展阶段，改革能不能深入，经济能不能持续发展，整个建设步伐能不能加快，有中国特色的社会主义事业能不能永葆生机活力，制约的因素很多，但其中一个主要的阻力，就是思想禁锢和传统积习太深。不解决这个问题，我们的事业就不能继续前进。邓小平说，不打破思想僵化，不大大解放干部和群众的思想，四个现代化就没有希望，一个党，一个国家，一个民族，如果一切从本本出发，思想僵化，迷信盛行，那它就不能前进，它的生机就停止了，就要亡党亡国。因此，在建设有中国特色社会主义的历史阶段中，必须始终坚持解放思想、实事求是这个使我们永远充满生机和活力的法宝。江泽民同志 1992 年 6 月 19 日在中央党校发表重要讲话时指出：“解放思想是一个法宝，是一个帮助我们在思想上和工作上永远保持蓬勃生机和活力的法宝，必须伴随建设和改革长期坚持下去。”

2.解放思想，实事求是，必须统一于实践。

解放思想与实事求是相统一，是实践的要求，是在实践基础上的辩证的统一。马克思主义哲学认为，实践是人们改造客观世界的活动，同时也体现了认识主体的能动性。实践的这种从客观到主观、又从主观到客观的双向转换活动，以及它的主观性与客观性相统一的双重特征，要求人们的实践中既要解放思想，充分发挥主观能动性、创造性；又要从实际出发，实事求是，尊重客观规律。从实践的观点出发，正确地理解和说明贯穿于人类活动中的主观性与客观性的矛盾，是我们寻求解放思想与实事求是内在统一根据的基本途径。同时，主观与客观、思想和实际的符合

与统一，又是个不断发展的过程。实践在发展，新事物、新问题不断出现，人们的认识也需要不断深化，不能也不应该停止在某一阶段。停滞必然导致僵化，发生主观脱离客观、思想落后于实际的问题。新问题是层出不穷的，我们必须不断坚持解放思想，实事求是，使主观思想跟上客观现实的变化，使认识合乎实际，历史与现实的经验都反复说明，那种认为解放思想、实事求是可以一劳永逸的观点，是不切实际的，是错误的。邓小平理论之所以具有强大的生命力，从根本上讲是因为这一科学社会主义是深深扎根于当代中国人民建设有中国特色社会主义这一伟大实践，并将随着实践的发展而发展。邓小平理论的这一本质的特征，决定了它必须始终把解放思想、实事求是作为自己的思想基础。

3.解放思想，实事求是是我们的事业永葆生机的法宝。

中国共产党经过从毛泽东到邓小平两代中央领导集体长达30多年的艰辛探索，经过反复实践及正反两方面经验的总结，终于找到了建设有中国特色社会主义的道路，形成了建设有中国特色社会主义的理论。然而，这还仅仅是“开篇破题”，建设有中国特色的社会主义，任重而道远。这就要求我们：首先，必须坚持实事求是的思想路线，即一切从实际出发，理论联系实际，实事求是，在实践中检验和发展真理。要善于从实际出发，具体情况具体分析，要弄清楚我们的国情、国力如何，我们处在怎样的发展阶段，我们所处的国际环境如何，要始终注意在了解实际情况的基础上求得对事物的正确认识，要懂得因事制宜、因地制宜，适时制定正确的政策和策略。其次，我们的观念不能停留在对马克思主义的某些原则、某些本本的教条式的理解上，不能停留在对社会主义的不科学的甚至扭曲的认识上，不能停留在那些超越社会主义初级阶段的不正确的思想上。对待马克思主义的正确态度应该是，坚持其根本原则和基本方法，在把握其精髓与活的灵魂的同时，正确对待马克思主义经典作家当年作出的已经不适应今天实际的个别结论，要敢于突破旧的思想框框。面对社会主义市场经济体制建立过程中股份制、股票市场、劳动力市场等不断涌现的新生事物，要大胆地摒弃陈腐的思想观念，树立发展社会主义市场经济所必须的竞争观念、效益观念、法制观念等，积极扶植新生事物的成长。第三，倡导善于思考、勇于创新的精神。建设有中国特色社会主义事业是一项崭新的事业，我们必须用辩证唯物主义和历史唯物主义的世界观、方法论去分析新情况，解决新问题，要肯动脑筋，善于思考问题，勇于探索。只要这种探索有利于建设有中国特色的社会主义事业，就应大胆地去试验，通过创造性地开展工作并及时总结经验，我们就能够不断地开创新的局面。

第三节 解放思想、实事求是贯穿邓小平理论的全过程

一、解放思想、实事求是贯穿邓小平理论的各个方面

解放思想，实事求是，是邓小平理论的精髓。所谓“精髓”，就是贯穿一切的东西。在邓小平理论的丰富内容中，用一句话来概括，就是解放思想，实事求是。它贯穿于建设有中国特色社会主义理论形成和发展的全过程，贯穿于建设有中国特色的社会主义理论的各个方面。

1.解放思想，实事求是是邓小平理论的核心。

我们党和毛泽东在长期革命斗争中，创立了一条实事求是的思想路线。遵循这条思想路线，在民主革命时期，我们党把马克思主义普遍原理同中国革命具体实践相结合，创造性地开辟了一条农村包围城市，武装夺取政权的独特道路，取得了中国革命的伟大胜利。建国后，我们党仍然在这条思想路线指引下，创造性地找到了一条具有中国特色的社会主义改造道路，实现由新民主主义向社会主义，从私有制到公有制的革命转变。随后，党和毛泽东对中国式的社会主义建设道路，进行了可贵的探索，取得了一些重要成果，开了探索中国式社会主义建设道路的先河。但遗憾地是，八大以后由于不切实际地提出和实行了许多“左”的东

西，特别是忽视了经济建设和民主政治建设，搞阶级斗争扩大化，在理论和实践上逐步背离了实事求是的思想路线，造成了严重的损失。邓小平指出：实事求是“这条思想路线，有一段时间被抛开了，给党的事业带来很大的危害，使国家遭到很大的灾难，使党和国家的形象受到很大的损害”。[①]实践告诉我们，只有坚持实事求是的思想路线，我们的事业才有胜利的保证。

党的十一届三中全会以来，我们党正是从重新恢复和确立实事求是思想路线入手，按照实事求是的精神，认真总结了历史经验教训，确立全面改革开放的方针，科学地提出和解决了建设有中国特色社会主义的许多重大理论问题和一系列的方针政策。在重新确立辩证唯物主义思想路线的过程中，邓小平对实事求是作了一系列的重要论述。他阐明了实事求是在马列主义、毛泽东思想体系中的地位和作用，指明了实事求是是无产阶级世界观的基础，是马克思主义的思想基础。邓小平主持下制定的十一届六中全会《决议》指出：“实事求是，就是从实际出发，理论联系实际，就是要把马列主义普遍原理同中国革命具体实践相结合。”[②]这些论述，不仅指明了实事求是是辩证唯物主义思想路线的核心，也揭示了实事求是的基本内容。

实事求是是党的思想路线的核心，其本身就蕴含着从实际出发、理论联系实际、实践是检验真理标准的内在因素。一切从实际出发，是真正做到实事求是的前提条件；理论联系实际，是实事求是的必然要求；实践是检验真理的标准，则是党的思想路线的重要基石。历史表明，从客观事实出发，还是从主观出发，是理论联系实际，还是理论脱离实际，是以实践作为检验真理的标准，还是以“本本”为标准，这是辩证唯物主义思想路线和唯心主义思想路线根本对立的突出表现。

实事求是思想路线的精神实质，就是要按照客观事物的本来面目及其内在规律去认识世界和改造世界。早在 20 世纪 30 年代

① 《邓小平文选》第 2 卷，第 278 页。

② 《三中全会以来重要文献选编》（下），人民出版社 1982 年版，第 833 页。

初，毛泽东就为辩证唯物主义思想路线奠定了理论基础，这“两论”的实质就是实事求是论。在延安整风中，他系统地阐明了辩证唯物主义思想路线，并精辟地概括为“实事求是”四个大字。在60年代初，他进一步指出，人们的认识往往需要从物质到精神，由精神到物质，即由实践到认识，由认识到实践的多次反复才能够完成，从而阐明了实事求是思想路线的本质特征。

在新的历史时期，邓小平总结了中国革命和建设的长期实践经验，对党的思想路线作了新的概括，他指出：“实事求是，一切从实际出发，理论联系实际，坚持实践是检验真理的标准，这就是我们党的思想路线。”[①]这一完整的科学概括，讲明了党的思想路线的四个方面，这在我们党的历史上还是第一次。根据邓小平的这一概括，十二大通过的党章作了完整的表述，指出：“党的思想路线是一切从实际出发，理论联系实际，实事求是，在实践中检验真理和发展真理。”邓小平说：“毛泽东思想的基本点就是实事求是，就是把马列主义的普遍原理同中国革命的具体实践相结合。”[②]他进一步指出，我们说的做的究竟能不能解决问题，问题解决得是否正确，关键在于我们是否能够理论联系实际，是否善于总结经验，针对客观实际，采取实事求是的态度。这就是说，要实事求是地揭示客观事物的内在本质及其发展规律。

邓小平所概括的党的思想路线的基本点，是一个有机的统一体。这四个方面既各有侧重，又互相联系、互相依赖，互相补充，而最核心的是实事求是。他说：“过去我们搞革命所取得的一切胜利，是靠实事求是；现在我们要实现四个现代化，同样要靠实事求是。”[③]邓小平从理论和实际的结合上，阐明了实事求是是辩证唯物主义思想路线的核心，也是毛泽东思想和邓小平理论

---

①《邓小平文选》第2卷，第278页。

②《邓小平文选》第2卷，第126页。

③《邓小平文选》第2卷，第143页。

的核心，是改革开放的理论基石。

2.“解放思想，实事求是”是邓小平理论的根本点。

实事求是不仅是辩证唯物主义思想路线的核心，而且是邓小平理论的根本点。以邓小平为核心的第二代中央领导集体把马列主义、毛泽东哲学思想的根本点——实事求是运用于中国社会主义建设事业的各个领域，形成了许多独创性的理论。诸如社会主义发展道路论，社会主义初级阶段论，社会主义本质论，社会主义市场经济论，社会主义根本任务论，社会主义民主政治论，社会主义精神文明论，社会主义发展内部动力论，社会主义发展外部条件论，社会主义发展政治保证论，社会主义发展战略步骤论，社会主义领导核心和依靠力量论，“一国两制”与祖国统一论，等等。这些理论，正是以实事求是为根本点，在社会主义建设各个领域中的多方面展开，从而在唯物论、辩证法、认识论和唯物史观方面丰富和发展了马克思主义哲学、毛泽东哲学思想，为建设有中国特色社会主义奠定了哲学基础。

党的十一届三中全会以来，我们总结吸取的最根本的经验教训，就是一定要把马克思主义普遍原理同中国的具体实际情况结合起来，坚持一切从中国的国情出发，走自己的路，建设有中国特色的社会主义。解放思想，实事求是是新时期历史的起点，是贯穿二十多年历史的一条红线，是建设有中国特色社会主义理论的精髓。邓小平在“南巡讲话”中指出：“我们改革开放的成功，不是靠本本，而是靠实践，靠实事求是。”“实践是检验真理的惟一标准。我读的书并不多，就是一条，相信毛主席讲的实事求是。”[①]他还说：“最近我对一位外国朋友说，说我是改革派是真的，可是我也反对资产阶级自由化。如果说反对资产阶级自由化就是保守派，那末也可以说我是保守派。比较实际地说，我是实事求是派，坚持改革开放政策，坚持党的领导和社会主义道路。”这是他对自己所作的实事求是的确切评价。这充分表明，

①《邓小平文选》第3卷，第382页。

解放思想，实事求是是建设有中国特色社会主义理论的精髓和哲学根据。

党的十五大报告指出，在走向新世纪的新形势下，面对许多我们从来没有遇到过的艰巨课题，邓小平理论要求我们增强和提高解放思想、实事求是的坚定性和自觉性，一切从是否有利于发展社会主义社会生产力、有利于增强社会主义国家的综合国力、有利于提高人民的生活水平这“三个有利于”为根本判断标准，不断开拓我们事业的新局面。

二、坚持解放思想、实事求是

解放思想、实事求是永无止境。世界在变化，我国改革和建设在推进，人民群众的伟大实践在发展，迫切要求我们进一步解放思想，实事求是。如果我们不能始终站在时代前列和实践前沿，我们的事业就不能发展和前进，我们就有被时代淘汰的危险。如果我们不注意汲取群众创造的新鲜经验，不尊重客观规律，思想严重脱离实际，或者单凭老方式老办法想问题，做工作，缺乏主动性和创造性，就会盲目蛮干，犯随意性和片面性的严重错误，给我们的事业造成损失。

坚持解放思想，实事求是就要毫不动摇地贯彻以经济建设为中心，坚持四项基本原则，坚持改革开放的基本路线，按照实践是检验真理的惟一标准，坚持用“三个有利于”判断各方面工作的是非得失，自觉地把思想认识从那些不合时宜的观念、做法和体制的束缚中解放出来，从对马克思主义错误的和教条式的理解中解放出来，从主观主义和形而上学的桎梏中解放出来，使我们的思想和行动更加符合客观实际，使党的路线方针政策更加符合社会主义初级阶段的国情，就是要按照马克思主义的实践观点和发展观点，研究新情况、解决新问题，正确认识和妥善处理生产力与生产关系、经济基础与上层建筑的矛盾，不断把各项改革推向前进；就是要用宽广的眼光观察当今世界和中国，以与时俱进的思想观念和奋发有为的精神状态开展工作，不断推动理论创新、制度创新和科技创新。

坚持解放思想、实事求是，就必须把马克思主义基本理论同丰富和发展马克思主义统一起来。要坚持马克思列宁主义、毛泽东思想、邓小平理论这个一脉相承的科学体系，坚持马克思主义的世界观、方法论，坚持反映人类社会发展规律的基本原理和基本观点。马克思主义具有与时俱进的理论品质，是不断发展的科学，不能不顾历史条件和现实情况，拘泥于经典作家在特定历史条件下，针对具体情况提出的某些个别论断和具体行动纲领。要树立强烈的创新意识，总结新鲜经验，积极进行理论概括，正确回答实践中迫切需要解决的问题，不断推进马克思主义的中国化，丰富和发展马克思主义，增强马克思主义的说服力和战斗力。

坚持解放思想，实事求是，必须坚决克服各种错误思想倾向的干扰，坚持有"左"反"左"，有"右"反"右"，"右"主要是否定四项基本原则，搞资产阶级自由化；"左"主要是思想疆化，把改革开放说成是引进和发展资本主义。在新形势下，"左"和"右"都会有新的表现。

第四节 坚持解放思想，实事求是的思想路线，必须弘扬与时俱进的精神

江泽民同志指出："坚持党的思想路线，解放思想、实事求是、与时俱进，是我们党保持先进性和增强创造力的决定性因素。与时俱进，就是党的全部理论和工作要体现时代性，把握规律性，富于创造性。"与时俱进就是要求我们的思想理论和各项工作要随着实践的发展而发展。

一、 与时俱进是在总结历史经验，面对严峻挑战时提出来的

江泽民同志从马克思主义发展史和中国共产党革命、建设、

改革的奋斗史来说明与时俱进的重要性。他多次指出，一部马克思主义的发展史，就是一部与时俱进的历史，马克思主义就是通过一代又一代马克思主义者的努力而不断发展的，不论是马克思主义的哲学，还是其政治经济学和科学社会主义，它们在其创立者马克思恩格斯身后都获得了巨大的发展，每一代的马克思主义者都根据自己本国的实际和时代的特点，丰富和发展了马克思主义。所以，当我们今天再谈论马克思主义的时候，我们说的马克思主义并不仅仅是指马克思恩格斯的思想，而且包括了列宁、毛泽东、邓小平和江泽民等人的思想，包括了马克思主义诞生后一百多年来的发展。也正是由于有了这种发展，才有了苏维埃政权的诞生，才有了中国革命、建设和改革的伟大成就，马克思主义才会存活到今天，为众多的人所信奉，对人类历史产生如此巨大的影响。与时俱进是江泽民同志对人类历史、马克思主义发展史和中国的革命、建设、改革的历史的全面总结。

与时俱进是对共产党执政规律的总结。从 1989 年十三届四中全会江泽民同志主持中央的工作以来，国际国内都发生了一系列重大事件，其中对世界历史影响最大、对共产党人震动最深的事件就是苏东剧变，从 1989 年 9 月开始，先是波兰、匈牙利、民主德国、保加利亚，然后是捷克斯洛伐克、罗马尼亚、南斯拉夫、阿尔巴尼亚，最后是苏联，东欧的这些社会主义国家像多米诺骨牌效应一样，发生了连锁反应，纷纷转向。从此，冷战结束，社会主义似乎“败”下阵来。这样一连串的事件对所有真诚的共产主义者产生了无比强烈的震撼。为什么苏联这样一个发展了七十多年的社会主义国家还解体呢？为什么一个执政了七十多年的共产党会在“一夜”间垮台呢？其中的重要原因就是这些执政的共产党不能与时俱进，不能保持自己的先进性和创造力，从而脱离了群众，失去了民心。这个沉痛的教训不能不使长期执政的中国共产党更加自觉地坚持与时俱进，这也是江泽民同志一再强调与时俱进的重要原因。

与时俱进是面对新形势新任务的需要。从国际上看，延续近半个世纪的冷战已经结束，国际局势总体上趋于缓和，和平与发展是时代的主题。世界多极化和经济全球化在曲折中发展，科技进步日新月异，综合国力竞争日趋激烈，世界的力量组合和利益分配在发生新的深刻变化。在可预料的较长时期内，我们可争取到一个和平的国际环境，我国面临的环境依然是机遇大于挑战。但是天下仍很不太平，由于民族、宗教、领土、资源等因素引发的局部冲突此起彼伏；各种分裂势力、恐怖势力和极端势力给国际社会不断带来危害；环境、毒品、难民等全球性问题日益突出；霸权主义和强权政治不仅存在，而且有新的发展；不公正不合理的国际经济政治旧秩序还未得到根本改变。要解决和平与发展这两大战略性问题，建立公正合理的国际经济政治新秩序，仍然任重道远。总体和平，局部战争；总体缓和，局部紧张；总体稳定，局部动荡，是当前和今后一个时期国际局势发展的基本态势。从国内看，随着改革的深化和社会主义市场经济体制的建立，我国社会生活发生了广泛而深刻的变化。在社会生产力获得大解放、大发展，综合国力不断增强的同时，我们的改革与发展也遇到了新的矛盾和新的问题。深化改革、扩大开放、促进发展、保持稳定的任务十分艰巨；社会经济成分、组织形式、利益分配和就业方式日益多样化，等等，在前进的道路上，我们还会遇到一些难以预料的困难和风险。从我们党自身看，我们党已经由一个几十人的小党发展为六千多万人的大党，由领导人民为夺取全国政权而奋斗的党，成为领导人民掌握全国政权并长期执政的党；已经从受到外部封锁和实行计划经济条件下领导国家建设的党，成为对外开放和发展社会主义市场经济条件下领导国家建设的党。面对国际国内的这种迅速发展的新形势和我们党的新方位、新任务，形势逼人，不进则退，我们必须拿出马克思主义的理论勇气，紧跟时代潮流，只有这样，我们才能解决前进道路上遇到的各种困难和问题，才能形成新认识，开辟新境界。也就是说，对我们党面临的形势和任务的清醒认识，是江泽民同志强调与时俱进的另一原因。

与时俱进的精神与解放思想，实事求是是内在统一的。解放思想，实事求是是我们党指导自己行动的总原则，集中体现了我们党的世界观、价值观。与时俱进是我们党对待自己的理论、事业和党自身的根本态度和根本要求，集中体现我们党把握历史前进方向、站在时代前列的本质特征，两者统一于我们党的具体实践活动中。具体说来，两者的关系是：一方面，坚持解放思想、实事求是是坚持与时俱进的前提、基础，也是与时俱进的目的。与时俱进不是赶时髦，而是为了使主观与客观，思想与实际相符合，只有符合了，才是真正的与时俱进；而与时俱进也就是为了达到符合。另一方面与时俱进是坚持解放思想，实事求是的必然要求和结果。客观世界处于不断发展变化中，人们对客观世界的认识和改造也必须随着客观世界的变化而变化。也就是说，坚持唯物主义，坚持实事求是，就是必须与时俱进；真正坚持实事求是，也就必然与时俱进。

二、坚持与时俱进，不断进行理论创新和实践创新

1.坚持与时俱进是理解“三个代表”重要思想的关键。

“三个代表”重要思想是与时俱进的产物。“三个代表”重要思想是江泽民同志把握国内外形势和我们党所处地位的变化，坚持用与时俱进的精神研究回答时代发展变化对于我们党和国家建设提出的新要求，是马克思主义与当今时代和中国实际进一步结合的产物，是我们党的指导思想的又一次历史性飞跃。没有与时俱进的精神，就不会有“三个代表”重要思想的产生、发展和完善。

只有坚持与时俱时的精神，才能保持先进性，才能做到执政为民，才能全面贯彻“三个代表”重要思想。在十六大报告中，江泽民同志指出，坚持党的思想路线，解放思想、实事求是、与时俱进，是我们党坚持先进性和增强创造力的决定性因素。坚持用时代发展的要求审视自己，以改革的精神加强和完善自己，这是我们党始终保持马克思主义政党本色、具有蓬勃活力的根本保

证。事实的确如此，只有坚持与时俱进的精神，我们才能从落后的观念和体制下解放出来，才能走在时代前列，开辟马克思主义理论的新境界；才能真正代表先进生产力的发展要求和先进文化的前进方向，才能把“三个代表”重要思想落到实处。

2.弘扬与时俱进的精神，不断进行理论创新和实践创新。

弘扬与时俱进的精神，就必须紧跟时代发展潮流，不断研究新情况，解决新问题，不断进行理论创新和实践创新。

首先，坚持理论创新，不断开辟马克思主义发展的新境界。一个政党的纲领就是一面旗帜，旗帜就是党的形象，旗帜就是党的生命。一个政党要站在时代前列，它的指导思想就首先要走在前列。江泽民同志在十六大报告中指出，实践基础上的理论创新是社会发展和变革的先导。所以，弘扬与时俱进的精神，首先就要不断推进马克思主义。

其次，不断进行实践创新，开创社会主义现代化建设的新局面。理论创新是先导，实践创新才是目的。只有在理论创新的基础上，不断进行实践创新，才能真正推动先进生产力和先进文化的发展，才能真正满足人民群众的物质文化生活的需要。正如江泽民同志所说：“通过理论创新推动制度创新、科技创新、文化创新以及其他各方面的创新，不断在实践中探索前进，永不自满，永不懈怠，这是我们要长期坚持的治国之道”。

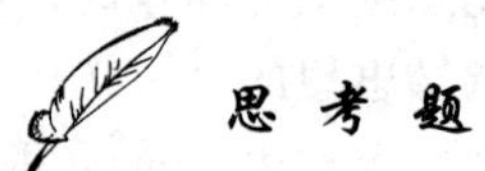

思考题

1.解放思想，实事求是思想路线是怎样确立的？

2.为什么说解放思想，实事求是贯穿邓小平理论的全过程？

3.怎样正确理解和把握解放思想与实事求是的辩证统一关系？

4.坚持解放思想，实事求是的思想路线，为什么必须弘扬与时俱进的精神？

第四章

社会主义本质和根本任务

本章学习重点

明确为什么社会主义的本质是解放生产力，发展生产力，消灭剥削，消除两极分化，最终达到共同富裕；正确认识和把握现阶段我国社会的主要矛盾；全面理解我国社会主义的根本任务是要发展生产力；学会用“三个有利于”标准判断改革是非得失；发展是执政兴国的第一要务。

第一节 建设有中国特色社会主义的首要基本理论问题

一、马克思主义对社会主义本质认识的历史过程

1.马克思恩格斯对社会主义基本特征的论述。

科学社会主义的创始人马克思和恩格斯关于社会主义的论述很多，但是，他们都没有直接论述过社会主义的本质问题，也没有关于“社会主义本质”的这个提法。马克思主义的创始人虽然没有直接论述过社会主义的本质问题，但是他们在很多方面论述了社会主义社会的基本特征，他们正是通过这些基本特征来揭示社会主义本质的。

马克思、恩格斯在19世纪40年代创立自己的理论以及在后来建立理论体系的过程中，首先对社会主义质的规定性及其特征进行了阐述。马恩认为，科学社会主义与空想社会主义最根本的区别在于：它不是从抽象的理性原则出发，而是从客观的经济事实出发，认为生产力是社会发展的最终决定力量，生产力和生产关系的矛盾运动是推动人类社会发展的根本动力，从而科学地论证了社会主义是现代生产力发展的本质要求，是资本主义生产方式内在矛盾运动的必然产物，是一种取代资本主义的崭新社会制度，从而奠定了社会主义本质的基本思想。对于未来社会主义社会的基本特征，马克思、恩格斯将其思想阐述如下：（1）生产资料归统一的全社会所有；（2）在个人消费方面，实行等量劳动领取等量报酬；（3）按照预订计划进行社会生产；（4）商品货币关系不复存在；（5）消灭了阶级和阶级差别，国家逐步消亡；（6）人成了社会和自然界的主人，实现了人的全面发展。在这里，可以说马克思恩格斯从总体上回答了什么是社会主义的问题。

2.列宁第一个提出社会主义的实质问题。

早在19世纪末，列宁就提出了社会主义的实质问题。1989

年他在《俄国社会民主党中的倒退倾向》一文中两次提到社会主义的实质问题。他说："社会主义的目的（和实质）是把土地、工厂等等即全部生产资料变为社会财产，取消资本主义生产。按照总的计划进行有利于社会全体成员的生产"。[①]在这篇著作中，他还指出："尔·姆……印了伯恩施坦的一句话：'社会主义是现代社会的进一步的高度的发展'。这句话不仅没有说明社会主义的意义和实质，反而把它弄模糊了。"[②]

苏俄的革命和建设中对社会主义本质的认识不断深化，提出了以经济建设为中心，大力发展生产力的光辉思想。

列宁在苏联革命和建设时期，只要有可能，他就把经济建设作为中心，把发展生产力，提高劳动生产率，提高人民生活水平作为中心。在处理生产关系与生产力的关系问题上，列宁曾经有过失误。这主要是指战时共产主义时期的直接过渡思想。所谓"战时共产主义"体制，一方面，它是为了在战争环境中集中一切必要的人力、物力、财力为赢得战争，保卫红色政权服务的战时经济体制。这是完全必要的，实践证明是有很大功劳的，必须加以肯定。但另一方面，它又包含了"直接过渡"到社会主义、共产主义的思想。所谓"直接过渡"，是指不顾俄国生产力发展比较落后的实际，企图直接而迅速地摧毁旧的社会经济结构——商业、小经济、小企业、资本主义等等，代之以新公有化的、消灭了市场货币的社会经济结构，以便"按照共产主义的原则，来组织全国产品的生产和分配"。这种离开生产力的水平急于过渡的想法和做法，违背了社会主义本质的根本要求，带来了不良后果，出现了农民、工人生产积极性不高等现象。1921 年以后，公开承认犯了错误，果断决定开始实行新的经济政策。新经济政策的实质，就是单纯从社会主义、共产主义生产关系概念出发考虑问题，安排工作的思路，回到实事求是，一切从现有比较落后的生产力的实际出发的轨道上来，在坚持苏维埃政权，坚持无产

① 《列宁全集》第 2 版，第 4 卷第 241 页。

② 《列宁全集》第 2 版，第 4 卷第 241 页。

阶级掌握基本经济命脉的前提下，一切以是否有利于生产力的恢复和发展为根本标准，把生产关系调整到与现有生力水平相适应的程度。这就较准确地抓住了社会主义本质这个核心。

3.从毛泽东的论述看社会主义的本质。

与其他马克思主义经典作家一样，毛泽东也没有专门论述过社会主义的本质问题。但是，他在《矛盾论》一书中，对事物的本质范畴作了科学的界定。他指出：“任何运动形式，其内部都包含着本身的特殊的矛盾。这种特殊的矛盾，就构成了一个事物区别于其他事物的特殊本质。”①他接着说：“这种情形，不但在自然界中存在着，在社会现象和思想现象中也是同样地存在着。每一种社会形式和思想形式，都有它的特殊的矛盾和特殊的本质。”毛泽东的这一论述对我们认识社会主义的本质具有方法论的意义。

根据毛泽东的论述，社会主义的本质也就是社会主义这种社会形式本身所特有的区别于其他社会形式的特殊矛盾。

那末，社会主义区别于其他社会形式的特殊矛盾是什么呢？关于这个问题，毛泽东在《关于正确处理人民内部矛盾的问题》一书中作了深刻的阐述。第一，社会主义社会的基本矛盾有其特殊性。这种特殊性主要表现在：社会主义社会的生产力和生产关系之间、经济基础和上层建筑之间，既有基本适应的一面，又有局部不适应的一面；第二，社会主义社会人际之间的利益关系，既有基本一致的一面，又有局部不一致的一面。而且上述不一致的方面可以在社会主义制度本身范围内不断得到解决。这就与其他剥削社会制度下的情况，有很大不同。同样，在其人际之间的利益关系上自始至终存在着剥削和被剥削、统治和被统治这种利益上的根本对立，这种对立在剥削社会内部也不可能得到解决。正是这种不同于其他社会的特殊的矛盾，或矛盾的特殊性，决定了社会主义与其他社会的区别，决定了社会主义的本质。

① 《毛泽东选集》第2版，第1卷第309页。

二、邓小平对社会主义本质的探索

1.社会主义本质论断的萌芽。

改革开放一开始就遇到了姓“资”姓“社”的困扰。中国的改革以农村家庭联产承包责任制的实施为突破口和第一推动力，尽管家庭联产承包责任制一出现就取得了明显成效，受到了群众欢迎，但从地方到中央都存在尖锐分歧。实际生活把“什么是社会主义，怎样建设社会主义”这个首要的基本理论问题尖锐地提到了我们面前。

当时，走在改革前列的安徽省委书记万里，在进行农村改革和支持包产到户的过程中，就反复提出了什么是社会主义的问题。那时，在僵化思想的禁锢之下，不少人认为，包产到户等责任制即使能发展生产、改善人民生活，也是走资本主义道路，必须加以反对；原来的那一套，即使造成农民外流要饭，甚至饿死人，也是社会主义，必须坚持。正是针对这种看法，1978 年在安徽省委研究如何解决凤阳农民外流讨饭问题时，他说：“社会主义还要饭，那叫什么社会主义?!”同年，他在思考如何调动农民的积极性时说：“农民积极性没有调动起来，这是个客观存在的事实”，“如果八亿农民都在消极怠工，还谈什么社会主义”。1979 年 6 月 15 日，在听取汇报“大包干”责任制取得的成就和群众怕变的思想，仍有人批“大包干”是搞“三级半核算”时，他说：“只要能增产，什么也不要怕，三级半核算也好，四级核算也好，多个半级一级的，照样是社会主义。”①进入 80 年代，包产到户的争论更趋尖锐。刚刚兴起的农村改革濒临夭折的危险。正是这样一些关系到中国的改革能否起步的关键问题，促使邓小平进一步思考并多次提出这个首要的基本理论问题。1980 年 4 月 12 日，他说：“不解放思想不行，甚至于包括什么叫社会主义这个问题也要解放思想。”同月 21 日，他总结出了如何搞

① 张广友：《改革风云中的万里》，人民出版社 1995 年版，第 143、165、197 页。

社会主义的两条基本经验教训：“第一，不要离开现实和超越阶段采取一些‘左’的办法，这样是搞不成社会主义的。”“第二，不管你搞什么，一定要有利于发展生产力。发展生产力要讲究经济效果。只有在发展生产力的基础上才能随之逐步增加人民的收入。”同年 5 月，他在表态支持家庭承包的同时，指出：“社会主义是一个很好的名词，但如果搞得不好，不能正确理解，不能采取正确的政策，那就体现不出社会主义的本质。”“根据我们自己的经验，讲社会主义，首先就要使生产力发展，这是主要的。只有这样，才有表明社会主义的优越性。社会主义经济政策对不对，归根到底要看生产力是否发展，人民收入是否增加。这是压倒一切的标准，空讲社会主义不行，人民不相信。”①在这一段话中，尽管还没有从正面回答什么是社会主义的本质，但已经从社会主义本质的角度思考问题了，社会主义的本质这个概念也提出来了。在后半段话中，提出了压倒一切的两条标准：一是发展生产力，二是提高人民收入。这两条标准同社会主义本质论断是相通的。可以认为这些论断标志着社会主义本质理论的最初孕育。一年以后，邓小平在谈到这一点时说：“我们提出这些农村政策，很自然在人民和干部中间提出了一个是不是坚持社会主义道路的大问题。”②社会主义本质理论就是在回答这个大问题时孕育的。

2.社会主义两大原则的概括。

中国的体制改革从实质上看，是社会主义制度实现形式的再选择，即用新的社会主义经济模式来改造和代替旧的经济体制模式的过程。改革就是要改革旧的所有制过分单一、忽视市场机制的过分集中的体制，这就必然要打破那种在所有制上要求纯而又纯、在运行机制上排斥市场经济的社会主义旧观念。因此，随着经济体制改革由农村推向城市全面展开，社会主义商品经济理论应运而生。1984 年《关于经济体制改革的决定》指出：改革的任务是，“从根本上改变束缚生产力发展的体制”，“建立充满

① 《邓小平文选》第 2 卷，第 312~314 页。

② 《邓小平思想年谱》中央文献出版社 1998 年版，第 184 页。

生机和活力的新体制”，即“社会主义商品经济”体制。《决定》的理论贡献就在于第一次突破了把计划经济同商品经济对立起来的传统观念，提出：社会主义计划经济“是公有制基础上有计划的商品经济”，“商品经济的充分发展，是社会主义经济发展的不可逾越的阶段，是实现我国经济现代化的必要条件。”从此开始形成社会主义商品经济论。它标志着我们对社会主义的认识取得了重大的新进展。邓小平高度评价了《决定》的理论意义，他说：“这次经济体制改革的文件好，就是解释了什么是社会主义，有些是我们老祖宗没有说过的话，有些新话”。①

但这个理论由于同我们过去的社会主义观念相冲突，当时没有得到广泛的认同，即使同意有计划的商品经济这个论断的人，对它的理解也有根本的不同。“什么是社会主义，怎样建设社会主义”这个首要的基本理论问题就更加突出地摆在我们面前。

邓小平从反复思考的这个问题中得出了两个相互联系的结论。第一个结论就是：社会主义的根本任务是发展生产力。邓小平从反复思考的这个问题中得出的第二个结论是：社会主义的目的是共同富裕。他在谈到社会主义的根本任务是发展生产力时，总是联系改善人民生活来阐述，强调在我国的情况下只有走社会主义道路、走共同富裕的道路，才能真正改善人民的生活。正是在对什么是社会主义、怎样建设社会主义这个首要的基本理论问题，经历了长期的反复思考以后，邓小平把上述两方面的思想概括为社会主义的两大原则。1986 年 9 月，他说：“不能有穷的共产主义，同样也不能有穷的社会主义。——社会主义的原则，第一是发展生产力，第二是共同致富。”这两大原则的概括是社会主义本质理论形成的一个重要的阶段，它可以说是社会主义本质论断的雏型。

3.社会主义本质论断的提出。

20 世纪 80 年代末 90 年代初我国的改革进入攻坚阶段。80 年代的改革取得了重大的成就，这十年经济持续发展，国力显著

① 《邓小平文选》第 3 卷，第 203 页。

增强，人民得到很多实惠，经济和社会生活欣欣向荣。但是也存在着诸多的矛盾和问题。80 年代中国的经济发展主要是由非国有企业和开放带动的；国有企业虽然作出了重大的贡献和重大的牺牲，但它的改革仍无重大突破，国家的财税体制和金融体制等等的改革没有重大进展，造成了双重体制的磨擦很大，漏洞很多，效益下降，结构恶化，腐败蔓延等问题。

要在实践上深化市场取向改革，必须在理论上明确把社会主义市场经济作为我国经济体制改革的目标。但是明确提出社会主义市场经济，不仅意味着同苏联模式的经济理论彻底决裂，而且意味着对马克思的社会主义基本特征的认识作重大修正。因此，从计划经济理论转变为社会主义市场经济理论是很难的、甚至可以说是惊险的一跃。这个飞跃不仅涉及到哪种体制能更有效地配置资源，而且涉及到什么是社会主义这个基本理论问题。长期以来，人们把计划经济当作社会主义的本质特征，把市场经济当作资本主义的本质特征，社会主义就是计划经济，放弃计划经济就是抛弃社会主义；市场经济就是资本主义，搞市场经济，就是复辟资本主义。在这些观念的束缚下，在原有体制的弊端明显暴露以后，人们迟迟没有进行改革，直到原有体制的历史作用完全耗尽；在开始改革以后，迟迟不进行市场取向改革，而把改革看作是计划经济体制的或大或小的修补，终于使改革陷入困境。

邓小平以反潮流的大无畏精神，反复强调计划和市场都是方法，而不是社会主义或资本主义的本质。1987 年 2 月，邓小平说：“为什么一谈市场就说是资本主义，只有计划才是社会主义呢？计划和市场都是方法嘛。只要对发展生产力有好处，就可以利用。它为社会主义服务，就是社会主义的；为资本主义服务，就是资本主义的。”[①]针对有的人把市场经济等同于资本主义的观点。1990 年以来，邓小平多次指出：我们必须从理论上搞懂，资本主义与社会主义的区分不在于是计划还是市场这样的问题。社会主义也有市场经济，资本主义也有计划控制。1992 年，邓

① 《邓小平文选》第 3 卷，第 373 页。

小平在视察南方的讲话中，正是在回答社会主义能不能搞市场经济时，明确提出了社会主义本质的著名论断。他说："计划和市场都是经济手段。社会主义的本质是解放生产力，发展生产力，消灭剥削，消除两极分化，最终达到共同富裕。"①我们在研究邓小平提出的社会主义本质论断时应当牢牢记住这一点。

考察社会主义本质论断提出的过程，有助于我们了解：邓小平之所以要在社会主义特征之上提出一个社会主义本质来，是为了推动改革，为了解放思想，排除姓"资"姓"社"的干扰，为了矫正人们把所有制过分单一的、忽视市场机制的苏联模式的特征当作社会主义的特征，尤其是为了矫正人们把计划经济当作社会主义的基本特征，把商品经济和市场经济当作资本主义的基本特征的观念。正是为了要澄清人们对社会主义的特征的模糊认识，并根据实践的新鲜经验进一步搞清社会主义的特征，因此需要在高于社会主义特征的层次上提出社会主义的本质，把人们对什么是社会主义的认识提高到新的科学水平。

第二节 邓小平对社会主义本质的概括深化了对社会主义的认识

一、社会主义本质的科学内涵及其相互关系

1.社会主义本质的科学内涵。

解放和发展生产力，是邓小平社会主义本质论的第一层次的内容，究竟解放和发展什么样的生产力？怎样才算解放和发展了生产力？这是认识邓小平社会主义本质思想必须解决的问题。

严格地讲，一般意义上的解放和发展生产力，是历史上一切具有先进性的社会制度的共同特征。奴隶社会比原始社会更能解放生产力，封建制度比奴隶制，资本主义比封建制，都更能解放和发展生产力。把这些制度区别开来，从与生产力的关系的角度

① 《邓小平文选》，第3卷，第373页。

看，实际上是生产力本身的性质和水平。奴隶制解放和发展的只是以铜器为标志的生产力；封建社会解放和发展的是以手推磨和铁器工具为标志的生产力；资本主义解放和发展的是以工场手工业和机器化大生产以及信息化为标志的生产力；社会主义要解放和发展的,是被资本主义所束缚的现代社会化和智能化生产力。当然,从现实社会主义实践看,社会主义还担负着解放和发展较低层次的、在资本主义制度下无法发展起来的生产力,要不断培育现代社会化生产力和智能化生产力。这种解放和发展,不是直接在发达资本主义国家里实现，而更多地是在资本主义尚不发展的国家里实现,其优于资本主义的地方,在于社会主义比资本主义大大缩短了从农业小生产转向现代化大生产、智能化大生产的历史进程。

那么，社会主义解放和发展生产力，究竟表现在哪几个方面呢？

首先必须肯定，衡量解放和发展生产力的标准，具有一般性和通用性，不能自立标准。根据人类社会发展的规律和当代国际社会公认的原则，衡量解放和发展生产力的标准，应该包括生产力质的飞跃、量的扩张和整体效益三个方面。是否解放和发展生产力，要看生产力结构和布局是否合理，是否在向更高的阶段演进。其潜在能量包括劳动者的积极性、创造性是否得到充分的发挥，生产力成果总量是否持续正常增长，整体经济、社会和生态效益是否明显提高，能否满足社会的正当需要。如果答案是肯定的，那就说明生产力是处于被解放和发展的状态，否则相反。

其次，社会主义解放和发展生产力，要作纵向和横向双重比较，在双重座标中确定自己的位置。作纵向比较，可以更清晰地认识生产力发展的历史起点和过程，看到进步，且有利于把握自己制约生产力发展的特殊因素。作横向比较，主要是同国际发达国家的生产力发展过程及水平比较，这有利于把握生产力发展的阶段和水平。明确差距或优势，保持清醒头脑。从现实状况分析，在社会主义国家的生产力水平还远远低于发达资本主义国家生产力水平，但这是历史造成的，若就发展速度来讲，社会主义国家则具有明显的优势，只要不出现严重失误，社会主义社会的生产力，会加速赶上发达资本主义国家的。

第三，解放和发展生产力是一个过程。生产力的发展可以加速，但不可能一蹴而就，一步登天，只要是顺应生产力发展的内在规律，充分发挥了现实生产力的潜能，就能促进生产力加速转向新质态、新水平。即使现实生产力的水平还不是很高，也应承认社会主义实在地解放和发展了生产力。当然，从长远来讲，社会主义只有使生产力发展最终超过了资本主义，才能在完全意义上说社会主义真正解放和发展了生产力。

消灭剥削，消除两极分化，实现共同富裕，是社会主义本质的第二层次的内容。这一内容实际上是讲如何分配和使用生产力发展的最终成果，阐明社会主义对社会主体力量——人民大众的价值和作用。消灭剥削，含义十分明确，当指消灭剥削制度和剥削现象。这种剥削，主要是指资本主义剥削，同时也应包括其他各种形式的剥削，实质是不劳而获，少数人通过占有大量生产资料去剥削压榨劳动者，无偿占有劳动者创造的剩余价值。两极分化，是指在财富占有和使用上的严重不平等。人类的物质文化水平差距过于悬殊，已经达到贫困的一极无法接受而坚决反抗，从而导致社会危机的程度，它使社会动荡不安，社会整体利益受损，社会发展受阻。消灭两极分化，并不意味着绝对平均主义，不允许适当差别的存在。需要深入研究的是，这种差别在什么情况下才是适度的，达到什么状态才是两极分化。

实现共同富裕，是指绝大多数社会成员都共同富裕。在一国内如此，在全世界也是如此。共同富裕，不是共同温饱，也不只是共同小康，更不是共同贫穷，而是标志较高物质文化生活水平的富裕。在富裕阶段，当然也有程度的差别，存在着低度、中度、高度富裕。但富裕是相对而言，是以满足人类存在和发展的合理需要为界限的，并不是任意的挥霍浪费。同时，共同富裕也不是绝对平均，而强调差别适度。

从整体上看，消灭剥削，消除两极分化，实现共同富裕，都是一个历史的过程，都是逐步实现的。在社会主义社会发展过程中，在一定的时期和范围内存在剥削（不占主导地位）还是必然的，只是这种剥削受到了国家限制，不会导致严重的两极分化而已。共同富裕也不是同步富裕，而是有先富和后富之分，往往是一部分人先富起来，再带动其他人逐渐富裕起来，从而达到共同富裕。只要是在既定社会历史条件下最大限度地、尽可能地体现了共同富裕原则，那就是体现了社会主义的本质要求。

2.邓小平社会主义本质思想的辩证统一性。

邓小平同志把社会主义本质概括为解放生产力，发展生产力；消灭剥削和消除两极分化；最终达到共同富裕。这三者不仅缺一不可，而且是相互联系、辩证的统一体。解放和发展生产力是社会主义本质的核心；消灭剥削和消除两极分化必须服从解放和发展生产力的需要；共同富裕只能保障在生产力不断发展的基础上逐步实现。

解放生产力、发展生产力之所以是社会主义本质的核心，首先是因为生产力是衡量社会进步与否的最高标准。社会主义之所以优越于资本主义和必然取代资本主义，就在于社会主义能够比资本主义更好地解放生产力，发展生产力。资本主义之所以必然灭亡，从根本上说，不在于它存在剥削和差别，而在于资本主义的私人占有制阻碍了社会生产力的发展，而资本主义的上层建筑又竭力保护这种阻碍生产力发展的生产关系，这就必然引起代表生产力发展要求的无产阶级起来革命，推翻维护资本主义落后生产关系的政权，建立无产阶级专政，创立适应生产社会化发展要求的社会主义公有制，从而使生产力获得巨大的解放和发展。可以说，共产党人之所以要革命，是源于生产力的发展提出了这种要求。马克思、恩格斯也正是在揭示了这种历史必然性的基础上，把共产党人的理论概括成一句话：“消灭私有制”——用社会主义的公有制来取代阻碍生产力发展的资本主义私人占有制。

其次，是因为解放生产力、发展生产力是决定社会主义本质其他两个方面能否实现的基础。物质资料的生产是人类赖以生存和发展的基础。恩格斯在总结马克思的一生伟大发现时指出："正象达尔文发现有机界的发展规律一样，马克思发现了人类历史的规律。"这个规律就是生活资料的生产以及为了生活资料所必须进行的生产资料的生产，是人类社会存在和发展的基础。在进行物质资料生产所构成的社会生产方式中，生产力是最活跃、最革命的因素，它决定着生产关系的性质，也决定着生产关系的变革和发展。在社会主义历史阶段，没有生产力的解放和发展，社会主义就失去了变革和创新的动力，也不可能创造出社会主义所需要的物质基础，社会主义本质的其他两个方面的内容的实现，也就成了一句空话。因为离开物质条件讲消灭剥削、消灭差别，实现共同富裕就无异于空中楼阁。

第三，社会主义本质的核心是解放生产、发展生产力，还说明社会主义社会与以前剥削阶级社会有一个质的不同点，就是社会主义可以通过自身的调节、改革，来使生产力获得不断的解放和发展。在这以前的剥削阶级占统治地位的社会，虽然也能在一定阶段上适应解放生产力、发展生产力的要求，但由于它的生产力和生产关系之间的矛盾是以阶级对抗的形式表现出来的，生产资料始终为社会上少数人所占有，这就必然使这些社会对生产力的解放和发展受到阶级和时代的局限。当生产力发展的要求与统治阶级的阶级利益的要求一致的时候，它们可以使生产力获得解放和发展，而当生产力的发展要否定它们的占有方式，用新的适合于生产力发展要求的生产关系来取代旧的生产关系的时候，它们就要抑制和阻碍生产力的发展。而社会主义则不同，它的生产力与生产关系之间的矛盾不是一种对抗性的矛盾，在基本矛盾的运动过程中，不存在阶级利益根本对立的尖锐冲突。因此，对于生产关系不适应生产力的方面，上层建筑不适应经济基础的方面，可以通过自身的调节，不断地使生产力获得发展和解放。这正是社会主义不同于以前剥削阶级社会的一个显著特点。

解放生产力、发展生产力是社会主义本质的核心，也符合我国社会主义的历史经验。邓小平同志说："什么叫社会主义，什么叫马克思主义？我们过去对这个问题的认识不是完全清醒的。”[①]这种“不是完全清醒”不是指不要消灭剥削、消除两极分化和实现共同富裕，而恰好是指脱离社会主义解放生产力、发展生产力这个本质的核心来搞消灭剥削、消除两极分化和共同富裕。它主要表现在：一是荒谬地批判唯生产力论；二是搞“穷过渡”；三是通过小资产阶级和封建的平均主义办法来企图实现共同富裕。其结果是人民的积极性没有充分地发挥出来；人民的生活水平没有显著提高；吃大锅饭，平均主义盛行。从而，使社会主义的路子越走越窄，甚至陷入了死胡同。十一届三中全会以来之所以制定出一系列改革、开放的好政策，正是邓小平同志抓住了社会主义本质的核心，极大地解放了人们的思想，解放了生产力，使我国社会主义充满了生机与活力，开创了我国社会主义建设的新局面，使人们对社会主义前景充满了信心。

社会主义要消灭剥削、消除两极分化，这是一个必然趋势，但是，消灭剥削、消除两极分化必须服从解放和发展生产力的要求。

在我国已经确立了社会主义的公有制以后，如何看待随着改革开放在我国出现的剥削现象和贫富差别呢，最根本的就是要看这些东西的存在是不是有利于解放和发展生产力。毫无疑义，社会主义要从根本上消灭剥削、消除两极分化。作为消灭剥削制度这一点我们已经做到了，但是允许在社会主义存在一定范围内的剥削现象和一定阶段上的贫富差别，之所以必须如此，首先是因为剥削的产生消灭，贫富差别的存在与否不是由人们的主观意志决定的，而是生产发展过程中的历史现象。而这种现象之所以在我国改革开放中存在和出现，源于我国生产力还不够发达。所以，在以社会主义公有制为主体的前提下，允许私营企业和外资企业的存在和发展，这里面无疑有剥削并会出现贫富差别，但却解放和发展了生产力。从历史上看，衡量一个社会的进步与否并不是看它是不是存在剥削和差别，而是看这个社会新的生产关系

① 《邓小平文选》，第 3 卷，第 63 页。

是不是解放和发展了生产力，推动了历史的进步。原始社会是没有剥削和两极分化的，但是却被生产力的发展所抛弃了，换来的是社会的发展和历史的进步。

社会主义必须最终达到共同富裕，否则，就脱离了社会主义的方向。但是，共同富裕只能是在保障生产力不断发展的基础上逐步实现，而不能用社会主义发展过程中的某一阶段是否共同富裕来限制和阻碍生产力的发展。在处理二者关系上，必须是首先保障生产力不断发展来逐步实现共同富裕。

在人类历史发展过程中，人们在不同的历史阶段都提出过实现共同富裕的理想。在我国的封建社会，农民就曾采取杀富济贫、“均贫富”等手段与措施来试图实现共同富裕。这些行为与手段往往成为引导人们参加革命，推翻剥削制度最具有吸引力的纲领性口号。但实际上，每一次斗争的结局虽然使社会受到一定程度的改造，但并没有带来共同富裕，而是又形成了新的剥削和分化。这说明，用平均主义的办法，不能解决共同富裕的问题。一定的生产关系总是依一定的生产力发展水平而存在，当生产力水平还没有发展到可以用公有制取代私有制的时候，共同富裕只能是一种空想。马克思、恩格斯在《共产党宣言》中所批判的小资产阶级就是一个典型。科学社会主义的创立，为解决这个问题提供了科学的理论指南，揭示了人类社会走向共同富裕的必然性，指明了共同富裕必须是生产力高度发达的前提下才有可能实现。而社会主义公有制，在人类社会历史上第一次的实践告诉我们，仅有这种生产关系的变革，而没有生产力巨大发展提供的物质基础作保障，还不能实现共同富裕，这就要求我们在追求社会主义共同富裕这一目标时，必须把解放生产力作为立足点。离开了生产力的发展谈共同富裕，只能陷入“左”倾色彩的种种空想。

同时，还应看到，共同富裕是在生产力不断发展基础上的一个历史过程，而不可能是同步富裕，在我国建设社会主义的过程中，有的地区，因条件较好，经济发展就可能比较快；有的地区，因受主客观条件的限制，经济发展就较慢。相对于每一个劳动者和每一个单位来讲，也会由于个人能力、外界制约等各方面因素，出现不平衡的状况。这种不平衡，一方面反映了生产力发展水平的多层次性，不可能人为地加以削平；另一方面，这种差别的存在，又形成了相互竞争的局面，每一个地区、部门力争经济的尽快发展，每一个劳动者也焕发了劳动的热情。其结果是不平衡中都有发展，都走向了富裕，但又不是同步富裕。如果我们首先强调的是共同富裕，反对差别，不允许一部分人、一部分地区先富裕起来，其结果只能是有优势的地方没有发展生产力和积极性，落后的地方也停滞下来。最终是整个生产力都得不到较快发展，共同富裕的目标将成为一个泡影。

社会主义的本质，是解放生产力，发展生产力，消灭剥削，消除两极分化，最终达到共同富裕。这三个方面缺一就不是社会主义，但要三个方面平衡发展也实现不了社会主义。在内容上，它们是有主有次，在实践中，它们的实现有先有后，它们相互依存，互为条件，构成一个辩证的统一整体。

二、社会主义本质论的理论贡献

邓小平关于社会主义本质的概括，是探索建设有中国特色社会主义的最主要的理论成果，他把对社会主义社会的认识提高到新的科学水平。

按照马克思主义经典作家们对社会主义的预测，人们一直习惯地把公有制、按劳分配、无产阶级专政和计划经济看作社会主义本质性的特点。这种观点最大的不足就是忽视了生产力，忽视了共同富裕，也就是说，它既忽视了社会主义的目的，又忽视了达到这一目的的物质基础，这是许多社会主义国家社会主义建设中发生失误的主要思想根源。邓小平以实事求是的科学态度，根据 20 世纪社会主义的实际，认真总结在社会主义建设正反两方面的经验，着眼社会主义的发展和未来，既“不丢老祖宗”，又不拘泥老祖宗原有的结论，勇敢地对这四条做了修改和发展。他否定了认为社会主义经济就是计划经济的观点，在公有制和按劳分配之后加上了“为主体”，补充了“解放生产力，发展生产力”，“最终实现共同富裕”两条。在此基础上，形成了关于社会主义本质的新概括，从而极大地丰富和发展了科学社会主义学说。

有很强的针对性。一是针对离开生产力抽象谈论姓“资”姓“社”的历史唯心主义观点，提出了判断改革开放成败的“三个有利于”标准，把对社会主义本质的认识建立在彻底的历史唯物主义基础之上。二是针对把计划经济和市场经济看作区分不同社会制度的标准的传统观点，提出计划和市场都是经济手段，社会主义和资本主义都可以利用，这是对科学社会主义的重大突破和创新。三是针对担心一部分地区、一部分人先富起来会发生两极分化的观点和平均主义大锅饭的旧观念，提出共同富裕是一个逐步实现的过程，把对社会主义本质的认识建立在辩证法的基础上。

有很强的目的性。邓小平揭示社会主义本质的目的是为了消除改革开放的阻力，加快改革开放的步伐，把改革开放推向前进。有些人担心改革开放会走资本主义道路，建立社会主义市场经济体制会导向资本主义，致使市场取向的改革踌躇不前；有些人担心一部分地区、一部分人先富起来会导致两极分化，固守平均主义大锅饭不放，难于激发起经济活力。邓小平讲清社会主义的本质，就是为了消除这些阻碍改革开放向纵深发展的错误观念，把改革开放推向前进。

有很强的时代感。当今的时代有两个显著特点：一是和平与发展是时代的两大主题；二是世界新技术革命蓬勃发展，科学技术在社会发展中的作用日益增强。当代世界的竞争，主要是科技力量的竞争，经济力量的竞争，综合国力的竞争。邓小平把解放生产力、发展生产力作为社会主义的本质内容，鲜明地体现了时代特性。

有强烈的国情意识。党的十五大报告指出：“从五十年代中期我国进入社会主义初级阶段到现在，经过四十多年特别是近二十年的发展，我国生产力有了很大提高，各项事业有了很大进步。然而总的说来，人口多、底子薄，地区发展不平衡，生产力不发达的状况没有根本改变。"邓小平把解放生产力、发展生产力概括在社会主义的本质之中，充分体现了中国社会主义初级阶段的国情，真正坚持了马克思主义关于生产力在社会发展中起最终决定作用的原理。

以社会主义本质论为核心的邓小平理论，是中国共产党和中国人民最可宝贵的精神财富。20世纪社会主义的实践提出了三个重大课题。（1）经济文化比较落后的国家，无产阶级怎样领导被压迫阶级去夺取政权，这个问题得到了比较好的解决。（2）经济文化比较落后的国家，无产阶级夺取政权以后，如何建设和发展社会主义，这个问题经过探索，积累了一定经验，但总的说来没有解决好，某些社会主义国家的剧变和演变就是证明；（3）在发达资本主义国家，无产阶级怎样领导劳动群众去夺取政权，这个问题几经探索，至今未取得任何重大进展。以社会主义本质论为核心的邓小平理论和在这个理论指导下，我国在十一届三中全会后闯出的新路子，填补了第二项课题的空白，回答和解决了经济文化比较落后的国家如何建设和发展社会主义这个重大课题。可以说，它是20世纪社会主义历史经验的基本总结，也是21世纪社会主义的希望所在。中国是一个具有近13亿人口的社会主义大国。当前，世界社会主义处在低潮，但中国的社会主义事业却在蓬勃发展。"只要中国不垮，世界上就有五分之一的人口在坚持社会主义。我们对社会主义的前途充满信心。"[①]展望21世纪中叶，当我们第三步战略目标实现的时候，我国的综合国力将大大增强，走在世界的前列，社会主义的优越性就会得到充分地体现，中华民族和社会主义一定会振兴。

① 《邓小平文选》第3卷，第321页。

第三节 社会主义的根本任务

一、发展生产力是社会主义的根本要求

社会主义的根本任务是什么？我国从1956年进入社会主义以后的20年左右，对这个问题认识不清，出现过重大失误。主要表现为：（1）把不断完善生产关系摆在首位。认为社会主义社会的发展，从社会主义向共产主义的过渡，主要标志不是大力发展生产力，使社会财富日益丰富，而是生产关系的变革和完善，因而就在生产力发展水平没有改变的条件下，一味地追求生产关系的改变，搞“一大二公三纯”，甚至鼓吹穷过渡。（2）坚持“以阶级斗争为纲”。认为整个社会主义历史阶段的根本任务是阶级斗争，把阶级斗争的意义提得越来越高，以至发展到后来的“文化大革命”。（3）追求所谓的“平等”。认为社会主义的主要任务，不是大力发展生产力，而是离开发展生产力去实现社会成员之间的所谓平等。这种平等实际上就是人们生活上的平均，即平均主义。在“文化大革命”期间，“四人帮”按照这个理论，去批判资产阶级权利，要求知识分子和工农划等号，鼓吹缩小差别。对根本任务的这些错误认识，导致了我国社会主义事业的严重挫折。

十一届三中全会以后，我们党通过拨乱反正，总结历史经验，对上述错误认识一一做了清理，邓小平多次地、反复地强调和阐明了社会主义的根本任务是发展生产力。

第一，以发展生产力为根本任务，是社会主义本质的内在要求。高度发达的生产力和比资本主义更高的劳动生产率，是社会主义发展的必然要求和最终结果。只有不断地发展生产力，才能实现这个必然要求和最终结果，才能逐步提高人民的物质和文化生活水平，最终达到共同富裕的目标。诚然，任何一种社会制度的存在和发展都需要发展生产力，这是人类社会发展的一般规定

性。但是，在不同的社会制度下，发展生产力又有其特殊的规定性。这种特殊规定性是由特定社会制度的本质决定的，解放和发展生产力作为社会主义的本质范畴，其实现方式、目的都不同于资本主义制度。社会主义是在公有制为主体的经济基础上解放和发展生产力的；其目的是为了满足人民群众日益增长的物质文化生活的需要，消灭剥削，消除两极分化，最终达到共同富裕。而资本主义发展生产力遇到生产社会化与私有制之间的矛盾；其目的是为资本家生产更多的的剩余价值，为了少数人富裕起来，它只能导致两极分化。

第二，以发展生产力为根本任务，是由我国社会主义面临的历史前提和时代特点决定的。我国社会主义是在半殖民地、半封建社会的基础上建立起来的，生产力水平落后于发达的资本主义国家。而在我国建设社会主义的过程中，面临的时代特点又决定我们必须接受双重的历史挑战，即一方面要面对由 18 世纪中叶到 20 世纪中叶这二百年间资本主义国家所完成的传统产业革命的挑战，另一方面又要面对当代世界正在兴起的新技术革命的挑战。这就要求我们加倍努力，奋起直追，如果不把发展生产力作为根本任务，不断提高我国的经济技术水平，不仅社会主义制度的优越性显示不出来，而且在世界上也没有我们的地位。邓小平指出：“我们当前以及今后相当长一个历史时期的主要任务是什么？一句话，就是搞现代化建设。能否实现四个现代化，决定着我们国家的命运、民族的命运。……社会主义现代化建设是我们当前最大的政治，因为它代表着人民的最大的利益、最根本的利益。”①

第三，以发展生产力为根本任务，是解决社会主义社会主要矛盾的根本手段。在社会主义初级阶段，我们的社会主义现代化建设面临着复杂的社会矛盾。国家、集体和个人之间，中央和地方之间，地方和地方、部门和部门之间，地方和部门内部各个企业和单位之间，工人、农民和知识分子之间以及他们各自内部之

①《邓小平文选》第 2 卷，第 162~163 页。

间，不同经济成分和社会集团之间以及各种经济成分和社会集团的内部，在根本利益一致的基础上仍存在着极为复杂的人民内部矛盾。工农之间、城乡之间、脑力劳动和体力劳动之间还存在着重大的社会差别。由于多种所有制形式和多种分配方式的存在，人们在占有生产资料和取得收入方面还存在着不平等现象，在促进效率提高和体现社会公平之间还存在着较大矛盾等等。如何才能解决这些矛盾？毛泽东同志指出："任何过程如果有多数矛盾存在的话，其中必定有一种是主要的、起着领导的、决定的作用，其他则处于次要和服从的地位。因此，研究任何过程，如果是存在着两个以上矛盾的复杂过程的话，就要用全力找出它的主要矛盾。捉住了这个主要矛盾，一切问题就迎刃而解了。"①用这一思想分析、判断当今我国社会存在的上述矛盾，社会差别和社会不平等现象，我们不难看出，其实这一切都同落后的社会生产分不开，说到底是人民日益增长的物质文化需求同落后的社会生产之间的矛盾，这是目前我国社会众多矛盾中的主要矛盾。这一主要矛盾，只能靠大力发展生产力来解决。

第四，以发展生产力为根本任务，是建设社会主义民主政治和精神文明的需要。我们在建设社会主义物质文明的同时，还要大力建设社会主义精神文明，建设社会主义民主政治。而社会主义民主政治建设和社会主义精神文明建设，是不能脱离社会的物质基础自行发展的，需要有一系列物质条件作保证。我国社会主义初级阶段，由于经济还比较落后，适应社会主义需要的高度民主和高度文明还不可能很快建立起来。我国的社会主义民主政治还很不完善，社会主义精神文明还不够发达。这就要求我们把发展生产力作为根本任务，在不断提高社会生产力水平的基础上，促进社会主义民主政治和精神文明建设的发展。

第五，以发展生产力为中心任务，是社会主义国家坚持马克思主义，实现共产主义远大理想的需要。马克思主义最注重发展生产力。马克思主义唯物史观认为，生产力是一切社会发展的最

---

①《毛泽东选集》第2版，第1卷，第322页。

终决定力量，生产关系和上层建筑只有适应生产力的状况，才能促进生产力的发展。社会主义社会的产生，社会主义从一个阶段到另一个阶段的推进，最终实现共产主义，都离不开生产力的发展。正如邓小平所说的：“我们总结了几十年搞社会主义的经验，社会主义是什么，马克思主义是什么，过去我们并没有完全搞清楚。马克思主义的另一个名词就是共产主义。我们多年奋斗就是为了共产主义，我们的信念理想就是要搞共产主义。在我们最困难的时期，共产主义的理想是我们的精神支柱，多少人牺牲就是为了实现这个理想。共产主义是没有剥削人的制度，产品极大丰富，各尽所能，按需分配。按需分配，没有极大丰富的物质条件是不可能的。要实现共产主义，一定要完成社会主义阶段的任务。社会主义的任务很多，但根本一条就是发展生产力，在发展生产力的基础上体现出优于资本主义，为实现共产主义创造物质基础。”①“按需分配要物资的极大丰富，难道一个贫穷的社会能够按需分配？共产主义能够是贫穷的吗？我们在总结这些经验的基础上，提出了整个社会主义历史阶段的中心任务是发展生产力，这才是真正的马克思主义。”②

二、“三个有利于”是判断改革成败得失的根本标准

为了建设有中国特色的社会主义，实现中华民族的繁荣富强，充分发挥社会主义的优越性，从党的十一届三中全会开始，我国在经济、政治、文化等各个领域进行一系列改革。靠改革促发展，把改革看作社会主义社会发展的动力，是邓小平对马克思主义关于社会主义社会矛盾和动力学说的一大发展。这也是改革开放以来中华大地面貌大变，人民生活水平不断提高，中国社会主义欣欣向荣的根本原因。既然要改革，就有一个成败得失的问题。如何判断改革的成败得失？在改革开放亟待向纵深发展的关键时刻，邓小平指出：“改革开放迈不开步子，不敢闯，说来说

①《邓小平文选》第3卷，第137页。

②《邓小平文选》第3卷，第254~255页。

去就是怕资本主义的东西多了，走了资本主义道路。”[①]我国社会主义建设几十年，改革开放二十几年，严重束缚人们思想，阻碍经济发展的一个要害问题，就是离开生产力抽象谈论“姓社姓资”这个“左”倾顽症。究竟用什么标准来判断改革开放的成败得失，这是解放思想、解放生产力的根本问题。这个问题不解决，改革开放难以深入。邓小平站在马克思主义的理论高度，抓住了这个根本问题，从根本方向上势如破竹地解决了这个问题。他在 1992 年春《在武昌、深圳、珠海、上海等地的谈话要点》中，旗帜鲜明地指出：“判断的标准，应该主要看是否有利于发展社会主义社会的生产力，是否有利于增强社会主义国家的综合国力,是否有利于提高人民的生活水平。”[②]“三个有利于”判断标准的观点像一股最强劲的冲击波,彻底冲垮了阻碍人们思想、阻碍改革步伐的思想堤坝,使得改革开放的大浪一泻千里,势不可挡。

“三个有利于”判断标准，是同邓小平关于社会主义本质和根本任务的科学论断相一致的，是同邓小平关于社会主义的优越性就在于发展生产力的科学论断相一致的，也是同邓小平关于社会主义初级阶段的主要矛盾和中心任务的科学论断相一致的。“三个有利于”是检验改革开放成败、得失、是非的根本标准，是我们考虑一切问题的出发点和检验一切工作的根本标准，是我们改革开放、解放思想、解放生产力的强大思想武器。“三个有利于”说到底是有利于生产力的发展。增强综合国力和提高人民的生活水平，关键和基础还是发展生产力。生产力发展不上去，综合国力的提高，人民生活水平的改善就是一句空话。“三个有利于”判断标准说到底就是生产力标准，坚持“三个有利于”判断标准中，最根本的、最关键的还是生产力标准，坚持“三个有利于”的判断标准，就是坚持生产力标准。

邓小平在新的历史条件下恢复并坚持了生产力决定作用的观点和生产力标准观点这个历史唯物主义的基本原理，提出了“三

① 《邓小平文选》第 3 卷，第 372 页。

② 《邓小平文选》第 3 卷，第 372 页。

个有利于”的判断标准，并从这个根本观点出发领导全党确认了社会主义初级阶段的主要矛盾，确定了以经济建设为中心的根本任务，制定了改革开放的总方针、总政策，形成了建设有中国特色的社会主义基本理论和党的基本路线，开创了改革开放的新局面。

如果说，社会主义本质论主要回答什么是社会主义；那么，“三个有利于”的标准则是回答如何建设社会主义。“三个有利于”的标准并非是要我们在任何情况下都不问姓“社”还是姓“资”，也并非说凡是符合“三个有利于”的都姓“社”，而是反对离开这“三个有利于”去抽象地谈论社会主义，从而被姓“社”姓“资”的抽象争论所困扰，在改革开放中迈不开步子。按照“三个有利于”的标准，就决不可能把那些合乎“三个有利于”要求的本来姓“社”的东西错误的判定为姓“资”的东西加以拒绝；也不可以把那些合乎“三个有利于”要求的、本来没有姓“资”姓“社”问题，既可以为“资”服务又可以为“社”服务的东西，错误地判定为姓“资”而加以排斥；就是对于那些确定姓“资”，但在一定条件下和一定限度内合乎“三个有利于”，可以为“社”所用的东西，也要允许其存在和适度发展。应该肯定，一切合乎“三个有利于”的，就是社会主义的，或者是为社会主义所需要和允许的；一切违背“三个有利于”的，绝不是社会主义的，也不是社会主义所需要和允许的。

“三个有利于”作为评价改革开放和各项工作的标准，是科学的，有它明显的优越性。它既是改革开放的目的，是我们党进行各项决策的依据，也是判断这些决策是否正确、改革实践是否成功、效益如何的标准；它既是理论认识和政策是否符合实际即是否是真理的标准，又是改革开放及其决策和措施是否对人民有价值以及价值大小的标准。一句话，“三个有利于”标准是真理和价值相统一的标准。坚持这一标准，对我们坚持解放思想，实事求是的思想路线，深化改革，扩大开放，加快社会主义现代化建设，具有重大的理论和实践意义。

三、发展是执政兴国的第一要务

1.充分认识发展是执政兴国的第一要务的重要性。

第一，正确认识发展的本质。什么是发展，怎样发展，邓小平同志吸取中外发展理论的有益成果，结合我国的实际，对发展的本质作了科学而深刻的论述。在发展的内容上，他认为，发展就是实现现代化的过程，就是实现从传统社会向现代社会、从农业社会向工业社会的转变。在发展的成效上，他认为，发展要体现在社会财富的增加、综合国力的增强和人民生活的改善上。他说："中国的主要目标是发展，是摆脱落后，使国家的力量增强起来，人民的生活逐步得到改善。"在发展的轨迹上，他认为，发展就是"过几年有一个飞跃，跳一个台阶，跳了以后，发现问题及时调整一下，再前进"。20多年来，通过改革开放的伟大实践，广大干部群众对发展的本质有了更深的理解。但有一些人对发展的理解不够全面，往往只重视经济规模的扩大，忽视科技的开发利用、企业实力的增强、经济结构的优化；只重视经济数量的增加，忽视经济质量的提高、经济体制的健全、经济机制的完善；只重视发展速度，忽视效益的提高、环境的保护、社会的全面进步。这是造成一些地方发展缓慢的重要原因。因此，要形成科学的发展观念，必须正确认识发展的本质。

第二，充分认识发展的作用。邓小平同志提出发展是硬道理，江泽民同志提出发展是党执政兴国的第一要务，都是在认真总结国内外历史经验，充分认识经济发展重要作用的基础上作出的科学论断。发展是不断满足人民日益增长的物质文化需要、解决现阶段社会主要矛盾的基本途径；发展是扩大就业、稳定社会、解决当前的突出困难和问题的主要办法；发展是完善社会主义民主、健全社会主义法制、建设社会主义政治文明的重要条件；发展是科技进步、教育发展、文化繁荣、人的素质提高及社会主义精神文明建设的物质基础；发展是增强综合国力、提高国际竞争力、扩大国际影响力的前提；发展是体现党的先进性、巩固党的执政地位的关键。总之，经济发展不仅是创造物质财富的惟一途径，而且也是政治文明建设和精神文明建设的必要条件。如果对此认识不足，就难以一以贯之地抓发展，就可能过分夸大发展中出现的枝节问题，甚至用条条框框去限制发展。这样，也就无法提出发展的新思路、取得改革的新突破、开创开放的新局面。

第三，深刻认识发展的机遇。一个地方或单位能否持续快速健康发展，很重要的方面取决于能否抓住机遇，创造性地开展工作。尤其是在经济体制转轨时期，谁能及早摆脱旧体制的束缚，迅速进入社会主义市场经济轨道，谁就会赢得机遇，迅速发展。但在实践中，由于机遇意识不强，也错过了不少发展的大好机遇。有的缺乏分析判断能力，不会识别机遇；有的缺乏主动性，不能积极地捕捉机遇；有的缺乏创新能力，没有用好机遇。总的来说，是受传统观念束缚，抓不住机遇；受旧体制羁绊，用不好机遇。这种状况如不根本改变，必然影响发展的步伐。

第四，把发展作为第一要务，是实践“三个代表”要求的根本途径。我们党能够执政并能够执好政的基础，从根本上说，就在于代表中国先进生产力的发展要求，代表中国先进文化的前进方向，代表中国最广大人民的根本利益。而实践“三个代表”要求，就必须抓好发展。首先，生产力的先进性是在发展中保持和实现的。只有正确把握生产力发展的趋势，推动生产力以较快速度、较高水平向前发展，才能代表中国先进生产力的发展要求。其次，文化的先进性只有在发展中才能得到体现。能促进生产力发展的文化才是先进的文化。只有大力发展先进文化，促进经济社会的全面进步，才能真正代表中国先进文化的前进方向。再次，人民的利益只有通过发展才能得到实现。发展的速度越快，质量越好，最广大人民根本利益的实现程度就越高。如果发展速度太慢，甚至没有发展，广大人民群众的利益和愿望就很难得到实现。所以，坚持“三个代表”，就要坚持把发展作为第一要务，放在执政兴国的首要位置上，并且贯穿于执政兴国的全过程。

第五，把发展作为第一要务，是解决前进中的问题的关键。用发展的办法解决前进中的问题，是以江泽民同志为核心的党中央在总结改革开放实践经验的基础上形成的一个重要思想。发展过程中难免会出现这样那样的问题，只有进一步发展，才能使问题得到解决。经过 20 多年的发展，我国的生产力水平、人民生活水平和综合国力都上了一个新台阶。但也要看到，我国生产力水平同发达国家相比还有一定差距，当前还存在很多需要解决的问题，如就业问题、人口问题、教育问题、贫困问题等，都是我国经济社会发展中的重大问题。这些问题，有的是历史遗留的，有的是在新形势下产生的。要解决这些问题，关键靠发展。只有抓好了发展这个第一要务，才能保持党的先进性和发挥社会主义制度的优越性，才能有效地促进各种社会矛盾的解决，人民的生活水平才能进一步提高，建设有中国特色社会主义事业才能显示出蓬勃旺盛的生机和活力。

2.牢牢把握第一要务的丰富内涵。

江泽民同志指出，在新世纪新阶段，发展要有新思路，改革要有新突破，开放要有新局面。我们应围绕这三个“新”的要求，牢牢把握第一要务的丰富内涵，集中精力解决好关系经济建设和改革全局的重大问题，确保经济社会的全面发展。

第一，深化体制改革，注入发展动力。改革是发展的动力之源。应以完善社会主义市场经济体制为目标，进一步深化改革，从根本上消除束缚生产力发展的体制性障碍，为经济发展注入新的活力。党的十一届三中全会以来，我国改革经历了波澜壮阔的发展过程。进入新世纪新阶段，要完善社会主义市场经济体制，继续推进市场取向的改革，构建统一开放、竞争有序的市场体系，发挥市场机制对资源配置的基础性作用；不断深化国有企业改革，在产权制度和劳动用工制度等方面取得实质性的进展，建立现代企业制度，使国有企业重新焕发生机和活力；建立适应社会主义市场经济要求的政府管理体制，使政府职能向服务、引导和宏观调控转变。

第二，参与经济全球化，拓展发展空间。加入世贸组织标志着我国对外开放进入了一个新的阶段，其主要特点可以概括为：全方位开放，法律框架下可预见的开放，与世贸组织成员之间的相互开放。抓住加入世贸组织这一历史机遇，对于促进我国经济社会的发展具有重大的现实意义和深远的历史意义。应适应经济全球化和我国加入世贸组织的新形势，在更大范围、更广领域、更高层次上参与国际经济技术合作与竞争，提高对外开放水平。一方面，应着力扩大利用外资领域，探索利用外资的新形式，建好开发园区，不断拓展利用外资的空间；另一方面，应坚持市场多元化战略，调整出口市场结构，千方百计扩大出口，开拓国外新兴市场，特别是开拓那些富有潜力、前景广阔的新兴市场，进一步增加我国出口商品辐射的广度和深度。

第三，推进结构调整，提高增长质量。经济结构的战略性调整是"十五"时期我国经济发展的主线。当前，我国经济结构存在的主要问题是：产业结构不合理，地区发展不协调，城镇化滞后于工业化。因此，结构调整的一项重要任务是优化产业结构，提高经济增长的质量和效益。首先，以农业产业化为重点调整第一产业结构，以农民增收、农业增效为目标，抓好培育龙头企业、兴办市场、推广先进适用技术、建设示范园区等工作，加快优势产业的区域化布局、专业化生产、产业化经营，促进传统农业向现代农业转变。其次，以科技进步为重点调整第二产业结构，努力运用科技革命成果特别是信息技术改造和提升传统产业，以信息化带动工业化，发挥后发优势，注重依靠科技进步和加强管理，从根本上改变粗放型的经济增长方式，提高经济效益。再次，以发展新兴产业为重点调整第三产业结构，致力于发展教育、旅游、金融、保险、中介、现代物流和社区服务等产业，不断拓展第三产业新的增长空间。

第四，创造良好环境，提供发展保障。当前，国际竞争和区域竞争的一项核心内容就是经济发展环境的竞争。要加快发展，就必须把环境的优化摆到更加重要的位置。要加强基础设施建设，优化硬件环境；转变政府职能，规范政府行为，优化政府环境；实行集中整治与制度规范、政府监管与行业自律相结合，优化市场环境；推进社会治安综合治理，坚决打击各种犯罪活动，优化法制环境；加强精神文明建设，提高公民素质，优化人文环境。

3.在发展中正确处理几个关系。

把发展作为执政兴国的第一要务，必须正确处理各方面的关系，既要把经济建设作为中心任务抓紧抓好，也不能忽视其他各项事业，这样才能促进经济社会的协调发展。

第一，正确处理改革、发展与稳定的关系。改革是动力，发展要通过改革才能获得动力，不改革就难以发展，甚至不能发展；发展是前提，只有坚持发展，才能提高人们的生活质量，才能保持社会的稳定；稳定是保证，是推进改革、发展的重要条件，没有稳定，什么事情都办不成。只有正确处理改革、发展与稳定的关系，把改革的力度、发展的速度和社会可承受的程度统一起来，我国社会主义现代化事业才能顺利向前推进。

第二，正确处理经济发展与社会发展的关系。经济发展和社会发展之间存在着相互依存、相互补充、相互促进的关系。经济发展是社会发展的基础和前提，社会发展则是经济发展的目的和保障。只有经济不断发展，才能为社会全面发展提供必要和雄厚的物质基础，才能有条件增加就业，消除贫困，提高人民的生活质量和水平，促进社会进步。经济发展是基础，但经济发展不能自动带来社会全面发展，不能自动解决各种社会问题。因此，在把经济建设放在中心位置的同时，应高度重视社会发展，不断推进各项社会事业，正确处理各种社会矛盾，及时调节各种利益关系，维护社会的公正、公平和稳定。

第三，正确处理物质文明建设与精神文明建设的关系。物质文明建设与精神文明建设既相互制约又相互依存、相互促进。经济的发展为精神文明的进步提供物质基础，精神文明的进步又能动地促进经济的进一步发展。在推进社会主义现代化的进程中，我们既要全力抓好物质文明建设，又要下大力气抓好精神文明建设，坚持“两手抓，两手都要硬”，全面提高国民素质，增强民族凝聚力，培育适应社会主义现代化要求的一代又一代有理想、有道德、有文化、有纪律的公民，为改革开放和社会主义现代化建设提供强大的思想保证、精神动力和智力支持。

第四，正确处理经济发展与环境保护的关系。我们讲的发展，是可持续的发展，是与环境相协调的发展。正确、妥善地处理经济发展与环境保护的关系，实现社会经济的可持续发展，是全人类面临的共同课题。从全球范围来看，出于节约资源、保护环境的需要，循环经济、绿色经济正在成为世界经济发展的重要方向，环保产业已成为世界各国争相发展的新兴产业。从我国情况看，近年来通过淘汰落后的生产工艺和设备，促进了包括环境技术在内的科学技术的发展，带动了产业优化升级和结构调整。当前，我们面临着发展经济和保护环境的双重挑战，应把环境保护与经济结构战略性调整结合起来，把经济快速增长建立在生态良性循环的基础上，正确处理人口、资源、环境与经济发展的关系，努力实现可持续发展，实现经济效益、社会效益、环境效益的统一。

思考题

1.社会主义本质论为什么是邓小平理论首要的基本理论问题？

2.社会主义本质的内涵和特点是什么？

3.社会主义为什么必须以发展生产力为根本任务？

4.坚持“三个有利于”判断标准的重大意义是什么？

5.为什么说发展是执政兴国的第一要务？

第五章

社会主义初级阶段和党的基本路线、基本纲领

本章学习重点

我国正处于并将长期处于社会主义初级阶段，社会主义初级阶段是整个中国特色社会主义的很长历史过程中的初始阶段。在社会主义初级阶段，我们必须坚持“一个中心，两个基本点”的基本路线不动摇，努力实现党在社会主义初级阶段的政治、经济、文化纲领，为把我国建设成为富强、民主、文明的社会主义现代化国家而奋斗。党的十六大科学地总结了党领导人民建设有中国特色社会主义的基本经验。

第一节 我国正处于并将长期处于社会主义初级阶段

我国正处于并将长期处于社会主义初级阶段，这是在经济文化落后的中国建设社会主义现代化不可逾越的历史阶段，需要上百年的时间。一切从实际出发，最根本的就是从这个基本国情出发。只有从这个最大的国情和实际出发，我们才能正确理解和把握党在社会主义初级阶段的基本路线、基本纲领和一系列战略举措。

一、社会主义初级阶段理论的形成和发展

正确认识我国社会主义的发展阶段，是邓小平理论的立论基础。有关社会主义初级阶段的论述，在马克思、恩格斯、列宁和毛泽东这些革命导师的著作中是没有的。邓小平关于社会主义初级阶段的理论，有一个随着实践的发展而逐步深化的过程。它是在中国共产党重新确立解放思想、实事求是的思想路线的指导下，在总结世界社会主义，特别是中国社会主义曲折发展的历史经验的基础上，在改革开放的伟大实践过程中逐步形成和发展的。这个过程大体上经历了四个阶段：

第一阶段是从十一届三中全会到 1981 年十一届六中全会的召开。

十一届三中全会是我们党的历史上一个重大的转折点。这次会议重新确立了“解放思想，实事求是”的思想路线，做出了把党和国家的工作重心转移到社会主义现代化建设上来的战略决策，从而为社会主义初级阶段的理论奠定了必要的思想基础。十一届三中全会后，邓小平对当代中国的基本国情进行了逐步深入的研究。1979 年 3 月，他指出，当代中国国情的重要特点是底子薄，人口多，耕地少，因而中国的现代化必然是长期的。这种对社会主义建设的长期性的认识是初级阶段理论形成的第一块基

石。1979年9月党的十一届四中全会认为，我国现在还是发展中的社会主义国家，社会主义制度还不完善，经济和文化还不发达。社会主义制度还处在幼年时期。在我国实现现代化，必然要有一个从初级到高级的过程。这说明，当时已有了“初级阶段”的朦胧思想。1981年6月，十一届六中全会通过的《关于建国以来党的若干历史问题的决议》指出：“我们的社会主义制度还是处于初级的阶段”，“我们的社会主义制度由比较不完善到比较完善，必然要经历一个长久的过程。”第一次在党的文献中明确指出了我国的社会主义制度还处于“初级的阶段”的论断。这表明，党对我国社会主义社会所处的发展阶段有了一定的认识，但由于这不是《历史决议》的主要论题，而且认识还有待于深化，因此这一论断没有深入展开。

第二阶段是从十一届六中全会到十二届六中全会，社会主义初级阶段概念在改革实践中得到丰富和发展。1982年9月，党的十二大报告进一步揭示了社会主义初级阶段具有物质文明还不发达的特点。1984年9月，党的十二届三中全会做出的《中共中央关于经济体制改革的决定》对社会主义初级阶段的经济特征作了进一步分析，确认社会主义经济是公有制基础上的有计划的商品经济。1986年党的十二届六中全会通过的《中共中央关于社会主义精神文明建设指导方针的决议》指出：“我国还处在社会主义的初级阶段，不但必须实行按劳分配，发展社会主义的商品经济和竞争，而且在相当长历史时期内，还要在公有制为主体的前提下发展多种经济成分，在共同富裕的目标下鼓励一部分人先富裕起来。”在这里不但再次提到了“社会主义初级阶段”的概念，而且从此开始把社会主义初级阶段作为制定方针政策的根据和出发点，来指导社会主义初级阶段的经济建设。

第三阶段，十三大对社会主义初级阶段理论作了系统论述，表明这一理论正式形成。为适应加快和深化改革的需要，党急需对我国国情的特点做出概括，需要对我国社会所处的发展阶段做出科学的判断，并以此作为我们制定和执行正确路线和政策的根本依据。为此，邓小平在党的十三大召开前夕指出："我们党的十三大要阐述中国社会主义是处在一个什么阶段"的问题。在邓小平的这一思想的指导下，1987 年 10 月党的十三大报告把我国还处在社会主义初级阶段作为整个报告立论的基础，从这一基本国情出发，来说明我国经济建设、经济体制改革、政治体制改革、党的建设等各项任务。十三大关于我国正处于社会主义初级阶段的科学论断表明，全党对我国现阶段的基本国情已经有了统一的科学认识。

第四阶段，是 1992 年 10 月十四大以来，特别是十五大以及 2001 年 7 月 1 日江泽民在建党八十周年庆祝大会上的讲话和党的十六大对社会主义初级阶段理论的不断加强和发展。1992 年 10 月，党的十四大报告把我国还处在社会主义初级阶段的科学论断，作为邓小平建设有中国特色社会主义理论的重要理论基础，并把"我国正处于社会主义初级阶段"正式写入党章，在党的纲领中明确提出社会主义初级阶段的科学概念，这在中国共产党历史上是第一次。1997 年 9 月，党的十五大进一步强调了社会主义初级阶段理论，全面阐述了社会主义初级阶段的基本纲领。2001 年 7 月 1 日，江泽民在庆祝中国共产党成立 80 周年大会上的讲话，又进一步指出："社会主义初级阶段，是整个建设有中国特色社会主义的很长历史过程中的初级阶段"，并将"社会主义初级阶段"的科学论断与正确认识和全面贯彻"三个代表"思想有机地统一了起来。党的十六大指出，十三年来，我们思想统一，目标明确，工作扎实，取得了重大的历史性成就。思想统一首先是我们对初级阶段这个基本国情的认识统一；目标明确，主要是对建设有中国特色社会主义道路的目标明确。这是我们取得更大历史性成就的基础和前提。要深刻理解和把握"三个代表"重要思想提出的依据及其重大深远的意义，也应当从我们将长期处于社会主义初级阶段的这个实际出发。因为只有全面贯彻"三个代表"重要思想，我们才能在中国特色社会主义道路上，实现中华民族的伟大复兴。

二、社会主义初级阶段的基本涵义、基本特征、主要矛盾

1.社会主义初级阶段的基本涵义。

社会主义初级阶段是指对我国当前国情的科学判断和概括，它不是泛指任何国家进入社会主义都会经历的起始阶段，而是特指我国在生产力落后商品经济不发达条件下建设社会主义必然要经历的特定阶段。简言之，就是不发达的社会主义阶段。

我国正处在社会主义初级阶段这个重要论断有两层基本涵义：第一，我国社会已经是社会主义社会。我们必须坚持而不能离开社会主义；第二，我国的社会主义社会还处在初级阶段。我们必须从实际出发，而不能超越这一阶段。

我国社会已经是社会主义社会，这是对我国现在的社会制度的总概括和总规定。从1956年我国生产资料私有制的社会主义改造基本完成后，我国已经建立起社会主义的基本制度。在经济上，社会主义公有制为主体；在政治上，实行人民民主专政的社会主义政治制度；在意识形态上，坚持了马克思主义的指导地位。社会主义基本制度的建立，是我们党和人民经过长期艰苦奋斗所取得的胜利成果，是我国国情的一个基本方面。社会主义初级阶段涵义中的社会主义，决定了它必须坚持社会主义基本制度，否则，就会迷失前进的方向。我国的社会主义还处在并将长期处于初级阶段，这是对我国社会主义社会发展水平的总体认识和总的判断。强调正处于社会主义初级阶段，是我们必须正视我国是在贫穷落后的半殖民地半封建社会的基础上建立社会主义的，我国的社会主义还不发达，我国社会生产力、商品经济还不发达，生产关系、上层建筑、意识形态等方面都还需要经历一个较长的发展和完善的过程。也就是说，正是因为我国正处在社会主义的初级阶段，所以决定我国目前的社会主义不是完全的、成熟的、发达的社会主义。

马克思所设想的“共产主义低级阶段”即社会主义，是建立在资本主义发达的基础上的，是在欧洲发达的资本主义社会，由于其社会基本矛盾尖锐冲突，爆发无产阶级革命，夺取政权，并

且经过“革命转变时期”以后进入的社会。而我国社会主义的前身却是资本主义没有充分发展的半殖民地半封建社会。从物质基础看，马克思设想的“共产主义低级阶段”，是建立在资本主义经济工业化、社会化、商品化和现代化的基础上。而我国社会主义的创建，缺少资本主义经济发达的物质条件，这样就需要一个本来应该由资本主义社会完成的经济工业化、社会化、商品化和现代化的物质条件创造过程时期。因此，我国首先要经过一个很长的社会主义物质条件成熟的“特定阶段”，在社会主义条件下去完成工业化和经济的社会化、商品化和现代化，使社会主义得以合格。从政治经济上分析，我国是成功跨越了纯粹资本主义阶段，但在经济上，自然经济必须发展到商品经济。商品经济的充分发展是不可逾越的阶段。其他国家商品经济的充分发展是在资本主义条件下实现的，而我国没有经过商品经济的充分发展，因而就必须在社会主义条件下发展商品经济。

2.社会主义初级阶段的基本特征。

要搞清楚什么是初级阶段的社会主义，在初级阶段怎样建设社会主义，关键在于要对社会主义初级阶段的基本特征有一个准确的把握。对我国当前复杂国情的深刻认识是我们准确把握社会主义初级阶段基本特征的基础。

党的十三大从五个方面动态的描述了我国社会主义初级阶段的基本特征：一是逐步摆脱贫穷、摆脱落后的阶段；二是由农业人口占多数的手工劳动为基础的农业国，逐步变为非农业人口占多数的现代化工业国的阶段；三是由自然经济半自然经济占很大比重，变为商品经济高度发达的阶段；四是通过改革和探索，建立和发展充满活力的社会主义经济、政治、文化体制的阶段；五是全民奋起，艰苦创业，实现中华民族伟大复兴的阶段。经过从1987 年到 1997 年近 10 年的社会主义建设实践，十五大对社会主义初级阶段的基本特征有了进一步的认识和把握。党的十五大报告指出：在中国，真要建设社会主义，那就只能一切从社会主义初级阶段党的实际出发，而不能从主观愿望出发，不能从这样那样的外国模式出发，不能从对马克思主义著作中个别论断的教条式理解和附加到马克思主义名下的某些错误论点出发。

第一，社会主义初级阶段“是逐步摆脱不发达状态，基本实现社会主义现代化的历史阶段”。这是一个总的概括，在总体上指出了社会主义初级阶段的基本特征，强调初级阶段的主要任务是发展，摆脱不发达的落后状态。

第二，社会主义初级阶段“是由农业人口占很大比重、主要依靠手工劳动的农业国，逐步转变为非农业人口占多数、包括现代化农业和服务业的工业化国家的历史阶段”。这里所说的工业化过程，包括产业结构优化升级的过程，或者说，是将传统工业化和新技术革命结合起来具有双重历史任务的工业化过程。

第三，社会主义初级阶段“是由自然经济半自然经济占很大比重，逐渐转变为经济市场化程度较高的历史阶段。”在此，强调社会主义初级阶段是建立健全社会主义市场经济体制的过程。也表明，建构和完善社会主义市场经济体制，使市场在国家的宏观调控下发挥其对资源配置应有的基础性作用，是社会主义初级阶段经济运行机制的重要表现。

第四，社会主义初级阶段“是由文盲半文盲人口占很大比重，科技教育文化落后，逐步转变为科技教育文化比较发达的历史阶段”。在这里，强调社会和人的全面发展，说明了社会主义初级阶段是一个实现社会的全面进步和人的素质的全面提高的过程。

第五，社会主义初级阶段“是由贫困人口占很大比重，人民生活水平比较低，逐步转变为全体人民比较富裕的历史阶段”。这里说的是人民生活由贫困经过温饱、小康逐步走向共同富裕的过程。说明社会主义初级阶段是一个把根本点放在提高人民的生活水平和逐步实现由贫变富的过程。

第六，社会主义初级阶段“是由地区经济文化很不平衡，经过有先有后的发展，逐步缩小差距的历史阶段”。这说明社会主义初级阶段是一个我国东部沿海地区经济文化发展较快和中西部地区经济文化发展较慢的有先有后发展的过程，也是经济文化发展较快的东部沿海地区带动、帮助中西部经济文化发展较慢的地区，实现地区经济文化协调发展的过程。

第七，社会主义初级阶段"是通过改革和探索，建立和完善比较成熟的充满活力的社会主义市场经济体制、社会主义民主政治体制和其他方面体制的历史阶段"。这说明了社会主义初级阶段是一个经济、政治和其他方面体制辩证统一和不断改革的自我完善和自我发展的过程。

第八，社会主义初级阶段"是广大人民牢固树立建设有中国特色社会主义的共同理想，自强不息、锐意进取、艰苦奋斗、勤俭建国，在建设物质文明的同时努力建设精神文明的历史阶段"。这说明社会主义初级阶段人们良好精神状态的形成和两个文明协调发展的过程，是不断提高人民思想道德水平和精神状态的全面发展的过程。

第九，社会主义初级阶段"是逐步缩小同世界先进水平的差距，在社会主义基础上实现中华民族伟大复兴的历史阶段"。这是从与当代世界的比较和中国历史的发展中，来看我国社会主义初级阶段的历史使命，说明它是一个在社会主义的基础上横向"逐步缩小同世界先进水平的差距"和纵向"实现中华民族伟大复兴"的过程。

十五大报告同时还指出："这样的历史进程，至少需要一百年时间。至于巩固和发展社会主义制度，那还需要更长得多的时间，需要几代人、十几代人，甚至几十代人坚持不懈的努力。"

3.社会主义初级阶段的主要矛盾。

准确理解社会主义初级阶段的基本内涵，就要对初级阶段社会的主要矛盾和各种非主要矛盾有一个明确的认识。在社会主义初级阶段，我国经济、政治、文化和社会生活的各个方面存在着种种社会矛盾，但主要矛盾是人民日益增长的物质文化需要同落后的社会生产之间的矛盾。只有抓住社会的主要矛盾，才能清醒地观察和把握社会工作的全局，有效地促进其他各种社会矛盾的解决。

(1) 正确认识我国社会主义社会主要矛盾经历了一个曲折的过程。

马克思主义认为，社会的基本矛盾始终是生产力同生产关系之间、经济基础同上层建筑之间的矛盾。中国共产党一直运用马克思主义基本原理分析社会矛盾全局，判断在不同的社会发展阶段和不同的历史任务面前，社会基本矛盾所呈现出的不同态势。早在民主革命时期，毛泽东就分析了中国半殖民地半封建社会矛盾的全局，以社会阶级状况为基本视角，突出了社会基本矛盾在中国社会阶级关系上的反映，找到了不同于苏俄的农村包围城市的革命道路。新中国建立后，特别是社会主义基本制度在全国建立起来以后，毛泽东正确地分析了当时中国社会矛盾的全局和主要矛盾的转变，在没有忽视一定范围内仍然存在阶级斗争的同时，不失时机的把基本的视角转向了经济建设。这在《论十大关系》和《关于正确处理人民内部矛盾的问题》有充分的论述。

但是，由于国际上发生的波匈事件和国内反右斗争的扩大化，毛泽东在1957年10月在党的八届三中全会上对中国社会主要矛盾的认识又出现了反复。他说："无产阶级和资产阶级的矛盾，社会主义道路和资本主义道路的矛盾，毫无疑问，就是当前我国社会的主要矛盾。"因此，八届三中全会就重提阶级斗争是主要矛盾，这就为后来的"以阶级斗争为纲"的错误口号提供了依据。中共八大第二次会议确认了党的八届三中全会的结论。八届八中全会把阶级斗争扩大到党内，八届十中全会实际上提出了党在整个社会主义阶段以阶级斗争为纲的基本路线。1965年又提出党内有"走资本主义的当权派"，进一步把阶级斗争的矛盾指向党的领导层，后来发展成了"文化大革命"，进行了一场长达十年之久的"一个阶级推翻另一个阶级的政治大革命。"由此，党对社会矛盾全局和主要矛盾的认识发生了根本性偏离，并造成严重的"左"的错误，因此，对外封闭，对内以阶级斗争为纲，忽视了生产力发展，制定的政策也超越了社会主义的初级阶段。

拨乱反正和改革开放过程中，邓小平科学地总结了对我国社会主要矛盾判断上的深刻教训，重新认识国情，并认真研究了出现的新情况和面临的新问题，做出了对我国社会主要矛盾的新的理论概括。1979年3月，邓小平在理论工作务虚会议上指出：“至于什么是目前时期的主要矛盾，也就是目前时期全党和全国人民所必须解决的主要问题或中心任务，由于三中全会决定把工作重点转移到社会主义现代化建设方面来，实际上已经解决了。我们的生产力发展水平很低，远远不能满足人民和国家的需要，这就是我们目前时期的主要矛盾，解决这个主要矛盾就是我们的中心任务。”①邓小平在确认工作中心任务的基础上，对我国现阶段社会主要矛盾做出了科学的判断。1981年党的十一届六中全会通过的《中共中央关于建国以来党的若干历史问题的决议》，对主要矛盾进一步做了规范性的表述：即“在社会主义改造基本完成以后，我国所要解决的主要矛盾，是人民日益增长的物质文化需要同落后的社会生产之间的矛盾。”经过对我国社会主义初级阶段经济、政治、文化和社会生活的诸多矛盾的长期认真考察，党的十五大指出：“阶级矛盾由于国际国内因素还将在一定范围内长期存在，但社会的主要矛盾是人民日益增长的物质文化需要同落后的社会生产之间的矛盾，这个主要矛盾贯穿我国社会主义初级阶段的整个过程和社会生活的各个方面。”②

(2) 如何全面认识和正确处理社会主义初级阶段的主要矛盾。

主要矛盾决定主要任务。在今后不断出现新矛盾和国际国内形势发生新变化的情况下，我们必须始终抓住主要矛盾，依靠人民群众的力量，集中精力大力发展社会生产力，才能实现社会主义现代化的宏伟目标。正如江泽民在“七一”讲话中所说的，“人民总是在社会矛盾的运动中不断开辟前进的道路。”依靠人民群众，大力发展生产力，是我们解决目前社会主要矛盾的根本方

① 《邓小平文选》第2卷，第182页。

② 《中国共产党第十五次全国代表大会文件汇编》第17页，人民出版社。

法。因此，要正确认识和处理社会主义初级阶段的主要矛盾必须做到以下几点：第一，清醒地认识我国将长期处于社会主义初级阶段，牢牢地把握其主要特征，正确地判断和把握贯穿在社会主义初级阶段的整个过程和社会生活的各个方面的主要矛盾。实质上，在社会主义现代化建设过程中，我们会遇到很多矛盾，如民族矛盾、城乡矛盾，工农矛盾、地区之间的矛盾以及由于认识的不同而产生的思想矛盾等，但这些矛盾中起支配和决定作用的最关键的还是人民日益增长的物质文化需要同落后的社会生产之间的矛盾。第二，清醒地认识我国阶级矛盾“还将在一定范围内长期存在”，既不夸大，也不缩小，尤其是要防止夸大“阶级矛盾”的“左”倾思潮出现。实践证明，无论缩小或夸大，两者都要犯严重的错误。第三，清醒地认识到以经济建设为中心和社会全面发展的辩证性，在紧紧抓住社会主义初级阶段主要矛盾的同时，实现社会经济、政治和文化的协调、全面的发展。第四，必须清醒地认识到，当代中国社会主义现代化建设的成功，取决于社会主义初级阶段主要矛盾的解决，取决于社会生产力的发展，取决于人民群众生活水平的不断提高。而对社会主义初级阶段主要矛盾的科学认识，将有利于我们制定正确的政策、方针、路线和纲领。

(3) 初级阶段主要矛盾在全面建设小康社会阶段中呈现出的特点。我国正处于并将长期处于社会主义初级阶段，这一科学判断告诉我们，尽管我国进入了全面建设小康社会、加快推进社会主义现代化的新的发展阶段，其主要矛盾仍然是人民日益增长的物质文化需要同落后的社会生产之间的矛盾。但是，这一主要矛盾在新的发展阶段又呈现出一些新的特点。正如十六大报告指出，经过二十多年的努力，人民生活总体上已达到小康水平；现在达到的小康还是低水平的、不全面的、发展很不平衡的小康。具体表现在：我国的生产力和科技、教育还比较落后，实现工业化和现代化还有很长的路要走；城乡二元经济结构还没有改变，地区差距扩大的趋势尚未扭转，贫困人口还为数不少；人口总量继续增加，老龄人口比重上升，就业和社会保障压力增大；生态环境、自然资源和经济社会发展的矛盾日益突出；我们仍然面临发达国家在经济科技等方面占优势的压力；经济体制和其它方面的管理体制还不完善；民主法制建设和思想道德建设等方面还存在一些不容忽视的问题。巩固和提高目前达到的小康水平，还需要进行长时期的艰苦奋斗。

第二节 党在社会主义初级阶段的基本路线

十一届三中全会以来，我们党在分析社会主义初级阶段的主要矛盾和矛盾全局的基础上，制定了党在社会主义初级阶段的基本路线。党的基本路线是党在一定历史时期指导全局工作的总路线、总方针、总政策，是决定党的事业兴衰成败的总纲。

一、党在社会主义初级阶段基本路线的形成

党的基本路线，是党在一定历史时期为解决社会主要矛盾、完成党的主要任务而制定的总方针、总政策，是制定各项具体方针、政策的根本指南。党在社会主义初级阶段的基本路线是党在领导全国人民进行社会主义现代化建设的过程中逐渐形成的。

民主革命时期，在把马克思主义同中国革命的实际结合的过程中，经过反复探索，中国共产党人深刻认识到中国处于半殖民地半封建社会这个基本国情，在此基础上制定了反对帝国主义、封建主义和官僚资本主义的新民主主义革命的总路线。并在这条总路线的指导下，取得了新民主主义革命的伟大胜利。

建国以来，我们党相继提出过四条基本路线或总路线，体现着我们党对社会主义建设道路的不懈求索和艰难曲折的历程。新中国成立后，党领导全国各族人民迅速恢复了被战争严重破坏了的国民经济，并根据民主革命胜利后的中国基本国情，在1952年提出了党在过渡时期的总路线，要在一个相当长的时期内，逐

步实现国家的社会主义工业化，并逐步实现国家对农业、手工业和资本主义工商业的社会主义改造。尽管在执行这条总路线的过程中，在社会主义改造的问题上，出现了过于匆忙和粗糙等问题，但总的来说还是取得了社会主义改造的成功，确立了社会主义的基本制度。

在我国社会主义改造基本完成之后，1956 年召开的党的第八次代表大会指出：我们国内的主要矛盾已经是人民对于经济文化迅速发展的需要同当前经济文化不能满足人民需要的状况之间的矛盾。党和全国人民的当前的主要任务，就是要集中力量来解决这个主要矛盾，把我国尽快从落后的农业国变为先进的工业国。八大对当时社会主要矛盾的判断和对主要任务的规定，总体上是正确的、是符合中国国情的。可惜这些正确的认识并不牢靠。1957 年反“右”斗争的扩大化反映在理论上，就是否定了八大对主要矛盾的正确分析，重提阶级矛盾是主要矛盾，导致“左”倾错误的抬头。1958 年党的八大二次会议提出了“鼓足干劲、力争上游、多快好省地建设社会主义”的社会主义建设总路线。这条总路线反映了广大群众迫切要求改变我国贫穷落后的状况，使国家尽快富强起来的愿望。但带有夸大主观意志作用的空想色彩，违背了客观经济规律，引发了全国范围内的“大跃进”、“人民公社”运动和“共产风”。

1962 年，毛泽东在党的八届十中全会提出：社会主义是一个相当长的历史阶段，在这个历史阶段中，始终存在着阶级、阶级矛盾和阶级斗争，存在着社会主义同资本主义两条道路的斗争，存在着资本主义复辟的危险性。这使“左”倾错误进一步发展。在“文化大革命”期间，这个论断被 1969 年党的九大正式确定为党的基本路线，又称为“以阶级斗争为纲”的基本路线。这条路线背离了我国社会主义初级阶段的基本国情，给党和人民带来了严重的挫折和灾难。

党的十一届三中全会上毅然抛弃“以阶级斗争为纲”这个不适应于社会主义社会的“左”倾错误路线，重新确立了党的实事求是的思想路线，把党和国家的工作中心转移到经济建设中来。在确定工作中心转移的同时，做出了实行改革开放的伟大决策，并针对拨乱反正中出现的错误思潮，旗帜鲜明地强调必须坚持社会主义道路，坚持党的领导，坚持人民民主专政，坚持马克思主义和毛泽东思想。“一个中心、两个基本点”的思想形成，奠定了社会主义初级阶段的基本路线的基础。党的十三大前夕，邓小平提出：“搞社会主义现代化建设是基本路线。要搞现代化建设使中国兴旺发达起来，第一，必须坚持改革、开放政策；第二，必须坚持四项基本原则……”[①]根据这个思想，十三大对党的基本路线做了如下的概括：在社会主义初级阶段，我们党建设有中国特色的社会主义的基本路线是：领导和团结全国各族人民，以经济建设为中心，坚持四项基本原则，坚持改革开放，自力更生，艰苦创业，为把我国建设成为富强、民主、文明的社会主义现代化国家而奋斗。“一个中心、两个基本点”是这条基本路线的主要内容。这个公式简明扼要、通俗易懂地概括了我们的主要经验，有助于我们把握这条路线的基本精神，有助于防止和克服“左”的、“右”的错误倾向。

二、党在社会主义初级阶段的基本路线的内涵

社会主义初级阶段的基本路线是以“一个中心，两个基本点”为核心内容，以建设“富强、民主、文明的社会主义现代化”为目标，以“自力更生，艰苦奋斗”为方针的社会主义现代化建设的总路线。它是党和人民集体智慧的结晶。

1.坚持以经济建设为中心不动摇。

社会主义初级阶段理论的一个核心问题就是要科学准确地确立党在新时期工作的中心任务。十一届三中全会拨乱反正的第一条，就是抛弃以阶级斗争为纲，决定全党工作的重心转移到社会主义现代化建设上来，以经济建设为中心。这是社会主义初级阶段基本路线的核心内容，党和国家的各项工作都要服从和服务于

① 《邓小平文选》第 3 卷，第 248 页。

这个中心。社会主义阶段的根本任务是发展生产力。我国还处在社会主义的初级阶段，生产力不发达是最基本的国情、最主要的矛盾。摆脱贫穷落后，提高物质文化生活水平，是全国人民的迫切需要和最大愿望，是现阶段我国人民的根本利益。邓小平指出："现代化建设的任务是多方面的，各个方面需要综合平衡，不能单打一。但是说到最后，还是要把经济建设当作中心。离开了经济建设这个中心，就有丧失物质基础的危险。其他一切任务都要服从这个中心，围绕这个中心，决不能干扰它，冲击它。"①

坚持以经济建设为新时期我们各项工作的中心任务，就要正确认识和处理好现阶段的阶级斗争问题。十一届三中全会纠正了以阶级斗争为纲的"左"倾错误。1981年6月党的十一届六中全会通过了《中共中央关于建国以来党的若干历史问题的决议》对现阶段的阶级斗争问题做出了全面的分析：在剥削阶级作为阶级消灭以后，阶级斗争已经不是重要矛盾。由于国内的因素和国际的影响，阶级斗争还将在一定范围内长期存在，在某种条件下还有可能激化。这里所说的"一定范围"，是指我国社会存在的矛盾大多不具有阶级斗争的性质。我们既要坚持用阶级斗争的观点处理带有阶级斗争性质的社会问题，又要十分警惕重犯阶级斗争扩大化的错误，对我国社会内部大量存在的不属于阶级斗争范围的各种社会矛盾，采取不同于阶级斗争的方法来正确地加以解决。同时，即使是处理带有阶级斗争性质的社会问题，也必须服从于经济建设这个中心，绝不能因此而干扰我们一心一意搞国民经济建设的决心。当前，我国正处于从农业国向工业国、从计划经济向社会主义市场经济这两大历史性转轨之中，其中在任何一个转轨过程中都会遇到各种问题和各种矛盾，这是无法避免的。因此，在社会主义初级阶段存在着诸多的问题和矛盾是不足为怪的。我们既要注意和研究经济、政治、文化和社会生活各方面存在的各种问题，更要抓住经济建设这个全局的中心工作。只有牢牢抓住社会主义初级阶段的中心任务，才能清醒地观察和把握社

① 《邓小平文选》第2卷，第250页。

会的全局，有效地促进各种社会问题的解决。

2.坚持四项基本原则是实现社会主义现代化的根本前提。

四项基本原则是我们的立国之本，是两个基本点之一。邓小平讲：“教育人民坚持四项基本原则，这就为我们事业的健康发展从根本上提供了保证。”①坚持四项基本原则就是：坚持社会主义道路、坚持人民民主专政、坚持中国共产党的领导、坚持马列主义毛泽东思想。坚持四项基本原则的核心是坚持共产党的领导。中国共产党的领导是社会历史发展的必然选择，中国这样的大国，离开了党的领导就失去了凝聚的核心。实践证明，没有共产党就没有新中国，就没有中国的社会主义现代化；离开了社会主义，中国没有别的道路可走，只有社会主义才能救中国，只有社会主义才能发展中国；人民民主专政是对人民的民主与对敌人专政的结合，是符合中国国情的新型民主政治；马列主义毛泽东思想是党的建设和我国社会主义事业的理论基础，没有马列主义毛泽东思想的指导，中国社会的发展就会迷失方向。

3.改革开放是我国的一项长期国策。

首先，改革是社会主义的发展动力。马克思和恩格斯说，革命是历史的火车头，是社会发展的动力。那么剥削阶级作为完整的阶级被消灭以后，社会主义社会的发展动力又是什么呢?斯大林和毛泽东虽然做过有益的探索，但没有真正解决这个问题。斯大林提出“道义上和政治上的一致”是社会主义社会发展的动力。这里，斯大林抓住了在社会主义社会剥削阶级已经被消灭的事实，突出了同一性在社会主义社会发展中的作用，这是对社会主义社会发展动力的难能可贵的探索。但是由于斯大林否认社会主义社会还存在生产力和生产关系的矛盾，把社会发展的动力建立在无矛盾的思想基础上，从而不可能找到社会主义社会发展的真正动因。同斯大林相比，毛泽东提出的社会主义社会的基本矛盾仍然是生产关系和生产力之间、上层建筑和经济基础之间的矛盾的著名论断，无疑抓住了问题的根本，为正确认识社会主义社

① 《邓小平文选》第3卷，第202页。

会的发展动力做出了重要贡献。可惜他后来越来越片面强调对立面的斗争，忽视对立面的统一，甚至强调阶级斗争是一切工作的动力，强调用“政治大革命”来解决社会主义社会的矛盾，因而也没有真正解决社会主义社会发展的动力问题。

在新的历史时期，邓小平继承毛泽东关于社会主义社会基本矛盾的学说，从理论和实践的结合上创造性地发展了这一学说，提出了改革是社会主义社会发展的动力的思想。他认为，当前社会主义基本矛盾的表现形式，就是发展生产力与经济、政治、教育、科技等体制的落后之间的矛盾。只有通过改革，建立起充满生机和活力的社会主义经济体制以及其他各种体制，才能促进生产力的发展。党的十一届三中全会提出的要把工作重心由“阶级斗争为纲”转变为集中精力抓经济建设，要把发展生产力作为我们压倒一切的中心工作，正是邓小平这一思想的体现。随着社会主义建设实践的发展，特别是改革实践的发展，邓小平对社会主义发展动力问题又有了进一步的认识，而且日益丰富，深化。

邓小平指出：“革命是解放生产力，改革也是解放生产力。推翻帝国主义、封建主义、官僚资本主义的反动统治，使中国人民的生产力获得解放，这是革命，所以革命是解放生产力。社会主义基本制度确立以后，还要从根本上改变束缚生产力发展的经济体制，建立起充满生机和活力的社会主义经济体制，促进生产力的发展，这是改革，所以改革也是解放生产力。过去，只讲在社会主义条件下发展生产力，没有讲还要通过改革解放生产力，不完全。应该把解放生产力和发展生产力两个讲全了。”[①]当然邓小平也强调了改革对发展生产力的重要性和迫切性。改革是解放生产力、改革是发展生产力二者的有机结合和统一，构成了邓小平社会发展动力论的核心内容。

在邓小平社会主义发展动力论的指引下，中国的改革开放取得了巨大的成就，实践证明改革是中国社会发展的助推器。改革不仅给中国经济社会发展注入了活力，而且使中国经济实现了一

① 《邓小平文选》第3卷，第370页。

个新的飞跃。在改革开放以前的1953~1977年，我国的国民生产总值平均每年增长6.1%，改革开放以后的1978~1999年平均每年增长9.6%。到2002年，我国国内生产总值达到102 398亿元，人均国内生产总值达到850美元。这期间，特别是1992年党的十四大之后，我国经济连续上了六个"万亿元"的台阶——从1992年的26 638亿元到2002年的102 398亿元，平均每年增加7 576亿元，其中有五年每年国内生产总值(按当年价格计算)以一万亿元的速度递增。在此基础上，人民生活明显改善，综合国力显著提高。在世纪之交的时刻，《中共中央关于制定国民经济和社会发展第十个五年计划的建议》明确指出，要把改革开放和科技进步作为动力，这就为新世纪我国国民经济和社会发展的运行系统增添了又一功率强大的马达。可以预料，随着改革开放和科技进步的并驾驱动，必将使我国经济发展和现代化建设进入一个更加崭新的阶段。

其次，改革是一场革命，是社会主义制度的自我完善，是实现社会主义现代化的必由之路。一是我们的改革是全面的改革，是一场新的革命。邓小平从"革命是解放生产力，改革也是解放生产力"的新视角出发，多次谈到"我们把改革当作一种革命。"改革"是一场根本改变我国经济和技术落后面貌，进一步巩固无产阶级专政的伟大革命。这场革命既要大幅度地改变目前落后的生产力，就必然要多方面地改变生产关系，改变上层建筑，改变工农业企业的管理方式和国家对工农业企业的管理方式，使之适应于现代化大经济的需要。"①"从这个意义上说，改革也可以叫革命性的变革"，②"改革是中国的第二次革命。"③从扫除生产力发展的障碍看，改革是一场革命。任何革命都是为了扫除生产力发展的障碍，改革的性质同过去革命一样，也是为了扫除发展生产力的障碍，解放生产力。以毛泽东为核心的第一代中央领导集

① 《邓小平文选》第2卷，第135~136页。

② 《邓小平文选》第3卷，第135页。

③ 《邓小平文选》第3卷，第113页。

体领导的第一次革命把一个半殖民地、半封建的旧中国，变成了社会主义新中国；以邓小平为代表的第二代中央领导集体领导的第二次革命，通过改革不适合生产力发展的旧体制，把一个经济文化比较落后的社会主义中国变成一个富强文明的现代化的社会主义中国。从这个意义上说，改革完全可以叫革命性变革。这两次革命，第一次革命是第二次革命的准备，第二次革命是第一次革命的继续。没有第一次革命，第二次革命则无从谈起；没有第二次革命，第一次革命的成果就难以巩固，甚至会被葬送。从改革的内容上看，改革是一场革命。改革是在坚持社会主义基本制度的前提下，对旧体制进行的根本性变革。改革的许多内容都将引起局部性的质变，特别是在经济体制方面，它不是对原有经济体制的细枝末节的修补，而是对原有经济体制和经济运行机制的彻底转换和更新。这是改革的核心问题。目前我们从解放生产力出发，在经济体制方面已经寻找到了一条在新的历史条件下，能充分发挥人的积极性和物的作用的最佳结合形式——这就是社会主义市场经济体制。从改革引起的社会变革的广度和深度看，改革是一场革命。要用新体制代替旧体制，必然要进行全方位的改革，它势必会引起经济生活、社会生活、思想观念等一系列重大变化。改革已深入到社会生活的一切领域，促使社会生活发生整体转型。所以邓小平指出："生产关系和上层建筑的改革，不会是一帆风顺的，它涉及的面很广，涉及一大批人的切身利益，一定会出现各种各样的复杂情况和问题，一定会遇到重重障碍。"①要帮助广大干部和群众正确认识和处理个人利益和集体利益，局部利益与整体利益，当前利益与长远利益的关系，正确理解和积极支持改革，保证改革顺利进行。另外，从改革的时间看，改革是一场革命。改革不是漫无期限的，而是同我国社会主义现代化发展的各个阶段相联系的，是具有一定阶段性或时间性的社会变革。二是改革是社会主义制度的自我完善和发展。无产阶级社会主义革命的性质是消灭资本主义和一切剥削制度，建立社会主义

① 《邓小平文选》第 2 卷，第 152 页。

制度。改革，这场新的革命的性质是“社会主义制度的自我完善和发展。”这里所说的“社会主义制度”是指社会主义的基本制度，而不是指作为其实现形式和运行手段的体制和机制。它具有质的稳定性和一定的抽象性。从其稳定性来看，只有该社会形态被另一社会形态所代替，它的性质和主要内容才能发生转变，从其抽象性看，它的本性和作用只有通过相应的具体体制、运行机制才能表现和发挥出来。可见社会基本制度和相应的体制、机制是紧密联系着的。我们通过改革所要完善的是社会主义基本制度，而不是那些存在缺陷和弊端的不能体现社会主义本质的原有体制和机制。改革是社会主义制度的自我完善，这是因为：改革将对不适合生产力发展的经济体制和其他各项体制实行根本性变革，从而解决好社会主义社会生产力和生产关系、经济基础和上层建筑之间的矛盾，更好地发挥社会主义基本制度的优越性。改革当然会深刻触动不同社会集团的利益，带来利益矛盾。但这种利益矛盾是在根本利益一致前提下的利益矛盾，不需要通过激烈的阶级斗争来解决，可以通过统筹兼顾和逐步建立合理的利益关系，保证各社会集团的利益得到协调发展。通过改革，社会主义将由初始的阶段发展为比较健全的阶段。社会主义国家包括我国在内，改革前的体制就是一种以国家为主体的社会主义，改革逐步深化的过程，越来越显现出其本质就在于促使社会主义由初始的以国家为主体的质态向较为健全的以社会为主体的质态飞跃。这种飞跃的具体表现是经济市场化，政治民主化，事业社会化，保障全民化。通过这种飞跃，社会主义将实现由一个阶段向另一个阶段的显著发展，从而展现出其“不断革命”的本质。三是改革是中国实现现代化的必由之路。在确定全党工作重点转移到社会主义现代化建设上来以后，我国的改革重点则放在经济体制方面，改革从经济领域开始，并且首先从农村开始。农业是国民经济的基础，农村人口占我国人口的80%以上，如果广大农民摆脱了贫困状态，走上了现代化的道路，那么在中国实现现代化就有了希望。邓小平高瞻远瞩，率先发起了以家庭联产承包责任制为主要内容的农村改革，抛弃了吃“大锅饭”的做法。农民有了自主权，基层有了自主权，长期徘徊不前的农业生产力得到了迅速发展，而且极大地调动了广大农民的积极性和创造性。农村的改革和发展，同时带来了乡镇企业的异军突起，促进了农业生产向专业化、商品化和社会化方向发展，加快了农村致富和逐步实现现代化的步伐，也为促进工业和整个经济的改革和发展开辟了一条新路。农村改革的成功，更坚定了改革的信心。适应改革从农村向城市发展的新形势，1984 年，改革的重点由农村转移到城市，城市经济体制改革逐步展开。改革解除了旧体制对生产力发展的束缚，企业有了经营自主权，不再是行政机关的附属物，劳动者有了择业自主权，生产要素在流通中得到了优化配置。竞争使整个经济充满活力。社会主义市场经济的逐步建立为社会财富的增长提供了重要的制度前提。在工商企业改革的同时，党中央又相继决定对科技体制和教育体制进行改革，并进一步提出政治体制改革的目标和任务。科技体制的改革创造了科学技术商品化及其与经济结合的机会，使我国经济获得了一个加速度，教育体制的改革使教育部门开始按经济、社会发展要求培养各类、各级专门人才。经济、政治体制改革释放出的活力增强了中国经济吸引外资和技术的能力，对外开放进一步发展，党中央提出的利用两个市场、两种资源加快发展亦成为可能。特别是 1992 年邓小平南巡讲话和党的十四大以后，我国的改革和社会主义现代化建设进入了一个新阶段。综合国力的增强使我国在国际上的地位日益提高。外国许多政治家和学者都认为，中国将在 21 世纪成为经济巨人、世界强国。经过多年的改革，我国的经济体制已发生了重大转变，2000 年 10月，党的十五届五中全会宣告社会主义市场经济体制初步建立。

其三，对外开放是社会主义发展的重要条件。对外开放是世界经济发展的客观要求。从 18 世纪开始，英国、欧洲一些资本主义国家相继发生了工业革命，这一革命推动了工场手工业到机器大工业的过渡和生产社会化，商品经济开始占据主导地位。这种社会化大生产，把世界各国不同程度地卷入了国际分工和世界市场，从而使民族的孤立性和闭塞性逐渐消失，揭开了开放世界的序幕。进入19世纪中叶以后，开放的世界经济逐步形成，到了20世纪初，随着新技术革命的发展，垄断资本日益向外扩张，世界上所有国家和地区，都进一步卷入了世界市场，从而进一步打破了民族、国家、地域之间的封闭，使生产和流通更趋于社会化和国际化。第二次世界大战之后，世界政治经济格局发生了新的变化，在新技术革命的推动下，生产力发展日新月异，经济生活国际化以前所未有的高度和深度向前发展，世界市场的开拓和扩大，国际分工的完善和发展，标志着世界进入了一个崭新的阶段。新的科技革命使技术产品的更新换代大大加快，高技术产品的研究、开发、创造已不是一国的力量所能承担，联合攻关成为必然趋势。可见，当今国际经济联系已远远超出了商品交换的范围，而已渗透到生产协作、资金和科技交流等领域。世界市场几乎已经把所有国家和地区都纳入了世界范围内的社会经济联系的网络之中。世界越来越开放，没有一个国家能够离开国际社会而孤立地生存和发展。各国经济的发展，已不仅仅决定于本国资源和其他社会经济条件，在很大程度上还取决于这些国家能否利用国际经济条件，来求得自己的发展。综观世界许多国家实现本国现代化的过程，不难证明这一点。

回顾历史，我国既有重视对外开放的好传统，也有闭关自守的惨痛教训。公元前115年张骞出使西域，开辟了中西交流的通道——丝绸之路，它的开通是中国人走向世界的壮举。唐代，对外贸易非常发达，东到朝鲜、日本，西与中亚、西亚诸国，南与印度洋诸国都有商贸往来。明代郑和下西洋，促进了中国与亚非各国的经济、文化交流。古代中国由于实行开放政策，较早地脱离了蒙昧时代，进入了文明社会，在长达二千年的封建社会里，中国的科学技术在许多方面和同时期的西方相比都处于领先地位，对人类文明作出过特殊贡献。但是从明朝中后期，尤其是17世纪40年代清军入关建立清朝以后，清朝统治者满足于天朝盛威，拒绝接受西方的先进科技，闭关自守，妄自尊大，固步自封，终于导致国贫民弱、被动挨打。建国以后，帝国主义对我国实行封锁，加上我们自己的失误而形成的某种程度的封闭状态，使我国同世界发达国家本该缩小的差距又拉大了。

邓小平在总结中国历史经验教训时指出："任何国家要发达起来，闭关自守都不可能。我们吃过这个苦头，我们的老祖宗吃过这个苦头。恐怕明朝明成祖时候，郑和下西洋还算是开放的。明成祖死后，明朝逐渐衰落。以后清朝康乾时代，不能说是开放。如果从明朝中叶算起，到鸦片战争，有三百多年的闭关自守，如果从康熙算起，也有近二百年。长期闭关自守，把中国搞得贫穷落后，愚昧无知。中华人民共和国建立以后，第一个五年计划时期是对外开放的，不过那时只能是对苏联东欧开放。以后关起门来，成就也有一些，总之说来没有多大发展。"①历史和现实的经验一再告诉我们，关门是发展不起来的，把自己孤立于世界之外是不利的。国际经验也同样证明，一个国家要发展就必须实行对外开放政策。

对外开放是我国的一项长期的基本国策，是社会主义现代化的必要条件，它将贯彻于我国现代化建设的全过程。列宁曾经从社会主义社会本质的高度来论述社会主义国家开展对外经济活动的必要性和重要性。他认为，苏维埃政权同世界上最先进的科学技术的结合才是社会主义。他提出了这样的公式："乐于吸收外国的好东西，苏维埃政权+普鲁士的铁路管理制度+美国的技术和托拉斯组织+美国的国民教育等等+…=总和=社会主义。"②社会主义必须有高于资本主义发展的最先进的科学技术，最先进的生产组织形式，最强大的生命力，而所有这一切，由于历史的原因，都只有向最发达的国家学习和引进，方能更快实现。我国人多底子薄，本来经济文化就比较落后，关起门来不同外国搞经济技术和文化交流，现代化就难以实现，以后"为了加速中国的现

① 《邓小平文选》第3卷，第90页。

② 《列宁文稿》第3卷，第94页。

代化建设的步伐，我们在依靠自己力量发展我国经济和科学技术的同时，要努力学习发达国家的先进科学技术，经营管理经验，积极有效地利用国外资金。”[①]具体讲，实行对外开放对于我们进行社会主义现代化建设具有重大意义：首先，它不仅可以和外部世界互通有无，调剂余缺，加强国内外的物资交流，协调各方面的比例关系，而且也可以利用国际分工，生产那些对自己有利的产品，通过国际交换，取得最好的经济效益，节约社会劳动。其次，它可以积极引进和吸收当代科技成果，推动国民经济的技术改造和设备更新，加快生产技术的发展，同时还可以通过利用外国资金弥补我国建设资金的不足，加快原有企业技术改造，建立新的现代化企业，建设一些急需的项目，缩短我国现代化的进程。另外，通过对外开放，还可增进各国人民之间的了解和友谊，有利于维护世界和平，使我们的现代化建设有一个良好的国际环境。总之，我们进行现代化建设，必须利用两种资源，即国内资源和国际资源；打开两个市场，即国内市场和国际市场；学会两种本领，即进行国内建设的本领和开展对外经济活动本领。只有这样，才能借助整个人类文明的成果增强中华民族的力量，才能进一步解放生产力，发展生产力，更快更好地建设有中国特色的社会主义，促进社会主义现代化更好更快地实现。

三、坚持党的基本路线不动摇

十一届三中全会以来，我国的经济改革开放不断取得新的突破，社会主义现代化建设事业上了几个台阶，国民经济获得了重大发展，人民生活水平迅速提高，其基本经验集中到一点，就是坚持基本路线不动摇。以“一个中心、两个基本点”为主要内容的基本路线，概括了我们的主要经验，体现了社会主义本质的要求，反映了中国发展的根本规律，指明了中国特色社会主义的发展道路。这条社会主义初级阶段的党的基本路线是我们的事业能够经受风险考验，顺利达到目标的可靠保证。社会主义初级阶段

---

① 《江泽民在庆祝中国共产党成立七十周年大会上的讲话》单行本，第 27 页。

要经历上百年的时间，基本路线也要坚持一百年不动摇。

1.坚持基本路线不动摇，关键是要坚持以经济建设为中心不动摇。

要做到以经济建设为中心不动摇，关键在于正确处理经济建设和各种社会矛盾的关系。在这方面我们有过深刻的教训。1956年中国共产党第八次全国代表大会制定的路线是正确的，但是由于没有正确认识和处理当时发生的国际国内的政治风波，发生了反“右”斗争的扩大化，导致放弃党的八大对主要矛盾的正确分析，重提阶级斗争是主要矛盾，偏离了八大的路线方针，逐步形成了以阶级斗争为纲的错误路线。20世纪80年代末90年代初国际国内发生的政治风波，其剧烈程度远远超过1956年，但我们党仍然坚持了基本路线不动摇。邓小平在1992年强调：“要坚持党的十一届三中全会以来的路线、方针、政策，关键是坚持‘一个中心、两个基本点’。不坚持社会主义，不改革开放，不改善人民生活，只能是死路一条。基本路线要管一百年，动摇不得。”①

2.坚持党的基本路线不动摇，必须把坚持改革开放和坚持四项基本原则统一起来。

坚持四项基本原则和坚持改革开放是相互贯通、相互依存的。离开四项基本原则来谈改革开放，必然会失去正确的政治方向，造成社会动乱，改革开放就搞不下去；离开改革开放来谈坚持四项基本原则，就可能变成坚持僵化的旧体制和旧观念，就不能使社会主义的优越性充分发挥出来，就不能使社会主义事业和人民群众利益获得重大发展，四项基本原则也无法坚持。坚持四项基本原则和坚持改革开放这两个基本点，都必须服从和服务于经济建设这个中心。坚持改革开放和坚持四项基本原则的成绩，要从经济建设这个中心所取得的成就上来判断。毫不动摇地坚持党在社会主义初级阶段的基本路线，把以经济建设为中心与四项基本原则、改革开放这两个基本点统一于建设有中国特色社会主义的伟大实践，是最近二十年来我们党最宝贵的经验。

---

①《邓小平文选》第3卷，第370~371页。

四、正确处理改革、发展和稳定的关系

坚持四项基本原则不动摇、坚持党的基本路线不动摇的目的就是为了正确处理和协调改革、发展、稳定的全局。改革、发展和稳定是我国现代化建设总体格局中三枚最关键的棋子，是一个有机的整体。它们的相互关系贯穿于社会主义现代化建设的全过程。三者中任何一个出了问题，都会直接影响社会主义现代化建设的全局。

改革是动力。中国社会主义要发展，就必须进行改革，改革是解放生产力，也是发展生产力。只有改革，只有广泛而深入的改革，才能解决生产力发展过程中新出现的各种问题，为生产力的发展开辟出广阔的道路。改革是发展不可缺少的推动力量。反过来，只有持续不断的发展，改革才能持续下去，深入下去，不会半途而废。所以离开改革不可能发展，改革是发展的动力。另一方面，离开发展也不可能有真正的改革。

发展是目的。中国解决所有问题的关键是依靠自己的发展，发展才是硬道理。这是由社会主义本质所决定的，“贫穷不是社会主义，发展太慢也不是社会主义。”①创造比资本主义更高的劳动生产率，这是社会主义存在和发展的物质基础，是社会主义最终战胜资本主义的物质基础，也是社会主义向未来共产主义过渡的物质基础。发展首先是发展经济，中国一切问题的最终解决都要看经济的发展，“抓住时机，发展自己，关键是发展经济”。②但又不仅是经济，还包括政治、文化和社会的全面进步。发展是目的，是深化改革、保持稳定的出发点和落脚点。加快发展是建设有中国特色社会主义理论的主要组成部分。发展是人民的根本利益之所在，是党和国家的根本任务。

稳定是基本前提和必要条件。改革和发展必须要有稳定的政治和社会环境作保证。对此，邓小平深刻地指出：“中国的主要

① 《邓小平文选》第 3 卷，第 255 页。

② 《邓小平文选》第 3 卷，第 375 页。

目标是发展，……要做这样的事，必须有安定的政治环境。”① “中国一定要坚持改革开放，这是解决中国问题的希望。……离开国家的稳定就谈不上改革和开放。”②在新形势下江泽民也反复强调：“中国不能乱，这是进行改革和建设的前提条件。”“没有稳定，什么事也干不成”。可见稳定是发展和改革的前提和保证，发展和改革必须要有稳定的政治和社会环境，没有稳定的政治、社会环境，任何好的改革和发展方案都难以实施，稳定的政治环境是改革和发展健康进行的前提和保证。

发展是硬道理。改革是发展的根本途径和强大动力，稳定是发展和改革的前提。稳定离不开改革和发展，改革和发展是稳定的物质基础。只有通过改革才能理顺各种经济和社会关系，充分调动广大群众的积极性，促进生产力的发展，只有生产力发展了，才有综合国力的增强和广大人民群众生活水平的提高，才能增强社会的凝聚力和向心力，从根本上保证社会稳定。保持稳定最根本的因素是加快改革和发展。我们要正确认识和妥善处理改革、发展、稳定之间的关系，保持三者的相互协调和相互促进，把改革的力度、发展的速度、社会可以承受的程度统一起来，在社会政治稳定中推进改革和发展，在改革和发展中实现社会政治稳定，只有这样，才能使我们的各项工作始终处于主动地位，保证国家长治久安，人民富裕幸福。

第三节 党在社会主义初级阶段的基本纲领

党的基本纲领反映了党在一定历史时期的基本政治主张和总的奋斗目标，对于确保完成党在一定历史时期的工作任务具有十分重要的意义。党的十五大依据邓小平理论和党的基本路线，制定了社会主义初级阶段的基本纲领。这个基本纲领围绕建设富

① 《邓小平文选》第3卷，第244页。

② 《邓小平文选》第3卷，第284页。

强、民主、文明的社会主义现代化国家的目标，论述了如何在社会主义初级阶段建设有中国特色社会主义的经济、政治和文化。

一、中国共产党是最低纲领和最高纲领的统一论者

一个政党的纲领就是一面旗帜。党的纲领规定当前和今后一个时期的奋斗目标，是一个政党走什么路、坚持什么样的政策策略的根本标志。党的纲领包括最高纲领和最低纲领两个部分。党的最高纲领是指党的最终奋斗目标，也可称为党的最高理想；党的最低纲领是指党在革命、建设和改革的不同阶段制定的最近目标，又称基本纲领。要贯彻好党在初级阶段的基本路线和基本纲领，必须认清和处理好党的最低纲领和最高纲领的关系。

毛泽东在《新民主主义论》中指出：“关于社会制度的主张，共产党是有现在的纲领和将来的纲领，或最低纲领和最高纲领两部分的。在现在，新民主主义，在将来，社会主义，这是有机构成的两部分，而为整个共产主义思想体系所指导的。”①江泽民在建党八十周年庆祝大会上的讲话中指出：在革命、建设和改革的各个历史阶段中，我们党既有每个阶段的基本纲领，也有确定长远奋斗目标的最高纲领。我们是最低纲领与最高纲领的统一论者。我们党的最高纲领是实现共产主义，这是自我们党成立之日起就确定下来的，也是我们党之所以叫做“共产党”的根本原因。无论在任何时期，我们党都没有忘记自己的最终目的是实现共产主义。为了实现这一远大宏伟的目标，我们党在不同的历史时期根据形势的变化，适时而正确地提出了不同的基本纲领。在新民主主义革命时期，党提出了推翻三座大山、发展民族经济、建立民主共和国的革命纲领；在建国头 30 年的社会主义建设时期，提出了团结一切可以团结的力量，尽快建成社会主义强国的历史任务；在改革开放时期，我们党又制定了以经济建设为中心，坚持四项基本原则、坚持改革开放，把我国建设成为富强、民主、文明的社会主义现代化国家的新时期的奋斗目标。党的十

① 《毛泽东选集》第 2 版第 2 卷，第 686 页。

五大报告进一步明确，党在社会主义初级阶段的最低纲领或基本纲领是建设有中国特色社会主义的经济、政治、文化。

历史经验告诉我们，能否把党的最低纲领与最高纲领有机地统一起来，是事关革命、建设和改革得失成败的大问题。对党的整体来说，忘记或离开党的最高纲领去制定和实行阶段性的最低纲领，就易于犯右的错误，就难以代表社会发展的正确方向；而无视或放弃党的最低纲领去设想和追求长远性的最高纲领，则易于犯“左”的错误。对于每个党员来说，忘记远大理想而只顾眼前，就会失去前进方向；离开现实工作而空谈远大理想，就会脱离实际。

真正把最低纲领与最高纲领统一起来，就必须立足于现阶段最低纲领的实际，全面深刻认识最高纲领。实现共产主义是我们党的最高纲领，但是，我们也必须看到，在国际共产主义运动和我国社会主义建设的某些阶段，由于忽视或脱离党的最低纲领所面对的实际而出现了对党的最高纲领的认识比较肤浅、简单的问题。正是基于对我国社会主义初级阶段基本国情的科学判断，我们才认识到实现共产主义是一个非常漫长的历史过程。巩固和发展社会主义制度，尚需要几代人、十几代人，甚至几十代人坚持不懈的努力奋斗，那么实现共产主义，则需要更长的时间。因此，如江泽民同志在建党八十周年庆祝大会上的讲话中指出的，我们对未来的事情具体如何发展，应该由未来的实践去回答。我们坚持正确的方向，但不可能也不必要去对遥远的未来作具体的设想和描述。

真正把最低纲领与最高纲领统一起来，就必须着眼于实现最高纲领的未来，坚定不移地贯彻落实党的最低纲领。我们今天所取得的每一个成就，都是为实现最终目标积累必需的物质和精神的基础。在当前，一方面，我们要始终坚持共产主义的前进方向，要树立共产主义的远大理想，要坚定共产主义的信念；另一方面，我们又要脚踏实地地做好现阶段的每一项工作，为实现党在现阶段的基本纲领而不懈努力。因为，每一项实际工作的完成，就会大大推进社会主义的建设事业，就是为实现共产主义的远大理想做出了一份贡献。因此，当前最紧要的，是坚定不移地贯彻党在社会主义初级阶段的基本路线，努力实现党在现阶段的基本纲领。

二、党在社会主义初级阶段的基本纲领的提出、主要内容及其意义

1.社会主义初级阶段的基本纲领的提出。

十一届三中全会以来，在改革开放和现代化建设的过程中，在形成和贯彻党的基本路线的过程中，邓小平和我们党对于在现阶段建设有中国特色社会主义的经济、政治和文化，作过许多精辟论述。1979 年以后，邓小平多次谈到：我们的国家已经进入社会主义现代化建设的新时期，我们要在大幅度提高社会生产力的同时，改革和完善社会主义的经济制度和政治制度，发展高度的社会主义民主和完备的社会主义法制。我们要在建设高度物质文明的同时，提高全民族的科学文化水平，建设高度的社会主义精神文明。

党的十五大依据邓小平的思想和根据社会主义初级阶段理论、基本路线，制定了社会主义初级阶段的基本纲领。这是十五大的一大贡献。这个基本纲领围绕建设富强、民主、文明的社会主义现代化国家的目标，论述了在社会主义初级阶段建设有中国特色社会主义的经济、政治和文化的基本纲领。

2.党在社会主义初级阶段基本纲领的主要内容。

党在社会主义初级阶段基本纲领表明了建设有中国特色的社会主义经济、政治、文化的基本目标和基本政策，这三部分内容是一个有机统一，不可分割的整体。

第一，建设有中国特色社会主义的经济，就是在社会主义条件下发展市场经济，不断解放和发展生产力。这就要坚持和完善社会主义公有制为主体、多种所有制经济共同发展的基本经济制度；坚持和完善社会主义市场经济体制，使市场在国家宏观调控

下对资源配置起基础性作用；坚持和完善以按劳分配为主体的多种分配方式，允许一部分地区一部分人先富起来，带动和帮助后富，逐步走向共同富裕；坚持和完善对外开放，积极参与国际经济合作和竞争。保证国民经济持续快速健康发展，人民共享经济繁荣成果。

第二，建设有中国特色社会主义的政治，就是在中国共产党领导下，在人民当家作主的基础上，依法治国，发展社会主义民主政治。这就要坚持和完善工人阶级领导的、以工农联盟为基础的人民民主专政；坚持和完善人民代表大会制度和共产党领导的多党合作、政治协商制度；发展民主、健全法制，建设社会主义法制国家。实现社会安定，政府廉洁高效，全国各族人民团结和睦、生动活泼的政治局面。

第三，建设有中国特色社会主义文化，就是以马克思主义为指导，以培育有理想、有道德、有文化、有纪律的公民为目标，发展面向现代化、面向世界、面向未来的、民族的、科学的、大众的社会主义文化。这就是坚持用邓小平理论武装全党，教育人民；努力提高全民族的思想道德素质和教育科学文化水平；坚持“为人民服务、为社会主义服务”的方向和“百花齐放、百家争鸣”的方针，重在建设，繁荣学术和文艺。建设立足中国现实、继承历史文化优秀传统、吸取外国文化有益成果的社会主义精神文明。

3.社会主义初级阶段的基本纲领的意义。

正确的基本纲领，在党的各项工作中可以起到积极的推动作用。在民主革命时期，毛泽东和我们党就制定了正确的新民主主义的政治、经济和文化的基本纲领。毛泽东在党的七大政治报告《论联合政府》中论述了新民主主义革命基本纲领的作用。他说：“实行这个纲领，可以把中国从现在的国家状况和社会状况向前推进一步，即是说，从殖民地、半殖民地和半封建的国家和社会状况，推进到新民主主义的国家和社会。”[①]正是这个纲领指导了中国新民主主义革命的胜利，并走上了社会主义道路。现在，我

① 《毛泽东选集》第2版，第3卷，第1058页。

们又有了一条科学而正确的社会主义初级阶段的基本纲领，必将能团结全党和全国人民，取得建设富强、民主、文明的社会主义现代化事业的胜利。社会主义初级阶段的基本纲领是邓小平理论的重要内容，是基本路线在经济、政治、文化等方面的扩展，对推动各项工作的发展具有重要意义。

第一，这个纲领是邓小平理论的重要内容。邓小平在提出基本路线的同时，十分重视与这条路线相对应的经济政治文化建设的基本目标、基本政策的制定和阐述。邓小平说：“改革开放以来，我们立的章程并不少，而且是全方位的。经济、政治、科技、教育、文化、军事、外交等各个方面都有明确的方针和政策，而且有准确的表述语言。”[①]正是这些各个方面经过实践检验，同时被证明是符合中国国情的方针和政策，为党的基本纲领的制定奠定了坚实的理论基础。

第二，这个纲领是党的基本路线的展开，尤其是在建设富强、民主、文明的社会主义现代化的奋斗目标上，进一步按经济、政治、文化三个领域展开，系统地规定了所要达到的目标和所要坚持的基本政策，更加清晰地描绘了建设有中国特色社会主义的蓝图。

第三，这个纲领是这些年来最主要的经验总结。1992 年以前，我们党在建设有中国特色社会主义的经济、政治、文化等方面就已经有了一套成熟的方针政策。纲领中规定的基本政策原则和要求是我们多年来一直在做的。十五大又总结了从那以后五年多在实践中的新认识和新经验，在基本纲领中对这些经验作了进一步的提炼和概括。

第四，这个纲领的制定，有助于进一步统一全党和全国人民的思想，妥善解决我们前进中遇到的各种问题，更好地坚持邓小平理论和党的基本路线，把我们伟大的事业全面推向 21 世纪。

---

① 《邓小平文选》第 3 卷，第 371 页。

第四节 建设中国特色社会主义的基本经验

党的十六大联系改革开放以来的实践，科学地总结了党领导人民建设中国特色社会主义的十条基本经验。这十条经验，覆盖了改革发展稳定、内政外交国防、治党治国治军等方面，是中国共产党理论创新的最新成果。

一、坚持以邓小平理论为指导,不断推进理论创新

邓小平理论是我们的旗帜。它集中回答了什么是社会主义、如何建设社会主义这一关系到中国特色社会主义事业兴衰成败的关键问题。没有邓小平理论，就不可能有中国改革开放和现代化建设事业突飞猛进的发展。始终高举邓小平理论的伟大旗帜，是中国特色社会主义建设事业的主要经验。

党的基本路线和基本纲领是各项工作的根本方针。以经济建设为中心，坚持四项基本原则，坚持改革开放，这条基本路线以及据此确定的党在社会主义初级阶段的政治、经济、文化建设的基本纲领，是马克思主义理论同中国现代化建设实践相结合的产物，是社会主义建设和发展规律的总结。党的十三届四中全会以来，党所以能够领导和团结全国人民，经受住各种困难和风险的考验，保持社会稳定和经济快速发展，最根本的就是坚决排除各种干扰，坚持党的基本理论、基本路线和基本纲领不动摇。

坚持用马克思列宁主义、毛泽东思想和邓小平理论武装全党、教育人民，不断解放思想、实事求是，与时俱进、开拓创新，是我们党保持生机与活力、中国特色社会主义事业蒸蒸日上的思想保证。马克思列宁主义、毛泽东思想和邓小平理论作为中国共产党的指导思想必须坚持。但同时，必须看到，当今世界政治、经济、文化、科技等领域发生了重大变化，我国社会主义建设发生了重大变化，广大党员干部和人民群众的工作、生活条件

和社会环境也发生了重大变化，这就要求我们必须尊重群众的首创精神，通过实践来检验和发展党的理论和路线方针政策。党的十三届四中全会以来，我们党在理论和实践上的每一步前进，改革和建设的每一步发展，都是解放思想、实事求是，与时俱进、开拓创新的结果。

解放思想、实事求是，与时俱进、开拓创新，最重要的就是要在坚持社会主义基本制度的前提下，自觉地把思想认识从那些不合时宜的观念、做法和体制的束缚中解放出来，从对马克思主义的错误的、教条式的理解中解放出来，从主观主义和形而上学的桎梏中解放出来，使我们的理论路线方针政策真正符合社会主义初级阶段的发展要求，以实践来检验一切。解放思想、实事求是，与时俱进、开拓创新，是马克思主义活的灵魂。我们党能否做到这一点，决定着中国的发展前途和命运。

二、坚持以经济建设为中心,用发展的办法解决前进中的问题

社会主义的本质在于解放和发展生产力。中国是在经济文化十分落后的基础上建立社会主义制度的。我国的社会主义将长期处于初级阶段。这就要求我们必须更加重视和始终坚持解放和发展生产力。如果生产力不发展，社会主义制度的巩固和国家的长治久安就会遇到极大的困难，社会主义优越性就会丧失最根本的物质基础。继续解决我国经济和社会生活中存在的矛盾和问题，提高我们抵御各种风险的能力，实现第三步战略目标，要靠生产力的发展；解决台湾问题，完成祖国统一大业，要靠生产力的发展；反对霸权主义、强权政治，不断增强我国在国际事务中的作用，也要靠生产力的发展。所以，发展才是硬道理，必须抓住一切机遇加快发展，必须把发展作为党执政兴国的第一要务。

发展要有新思路。十三年来的新思路主要体现在以下方面：第一，坚持扩大内需的方针，积极拓展和繁荣国内市场。第二，坚持可持续发展战略，强调发展是速度与效益、与不断优化的国

民经济结构相统一的发展，是与资源、环境、人口相协调的可持续的发展。第三，坚定不移地实施科教兴国战略。实践证明，十三年来我国取得的伟大成就均得益于这些新思路。

以经济建设为中心、发展生产力的最终目的，是促进我国社会的全面发展，不断提高人民生活水平，保证人民共享发展成果。只有努力使工人、农民、知识分子和其他群众在改革开放和现代化建设中不断得到实惠，共享发展的成果，才能充分调动他们的积极性和创造性，才能使中国特色社会主义建设事业永葆生机和活力。

三、坚持改革开放,不断完善社会主义市场经济体制

1.改革开放是强国之路。党的十三届四中全会以来的历史雄辩地证明了这一点。

改革是社会主义制度自我完善和发展的根本途径和动力，是在坚持社会主义基本制度的前提下，自觉地调整和改革生产关系同生产力、上层建筑同经济基础之间不相适应的方面和环节，促进生产力的发展和社会的全面进步。所以，必须坚定不移地推进各方面改革。

2.改革要从实际出发，整体推进，重点突破，循序渐进，注重制度建设和创新。

十三年来的改革实践表明，社会主义改革是一项浩大的系统工程，涉及经济、政治、文化、教育、科技诸领域，各个领域的改革既自成体系又相互制约，相互依存，如果没有周密的谋划，积极而稳妥的步骤和举措，就不能顺利进行并取得成效。同时，在中国改革是一项前无古人的全新事业，不可能全面同步到位，因而必须从实际出发，重点突破，先易后难，由浅入深，循序渐进。十三年的改革实践还证明，制度建设和创新具有引领、促进改革和巩固改革成果的巨大作用。国有企业建立现代企业制度的实践，中国特色社会保障体系的确立，政治民主制度化、规范化的进程，适应社会主义市场经济发展要求的文化体制的改革与探

索等等，都在印证着制度建设和创新对于改革的重大意义。

3.坚持社会主义市场经济的改革方向，使市场在国家宏观调控下对资源配置起基础性作用。

实践已经证明，我国原有的高度集中的计划经济体制已不再适应现实生产力发展的需要，必须建立新的社会主义市场经济体制。市场机制和宏观调控，是社会主义市场经济体制的重要内容，二者是统一的，不能把它们割裂开来、对立起来。既要充分发挥市场的积极作用，使经济活动遵循价值规律，适应供求变化，体现竞争原则，又要努力加强和完善宏观调控，克服市场自身存在的某些缺陷，促进经济总量平衡和结构优化，保持国民经济持续快速健康发展。

4.坚持“引进来”和“走出去”相结合，积极参与国际经济技术合作和竞争，不断提高对外开放水平。

历史已经证明，中国的发展离不开世界，关起门来搞建设是不能成功的。在世界多极化和经济全球化趋势日益加强的今天，我们必须不断丰富对外开放的形式和内容，必须在“引进来”的同时“走出去”，积极参与国际经济技术合作与竞争，进一步开阔视野，提高水平，跟踪世界经济与技术的最新发展，在国际经济的大舞台上展现并检验自己的实力与水平，磨砺自己、提高自己，使中国经济更迅速地融入经济全球化进程中。

四、坚持四项基本原则，发展社会主义民主政治

1.四项基本原则是立国之本。

社会主义制度是近代以来中国历史和中国人民的选择，是中华民族复兴、人民共同富裕的根本保证；马克思列宁主义、毛泽东思想和邓小平理论，是中国革命和建设事业的理论指南；人民民主专政是中国特色的人民当家作主的政权；中国共产党是中国革命和建设事业的领导核心，没有共产党就没有新中国，没有共产党就没有改革开放和现代化建设事业的高歌猛进、蓬勃发展。坚持四项基本原则最核心的就是坚持中国共产党的领导。

2.发展社会主义民主政治，建设社会主义政治文明，是社会主义现代化建设的重要目标。

人民代表大会制度和共产党领导的多党合作、政治协商制度以及民族区域自治制度，适合中国国情，鲜明地体现了中国特色社会主义民主政治的本质和特点，具有自己的优势和强大生命力。只有坚持和完善我国社会主义政治制度，才能始终保持国家统一、民族团结、社会稳定和经济发展。

3.必须适应经济发展和社会全面进步的要求，积极稳妥地推进政治体制改革，发展民主政治。

政治体制改革，要从我国国情出发，同经济体制改革和经济文化发展相适应，有步骤有秩序地向前推进，坚定不移地走自己的政治发展道路，坚持社会主义政治的自我完善和发展。我们进行的政治体制改革，就是在党的领导下，发展人民民主，健全国家法制，改革政府机构，改革领导制度和干部制度，努力建设中国特色社会主义民主政治，实现社会主义民主政治的制度化、规范化、程序化。

4.民主总是同法制结合在一起的，实行依法治国，健全法制，建设社会主义法治国家，是党领导人民治理国家的基本经验和基本方略之一。

党的领导、人民当家作主和依法治国的统一性，是社会主义民主政治的重要优势。共产党执政，就是领导和支持人民掌握和行使管理国家的权力，实行民主选举、民主决策、民主管理、民主监督，保证人民依法享有广泛的权利和自由。

五、坚持物质文明和精神文明两手抓，实行依法治国和以德治国相结合

社会主义精神文明是中国特色社会主义的重要特征。经济、政治、文化协调发展，两个文明都搞好，才是有中国特色的社会主义。物质文明的发展，为社会主义精神文明提供现实的基础、物质的前提；而社会主义精神文明的进步又为物质文明提供思想

保证、精神动力和智力支持。只有"两手抓"，才能既实现经济的持续发展，又实现社会的全面进步，完整地体现和发挥社会主义制度的优越性。

坚持全面发展、全面进步的目标，要求在发展社会主义经济、政治的同时，把社会主义精神文明建设提到突出的地位，大力发展面向现代化的、面向世界的、面向未来的、民族的、科学的、大众的社会主义文化。必须立足于中国现实，继承中华民族优秀文化传统，同时吸取外国文化有益成果，做到"古为今用，洋为中用"；必须着眼于中国改革开放和现代化建设实践，着眼于世界科学文化发展前沿，积极进行文化创新，全面建设和繁荣我国的文化事业，满足人民日益增长的精神文化需求；必须努力发展教育科技文化，坚持在全社会提倡社会主义、共产主义道德，大力弘扬爱国主义精神、集体主义精神，同时把先进性要求同广泛性要求结合起来，鼓励一切有利于国家统一、民族团结、经济发展、社会进步的思想道德，提高全民族的思想道德素质和科学文化素质，为现代化建设提供强大的精神动力和智力支持。

必须坚持不懈地加强社会主义法制建设，依法治国；同时也要坚持不懈地加强社会主义道德建设，以德治国。法治以德治为基础，德治以法治作保障，把两者统一于建设中国特色社会主义的实践中，是党的十三届四中全会以来的重要经验之一。

六、坚持稳定压倒一切的方针，正确处理改革发展稳定的关系

1.改革是一场深刻的社会变革，必然带来利益调整、体制转换和观念更新。因此，要始终正确把握改革、发展、稳定的关系。

改革是发展的动力，是我们走向现代化的必由之路。发展是改革的目的，也是稳定的保证，解决中国所有问题的关键要靠发展。稳定是改革和发展的基本前提，没有稳定什么事情也办不成。只有把改革的力度、发展的速度和社会可承受的程度协调统一起来，才能在社会稳定中推进改革发展，在改革发展中保持社会稳定和国家长治久安。

2.要把不断改善人民生活作为处理改革发展稳定关系的重要结合点。

把最广大人民的切身利益实现好、维护好、发展好，要让人民随时得到改革带来的实惠，感受到生活水平的不断提高，体会到改革带来的可喜变化，认识到改革需要付出一定的代价，对于个人而言难免有得有失，但得大于失。

3.要善于审视新情况新变化，充分重视、正确把握和处理经济社会生活中出现的各种矛盾，积极运用经济、行政和法律等手段，协调好各方面的利益关系，同时大力加强和改进思想政治工作，防止矛盾激化而影响社会稳定和人民团结。

党的十三届四中全会以来，我国的社会主义现代化建设能取得巨大成就，前两步战略目标能顺利实现，一条基本的经验就是我们始终将维护社会稳定放在压倒一切的地位上。

七、坚持党对军队的绝对领导，走中国特色的精兵之路

人民军队是维护国家安全统一的重要保障，是人民民主专政的坚强基石。人民军队建设的总要求是：政治合格、军事过硬、作风优良、纪律严明、保障有力，核心是着眼于“打得赢、不变质”两个历史性课题。党的十三届四中全会以来，党中央根据时代特点和世界军事领域内的重大变化，提出了打赢高技术条件下局部战争的军队建设要求。为此，坚持走中国特色的精兵之路，走科技强军、质量建军之路，实现军队由数量规模型向质量效能型、由人力密集型向科技密集型转变，从而极大地促进了军队现代化正规化建设。党对军队的绝对领导是人民军队永远不变的军魂，必须毫不动摇地加以坚持。始终把思想政治工作摆在军队各项工作的首位，是人民军队的一贯传统和必须坚持的原则，只有如此才能确保军队永远忠于党，忠于社会主义，忠于祖国，忠于人民，永不变质。

八、坚持团结一切可以团结的力量，不断增强中华民族的凝聚力

党的十三届四中全会以来的历史充分证明，我们党之所以能够取得建设有中国特色的社会主义的伟大胜利，一条重要的经验，就是最广泛最充分地调动一切积极因素，团结一切可以团结的力量，结成最广泛的爱国统一战线。

高举爱国主义、社会主义旗帜，加强全国各族人民的大团结，增强中华民族的凝聚力，巩固和发展最广泛的爱国统一战线，是适应激烈的国际竞争的需要，是新时期维护改革、发展和稳定大局的需要，是实现中华民族伟大复兴的需要。

巩固和发展最广泛的爱国统一战线，必须加强同民主党派和无党派人士的团结，做好民族工作、宗教工作和侨务工作，坚持“一国两制”的方针。要牢固树立为经济建设服务的指导思想，把各阶层、党派、民族、团体和社会各界人士的智慧和力量，都凝聚到推进社会主义现代化建设上来；要积极稳妥地推进社会主义民主政治建设，坚持和完善共产党领导的多党合作和政治协商制度以及民族区域自治制度，支持各民主党派、无党派人士履行政治协商、参政议政和民主监督的职能；要努力贯彻各民族一律平等和共同发展的政策，贯彻宗教信仰自由的政策，同时要旗帜鲜明地反对民族分裂主义和宗教极端势力；要高举爱国主义旗帜，团结广大海外侨胞，坚持“和平统一、一国两制”的方针，团结海内外中华儿女共同反对“台独”、反对分裂，推动祖国统一大业早日实现。

九、坚持独立自主的和平外交政策，维护世界和平与促进共同发展

1.我们进行改革开放和现代化建设，需要一个和平的国际环境。

我们对外工作的首要任务，就是争取和平，为社会主义现代化建设创造良好的国际环境和周边环境。这就需要我们实事求是

地判断国际形势，按照冷静观察、沉着应对的方针，恰当处理对外关系，以便抓住机遇，集中力量加快国内经济和其他事业的发展。

2.坚持独立自主的和平外交政策，把国家的主权和安全始终放在第一位。

对于一切国际事务，都要从中国人民和世界人民的根本利益出发，根据事情本身的是非曲直来决定自己的立场和政策，不屈从于任何外来压力。

3.坚持在和平共处五项原则的基础上建立和发展同所有国家的友好合作关系。

坚持睦邻友好政策，积极发展同邻国之间的关系；发展和加强同第三世界各国的友好合作关系；改善和发展同发达国家的关系；积极参与多边外交活动，坚持通过对话，协商解决国与国之间存在的分歧和争端；按照独立自主、完全平等、互相尊重、互不干涉内部事务的原则发展同各国各地区政党和政治组织的关系。

4.坚持反对霸权主义和强权政治，维护世界和平。

努力推动建立和平稳定、公正合理的国际政治经济新秩序，建立以互信、互利、平等、协作为核心的新安全观。

5.按照相互尊重、求同存异的精神处理国际事务，尊重世界多样性，促进国际关系民主化。

各国文明的多样性，是人类社会的基本特征，也是人类文明进步的动力。历史文化、社会制度和发展模式的差异，不应成为相互疏远和对抗的理由，而应成为并存互补、相互合作、共同发展的动力。

十、坚持加强和完善党的领导，全面推进党的建设新的伟大工程

中国共产党是新中国的执政者，是中国特色社会主义建设事业的领导核心。党的建设直接关系到中国现代化和改革开放事业

的兴衰成败、关系到国家繁荣富强和人民共同富裕的目标能否顺利实现。党的十三届四中全会以来党的建设实践充分昭示：治国必先治党，治党务必从严。中国共产党是中国工人阶级的先锋队，同时是中国人民和中华民族的先锋队，代表着最广大人民的根本利益，以建设社会主义和最终实现共产主义为奋斗目标。党的这一性质和宗旨必须坚持，决不能动摇。但同时，必须看到党面临的国际国内形势的重大变化。我们党已经成为在全面改革开放条件下长期执政和领导全国政权的党，面临着执政和改革开放两大考验。要经受住考验，就必须以改革的精神加强和改进党的建设，解决好提高党的领导水平、执政水平和提高拒腐防变、抵御风险的能力这两大课题。为此，必须充分发挥思想建设、组织建设和作风建设三大优势，全面推进党的建设新的伟大工程。党的十三届四中全会以来，党中央坚持“思想建党”原则，坚持用马克思列宁主义、毛泽东思想、邓小平理论、“三个代表”重要思想教育全党、武装全党，同时坚持解放思想、实事求是，与时俱进、开拓创新的思想路线，不断开拓马克思主义理论发展的新境界；在组织建设上，坚持和健全民主集中制，加强基层组织建设，全面贯彻干部队伍“四化”方针和德才兼备原则；在作风建设上，始终把密切党群关系作为执政党建设的核心问题，着重解决党的工作作风、领导作风和干部生活作风等方面的突出问题，把反腐倡廉当作关系党和国家生死存亡的大事来抓，有力地治理和预防腐败。这些都是党的建设的重要经验。

从严治党，以改革的精神加强和改进党的建设，目的是为了保持党的先进性、纯洁性和团结统一，使党真正成为全心全意为人民服务、思想上政治上组织上完全巩固、能够经受住各种风险、始终走在时代前列、领导全国人民建设中国特色社会主义的马克思主义政党。

以上十条，是党领导人民建设中国特色社会主义必须坚持的基本经验。党的十六大报告指出：这些经验，联系党成立以来的历史经验，归结起来就是，我们党必须始终代表中国先进生产力的发展要求，代表中国先进文化的前进方向，代表中国最广大人民的根本利益。这是坚持和发展社会主义的必然要求，是我们党艰辛探索和伟大实践的必然结论。

思考题

1.如何正确理解社会主义初级阶段的含义？

2.为什么我国正处于并将长期处于社会主义初级阶段？

3.为什么中国共产党是最低纲领和最高纲领的统一论者？

4.建设中国特色社会主义的基本经验有哪些？

第六章

中国社会主义建设的发展战略

本章学习重点

邓小平为我国社会主义初级阶段经济发展确定了“分三步走”，基本实现现代化的战略步骤，战略目标。党的十六大提出了21世纪头20年，是大有作为的重要战略机遇期，是实现现代化建设第三步战略目标的承上启下的发展阶段，全面建设小康社会是这一阶段的奋斗目标。推动经济结构战略性调整，走社会主义新型工业化道路。实施科教兴国和可持续发展战略。坚持经济与人口、资源、环境协调发展，促进社会全面进步。

第一节 中国经济社会发展战略的目标和步骤

一、中国经济发展的战略目标

在21世纪中叶基本实现现代化，把我国建成富强、民主、文明的社会主义国家是我国经济社会发展的战略目标。

1949年，中华人民共和国建立，实现了国家的统一和民族的独立，结束了百年屈辱的历史，开始了中国社会主义现代化建设。经过三年的国民经济恢复时期，党中央在1952年和1954年都提出要实现工业、农业、交通运输业和国防的四个现代化任务，并在1956年党的八大期间写进了党章。1964年全国人大三届一次会议上，进一步提出了本世纪末实现四个现代化的目标，并把其中的交通运输现代化改为科学现代化。但是，我国的现代化建设事业，由于党内“左”倾路线的干扰几乎中断。党的中心任务由经济建设转为抓阶级斗争。尤其在“文化大革命”期间，我国国民经济遭到严重破坏。

党的十一届三中全会作出了将工作重心从以阶级斗争为纲转移到经济建设上来的重大决策，从而使中国社会主义建设发展战略进入崭新阶段。党的十一届三中全会以后，邓小平对我国社会主义建设历史经验教训作了全面总结，对社会主义及其本质进行再思考，认为中国解决所有问题的关键是靠自己的发展，实现四个现代化就是中国最大的政治。邓小平根据我国的实际情况，不断调整对本世纪末基本实现四个现代化的认识，逐步提出“三步走”的发展战略。

1979年底，邓小平在接见外宾时说：“我们要实现的四个现代化，是中国式的现代化。我们的四个现代化的概念，不是像你们那样的现代化的概念，而是‘小康之家’。”[1]1980年1月，他

① 《邓小平文选》第2卷，第237页。

初步提出分“两步走”达到“小康水平”的战略设想。

1984年邓小平进一步指出:“人民生活达到小康水平。这个目标对发达国家来说是微不足道的，但对中国来说，是一个雄心壮志,是一个宏伟的目标。更为重要的是,在这个基础上,再发展三十年到五十年,力争接近世界发达家的水平。”[①]1987年2月,邓小平更切合实际地把“接近发达国家水平”改成“到下世纪中叶建成中等发达水平的社会主义国家”。1987年4月他在接见西班牙客人时,正式全面地提出“分三步走”的战略步骤。同年10月,在党的十三大报告中正式提出:党的十一届三中全会以后,我国经济建设的战略部署大体分三步走:第一步,实现国民生产总值比1980年翻一番,解决人民的温饱问题。这个任务已经基本实现;第二步,到本世纪末,使国民生产总值再增长一倍,人民生活达到小康水平;第三步,到下个世纪中叶人均国民生产总值达到中等发达国家水平,人民生活比较富裕,基本实现现代化。然后,在这个基础上继续前进。

《国民经济和社会发展“九五”计划和2010年远景目标纲要》确定，“九五”时期“全面完成现代化建设的第二步战略部署，到2000年，人口控制在13亿以内，实现人均国民生产总值比1980年翻两番；基本消除贫困现象，人民生活达到小康水平；加快现代企业制度建设，初步建立社会主义市场经济体制。为下世纪开始实施第三步战略部署奠定更好的物质技术基础和经济体制基础。2010年，“实现国民生产总值比2000年翻一番，人口控制在14亿以内，人民的小康生活更加宽裕，形成比较完善的社会主义市场经济体制。”

战略目标，是指一个时期内全局性的奋斗目标。党的十二大提出，中国共产党在新的历史时期的总任务是：团结全国各族人民，自力更生，艰苦奋斗，逐步实现工业、农业、国防和科学技术现代化，把我国建设成为高度富强、高度民主，高度文明的社会主义国家。而党的十三大根据我国现实情况，实事求是地把“高度”二字去掉，改为社会主义初级阶段要把我国建设成为富

① 《邓小平文选》第3卷,第77页。

强、民主、文明的社会主义现代化国家。

二、我国经济发展的战略步骤和战略重点

1. “三步走”经济发展战略步骤。

党的十三大报告中正式提出：党的十一届三中全会以后，我国经济建设的战略部署大体分三步走。第一步，实现国民生产总值比 1980 年翻一番，解决人民的温饱问题。这个任务已经基本实现。第二步，到本世纪末，使国民生产总值再增长一倍，人民生活达到小康水平。第三步，到下个世纪中叶，人均国民生产总值达到中等发达国家水平，人民生活比较富裕，基本上实现现代化。然后，在这个基础上继续前进。邓小平设计的“分三步走”基本实现现代化的宏伟蓝图，是社会主义初级阶段经济发展的战略步骤。

2. “三步走”经济发展战略的重点。

为了更好地实现“三步走”的战略，邓小平提出了以重点带动全局的思想。1982 年，他提出战略重点有三个：“一是农业，二是能源和交通，三是教育和科学。”[①]党的十二大以来，党和国家都认真抓住这个战略重点，合理地确定产业结构，促进国民经济持续、快速、健康发展。

农业是我国国民经济发展的基础。农业为整个国民经济的发展提供了大量的粮食和农副产品等基本生活资料，为工业提供了生产所需大量的原材料，提供劳动力，提供广大可靠的市场，是经济建设资金积累的重要来源，也为我国外贸提供大量的出口商品。农业对国民经济的基础作用，还表现在它是社会安定，国家自立的基础。所以，邓小平反复强调：“农业是根本，不要忘掉。”[②]“中国有百分之八十的人口在农村。中国社会是不是安定，中国经济能不能发展，首先要看农村能不能发展，农民生活是不是好起来。”[③]这就是说，对于中国这样一个绝大部分人口在

①《邓小平文选》第 3 卷，第 9 页。

②《邓小平文选》第 3 卷，第 23 页。

③《邓小平文选》第 3 卷，第 77~78 页。

农村的大国，必须真正把加强农业放在经济工作的首位，这是实现国民经济健康发展和社会安定的基础。要实现社会主义的四个现代化，没有农业的现代化，就没有中国的现代化。关于中国农业的长远发展战略，邓小平还提出了两个飞跃的思想：“第一个飞跃，是废除人民公社，实行家庭联产承包为主的责任制。这是一个很大的前进，要长期坚持不变。第二个飞跃，是适应科学种田和生产社会化的需要，发展适度规模经营，发展集体经济。这又是一个很大的前进，当然这是很长的过程。”[①]根据邓小平的这个思想，党的十四届五中全会要求，要在完善以家庭联产承包为主的责任制的基础上，逐步推进土地适度规模经营，大力发展农业社会化服务体系，发展贸、工、农一体化经营，壮大集体经营实力。

能源和交通，是我国国民经济发展的薄弱环节，必须集中必要的力量，高质量、高效率地建设一批重点工程，保证能源和交通优先发展。高度重视节约能源和原材料，提高资源利用效率。加快能源和交通建设，不仅是当前解决经济发展的迫切需要，而且是增强经济发展后劲的重要条件。

教育和科学，是我国国民经济发展的关键，无论是农业的发展，能源和交通的发展，还是整个现代化建设，最后解决问题都要靠科技和教育。邓小平尖锐地指出：“从长远看，要注意教育和科学技术。否则，我们已经耽误了二十年，影响了发展，还要再耽误二十年，后果不堪设想。”[②]必须大力发展教育，把教育摆在优先发展的战略地位，优化教育结构，普及义务教育，发展高等教育，鼓励多渠道、多形式办学，进一步改革教育体制，促进教育同经济、技术的密切结合。在坚持教育为本的同时，振兴科技，强化技术开发和推广，加速科技成果商品化、产业化进程，加强基础科学研究，瞄准世界科学前沿，重点攻关，力争在我国具有优势的领域中有重大突破。这样，我们就会在当今世界经济

① 《邓小平文选》第 3 卷，第 355 页。

② 《邓小平文选》第 3 卷，第 274~275 页。

的发展中，迎接科技竞争、人才竞争的挑战，抓住机遇，发展自己。

三、抓住重要战略机遇期，全面建设小康社会

1.大有作为的重要战略机遇期。

十六大报告在十五大确立的新“三步走”战略基础上提出了“重要战略机遇期”的概念，并阐述了这个“重要战略机遇期”在新“三步走”战略中的重要地位。报告指出：“21世纪头二十年，对我国来说，是一个必须紧紧抓住并且可以大有作为的重要战略机遇期。”

21世纪头二十年是实现现代化建设第三步战略目标必经的承上启下的发展阶段。党的十五大报告把邓小平提出的“三步走”发展战略中的第三步具体细化为三个阶段，即到2010年实现国民生产总值比2000年翻一番，使人民的小康生活更加宽裕，形成比较完善的社会主义市场经济体制；到2020年，使国民经济更加发展，各项制度更加完善；到2050年基本实现现代化，把我国建设成为一个富强、民主、文明的社会主义国家。“三步走”发展战略第三步的具体化，作为我们党的新“三步走”战略，体现了中国共产党和中华民族的奋斗精神，反映了全党全国各族人民肩负着振兴中华、振兴社会主义的崇高的历史使命。显然，新“三步走”战略是在完成了邓小平提出的“三步走”发展战略的前两步的基础上提出的，是对到21世纪中叶基本实现现代化、建成富强民主文明的社会主义国家的宏伟蓝图的构思。新“三步走”战略既是对邓小平的“三步走”发展战略的发展与创新，又是对实现21世纪中叶的奋斗目标所作的实事求是的科学概括。在新“三步走”战略中，前两步的完成意味着高水平的、全面的、发展比较均衡的小康社会的实现，具有承上启下、前后衔接的重要作用。因此，我们必须紧紧抓住21世纪头二十年，这一重要战略机遇期。

2.“重要战略机遇期”概念提出的背景。

“重要战略机遇期”这一新概念是在对国际国内形势作出科学判断的基础上提出来的：

第一，从国际格局和世界矛盾的全局看，我们面临的国际环境依然是机遇大于挑战。虽然，不公正不合理的国际政治经济旧秩序没有根本改变，影响和平与发展的不确定因素在增加。传统安全威胁和非传统安全威胁的因素相互交织，恐怖主义危害上升。霸权主义和强权政治有新的表现。民族、宗教矛盾和边界、领土争端导致的局部冲突时起时伏。南北差距进一步扩大。世界还很不安宁，人类面临着许多严峻挑战。但是，和平与发展仍是当今时代的主题。维护和平，促进发展，事关各国人民的福祉，是各国人民的共同愿望，也是不可阻挡的历史潮流。世界多极化和经济全球化趋势的发展，给世界的和平与发展带来了机遇和有利条件。新的世界大战在可预见的时期内打不起来。争取较长时期的和平国际环境和良好周边环境是可以实现的。

第二，科学技术迅猛发展、科学技术与经济社会日益融合以及信息时代的来临，为我们有所为、有所不为、重点突破，实现经济社会的跨越式发展提供了良好的机遇和条件。信息技术在生产中的普遍应用产生了许多新兴的产业部门。这些新兴产业部门生产工艺过程的技术含量增加，而劳动力和原材料的耗费较少，所获得的利润率较高。我们要善于把握这一产业变动趋势，积极为我国寻找积累资金、引进技术、培训现代工人、掌握先进的管理经验的发展机遇。

第三，经济全球化趋势的发展，以及我国加入世界贸易组织，为我们在全球范围内配置资源，加快现代化建设创造了机遇，提供了条件。经济全球化的迅速发展为各国经济发展注入了新的活力。在经济全球化进程中，生产要素以空前的速度和规模在世界范围内流动，以寻求相应的位置进行最佳的资源配置；贸易自由化的范围、金融国际化的进程以最快速度迅速扩大和推进；生产网络化的体系逐步形成，投资外向化的现象日益凸现。尽管经济全球化的进程会首先有利于发达国家，并在平等竞争的旗号下掩盖着经济霸权主义的实质，在全球实施着资源的不平等分配，但是，只要我们善于利用，同样也可以成为我国产业结构、技术结构不断升级和高级化、进行经济结构调整、提高自身经济实力的发展机遇。

第四，社会主义市场经济体制不断完善，民主法制建设不断推进，巨大的市场和大幅度增长的外汇储备，为我们进一步吸引外资、发展经济创造了条件。21世纪头二十年是完善社会主义市场经济体制和扩大对外开放的关键阶段。在社会主义市场经济体制运行中，国有企业的改革与发展、公有制与市场经济的结合、生产力布局和产业结构的调整、就业问题的解决，以及城乡居民收入的增加等问题，成为这一重要战略机遇期需要解决的重点问题。我国可以在国际范围内谋划自己的发展，在更大的范围、更广的领域、更高的层次上参与国际经济技术合作和竞争，拓展经济发展空间，充分利用国际国内两个市场，全面提高对外开放的水平。因此，我们可以认为，21世纪头二十年的重要战略机遇期是高水平的、全面的、发展比较均衡的小康社会的建设期，也是社会主义市场经济体制的完善期和对外开放水平的提高期。

3.全面建设小康社会的奋斗目标。

第一，全面建设小康社会的奋斗目标的内容。党的十六大报告以“全面建设小康社会，开创中国特色社会主义事业新局面”为题，从经济、政治、文化、国防、党的领导等各个方面，论述了全面建设小康社会的意义。报告指出：根据党的十五大提出的到2010年、建党100年和新中国成立100年的发展目标，我们要在本世纪头二十年，集中力量，全面建设惠及十几亿人口的更高水平的小康社会，使经济更加发展、民主更加健全、科教更加进步、文化更加繁荣、社会更加和谐、人民生活更加殷实。这是一个与邓小平“三步走”发展战略相衔接、同加快推进现代化相一致、承上启下的目标。这是一个坚持以经济建设为中心，中国特色社会主义经济政治文化协调发展、社会全面进步和人的全面发展相统一的目标。这是一个既体现时代精神，又具有中国特色，既实事求是、切实可行，又鼓舞人心、催人奋进的目标。这是一个能够充分体现社会主义制度优越性的目标。要实现这个目标，发展必须要有新思路，改革必须要有新突破，开放必须要有新局面，各项工作必须要有新举措。

第二，现阶段我国小康社会的特点。所谓小康，在历史上是相对于大同而言的，出自中国古代儒家经典《礼记·礼运》。小康用来描述仅次于大同的社会发展阶段，反映了中国古人对宽裕、殷实、稳定、安宁的社会生活的憧憬和期盼。当然，它在中国历史上并未得到实现。应该说，中国奔小康的步伐起始于20世纪70年代末80年代初。1979年12月6日，邓小平在会见日本首相大平正芳时首次提出了中国现代小康的概念，明确指出中国式的四个现代化就是“小康之家”。在此基础上，邓小平还多次对中国现代小康的时代特点作了阐述，即：“所谓小康社会，就是虽不富裕，但日子好过。我们是社会主义国家，国民收入分配要使所有的人都得益，没有太富的人，也没有太穷的人，所以日子普遍好过。更重要的是，那时我们可以进入国民生产总值达到一万亿美元以上的国家的行列。”①党的十三届七中全会和七届人大四次会议从三个方面概括地对小康的涵义作了论述。所谓小康水平，是指在温饱的基础上，生活质量进一步提高，达到丰衣足食。生活质量的提高，既包括物质生活的改善，也包括精神生活的充实；既包括居民个人消费水平的提高，也包括社会福利和劳动环境的改善。根据我国经济发展不平衡的情况，全国实现小康是逐渐推进的，不可能规定一个统一的时刻表。到20世纪末，已经实现小康的少数地区，将进一步提高生活水平，达到较高的发展阶段；温饱问题基本解决的多数地区，将普遍达到小康；尚未摆脱贫困的少数地区，将在温饱的基础上向小康过渡。中国共产党对小康的理解，成为在中国实现小康的重要指导思想。

小康社会是我国在实现社会主义现代化过程中从温饱发展到富裕的一个历史阶段。达到小康，进入小康社会发展阶段与邓小

① 《邓小平文选》第3卷，第161~162页。

平确立的著名的“三步走”发展战略是紧密联系在一起的。党的十一届三中全会以后，邓小平以对我国社会主义经济建设历史的回顾为基础，首先提出了到21世纪中叶经济发展的战略设想。邓小平在1987年4月会见西班牙副首相格拉时，明确提出了“分三步走”的战略步骤：第一步，在80年代翻一番。以1980年为基数，当时国民生产总值人均只有250美元，翻一番，达到500美元。第二步，到本世纪末，再翻一番，人均达到1 000美元。实现这个目标意味着我们进入小康社会，把贫困的中国变成小康的中国。那时国民生产总值超过1万亿美元，虽然人均数还很低，但是国家的力量有很大增加。我们制定的目标更重要的还是第三步，在下世纪用30年到50年再翻两番，大体上达到人均4 000美元。做到这一步，中国就达到中等发达的水平。[①]按照邓小平的思想，实现了“分三步走”发展战略中的前两步，就是进入了小康社会。

我国社会主义初级阶段，是完成国家的工业化和实现经济的社会化、市场化、现代化的历史过程，它的总目标就是在21世纪中叶基本实现现代化，把我国建成富强、民主、文明的社会主义国家。在这样一个特定的历史过程中，人民日益增长的物质文化需要同落后的社会生产之间的矛盾仍然是我国社会的主要矛盾；社会生产力水平还比较低，科技教育文化还比较落后，实现工业化和现代化还有很长的路要走；城乡二元经济结构没有得到改变，地区差距扩大的趋势尚未得到扭转，贫困人口数量还不少；人口总量仍在继续增加，老龄人口比重上升，就业和社会保障的压力还比较大；生态环境和自然资源对经济社会发展的制约还很突出；我国还面临着发达国家在经济科技等方面占优势的压力；经济体制及其他方面的管理体制还不完善；民主法制建设和思想道德建设等方面还存在着一些不容忽视的问题。因此，我们现在达到的小康必然具有以下三个特点：

我们现在达到的小康是低水平的。改革开放以来，我国经济

① 《邓小平文选》第3卷，第226页。

发展迅速，经济总量水平不断提高，发展速度多年来一直处于世界各国前列，经济增长速度高于世界平均增长速度。但是我国人均生产的物质产品和社会财富较少，劳动生产率较低，人均占有及能够用于扩大再生产和消费的物质产品较少。因此，我们目前达到的小康是低水平的，我们只是刚刚跨过小康的门槛，加速经济发展，提高人均收入水平的任务还很艰巨。

我们现在达到的小康是不全面的。这种不全面性主要表现在：偏重于满足物质消费、生存性消费，而精神消费或文化消费，特别是发展性消费还得不到有效满足。

我们现在所达到的小康发展是很不平衡的。我国是一个幅员辽阔的大国，不同省市之间、地区之间、城乡之间，自然、人文等各方面条件存在差别，经济发展水平存在差别。因此，不同省市之间、地区之间、城乡之间的非协调发展，使得不同省市、东中西部和城乡的小康实现程度极不平衡。

第三，全面建设小康社会奋斗目标的特征。全面建设小康社会是社会主义初级阶段较长过程中的一个重要发展阶段，因此，要正确理解全面建设小康社会的内涵，必须对社会主义初级阶段作出正确理解。党的十五大报告指出，社会主义初级阶段，是逐步摆脱不发达状态，基本实现社会主义现代化的历史阶段；是由农业人口占很大比重、主要依靠手工劳动的农业国，逐步转变为非农业人口占多数、包含现代农业和现代服务业的工业化国家的历史阶段；是由自然经济半自然经济占很大比重，逐步转变为经济市场化程度较高的历史阶段；是由文盲半文盲人口占很大比重、科技教育文化落后，逐步转变为科技教育文化比较发达的历史阶段；是由贫困人口占很大比重、人民生活水平比较低，逐步转变为全体人民比较富裕的历史阶段；是由地区经济文化发展很不平衡，通过有先有后的发展，逐步缩小差距的历史阶段；是通过改革和探索，建立起比较成熟的社会主义市场经济体制、社会主义民主政治体制和其他方面体制的历史阶段；是广大人民牢固树立建设中国特色社会主义共同理想，自强不息，锐意进取，艰苦奋斗，勤俭建国，在建设物质文明的同时努力建设精神文明的历史阶段；是逐步缩小同世界先进水平的差距，在社会主义基础上实现中华民族伟大复兴的历史阶段。这一历史阶段的所有这些繁重的任务，需要通过全面建设一个惠及十几亿人口的更高水平的、更全面的、发展比较均衡的小康社会来完成。

我们要建设的小康社会必须是高水平的。也就是说，经济总量必须走在世界前列，人均国民生产总值必须达到当时中等收入国家的平均水平，进一步提高小康生活的水平和质量，增加富裕起来的人口的比例，提高富裕程度。

我们要建设的小康社会必须是更全面的。也就是说，不仅在经济指标方面提高人民的小康水平，而且在社会指标方面，在精神生活的充实方面，在社会福利和劳动环境方面，提高人民的小康水平；不仅要使人民安居乐业，接受良好的教育，推进人的全面发展，提高人的素质和发挥人的潜能，创造更多、更有价值的物质和精神财富，而且要使人民享有更加完善的社会主义民主、更加完备的社会主义法制和良好的社会秩序；不仅要在生态环境方面，改善环保设施，强化人与自然之间的和谐关系，走可持续发展道路，而且要在整个社会发展方面，高度发展生产力，提高人民生活水平，使国民经济持续快速健康发展。

我们要建设的小康社会必须是发展比较均衡的。也就是说，要消除局部贫困、少数贫困，在使贫困人口首先解决温饱问题的基础上，进而使他们达到小康生活水平，使全国人民走向共同富裕。要改变城乡二元经济结构、城市化水平低和服务业比重低的状况，扭转牺牲农村经济发展和农民利益、片面发展城市经济、工业经济的局面，使各省市之间、地区之间、城乡之间平衡协调发展，最大限度地提高小康社会的覆盖面。

由此可见，全面建设小康社会是指整个社会经济、政治、文化的协调发展，是物质文明、政治文明和精神文明的共同发展，是人口、资源、环境的协调发展，是不同地区、不同城市、不同农村、不同群体的全面发展。我们要在本世纪头 20 年，集中力量，全面建设这样一个惠及十几亿人口的更高水平的、更全面的、发展比较均衡的小康社会，使经济更加发展、民主更加健全、科教更加进步、文化更加繁荣、社会更加和谐、人民生活更加殷实。

四、我国经济社会发展战略的特点

以邓小平为代表的党中央领导集体依据当前时代特征和我国社会主义初级阶段的基本国情，所制定的中国社会主义建设发展战略，从总体上规划了21世纪中叶之间的战略目标和战略步骤。这是中华民族实现现代化的跨世纪的宏伟蓝图。它具有以下鲜明的特点：

1.注重社会全面协调发展。

我国社会主义建设发展战略目标不是片面强调经济增长的发展目标，而是多元化的目标，是经济、政治、文化三位一体，共同发展，共同进步，经济、社会全面发展的目标模式。我国社会主义初级阶段要实现的总体战略目标是：“把我国建设成为富强、民主、文明的社会主义现代化国家。”“富强”是指经济现代化，建设高度的物质文明，争取本世纪中叶达到中等发达国家水平；“民主”是指政治现代化，建立一个人民当家作主，依法治国，富有效率，充满活力的社会主义政治制度；“文明”是指文化现代化，也就是建设社会主义精神文明，着力提高全民族的思想道德素质和科学教育文化水平。只有经济、政治、文化协调发展，才能建成社会主义现代化强国，才是有中国特色的社会主义。

2.以人民利益为出发点和归宿。

全心全意为人民服务是中国共产党的宗旨，也是人民政府的宗旨。江泽民在学习《邓小平文选》第3卷报告会上的讲话中指出邓小平“尊重群众，热爱人民，总是时刻关注最广大人民的利益和愿望，把‘人民拥护不拥护’、‘人民赞成不赞成’、‘人民高兴不高兴’、‘人民答应不答应’作为制定各项方针政策的出发点和归宿。”[1]在十一届三中全会前夕，邓小平就指出：“我们是社会主义国家，社会主义制度优越性的根本表现，就是能够允许社会生产力以旧社会所没有的速度迅速发展，使人民不断增长的物质文化生活需要能够逐步得到满足。……我们一定要根据现在的有利条件加速发展生产力，使人民的物质生活好一些，使人民的文化生活、精神面貌好一些。”[2]以后，他又提出，社会主义的根本任务是发展生产力，以经济建设为中心，要一心一意搞经济建设，以“三个有利于”的标准作为出发点和归宿。

3.既坚持实事求是，又具有雄心壮志。

过去，我国曾为了在短期内实现现代化，并赶上和超过发达国家，几度出现严重脱离我国的国情，超越了实际可能，盲目追求高速度、高指标、高产值，使国民经济的发展大起大落，遭到巨大损失。十一届三中全会后，邓小平坚持实事求是，一切从实际出发，并根据现实情况，不断修正、调整战略目标和战略步骤。例如：把本世纪末实现四个现代化调整为本世纪末达到小康水平，下世纪中叶基本实现现代化；把曾准备争取下世纪中叶接近发达国家水平，改为达到中等发达国家水平；十二大提出建设成为高度文明、高度民主的社会主义国家，十三大根据实际情况，去掉两个“高度”，定为在社会主义初级阶段把我国建设成为富强、民主、文明的社会主义现代化国家等。“分三步走”实现现代化的战略目标是从实际出发的，经过反复论证的，通过努力是完全可以实现的。

二十年来，我国社会主义建设硕果累累，取得举世瞩目的成绩。“分三步走”的战略，第一步和第二步已顺利实现。人民生活质量明显改善，整体生活水平已接近小康。关键是第三步，争取 21 世纪中叶达到中等发达国家水平。这对于人口众多、资源相对贫乏、经济文化十分落后的中国来说，肯定是一个具有雄心

① 江泽民:《在学习〈邓小平文选〉第 3 卷报告会上的讲话》,1993 年 11 月 3 日《人民日报》。

② 《邓小平文选》第 2 卷,第 128 页。

壮志的宏伟目标。我们要用一百年时间走完欧美资本主义国家通常要几百年走完的历程，到了21世纪中叶，我国实现发展战略的目标，成为富强、民主、文明的社会主义现代化国家，就能理直气壮地说中华民族是伟大的民族，就能充分体现社会主义制度的优越性。

全面建设小康社会奋斗目标的提出，依据的是我国社会主义现代化建设的客观进程和社会经济发展阶段性变化的实际情况，具有鲜明的中国特色，体现了时代的精神，符合我国的基本国情和现代化建设的实际，符合广大人民的愿望。

第二节 推动经济结构战略性调整，走新型工业化道路

一、实现我国经济社会发展战略目标，必须调整经济结构

面对世界科学技术日新月异发展和经济结构不断加速重组的趋势，随着我国经济由温饱型向小康型的过渡，经济结构的矛盾日益突出，其主要表现是：产业结构不合理，生产供给不适应市场需求。农业基础脆弱，基础设施不适应经济和社会发展的要求，服务业落后，加工制造业素质不高，产品结构不合理，产品品种老化，质量差，成本高，缺乏市场竞争能力，地区结构不合理，盲目重复建设严重，产业结构趋同，造成大量浪费。所有这些，严重制约着国民经济的进一步发展，迫切要求同深化改革相结合，对经济结构进行战略性调整，从整体上优化经济结构，提高经济素质。

在经济结构的调整过程中，产业结构的调整居于优先地位。产业结构是指社会再生产过程中各产业部门之间和同一产业内部各个组成部分之间的内在联系和比例。产业结构是国民经济结构的主体和基础，它的现状和变化方向在很大程度上决定着劳动力就业结构、企业组织结构、国民收入分配结构、居民消费结构等的现状及变化趋势。因此，产业结构合理是实现经济快速和协调

发展的前提和基础。国民经济各个部门之间这种包含一定质和量的要求的内在联系就是国民经济的比例性。国民经济各个部门如果是按照客观存在的包含质和量要求的内在联系发展就是按比例发展。国民经济各个部门之间的内在联系符合这种质和量的要求，那就是一种合理的产业结构。

在我国，很长一段时期里由于实行突出重点的非均衡发展战略，使产业结构呈现出严重的不合理。如农业基础仍比较脆弱；能源紧张，基础工业和基础设施发展滞后；加工工业总规模偏大，技术水平和专业化程度低；第三产业不能适应经济发展和人民生活改善的需要等。目前，随着工业化的进一步推进和农业人口向非农产业的转移，对外经济贸易关系的拓宽以及世界新技术革命的发展和产业结构的重组升级，客观要求我国加快对产业结构的调整。

根据我国现实的国情，现阶段产业结构调整必须把改造传统产业同发展高新技术产业结合起来。为此，今后调整产业结构的主要内容和方向是：

1.大力发展农业和基础产业。

农业是人类生存和发展的基础，是整个国民经济的基础，尤其对我们这样一个农业人口占就业人口绝对多数的国家来说，大力发展农业更具有特别重要的意义。然而长期以来因受多种因素的制约，我国农业的发展并不理想。主要表现在：农业生态环境破坏严重，水土流失、草原退化、土壤沙化等日益恶化；人口多耕地少，不仅制约着我国劳动力资源优势的利用和发挥，而且严重地制约了农业劳动生产率的迅速提高；农业资金投入少，农业机械化水平低；农民的科学文化素质普遍低下等。因此，农业的发展具有其紧迫性。邓小平指出："农业的发展一靠政策，二靠科学。科学技术的发展和作用是无穷无尽的。"①适合农民和农业生产力发展水平的政策主要是解决调动和发挥广大农民的主动性和积极性问题。农业问题的根本出路最终要依靠科技的进步。要

① 《邓小平文选》第3卷，第17页。

把农业发展转移到依靠科技进步和提高劳动者素质上来。为此，要树立大农业观念即包括农、林、牧、副、渔在内的整体农业观念，改造传统农业，努力开发高产优质高效农业；促进农村科技和文化教育事业的发展，努力提高农民的科学文化素质；继续大力发展乡镇企业，特别要扶持和加快中西部地区和少数民族地区乡镇企业的发展，使之成为农村经济发展中的重要力量；继续深化农村改革，稳定和完善以家庭联产承包为主的责任制，发展多种形式的农业社会化服务体系，为农业生产进一步增长和农村经济的全面发展奠定坚实的基础。

基础工业和基础设施是我国经济发展中的薄弱环节，它的发展对我国实现现代化的战略目标具有重要的意义。针对基础工业和基础设施建设周期长、投资大的特点，要通过财政和政策等手段逐步调整和理顺其建设和发展问题，为国民经济的快速增长提供前提。目前，我国加工工业规模已相当可观，但总体来看技术设备陈旧、管理落后、产品水平不高、效率低。因此，在深化改革过程中对现有企业的结构进行调整，以增加加工工业的生产能力和适应市场的应变能力。

2.发展高科技产业和第三产业。

第二次世界大战后科学技术的迅猛发展促使产业结构发生了质的变革，由微电子技术、电子计算机技术和光纤通讯技术构成的信息技术已成为这场产业结构变革的主导技术或先导技术。新技术革命导致了许多高新技术产业部门的建立，包括信息产业、新材料产业、生物技术开发产业、空间技术开发产业、新能源开发产业等等。这些高新技术产业部门由于技术先进、产品市场广阔，其增长速度很快，在经济中的比重不断上升并带动整个国民经济的高速增长。发达国家在这些方面已先走一步。相比之下，我国的传统产业还是国民经济的主体，其产值仍占国民生产总值的绝对多数，高新技术产业所占的比重很低。面对世界各国在高科技产业领域里的激烈竞争，我们只有组织力量不失时机地抓紧高技术的研究开发，提高高技术产业产值在国民生产总值中的比重并使之成为我国产业结构调整和国民经济发展的先导产业，才能保持我国经济发展和在国际竞争中的主动权。

第三产业是英国经济学家费希尔于1935年发表的《安全与进步的冲突》一书中提出的概念。他认为人类经济活动的发展经历了三个阶段：第一阶段以第一产业即农业和畜牧业为主；第二阶段以第二产业即工业生产大规模地发展为标志；第三阶段则以服务业为主，这一阶段开始于20世纪初，大量的劳动力和资本不再是继续流入第一、第二产业，而是流入旅游、娱乐服务、文化艺术、医疗保健、教育科学等服务行业即第三产业中。战后，第三产业又经过了一个高速发展时期。现在世界各国、特别是发达国家的经济结构中，第一、二产业占各国国内生产总值的比重及就业人数普遍下降，第三产业比重却相对上升。可见，第三产业的发展是现代经济发展的必然结果。而我国第三产业发展状况以及在国民生产总值中的比重不仅低于发达国家，而且也明显低于发展中国家。改革开放以来第三产业有了比较快的发展，但同发达国家相比差距仍然比较大，不仅发展水平低，而且制度、体制、法规等方面很不完善，理论研究和实际操作也还处在初期发展阶段，与我国现代化建设要求相差甚远。因此，必须抓住有利时机，将第三产业的发展放在重要的战略地位。

第三产业的发展对于实现我国社会经济发展战略具有重要的战略意义。可以促进市场的充分发育，提高服务的社会化专业水平，增强社会保障能力，是深化改革和扩大开放的重要条件；第三产业行业多、门类广，能吸纳大量不同层次的劳动力，是缓解我国就业压力的重要出路；随着社会经济的发展和人们收入水平的提高，人们既会在衣食住行等方面提出更多更高的要求，也会在文化娱乐、旅游休闲、广播电视、图书出版和体育健身等方面提出更多更高的要求，因而，第三产业的发展是提高人民生活、满足人民需要的重要条件。

我国第三产业发展的目标是：到本世纪末，初步建立起适合我国国情的，比较健全的具有开放型、多层次、多功能特点的社会化综合性服务体系，比较合理的社会保障体系，形成全国性、区域性、地方性多层次和相互配套的第三产业格局。

二、推进产业优化升级，走新型工业化道路

进入新世纪新阶段，加快经济发展的着眼点要高，发展必须有新思路。新思路的核心就是对经济结构进行战略性调整，依靠结构调整促进发展，在发展中加快结构调整。我国以往的发展在很大程度上是依靠量的扩张解决短缺矛盾。随着经济的发展和对外开放的扩大，经济结构不合理的矛盾日益显现，经济生活中的突出问题几乎都与结构不合理有关。

我们必须通过结构调整解决这些矛盾。要通过发展和调整结构，推进产业结构升级，形成以高新技术产业为先导、基础产业和制造业为支撑、服务业全面发展的新的产业格局。要通过统筹城乡经济发展，提高城镇化水平，调整城乡结构，加强农业基础，发展农业产业化经营，调整农业、农村经济结构，使“三农”问题逐步得到解决。要加快发展现代服务业，改造、提高传统服务业，提高第三产业在国民经济中的比重。这对扩大就业、加快城镇化、提高人民生活质量和国民经济整体效率都有重大作用。

所谓新型工业化道路，就是坚持以信息化带动工业化，以工业化促进信息化，走出一条科技含量高、经济效益好、资源消耗低、环境污染少、人力资源优势得到充分发挥的工业化道路。

新型工业化与传统工业化相比有三个突出的特点：

一是以信息化带动的、能够实现跨越式发展的工业化。发达国家都是在工业化之后推行信息化的，中国是一个后发展的国家，这些年信息化发展很快，我们完全可以在工业化的过程中推进信息化，以信息化带动工业化，以工业化促进信息化，从而发挥后发优势，实现生产力的跨越式发展。

二是能够增强可持续发展能力的工业化。在发达国家实现工业化特别是在快速发展的时期，大多数是以消耗能源、牺牲环境为代价，可以说“先发展，后治理”，代价是很大的。所以，我们在实现工业化的过程中特别强调生态建设和环境保护，强调处理好经济发展与人口、资源、环境之间的关系。新型工业化道路，依托以信息技术为代表的科技革命，为在加快发展中降低资源消耗，减少环境污染，提供强大的技术支撑，从而大大增强我国的可持续发展能力。

三是能够充分发挥我国人力资源优势的工业化。在发达国家实现工业化的过程中注重机械化和自动化，与此同时出现了一些失业问题。中国的国情是人口多，劳动力成本比较低，我们要在工业化的进程中充分考虑到这个国情，处理好资本技术密集型与劳动密集型产业的关系，处理好高新技术产业和传统产业的关系，既充分利用工业化来提升劳动生产率，又着眼于扩大就业，发挥我国人力资源的优势。

中国过去的工业化是以资金密集型的重工业为主导，并且严格限制农村劳动力向城市流动，这样一来，工业发展对于吸纳农村富余劳动力的作用十分有限。而新型工业化道路强调工业发展要有利于农业劳动力持续转移和城镇化程度的提高，有利于我国人力资源优势的发挥。

三、区域经济协调发展的战略与西部大开发战略

1.我国区域经济发展的基本格局。

进入 20 世纪 80 年代以后，邓小平深刻总结了历史的经验教训，提出让一部分地区先富起来的战略构想。邓小平指出：“沿海地区要加快对外开放，使这个拥有两亿人口的广大地带较快地先发展起来，从而带动内地更好地发展，这是一个事关大局的问题。内地要顾全这个大局。反过来，发展到一定的时候，又要求沿海拿出更多力量来帮助内地发展，这也是个大局。那时沿海也要服从这个大局。”[1]这就是邓小平同志“两个大局”思想。我国区域经济发展的基本格局。20 世纪 50 年代，为了改变历史上形

① 《邓小平文选》第 3 卷，第 277~278 页。

成的我国工业布局过分向沿海倾斜的状况，提出了工业均衡发展的战略。20 世纪 60 年代之后，考虑到当时世界的政治和军事形势，我国重点搞了以防备战争为目的的“三线”建设，我国的工业基本上都分布在中西部地区，并且不少企业从沿海地区迁到了中西部地区，也因此建立起了中、西部地区特别是西部地区的工业基础，中西部地区的经济得到了快速发展，在整个国民经济中的地位逐步上升。改革开放之前我国的区域经济发展是一种均衡发展战略。

改革开放以来，我国的区域经济发展战略在指导思想上经历了从注重公平的“均衡发展”向注重效率的“非均衡发展”的转变，提出让一部分人、一部分地区先富起来的观念。经过二十多年的改革开放，我国东部地区利用自身的优势和国家的政策快速地发展起来了，西部地区也按照中央的要求，从大局出发支持了东部地区的发展。从总体上看，我国城市居民处在小康阶段，农村居民处在从温饱向小康过渡的阶段，特别是东部地区居民生活水平更高。按照邓小平同志的设想，我们已经到了要突出地提出和解决西部地区的发展问题了。党中央和国务院适时地提出西部大开发战略，是贯彻邓小平同志“两个大局”思想的根本体现。

2.实现区域经济协调发展的措施。

第一，加强中央政府的宏观调控力度，致力于缩小区域发展差距。加大对中西部地区的投资特别是在基础设施方面的投资力度，改善中西部地区的投资环境。中央政府要制定政策，加强东、中、西部地区，发达地区和不发达地区的经济合作和贸易往来，从区域经济合作中求得区域经济发展。制定有利于不发达地区吸引外商投资的政策，加快不发达地区的开发和对外开放。

第二，不发达地区要以邓小平同志提出的“三个有利于”为指导，进一步解放思想。打破各种不利于生产力发展的思想禁锢，立足本地实际情况，积极发展特色经济；要加快政府机构改革的步伐，精简机构；要有秩序地输出劳动力。深刻领会和贯彻党的十五大和十五届四中全会的精神，既要搞活国有企业，又要大力发展民营经济和中小企业。

第三，利用市场机制加强东中西部的经济合作和经贸往来，实现区域经济协调发展。

第四，消除区域经济结构趋同化现象。区域经济结构趋同化是指具有不同经济发展条件如人才、交通、通讯、自然资源的各个地区没有充分考虑当地的实际情况发展了相同或相近的产业，形成过度的低水平竞争的格局。

3.实施西部大开发战略。

改革开放之后，我国采取的是区域经济的非均衡发展战略，鼓励有条件的一部分地区先发展起来，这是符合当时的国情的，也促进了我国国民经济的高速增长和综合国力的提高。经过20年的发展，东部沿海地区经济增长走在全国的前列。与此同时，东西部区域经济之间的差距也越来越大。如何缩小区域经济差距，促使区域经济协调发展直接关系到我国第三步发展战略目标的实现，综合国力的进一步提高，也直接关系到社会的稳定。

(1) 西部大开发战略的提出。

1999年6月17日，江泽民视察西部时明确指出：加快开发西部地区，对于推进全国的改革和建设，对于保持党和国家的长治久安，是一个全局性的发展战略，不仅具有重大的经济意义，而且具有重大的政治和社会意义。加快中西部地区发展的条件已经基本具备，时机已经成熟。从现在起，这要作为党和国家一项重大的战略任务，摆在更加突出的位置。

根据江泽民这一重要指示，1999年11月召开的中央经济工作会议，将西部大开发列为今后几年经济工作的重点之一，并提出了实施西部大开发的基本思路和战略重点。2000年初，国务院西部地区开发领导小组在京召开了西部地区开发会议，继续研究加快西部地区发展的基本思路和战略任务。2000年3月，朱镕基在九届全国人大三次会议上的政府工作报告中指出："实施西部大开发，加快中西部地区发展战略，是党中央贯彻邓小平关于我国现代化建设'两个大局'战略思想，面向新世纪所做出的重大决策。这对于扩大内需、推动国民经济持续增长，对于促进各地区经济协调发展，最终实现共同富裕，对于加强民族团结、维护社会稳定和巩固边防，都具有十分重要的意义。"这表明，在新世纪即将到来之际，党中央面向新世纪，总揽全局，正式做出了实施西部大开发的战略决策。

(2) 实施西部大开发具有重大的战略意义。

第一，实施西部大开发战略是实现共同富裕这一社会主义制度的本质要求。社会主义的本质要求和根本目的是实现共同富裕。共同富裕既包括我国的全体居民都能过上富裕的生活，也包括各个地区的经济共同发展。没有地区经济的协调发展也就不可能实现居民生活的共同富裕。我国西部10省区的国土面积占全国的56%，人口占全国总人口的22.8%，而人均国民生产总值只相当于全国平均水平的60%。我国的贫困人口和贫困地区基本上都集中在西部地区。社会主义制度的本质要是实现共同富裕；但是没有西部地区的富裕就谈不上实现共同富裕，没有西部地区的小康，就谈不上全国的小康。因此，中央提出西部大开发的战略，拿出更多的力量来支持西部地区的发展，逐步缩小区域经济差距。

第二，实施西部大开发有利于扩大内需，保持国民经济的持续、快速、健康发展和实现第三步战略目标。从长远的观点来看，我国作为一个发展中的大国，特别是一个人口大国，依靠国际市场固然可以带动经济增长，但最根本的还是要依靠国内需求的增加。通过扩大内需实现国民经济的健康发展，而内需扩大最有潜力的就是广大的农村和中西部地区。开发西部地区，加大对西部地区基础设施的投资、保护西部地区的生态环境、开发西部地区丰富的矿产资源和水利资源，提高西部地区居民的收入水平对内需的扩大有着巨大的潜力。特别是要到21世纪中叶实现人均国民生产总值在2000年的基础上再翻两番，达到中等发达国家的水平，任务十分艰巨。东部地区的发展依赖于西部地区巨大的市场、矿产资源和能源，没有西部地区的发展和全面振兴，就不可能实现这一战略目标。

第三，实施西部大开发是改善全国生态环境的客观要求。长期以来，由于人为的破坏和气候的变化，我国的生态环境日益恶化。西部地区是我国长江、黄河和其他众多大江大河的发源地，由于上游植被的破坏，土壤沙化日益严重，山体滑坡和泥石流频繁发生，水土流失日益严重，对中下游社会经济发展造成了严重影响。要从根本上改善生态环境，改善中华民族的生存条件，必须首先改变西部地区的生态环境，实施西部大开发战略。

第四，实施西部大开发，有利于全国的社会稳定、民族团结和边防巩固。要实现全国的社会稳定、民族团结和边防巩固，挫败敌对势力的阴谋和分裂颠覆活动，必须加快发展西部地区的经济，促进边疆地区的社会进步和经济全面发展，提高人民的生活水平。

第五，实施西部大开发，有利于我国的对外开放。我国西部地区与东南亚、南亚和中亚地区接壤，实施西部开发，有利于同这些国家的陆上经贸往来和西部地区的对外开放。在开放中发展西部，通过发展西部地区的经济进一步扩大对外开放。

四、全面繁荣农村经济，加快城镇化进程

党的十六大报告指出：统筹城乡经济社会发展，建设现代农业，发展农村经济，增加农民收入，是全面建设小康社会的重大任务。 建设现代农业，发展农村经济，增加农民收入，是关系中国改革开放和现代化建设的重大问题。进入新的发展阶段，农业和农村出现了一些新情况和新问题。要做好新阶段的农业和农村经济工作，就要把全面贯彻党在农村的基本政策，加强农业的基础地位，发展农业和农村经济，增加农民收入，统筹城乡经济社会发展，作为全面建设小康社会的重大任务。为此，就要推进农业和农村经济结构的调整，提高粮食综合生产能力，增强农业的市场竞争力。把解决“三农”问题与城镇化结合起来，逐步提高城镇化水平，坚持大中小城市和小城镇协调发展，走中国特色

的城镇化道路。

1.加强农业基础地位，实现农民收入持续增长。

第一，要加强农业基础地位，大力推进农业和农村经济结构的战略性调整。在人多地少、农业劳动生产率较低、粮食价格水平偏高、农业增加值有限的条件下，经济结构的战略性调整是提高农业经济效益、增加农民收入的根本途径。在切实保护耕地，稳定粮食生产能力的同时，要以优化品种、提高质量、增加效益为中心，积极调整种植业结构，加快发展畜牧业、林业、水产业，培育优势产品，把我国优势农产品做大做强。要发挥各地农业的比较优势，合理调整农业生产的区域布局，发展特色农业，形成规模化、专业化的生产格局，构造农业优势区域和优势产业带，提高商品率。

第二，积极推进农业的产业化和市场化经营。大力促进农业产业化经营，扶持龙头企业，因地制宜推广“公司+农户”、“订单农业”等多种形式，发展农产品加工、储运、保鲜等产业，开拓农村市场，搞活农产品流通，健全农产品市场体系，提高农业的后续效益和市场竞争力。要大力推进科技教育，加强生物技术、信息技术等高新技术的研究和应用，积极扶持农业科技产业的发展。当然，调整经济结构要因地制宜，依据生产规律和市场规律，维护农民生产经营自主权，不能实行强迫命令。

第三，加强农业和农村的基础设施和社会化服务体系建设。要进一步增加投入，加快大江大河大湖治理，抓紧主要江河控制性工程建设和病险水库加固，提高防洪调蓄能力。要抓好大型灌区节水工程改造，积极开展农田水利建设，搞好水土保持。要继续加强农村电网、通信、广播、电视、道路、供水等基础设施建设，切实改善农村生产、生活和市场条件。要建立农产品市场信息、食品安全和质量标准与检测体系。把提高农产品质量和安全水平、降低农产品生产和交易成本、搞好产供销服务体系等作为主攻方向，并建立农产品监测预警系统。

第四，发展农业和农村经济，增加农民收入既符合广大农民的利益，也是解决工业品供求矛盾的有效途径。自20世纪90年代初期起，我国经济就已经显露出“过剩”的特征，1997年亚洲金融危机以来，扩大内需特别是扩大农村需求成为保证国民经济尤其是工业生产长期稳定发展的重要条件。要扩大农村需求，首先面临着增加农民收入的问题，只有在农村经济稳定发展，农民收入持续稳定增长的基础上，国内市场和农村需求才能稳定增加，才能为国民经济发展和工业生产持续增长提供广阔的市场。因此，在新世纪要把发展农村经济，增加农民收入，加快实施城镇化战略当作从根本上解决工业品供需矛盾，推动国民经济发展的根本措施。

第五，坚持党在农村的基本政策，深化农村改革。政策、科学和投入是保证农业和农村经济持续发展的三大要素。在新世纪，必须坚持党在农村的基本政策，积极推进农村各项改革。长期稳定并不断完善以家庭承包经营为基础、统分结合的双层经营体制。在长期稳定土地承包关系的基础上，鼓励有条件的地区积极探索土地经营权流转制度改革。2002年8月通过的《农村土地承包法》，为土地承包经营奠定了法律基础。有条件的地方可以按照依法、自愿、有偿的原则进行土地承包经营权的合理流转，逐步发展规模经营。要保护基本农田。要尊重农户的市场主体地位，推动农村经营体制创新。

第六，建立健全农业社会化服务体系。根据粮食生产和流通的新情况，继续深化粮食流通体制改革，在适当扩大中央储备粮规模的同时，粮食主产区要加快粮食流通的市场化进程。政府要加大对农业的投入和支持，加快农业科技进步和农村基础设施建设。

第七，推进农村税费制度改革。改革现行农业税和农业特产税，这是保障农民合法权益、减轻农民负担、保护农民利益的治本之策。与税费改革相适应，还要改革农村的政府机构，转换乡镇政府的管理职能，适当撤并乡镇，精简乡镇机构和人员。

2.协调城乡发展,逐步提高城镇化水平。

随着农业和农村经济结构的不断调整，随着现代化的逐步实现和农业劳动生产率的不断提高，大量富余劳动力将从农村逐步向大中小城市和小城镇转移，城镇化水平将不断提高，这是我国工业化和现代化的必然趋势。

第一，推进城镇化要遵循客观的经济规律，要与经济发展水平、市场发育程度相适应，走中国特色的城镇化道路。在推进城镇化进程中，既要坚持发展大中小城市，又要大力发展小城镇，要针对不同地区的经济发展水平和地理、资源、环境、人口密度等因素，确定合理的城市发展战略。要有重点地发展小城镇，积极发展中小城市，完善区域性中心城市功能，发挥大城市的辐射带动作用，引导城镇密集区域有序发展，形成特大城市、城市圈、中小城市、小城镇布局合理、功能明确的城市体系，有效地推进城镇化发展。

发展小城镇一直是我国解决农村人口就业和发展农村经济的重要方针，这种战略随着20世纪80年代乡镇企业的飞速发展而获得了很大成功，转移了数以亿计的农村剩余劳动力，提高了农民收人。发展小城镇要以现有的县城和具备一定的经济技术条件和公共基础设施、发展潜力较大的建制镇为基础，科学规划，合理布局，要同发展乡镇企业和农村服务业结合起来，使小城镇真正发挥集聚人口，提高生活质量，发挥农村地域性经济、文化中心的作用。

第二，进一步推进体制改革，消除不利于城镇化进程的体制和政策障碍，引导农村劳动力合理有序流动。改革城乡之间的各种制度性分割，形成市场导向的城乡发展机制，使市场在资源配置中起基础性作用。随着就业制度、企业用工制度改革的不断推进，企业和劳动者作为劳动力市场供求主体的地位逐步确立。随着社会保障制度、住房制度、户籍制度等项改革的逐步推进，劳动力市场发育的客观环境明显改善，劳动者自主就业、市场调节就业、政府促进就业的市场导向机制逐步形成，大中小城市和小城镇将承担吸纳农村人口转移的重要任务。

逐步建立社会主义市场经济体制下的新型城乡关系，缩小城乡差距，改善城乡结构。把居民分为城镇户口和农村户口，城乡之间存在一系列制度性差异的城乡分割体制是计划经济的产物，是我国改革开放20多年以来触动较小的一个领域。要稳定推进城镇化，就必须对原有的户口、土地、投资、管理等方面的体制进行改革，打破城乡居民之间在迁徙、就业、生活等方面的各种制度障碍。

五、实现经济增长方式的根本转变，实现国民经济持续快速健康发展

1.实现经济增长方式由粗放型向集约型转变。

在人类社会的发展过程中，经济增长总是以一定的方式来进行和实现的。所谓经济增长方式，一般是指推动经济增长的各种要素的组合方式和各种要素组合起来推动经济实现增长的方式。增长方式主要看经济增长是依靠哪些因素而得以实现的。

经济增长首先依赖于生产要素投入的增加。生产要素一般可以分为三类：资本、土地（自然资源）和劳动。任何生产过程都离不开这三大生产要素。但在不同的生产过程中，它们的比例是不同的。不同的要素组合便构成了不同的技术：资本密集型技术、资源密集型技术和劳动密集型技术等。同时，经济增长也依赖于生产要素使用效率的提高。按照经济增长主要的依靠因素不同，经济增长方式大体可以归纳为两种类型：从生产经营的角度看，可以归纳为粗放经营型和集约经营型。

长期以来，人们的经济活动主要采取粗放经营为主的经营方式。此种增长方式之所以能够存在并曾被广泛采用，是由于这种增长方式要求的技术、经济条件比较低而且见效快。但是，这种增长方式要求这样的前提，即拥有丰富的生产要素资源，至少是增加供给不成问题，而且投入的增加将会带来效益的等比例增多，即只要多投入就会多产出。但是，资源特别是不可再生资源总是有限的，随着全球人口的膨胀和经济规模的迅速扩大，各种

自然资源、经济资源的供求矛盾越来越突出，因此，这种靠增加投入的数量来实现经济的持续增长已经不大可能。

集约经营的增长方式则是注重生产要素的使用效率，而力求以一定的投入取得更大的产出，或者说能以较少的投入取得同等的产出。因此，我们要努力实现的从粗放经营为主到集约经营为主的转变，也就是从主要依靠增加投入实现经济增长到主要依靠提高生产要素使用效率实现经济增长的转变。

目前，我国对经济增长方式转变的要求具有一定的客观性和紧迫性。我国经济发展到了新的阶段，这客观上要求我们转变经济增长方式。与过去相比，我国的经济发展，不仅要求数量的增加，更要注重质量和效益的提高以及结构的升级，以适应人民物质生活和精神生活的不断改善和提高。世界范围内科学技术的迅猛发展要求我们转变经济增长方式。在日趋激烈的综合国力竞争中，我国既面临着发达国家在经济和科技中领先的压力，也面临着发展中国家迅速发展的竞争压力。而这种竞争不仅仅表现在数量上，更重要的是质量和效益的竞争。只有集约型的增长方式才能够扩大竞争的范围，提高竞争的能力。转变经济增长方式也是可持续发展战略提出的要求。可持续发展要求人口、资源、环境相协调，经济发展和社会发展相统一，既要满足当代人发展的需要，又不能影响到未来发展的需求。实施可持续发展是我国一项非常紧迫的战略任务。由于长期的粗放型经营方式，使资源的破坏和浪费非常严重。不改变这种经济增长方式，就不能实现可持续发展。

现阶段，我国从粗放型经济增长方式转变到集约型经济增长方式的基本要求是：从片面追求社会生产总量和产值增长速度，转变到以提高经济增长的质量和效益为基本目的；从主要靠生产要素的扩张转变到以科技进步和劳动者素质的提高为主要手段；从外延式的扩大生产方式转变到着重于充分利用现有基础，更新、改造和挖掘创新的途径上来；从经济的周期性波动增长转变为经济持续、快速、健康地发展。

2.经济建设要有一个积极的发展速度。

第一，经济建设必须保持一个积极发展速度。就我国经济发展而言，保持一个积极的发展速度，既是必要的，又是可能的。只有保持一个积极的发展速度，才能缩小同发达国家的差距，真正体现社会主义的优越性。当今世界两种社会制度间的竞争，关键是看社会主义能不能取得比资本主义更高的劳动生产率，能不能更快地促进生产力的发展。在前苏联解体、东欧剧变、国际共产主义运动遭受重大挫折的影响下，现有的社会主义国家的生产力发展水平和经济建设的成就，就成为衡量社会主义是否具有优越性的一项重要依据。中国作为一个有影响的社会主义大国必须加快经济建设速度，尽快提高生产力发展水平。这是关系到我们国家能否长治久安，关系到社会主义前途和命运的重大问题。

保持积极的经济发展速度，也是当今世界范围内新技术革命提出的挑战。近几十年来科学技术发展日新月异，正在兴起的新技术革命所引起的巨大变化之一，就是在经济活动所创造的价值增量中，劳动力的比重日益下降而科技因素的比重不断上升。西方国家凭借其强大的科技优势发展高精尖产品，垄断国际市场，取得对发展中国家的经济优势，而发展中国家只能依靠出卖廉价劳动力，以比较丰富的资源优势搞初级产品加工工业，在世界经济的格局中处于越来越不利的地位。目前我国的科技水平除少数领域保持国际领先外，总体实力同发达国家存在很大的差距。我国基础研究薄弱，应用领域有待进一步开拓，科技成果转化为实际生产力的比重很小，这种状况如不迅速改变，在日益激烈的国际市场中我国很难占到上风，为此我们必须推进科技进步，加快经济发展。

第二，经济建设保持一个积极发展速度是可能的。从国内条件来看，一是政治稳定，近些年国际风云变幻，东欧剧变，苏联解体，社会主义面临严峻挑战。而我国这样一个幅员辽阔、人口众多的多民族社会主义大国却经受住了考验，保持了社会、政治、经济的稳定，为我国社会主义经济建设创造了一个宽松、和谐的社会环境。二是国内经济条件也比较有利。经过40多年建设，我国的综合国力大为增强，建立了比较完整的工业体系，工业门类比较齐全，机械、纺织、电子等工业都有了长足的进展；粮棉、钢铁、电力等产量均居世界前列；工农业稳步增长，基础设施建设加强，第三产业也得到了一定程度的发展；商品市场得到不断的培育和完善，广阔的国内市场已经形成。三是找到了一条有中国特色的社会主义建设之路，特别是社会主义市场经济体制的确立将大大优化资源配置和增强经济活力，将促使经济以更高的速度发展。四是形成了全方位的对外开放新格局。五是改革不断深化，取得了明显的阶段性成果，为经济的进一步发展打下了良好的基础。

从国际条件来看，目前的国际环境对我国发展有利。政治上，自东欧剧变、苏联解体以后，两大军事集团对峙和冷战的局面宣告结束，虽然局部地区的冲突动荡此起彼伏，然而和平与发展仍是世界的总趋势。冷战格局的解体，使世界出现了一个多极化的发展局面；联合国的作用日益加强，发展中国家的力量不断增长，大部分国际事务可以在联合国内通过协商对话解决，合作对话代替了抵制对抗，世界局势逐步向缓和的方面发展；亚太地区相对稳定，我国与周边国家的关系得到前所未有的改善，在相当长的一段时间里世界大战打不起来。这都为我国社会主义建设提供了有利的国际环境。经济上，目前世界经济一体化的趋势越来越明显。国际分工的发展使各国经济上的联系不断加强，改革开放以来我国在世界经济体系中的地位使我国商品进入国际市场有了更好的条件。从全球范围看，在科技发展和产业结构调整的推动下，产业结构优化和升级的趋势更加明显，欧美发达国家的经济在经历衰退之后已开始复苏，特别是亚太地区经济的持续增长表明国际市场的容量将随之扩大，一个广阔的发展市场无疑是对中国有益的。

3.以经济效益为中心，正确处理速度和效益的关系。

第一，经济建设要以提高经济效益为中心。经济效益是指社会经济活动中劳动占用、劳动耗费与有用劳动成果的对比关系，即投入和产出的比率。提高经济效益就是要用一定量的投入取得尽可能多的符合社会需要的产出。社会主义市场经济条件下的经济效益，既包括整个国民经济的宏观经济效益，又包括以地方、部门企业为单位的微观经济效益。经济效益是衡量我国经济发展最重要的指标。重视经济效益的提高必然成为我国国民经济发展的本质要求。邓小平强调要“重视提高经济效益，不要片面追求产值、产量的增长”。[①]“一定要控制固定资产的投资规模，不要把基本建设的摊子铺大了。一定要首先抓好管理和质量，讲求经济效益和总的社会效益，这样的速度才过得硬。”[②]

第二，正确处理经济增长速度与经济效益的关系是关系到我国经济发展战略能否顺利实现的核心问题。它贯穿于整个经济发展过程的始终，关系到经济发展的各个方面，决定着经济发展的前途和结局。

经济效益和经济增长速度虽然属于两个不同的经济范畴和经济指标，但由于它们反映了同一经济发展过程的两个相互联系的不同侧面，因而是能够结合和统一起来的。适度的发展必须以较好的经济效益为前提，同时也是经济结构的优化和经济效益的提高所必须的。而较好的经济效益是经济适度增长的标志，同时也需要以适度的经济增长为条件。但是在现实的经济运行过程中，经济增长速度并不一定表明劳动成果越多，经济效益就越好。片面追求以产值表现的高速度也可能会导致产品质量低、消耗大、经济效益差。在实施现代化的经济发展战略过程中，必须强调以经济效益为中心的指导思想，争取实现高效益基础上的高速度。

在社会主义制度下，讲求效益、提高速度是社会主义生产目的得以充分实现的必要条件。经济效益的提高意味着劳动时间的节约。而劳动时间的节约除了把节约下来的劳动时间去创造更多的社会财富来满足社会需要外，还可以增加自由时间，从而为人

① 《邓小平文选》第 3 卷，第 22 页。

② 《邓小平文选》第 3 卷，第 143 页。

们的自由和全面的发展创造条件。而在高效益基础上的高速度则可以创造更多的总产值和产品，以满足社会和人民的需要。在深化经济改革的今天，讲求效益与速度的统一更有其现实性。我国建立社会主义市场经济，实现我国经济社会发展战略目标，只有在较快的经济发展速度和较高的经济效益基础上才能实现。

第二节 实施科教兴国和可持续发展战略

科学技术是第一生产力，是经济和社会发展的首要推动力。教育则是人们赖以传播知识，延续文明的最重要手段。历史表明，人类社会的进步、国家的强盛是同科技的进步、教育的发达密不可分的。

一、科学技术是第一生产力，是先进生产力的集中体现和主要标志

科学技术是生产力，这是马克思主义的一个基本观点。生产力是人们认识自然、改造自然的力量，是社会发展最根本的决定因素。当今世界，科技发展浪潮以前所未有的冲击力推动人类社会发展的进程，国际间科技的竞争已经成为经济、军事乃至综合国力竞争的核心。1988 年，邓小平深刻地概括出“科学技术是第一生产力”[①]这个新的命题，实现了马克思主义思想史上的一个飞跃。这一命题揭示了科学技术在当代生产力和社会经济发展中产生的巨大变革和推动作用，丰富和发展了马克思主义，具有重大的理论意义和实践意义。

这一命题是对马克思主义关于生产力和科学技术的学说的重大发展。一百多年前，马克思和恩格斯根据资本主义近代工业的发展，阐述了科学技术对社会发展的巨大推动作用，提出了科学技术是生产力的论断。现代科学技术的发展，使科学与生产的关

---

① 《邓小平文选》第 3 卷，第 274 页。

系越来越密切。邓小平以其深邃的战略目光，全新的视角，洞察和分析了20世纪尤其是第二次世界大战以来世界政治经济发展的规律和特点，以卓越的胆识对科学技术在当代生产力和社会经济发展中的第一位变革作用作出了科学判断，提出了“科学技术是第一生产力”的命题，从而把马克思主义的生产力论发展到了一个崭新的高度。

这一命题的提出是对当代世界社会经济发展规律和趋势的崭新概括。20世纪以来，世界政治经济形势发生了很大变化，当代科学技术的发展更是呈现出很多新的特点和趋势，科学技术日新月异的进步，使其在社会经济发展中的地位空前提高，在社会生产力诸多要素中所起的决定性作用日益显著。科学技术已经成为现代生产力和社会经济发展的最重要的促进因素和支撑力量，是提高一个国家综合国力和国际地位的重大因素。科学技术是先进生产力的集中体现和主要标志，是推动社会经济发展的重要力量。

二、科教兴国战略的实施

新中国成立以后，特别是改革开放以来，党和政府一直十分重视科学技术和教育事业的发展，我国的科技教育事业，取得了长足的进步。全民族的科技意识大大增强，科技实力日益增强，教育取得很大发展，为建设中国特色社会主义培养了大量合格的人材，科技与经济的结合日益紧密，国家的经济因之有了新的发展。

1.科教兴国战略的提出。

党中央高度重视科技进步在推动社会主义现代化建设中的关键作用，在准确把握当今世界经济、科技、教育发展态势的基础上，不断总结我国改革开放和现代化建设的经验，把科教兴国战略逐步推向深入，全面落实邓小平“科学技术是第一生产力”的重要思想。

1989年11月，江泽民在全国科技奖励大会上的重要讲话中提出：发展科学技术是全党的历史性任务。1991 年，他又在全国科协第四次代表大会上，向全国发出“把经济建设转移到依靠科技进步和提高劳动者素质的轨道上来”的号召，并强调这一转移与十一届三中全会决定党的工作重点转移到经济建设上来具有同等重要的战略意义。

在党的十四届三中全会《关于建立社会主义市场经济若干问题的决定》中，大力推进科技进步，实现科技经济一体化已经被作为重要内容郑重其事地列了出来。因为，社会主义市场经济体制的确立，是对我国生产关系的一次重大调整，必将促进生产力新的解放，同时也为科技进步提出新的要求。

1995 年 5 月 6 日通过了《中共中央、国务院关于加速科学技术进步的决定》。这个重要文件指出：“从现在起到 21 世纪中叶，是实现我国现代化建设三步走战略目标的关键历史时期。这一时期，科学技术的迅猛发展，必将对经济、社会产生巨大推动作用，也将给人类的生产、生活方式带来革命性的变化。科学技术实力已经成为决定国家综合国力强弱和国际地位高低的重要因素。”基于这样的估量，中共中央、国务院决定，坚定不移地实施科教兴国的战略，这是一个具有重大而深远意义的战略决策。这个文件明确阐明了科教兴国战略的基本涵义：“科教兴国，是指全面落实科学技术是第一生产力的思想，坚持教育为本，把科技和教育摆在经济、社会发展的重要位置，增强国家的科技实力以及向现实生产力转化的能力，提高全民族的科技文化素质，把经济建设转移到依靠科技进步和提高劳动者素质的轨道上来，加速实现国家的繁荣强盛。”

1996 年 3 月，第八届全国人大第四次会议根据中共中央的建议，通过了《中华人民共和国国民经济和社会发展“九五”计划和 2010 年远景目标纲要》。这个《纲要》把实施科教兴国战略放在重要地位，提出了加速科学进步、优先发展教育的明确要求。至此，科教兴国战略作为我国最重要的发展战略被确定下来了。

2.科教兴国战略的实施。

要实现国家的兴盛，科技必须同经济紧密结合。而科技要实现同经济的紧密结合，科技成果的产业化、科技体制的改革、技术的创新便成了必须面对的问题。

第一，科技同经济必须紧密结合，科技同经济的紧密结合是一个国家经济发展的需要，也是科技进步的重要条件。一个国家经济增长方式的转变，或者说一个国家资源优化配置的程度和水平，归根结底取决于这个国家经济发展的成熟程度，以及对科技成果的吸纳能力。对于处在工业化过程中，经济增长正在由粗放型向集约型转变，经济发展的成熟程度和技术水平都比较低，无论是科技还是经济资源都相对缺乏的中国来说，如何促进科技与经济的有机结合，也就显得更加重要。

第二，必须加强现有科技成果的产业化,改革开放以来，我国的科技发展取得了巨大成就。但是，众多的科技成果在转化为现实生产力方面却存在很多的问题。因此，推进现有科技成果的产业化不仅是必要的，而且是可能的，我们完全可以也应当借此加快推进科学的进步。

第三，深化科技体制改革是加快科技进步的必由之路,要加快科技进步，根本上还在于建立适应市场经济体制和科技自身发展规律的新型科技体制。只有真正从体制上解决科研机构重复设置、力量分散、科技与经济脱节的状况，才能解决好企业技术开发力量薄弱的问题，形成布局合理的科技结构、富有活力的运行机制、多元的科技投入体系和科学的研究院所管理制度，建立起包括企业技术开发机构、独立的科研机构、重点高等学校、农村技术服务体系、民营科技企业在内的社会科技进步体系，最终达到各类科技力量的合理配置，科学分工，优势互补，有机结合。在深化经济体制改革中，要增强企业依靠科技进步的活力和动力。要放开、搞活与经济建设密切相关的技术开发和技术服务机构，使其以多种形式、多种渠道与经济结合。要在科技工作的运行和管理中引入竞争机制。要加强科技立法和执法工作，制定和完善与《中华人民共和国科学技术进步法》相配套的各种法律、法规，并强化科技法律、法规的实施。

第四，加快科技进步必须重视技术创新工作,创新是一个民族的灵魂，是一个国家兴旺发达的动力。伴随着经济全球化的浪潮，人类社会正在步入全新的时代——知识经济时代。知识经济时代的国际竞争突出地表现为综合国力的竞争，尤其是高科技领域的竞争，从一定意义上讲，更表现为创新能力的竞争。能否在一系列重要的高新科技领域取得重大的突破与创新，直接决定着一个国家的位置。因此，加快科学技术的发展，提高我国高新技术领域的创新能力，促进高新技术的发展，使中国在世界高新技术领域占有一席之地，是我国参与经济全球化潮流的基础性条件和重要前提。

第五，优先发展教育是社会主义事业发展的根本，教育担负着提高劳动者素质和培养专门人才的重要任务，是一个民族发展振兴的最根本的事业。发展教育是经济持续增长、科技发展创新、社会全面进步的必要条件，也是提高全民族素质、发挥我国人力资源优势、加快社会主义现代化建设步伐的必由之路。

在当今世界，教育与物质文明建设的关系越来越密切，物质资料的生产对劳动者的科学文化水平提出了更高的要求，脑力劳动所占的比重越来越大。

教育是关系到我国社会主义事业成败的大事。只有科学技术发展了，文化教育加强了，中华民族的整体素质提高了，才能真正建立富强、民主、文明的社会主义现代化国家。

教育要面向现代化，就是要为我国社会主义现代化建设服务。这是我国当前和未来教育改革和发展最核心、最根本的要求。为此，必须深化教育体制改革，更新教育观念，调整教育结构，合理安排教育发展的规模、速度和布局，改革教学内容和方法，应用现代化的教育手段，建立和完善适应社会主义现代化建设需要的教育体系，使我国的教育事业能够主动适应现代化建设的需要，充分发挥教育在推进社会主义现代化建设中的重要作用。

教育要面向世界，就是要吸取世界上一切先进文明成果来提高教育质量。要敢于和善于吸取世界各国先进的科学技术知识，吸取人类共同创造的文明成果，其中包括吸收和借鉴世界各国教育发展和管理的成功经验。反映世界文明成果以及当代科学技术文化最新发展的教学内容和教学方法。中华民族要发展，必须培养大批适应国际市场竞争需要的复合型人才，必须培养能进行世界性对话的第一流的科学家，必须培养能够参与国际事务的大批政府官员、学者、教育家和艺术家。这是我们能够自立于世界民族之林，在国际竞争中立于不败之地的根本保证。

加强科普教育，提高全民素质。科学文化的普及程度，是国民科学文化素质的重要标志，事关经济振兴、科技进步和社会发展的全局。因此，必须从社会主义现代化事业的兴旺和民族强盛的战略高度来重视和开展科普教育工作。贫穷不是社会主义，愚昧更不是社会主义。加强科普教育，提高全民族的科学、文化素质，要努力丰富和提高全国人民的精神生活，使科普教育真正成为“两个文明”建设的重要内容，成为实现经济建设转移到依靠科技进步和提高劳动者素质轨道上来的重要途径。

三、可持续发展战略的实施

可持续发展的战略是我国经济发展战略的一个重要内容，它强调社会经济发展要从传统的单纯追求物质财富的增长转移到人口、经济、生态环境协调发展以最终保证人类社会的可持续发展。

1.可持续发展战略的提出及意义。

人类社会的发展，使人们自身的生活方式、生活质量向着更高层次不断进步。但由于传统生产方式对自然界的破坏，人类自身的盲目扩张已经对其生存造成了巨大威胁。于是，一种谋求永久发展的战略——可持续发展战略就应运而生了。

20 世纪 80 年代以来，一种新的发展观即可持续发展观在全球范围内形成。1987 年，世界环境与发展委员会公布的著名报告《我们共同的未来》中，比较系统地阐明了可持续发展的思想，可持续发展是指:“既满足当代人的需要，又不对后代人满足其需要的能力构成危害的发展。”

1989 年第 15 届联合国环境署理事会通过了《关于可持续发展的声明》。指出:“可持续的发展，系指满足当前需要而又不削弱子孙后代满足其需要之能力的发展，而且绝不包含侵犯国家主权的含义。”

以 1992 年 6 月联合国环境与发展大会为标志，人类对环境与发展的重要性的认识提高到了新的阶段。从此，可持续发展被世界所普遍接受，其实践活动也开始在全球范围内普遍开展起来。可持续发展的核心思想是：健康的经济发展应该建立在生态可持续发展能力，社会公正和人民积极参与自身发展决策的基础上。它所追求的目标是：既要使人类的各种需要得到满足，个人得到充分发展，又要保护资源和生态环境，不对后代人的生存和发展构成威胁。

我国可持续发展战略提出：中国政府一向关心世界和人类协调、全面和持续的发展，并做出了中国将认真履行有关国际义务的庄严承诺。1994 年 3 月，国务院正式批准的《中国 21 世纪议程——中国 21 世纪人口、环境与发展白皮书》，是我国全面实施可持续发展的纲领性文件。

我国是发展中国家，我们的基本国情和经济社会发展目标，决定了我国经济发展必须以可持续发展思想为指导，制定我国的发展战略的相应对策，走出一条具有中国特色的发展道路。因此，1995 年 9 月，江泽民在党的十四届五中全会上的《正确处理社会主义现代化建设中的若干重大关系》讲话中指出：在现代化建设中，必须把实现可持续发展作为一个重大战略。要把控制人口、节约资源、保护环境放在重要位置，使人口增长与社会生产力的发展相适应，使经济建设与资源环境相适应，实现良性循环。

1998 年，在中央计划生育工作座谈会上，江泽民对可持续发展战略作了进一步的阐述，指出：所谓可持续发展，就是既要考虑当前发展的需要，又要考虑未来发展的需要，不要以牺牲后代人的利益为代价来满足当代人的利益。同年，在第四次全国环境保护会议上，江泽民又从节约资源、控制人口、转变消费模式、提高保护生态环境意识和改善资源状况等方面，对我国可持续发展应开展的工作做了精辟的论述。

2.可持续发展战略的实施。

第一，合理利用资源。人类社会的一切生产实践，都离不开自然资源这一物质基础。随着社会化大生产规模的不断扩大，人们对物质财富的无限需求同有限资源之间的矛盾日益突出起来。如何更合理有效地利用资源，成为可持续发展战略的重点课题之一。要改变资源利用方式，提高资源利用效率，改变旧的资源利用体制，保证资源的可持续利用。

为了保证有限的自然资源能够满足我国国民经济和社会持续高速发展，人民生活水平不断提高的需要，必须坚决执行对自然资源的开发利用和保护并重的方针。我们不能不顾后果地过度开发利用自然资源，造成自然资源的衰竭和自然环境的破坏，不能单纯为了保护而去保护。党的十五大报告指出："资源开发和节约并举，把节约放在首位，提高资源利用效率。统筹规划国土资源开发和整治，严格执行土地、水、森林、矿产、海关等资源管理和保护的法律，实施资源有偿使用制度。"

第二，保护生态环境。生态环境与人类的生存发展息息相关，保护生态环境的意义在可持续发展中具有重要的意义。因此，党的十五大报告要求"加强对环境污染的治理，植树种草，搞好水土保护，防治荒漠化，改善生态环境"。这是对我们当前和今后一段时期生态环境保护工作所提出的具体要求。

1998 年 10 月，党的十五届三中全会通过的《中共中央关于农业和农村工作若干重大问题的决定》中，对生态保护工作提出了具体要求。要大力提高森林覆盖率，使适宜治理的水土流失地区基本得到整治。生态工作建设要同国土整治、产业开发和区域经济发展相结合。要把黄河长江中上游地区、风沙区和草原区作为全国生态环境建设的重点。大力植树种草，实行封山育林，加快小流域综合治理，加强水源涵养、水土保持，提高防风沙能力，切实改变江河泥沙严重淤积、草原沙化的状况。依法保护森林资源。调整森工企业的主营方向，变伐木为营林，有计划地停止天然林的砍伐，切实保护大江大河上游的森林植被。禁止毁林毁草开荒和围湖造田。对过度开垦、围垦的土地，有计划有步骤的还林、还草、还湖。切实做好治理草原退化沙化碱化的工作，加强草原建设和保护。控制工业、生活及农业不合理使用化肥农药农膜对土地和水资源造成的污染。加强沿海水域环境和鱼类资源的保护。制定鼓励政策，推进荒山荒沟荒滩使用权的承包、租赁和拍卖，加快开发和治理，切实保障开发者的合法权益。

第三，控制人口数量，提高人口素质。中国是世界上人口最多的国家，中国的几乎所有的问题，都要同庞大的人口这一现实联系在一起。正确处理人口增长与经济发展、环境资源之间的关系，是实现可持续发展战略的基础。要实现可持续发展，必须合理控制人口规模，同时提高人口素质。人口素质与经济发展、社会进步密切相关。产业技术革命以来，社会生产力的发展已经由主要依靠劳动者的数量转变到依靠劳动者的素质和依靠科学技术。劳动者的技术、文化等人口素质的作用日益显示出其重要性，高素质的劳动者能够从各个方面促进可持续发展，而大量低素质人口则会给发展带来各种各样的矛盾和问题，妨碍甚至破坏可持续发展。

第四，实施可持续发展战略的原则。公平性原则——可持续发展强调本国人之间的公平，国际间的公平和资源分配与利用的公平。持续性原则——核心是人类经济和社会的发展，不能超越资源和环境的承载能力，即在满足需要的同时，必须有限制的因素。共同性原则——公平性原则和持续性原则是共同的，并且要实现可持续发展的总目标，应有全球的联合行动。实施可持续发展战略要与实施“科教兴国”战略紧密结合。

在可持续发展理论在全球范围内取得共识，各国都采取不同策略准备遵循这条发展道路之时，我们应处理好以下几种关系：

一是整体和局部的关系。自然界从来就是人类共享和相互依存的生态系统和开放的整体，特别是在现代全球经济一体化的情况下，世界已日益变成相互依赖，不可分割的复合系统。可持续发展强调全人类的整体利益，不是局部、少数人的利益。当整体利益与局部利益发生矛盾时，局部利益应该服从整体利益，民族利益、阶级利益应服从全人类利益，个人利益应服从集体利益。任何时候都不能危害全球生态系统。

二是长远与眼前的关系。可持续发展是永续的发展方式，这种发展方式既要考虑长远，又要兼顾眼前；既要考虑子孙后代，又要顾及当代人的利益。当代人在追求自己的利益满足自身的需要时，不但不能损害后代人的利益，而且每代人都有义务为后代人留下一个更加美好的世界。那种对当代也许是有利的，但对后代是有害的发展方式，应予抛弃。

要真正处理好这些关系，使可持续发展理论变为可持续发展的行为，生态伦理是基础，法律是保障，宏观调控是手段，社会的变革也将是全方位的，多层次的。

思考题

1.“三步走”发展战略的基本内容是什么？

2.党的十六大报告提出的全面建设小康奋斗目标的内容是什么？

3.实施西部大开发的意义是什么？

4.如何理解可持续发展？

第七章

中国特色社会主义经济

本章学习重点

中国经济体制改革的基本内容是实现计划经济到市场经济的根本转变。计划经济不等于社会主义,市场经济不等于资本主义。巩固和发展社会主义公有制经济，毫不动摇地鼓励、支持非公有制经济发展。坚持和完善社会主义制度。邓小平提出和确立的社会主义市场经济理论，为中国走向市场经济开拓了一条成功之路。

第一节 社会主义市场经济

在传统观念中，社会主义国家只能实行计划经济体制。以邓小平为代表的中国共产党人，不断总结我国改革开放的经验，积极吸收国外的文明成果，得出了社会主义也可以搞市场经济的科学答案，从而使建设有中国特色的社会主义有了更加牢固的理论基础。

一、社会主义经济体制改革和社会主义市场经济理论的形成

中国社会主义经济体制改革自 1978 年开始，经过二十多年的发展，最终形成了中国特色的社会主义市场经济理论。

1.社会主义经济体制改革的必要性。

经济体制是在社会经济发展的一定阶段上特定生产关系的具体形式及其运动方式。它包括社会经济组织及其管理经济的制度、形式、方法和经济运行机制等三个方面。一定的经济制度是社会发展一定历史阶段上生产关系的总和。它决定着经济体制的根本性质和主要特点。我国原有的高度集中的计划经济体制是在 20 世纪 50 年代末到 60 年代初逐步形成的。这种经济体制，一部分是参照了原苏联具有战时共产主义色彩的计划经济管理体制，另一部分是在总结解放区经济管理工作经验的基础上自己创造的。这种高度集中的计划经济体制在建国之初物资困乏、百业待兴的情况下，曾经起了重要的历史作用。它通过强有力的手段克服了极度的通货膨胀、摆脱了经济困难，有利于新生的人民民主政权集中人力、物力、财力促进经济的高速发展。但是随着经济规模的不断扩大和世界经济一体化的日益发展，传统计划经济体制的弊端日益显露出来：忽视商品生产、价值规律和市场的作用；政企不分、条块分割、国家对企业统的过多过死；分配中的平均主义严重；经济形式和经营方式单一化，造成了经济主体的

缺失或乏力，企业吃国家的“大锅饭”，职工吃企业的“大锅饭”，没有一套行之有效的激励机制，干好干坏一个样，干与不干一个样，严重地损害了广大人民群众的积极性、主动性和创造性。再加上“文化大革命”的影响，使社会主义经济在很大程度上失去了活力。实践表明，传统的高度集中的计划经济体制已经不能适应现代生产力发展的客观要求，我们对其必须进行根本性的改革。另外,社会分工越来越细，生产的专业化和自动化程度越来越高。生产社会化使各个经济单位之间的相互联系、相互依赖、相互制约的关系更加密切，要求它们之间的工艺联系在时间上和空间上更加有序地相互衔接。而所有这些联系和衔接，在现代经济条件下，不是单纯依靠行政计划就能够协调的，只有通过市场才能实现。所以，市场经济能适应社会化大生产要求，推进社会化生产的发展。社会主义要从根本上解放生产力发展生产力，赢得与资本主义相比较的优势，就必须改革原有的计划经济体制，建立社会主义市场经济体制。

2.社会主义经济体制改革的探索过程。

党的十一届三中全会重新确立了党的实事求是的思想路线，把工作重心从以阶级斗争为纲转向以经济建设为中心，实行了改革开放。农村推行家庭联产承包责任制极大地调动了广大农民的积极性、主动性和创造性。1979 年，党中央、国务院同意在深圳、珠海、汕头和厦门试办出口特区，并于 1980 年正式批准这四个特区为经济特区。农村家庭联产承包责任制的实施与经济特区的建立是我国改革开放起步阶段在实践上的两大支柱，极大地推动了我国的改革开放向更深层次上全面展开。面对新的形势新的变化，1981 年党的十一届六中全会通过的《中共中央关于建国以来党的若干历史问题的决议》正式提出了“以计划经济为主，市场调节为辅”的公式。这一公式虽然坚持了计划经济的总体框架，但为市场发挥调节作用提供了理论基础和现实可能。20 世纪 80 年代开始，乡镇企业破土而出。个体经济、私营经济在建筑、加工制造、采矿、农副业、商业运输业、饮食服务业等行业快速发展起来，旧的计划经济体制遇到了前所未有的挑战。为了适应经济进一步发展的需要，1984年10月召开的党的十二届三中全会通过了《关于经济体制改革的决定》，第一次明确地提出：社会主义经济是有计划的商品经济，商品经济的充分发展是社会主义经济发展不可逾越的阶段。从此，中国的改革从农村走向城市，从经济体制改革走向全面的改革。其中，国有企业改革成为改革实践第二阶段所面临的重点和难点。根据十二届三中全会提出的所有权和经营权两权分离的理论，在改革实践中各个部门根据不同的情况分别采取了承包、租赁等形式，在一定程度上激发了企业和劳动者的积极性。但是由于在实践中产权不明晰，所有者与承包经营者的法律权利与义务很难界定，企业经营中的短期效应很明显，不能从根本上解决企业活力不足的问题。改革实践的浪潮第三次向前推进是以1992年邓小平南巡讲话和党的十四大的召开为契机的。邓小平讲，社会主义也可以搞市场经济，计划和市场都是调节经济的手段，胆子要大一点，步子要快一点。以党的十四届三中全会通过的《关于建立社会主义市场经济若干问题的决定》为标志，我国的企业改革也从单纯的放权让利进入到制度创新阶段，建立现代企业制度成为我国企业改革的主要方向。随着市场经济体制的推进和建立现代企业制度改革的深入，市场在发挥配置资源方面的基础作用越来越大，而国有企业在市场竞争、经营管理上的不适应造成了亏损面的不断扩大。为了解决这些问题，党的十五大的召开把中国的改革开放又向前推进了一步。重点关注了国民经济的综合平衡、协调发展和整体效益的提高。为此，党和国家制定和实施了西部开发战略、可持续发展战略、科教兴国战略和依法治国战略等，在完善微观市场主体的同时，不断加强了政府对经济的宏观调控力度。党的十六大在总结以往历史经验教训的基础上对二十一世纪头二十年社会主义经济体制改革实践又作了进一步的部署和安排。

3.社会主义市场经济理论的形成。

马克思、恩格斯认为资本主义商品生产、商品交换的存在有两个条件：一是私有制，它使生产资料和劳动产品归于私人所有，只有通过市场交换才能互通有无；二是社会分工，每个人不能生产自己所需的一切产品，只有通过市场交换才能得到自己所需要的消费品。马克思在《哥达纲领批判》(1875年)中指出在一个集体的，以共同占有生产资料为基础的社会里，生产者并不交换自己的产品，耗费在产品生产上的劳动，在这里也不表现为这些产品的价值，不表现为它们所具有的某种物的属性，因为这是和资本主义社会相反，个人的劳动不再经过迂回曲折的道路，而是直接地作为总劳动的构成部分存在着。这样马克思在《资本论》中谈到未来社会的“自由人联合体”时，就为未来社会设计了一个非商品化、完全有计划调控的经济模式。

列宁继承了马克思、恩格斯的设想，也曾把市场经济等同于资本主义制度，把计划经济等同于社会主义制度。他认为：“只要还存在市场经济，只要还保持着货币权力和资本权力，世界上任何法律也无力消灭不平等和剥削，只有实行大规模的社会化的计划经济，同时把所有土地、工厂、工具的所有权交给工人阶级，才能消灭一切剥削。”①所以，十月革命后，列宁在俄国采取坚决消灭商品货币关系的措施，力图构造一个与资本主义制度完全不同的社会主义经济模式。这种认识与当时的战时环境相结合，产生了高度集中和实物制的、完全排斥商品货币关系和市场的军事共产主义政策模式。这种模式的实质就是采用强制手段，全国实现国有化，强化中央集权，彻底废除私有制和商品货币关系。军事共产主义政策给苏维埃带来了极大的困难。直到1952年，斯大林在《苏联社会主义经济问题》一书中，才从理论上肯定了社会主义建立后仍然要保留商品生产。他认为社会主义还存在两种公有制，即全民所有制和集体农庄所有制，所以，不得不保留极有限度的商品市场。但是社会主义条件下的商品生产和资本主义条件下的市场经济有很大不同，不仅生产资料不再通过市场流通，即使生活消费品通过市场流通，它的价格既不按商品价

① 《列宁全集》第13卷，人民出版社1990年版第124页。

值，也不随供求变化而变化，而是由国家统一规定，价值规律不起什么调节作用。社会主义经济按斯大林的说法应是计划经济，计划经济是社会主义经济的本质特点。计划完全是指令性的，没有什么指导性计划。只保留极有限的市场，主要是方便城乡居民买到必需的生活消费品。

新中国成立后，毛泽东在强调集中的计划经济的前提下，在一定程度上肯定了市场的作用。表现在：第一，主张在保证国家计划基础上，以市场的形式在国家和农民之间建立必要的商品交换关系，认为不仅生活资料是商品，某些生产资料也是商品；第二，主张在限制价值规律消极作用的前提下，运用价值规律管理经济，进行经济核算；第三，主张在不冲击国家计划的条件下，建立农副产品和某些消费品的自由市场。不过，毛泽东和马克思主义的创始人基本上一样，也是把市场作为社会主义的异己力量来看待的，因而他几次主张限制和尽快取消市场。当然，由于实践所提出的经济生活中许多问题的解决离不开价值规律和市场的作用，他也曾强调过利用市场的必要性和重要性。因此，在对待市场问题上，他长期处于矛盾境地，一方面，他主张限制市场，另一方面，实践又要求他应该承认市场。建国初期，他曾认为商品和商品经济本身是资本主义的范畴，但在经济建设中需要利用它来为社会主义服务，为人民服务。

马克思主义经典作家对市场经济的认识过程是个复杂的过程，在社会主义国家实施计划经济的实践中，对市场经济问题也从理论上进行过探讨，并提出了一些合理的观点，但总体上看并没有突破计划经济的基本框架。因此，长期以来，不论是马克思主义经济学还是西方经济学都一直认为计划经济是社会主义经济制度的主要特征，市场经济是资本主义经济制度的主要特征，实行社会主义就必然是计划经济，实行资本主义就必然是市场经济。

邓小平关于市场经济的论述，概括起来，分为三个阶段。第一阶段，突破了完全排斥市场调节大一统的计划经济观念，形成了“计划经济为主，市场经济为辅”的思想。早在1979年11月，邓小平在会见美国《不列颠百科全书》出版公司副总裁吉布尼时指出：“说市场经济只存在于资本主义社会，只有资本主义的市场经济，这肯定是不正确的。社会主义为什么不可以搞市场经济，这个不能说是资本主义。我们是计划经济为主，也结合市场经济，但这是社会主义的市场经济。”[①]1980年，他又把“计划调节和市场调节相结合”列为合乎中国实际的，能够快一点的，省一点的道路的内容之一。1981年，党的十一届六中全会通过的《关于建国以来党的若干历史问题的决议》中正式提出“以计划经济为主，市场调节为辅”的公式，并得到了党的十二大肯定。十二大首次提出：“走自己的路，建设有中国特色的社会主义”，为市场经济的发展开辟了道路。第二阶段，从十二大到1987年党的十三大召开。确认社会主义经济是建立在公有制基础上的有计划的商品经济，突破了长期以来把计划经济同商品经济对立起来的传统观念。邓小平认为：“社会主义同资本主义比较，它的优越性在于能做到全国一盘棋，集中力量，保证重点。缺点在于市场运用得不好，经济搞得不活。计划与市场的关系问题如何解决？解决得好，对经济的发展就很有利，解决的不好，就会糟。”[②]1984年党的十二届三中全会通过的《关于经济体制改革的决定》提出社会主义经济“是公有制基础上的有计划的商品经济”。邓小平说，这个《决定》写出了一部“马克思主义基本原理和中国社会主义实践相结合的政治经济学”,“……我们用自己的实践回答了新情况下出现的一些新问题。”[③]但是，认为社会主义经济只能是计划经济，市场经济就是资本主义的思想并未绝迹。为了进一步推动认识的深化和改革的发展，1987年2月，邓小平在同中央几位负责同志谈话时说：“为什么一谈市场就说是资本主义，只有计划才是社会主义呢?计划和市场都是方

① 《邓小平文选》第2卷,第236页。

② 《邓小平文选》第3卷,第16~17页。

③ 《邓小平文选》第3卷,第91页。

法嘛。只要对发展生产力有好处，就可以利用。它为社会主义服务，就是社会主义的；为资本主义服务，就是资本主义的。”[①]所以，党的十三大提出社会主义的经济是计划与市场内在统一的有计划的商品经济，计划不再是主体。第三阶段，从党的十三大到十四大，根本上破除了把计划经济和市场经济看作是属于社会基本制度范围的思想束缚，确立了建立社会主义市场经济体制的目标。1992年初，邓小平在南方视察时发表了重要讲话，明确指出:“计划多一点还是市场多一点，不是社会主义与资本主义的本质区别。计划经济不等于社会主义，资本主义也有计划；市场经济不等于资本主义，社会主义也有市场。计划和市场都是经济手段。”[②]南方谈话，极大地解放了人们的思想，标志着我国社会主义市场经济理论的正式形成。为我国最终确立社会主义市场经济体制的目标模式奠定了理论基础，极大地推动了经济体制从计划经济向市场经济的根本转变。在党的十四大上，正式做出了建立社会主义市场经济体制的决定。

4.社会主义市场经济的基本特征。

在现代社会经济运行中，资源配置一般不外乎有两种方式，一是计划经济，一是市场经济。我国要建立的社会主义市场经济体制，就是要在社会主义国家的宏观调控下使市场在资源配置中起基础性作用，使经济活动遵循价值规律的要求，适应供求关系的变化；通过价格杠杆和竞争机制的功能，把资源配置到效益较好的环节中去，并给企业以压力和动力，实现优胜劣汰；运用市场对各种经济信号反应比较灵敏的优点，实现生产和需求的及时协调，保证国民经济的持续健康稳定发展。和其它国家的市场经济相比较我国的市场经济具有以下几个显著特点：第一，同公有制为主体的经济制度相结合。这是同社会主义基本经济制度相结合的主要内容。公有制是社会主义经济制度的基础，但社会主义并不要求纯而又纯。以公有制为主体，多种所有制经济共同发

① 《邓小平文选》第3卷，第203页。

② 《邓小平文选》第3卷，第373页。

展，是社会主义初级阶段的一项基本经济制度。第二，同按劳分配为主体的分配制度相结合。社会主义的分配方式是以按劳分配为主体，多种分配方式并存的分配制度。第三，同共同富裕的目的相结合。我们之所以要坚持公有制和按劳分配为主体，归根到底是为了实现共同富裕；宏观调控对社会主义特别重要的一个原因，就是为了实现共同富裕。邓小平多次指出：“一个公有制占主体，一个共同富裕，这是我们所必须坚持的社会主义的根本原则。”[①]“只要我国经济中公有制占主体地位，就可以避免两极分化”。[②]因此，要把市场经济同社会主义基本制度结合起来，建立社会主义市场经济并不是件容易的事，是走一条前人没有走过的路。被称之为“世界性和世纪性的难题”。但这是我们发展社会主义经济的需要，所以，我们要大胆探索，积极稳妥地推进这个过程。当然，从市场经济体制的一般特征来看，社会主义市场经济体制与资本主义市场经济体制并不是完全相反的。它们具有市场经济所共有的属性。一是政府部门不直接干预微观经济主体的具体事务，而是通过宏观调控和提供公共服务规范和促进企业的经济活动；二是市场机制成为社会资源优化配置的基本运行机制；三是所有经济活动都必须依法进行，市场主体能够自主经营公平竞争。总之，我国的市场经济是具有中国特色的社会主义市场经济。

5.如何按照社会主义市场经济要求重塑我国经济体制。

1993 年党的十四届三中全会通过《关于建立社会主义市场经济体制的若干问题的决定》，制定了在我国建立社会主义市场经济体制的总体规划，提出了社会主义市场经济的总体框架：第一，坚持公有制为主体，多种所有制经济共同发展，进一步转换国有企业经营机制，建立产权清晰、责权明确、政企分开、管理科学的现代企业制度；第二，建立全国统一开放的市场体系，实现城乡市场紧密结合，国内市场和国际市场相互衔接，促进资源

① 《邓小平文选》第 3 卷，第 111 页。

② 《邓小平文选》第 3 卷，第 149 页。

的优化配置；第三，转变政府管理经济的职能，建立以间接手段为主的完善的宏观调控体系，保证国民经济的健康运行；第四，建立以按劳分配为主体，多种分配方式并存的收入分配制度；第五，建立多层次的社会保证制度。因此，要建立社会主义市场经济体制，必须按照社会主义市场经济的要求，重塑我国的经济体制。

首先，要确立与市场经济要求相适应的观念。在市场经济条件下，一切经济活动都直接或间接地处于市场关系之中。全部生产要素都进入市场，社会再生产过程要通过市场才能实现，市场机制是推动要素流动和促进资源优化配置的基本运行机制。因此，确立市场观念就是要确立竞争观念、法制观念、信息观念、创新观念和效率观念。

其次，要建立现代企业制度，积极培育市场主体。在市场经济条件下，企业是市场机制运行的微观基础，也是最基本、最重要的市场活动的主体。企业的主体地位得不到确立，市场经济体制就无法建立。要积极培育市场主体，就需要加快、深化我国国有企业的改革，建立现代企业制度，这是发展社会化大生产和市场经济的必然要求。现代企业制度的基本特征是：产权明晰、权责明确、政企分开、科学管理。

再次，要发展和完善社会主义市场体系。完善的市场体系是市场经济有效配置资源的条件，是建立社会主义市场经济的重要环节。市场体系是否完善，决定着市场机制是否健全，决定着整个经济运行的效率。市场体系包括两大块，即商品市场和要素市场。改革开放后，我国的市场体系有了很大的发展，但还不够完善，与市场经济的要求还有距离。要形成统一开放、竞争有序的市场体系还需要经历一个过程，需要在这方面继续努力。

另外，要健全和完善宏观调控体系。现代市场经济不能离开政府的宏观调控。因为，市场机制本身有其弱点和消极的方面，必须通过加强和改善国家对经济的宏观调控，来解决市场失灵和市场无力解决的问题。为此，必须要转变政府的经济职能，从过去直接支配企业转变为主要抓宏观调控；从直接调控转变为间接调控。通过完善宏观调控，为社会主义市场经济体制的确立创造条件。

6.建立和发展社会主义市场经济体制的意义。

建立和发展社会主义市场经济体制，是现阶段我国解放和发展社会生产力的历史选择。发展社会主义市场经济体制有利于促进多种所有制经济的共同发展。市场经济要求市场主体多元化，市场主体数量不足，就无法展开各市场主体之间的竞争，市场供求规律、竞争规律、价值规律等就难以发挥作用。按照市场经济要求，不论企业的所有制形式如何，在市场竞争中优胜劣汰，就可以使以公有制为主体的所有制结构更趋完善；发展社会主义市场经济体制有助于扩大对外交流，充分利用国外的成熟经验。我国要吸引外资、引进技术和人才，同时也使我们的资金、技术、人才进入国际市场，就必须同国际市场通用规则接轨，按国际惯例办事；发展社会主义市场经济体制有利于促进人民群众的共同富裕。在市场经济条件下，供求机制、价格机制和竞争机制的作用会形成市场经济效率，使资源得到优化配置，生产要素的充分流动会促使劳动者素质的普遍提高，劳动差距缩小，为解决个人收入差别过分悬殊提供现实条件；发展社会主义市场经济体制有利于加快科技成果向现实生产力的转化。科学技术是第一生产力，但科学技术是潜在的生产力，要把这种潜在的生产力变成现实的生产力，需要一个转化过程。从他国经验来看，实现这种转化的最好形式是走向市场；发展社会主义市场经济体制有利于完善我国的分配制度。市场机制作为配置资源的主要方式，要求我国的分配制度在坚持按劳分配为主的同时，把按劳分配和生产要素分配结合起来，以充分利用各种有限的生产要素。

二、邓小平对于社会主义经济理论的重大创新

邓小平一生致力于中国革命和社会主义现代化建设的伟大实践，对马克思主义的社会主义建设理论做出了卓越的贡献。“解

放思想实事求是”、“中国特色社会主义”、“初级阶段”、“社会主义市场经济”这些闪光的名词无不与邓小平联系在一起。他对社会主义市场经济理论的贡献至少包括两大方面，一是提出社会主义现代化建设必须以经济建设为中心的思想理论。二是提出了社会主义市场经济理论，为中国走向市场经济开拓了一条成功的道路。

1.坚持以经济建设为中心。

社会主义现代化建设是一项系统工程，包括方方面面的内容，但其中经济建设是核心。马克思讲，物质资料的生产是人类社会存在和发展的基础。邓小平正是抓住了马克思主义理论的精髓，才充分认识和多次强调了生产力发展的重要作用。他讲：“根据我们自己的经验，讲社会主义，首先就要使生产力发展，这是主要的。”①邓小平关于社会主义现代化建设必须以经济建设为中心的思想对马克思主义的理论贡献在于：（1）体现了历史唯物主义的基本原理即任何社会的两对基本矛盾中生产力都是起决定作用的力量；（2）体现了马克思主义的实事求是和实践第一的原则；（3）体现了解放思想大胆创新的精神。

2.邓小平同志坚持实事求是的马克思主义原则，科学地总结了世界各国经济发展的经验和教训，在我国经济体制改革过程中，把市场经济和计划经济从姓“社”姓“资”问题的争论中解放了出来，提出了社会主义也可以搞市场经济的新思想，这是对马克思主义的重大发展，也是社会主义发展史上具有划时代意义的新贡献。

人类社会从诞生时起，就产生了一对矛盾，即人类需求的无限性与满足需求的资源的稀缺性之间的矛盾。为了使有限的资源能够最大限度地满足人们的需求，就要把各种资源合理有效地分配到社会的各个部门、产品和劳务上去，以产生最佳经济效益，这个过程就称之为资源配置。具体来看，在现代社会，市场经济是以市场机制为基础配置资源的经济运行形式，这种经济运行形

① 《邓小平文选》第2卷，第314页。

式的实质，是以市场运行为中心环节来构建经济流程，通过价值规律的作用进行资源配置和生产力布局，用价格信号调节社会生产、协调供求关系，按竞争机制来进行国民收入分配，从而实现国民经济的均衡、稳定发展。市场经济和商品经济是不同的两个概念。商品经济是同自然经济、产品经济相对应的概念，是从人类社会经济活动方式是否具有商品性来划分的。市场经济要比商品经济的发育程度高得多，它是从社会资源配置方式的角度界定的一种经济形式。因此，只有生产社会化发展到一定高度，市场在整个社会范围成为资源配置的主要方式的时候，商品经济才同时具有市场经济的性质。计划经济是依靠人们预先制定的计划，用行政手段，在各经济行为主体之间配置资源的经济运行形式，在这种经济运行形式下，社会能有意识地掌握国民经济的平衡，实现按比例发展。在社会主义国家经济建设中，计划经济曾经发挥过重要的历史作用。邓小平对于社会主义经济理论的最大创新就在于他首次提出了社会主义市场经济理论。

第一，计划经济不等于社会主义。传统观念中把计划经济作为社会主义经济制度的基本特征之一，是忽视了计划与生产力水平之间的相互制约关系，实际上计划的程度和范围是由生产力水平决定的。在社会主义国家建立的初期阶段，由于生产力水平低下，实行计划经济取得了经济和社会的巨大进步，使计划经济体制趋于强化甚至不可动摇。因此，虽然社会主义国家都是诞生于生产力水平不发达的国家，但是他们一开始就实行计划经济体制。当然这也并不能说明计划经济是社会主义所独有的。在资本主义国家，计划程度是随着生产力的发展而不断提高的，在资本主义自由竞争时期，这种计划性仅仅存在于企业和托拉斯内部，当资本主义进入国家垄断时，这种计划性就由企业内部走向社会，甚至走出国家，如跨国公司的管理等。因此，对经济运行实行计划管理这是社会化大生产的客观要求，并不是由哪个阶级的意志所决定的，在社会化大生产条件下，谁违背了这个规律，经济就会衰退，甚至会产生危机。而且，现在回过头来再看经典作家的理论，马克思、恩格斯设想未来社会完全由计划调节经济运行，其科学性在于它的前提条件是生产力高度发达，生产资料归社会占有，商品经济已不存在。但现实中社会主义国家的生产力水平尚不具备实行那种产品计划经济模式的条件。社会主义国家的实践说明，脱离生产力水平谈计划经济必然导致生产关系决定计划经济的结论，认为计划经济是社会主义独有的，从而导致对市场经济的排斥。社会主义国家正是在生产力水平比较低的情况下实行了完全的计划经济体制，使国民经济的活力受到了极大限制。所以，要促进生产力的发展，必须要转变传统的观念，改革不合理的计划经济体制。

第二，市场经济不等于资本主义。受传统社会主义计划经济体制及观念的束缚，长期以来，大多数实行社会主义制度的国家都把市场经济与资本主义等同起来。把市场经济与资本主义的本质属性联系在一起，这实际是对市场经济的误解。从理论上讲，市场经济作为一种通过市场机制的作用来配置社会资源的方式，与任何社会制度无关。因为，市场经济的功能是通过市场机制中的供求机制、价格机制、竞争机制等的交互作用体现出来的，而不是通过社会制度来体现的。市场经济关系的存在，表明在人类发展的一定历史时期内，人们还需要通过商品的形式，来实现人类劳动之间的交换的客观必然性。所以，作为一种资源配置的方式，市场经济本身不具有任何社会属性。它既可以与生产资料私有制度相结合，为资本主义所运用；也可以与生产资料公有制度相结合，为社会主义所运用。市场经济并不是社会主义和资本主义的分水岭，它只是不同社会制度选择资源配置方式和体制的多种可能性选择中的一种。市场经济作为一种资源配置方式和实现社会生产均衡发展的运行机制，是资本主义和社会主义都可以运用的。因此，邓小平指出："我们必须从理论上搞懂，资本主义与社会主义的区分不在于是计划还是市场这样的问题"。[①]"不要以为，一说计划经济就是社会主义，一说市场经济就是资本主

① 《邓小平文选》第3卷，第364页。

义，不是那么回事，两者都是手段，市场也可以为社会主义服务”。[1]资本主义也有计划，社会主义也有市场，计划和市场不是社会主义和资本主义的本质区别。两种社会制度的区别，主要在于所有制性质、谁居于主导地位、为谁谋利益的不同。其中，所有制的性质是决定性因素。而计划和市场显然不是所有制性质这一类的问题；计划和市场都是经济手段。所谓经济手段，也就是经济运行的做法、工具、形式和途径问题。计划经济和市场经济不影响、更不改变所有制的性质，相反，它们是在既定的不同的所有制基础上发挥作用的。

第三，邓小平对于社会主义市场经济理论的重大创新具有重要的理论和现实意义。一是邓小平关于计划和市场都是经济手段的重要论断，破除了长期以来人们把市场经济等同于资本主义，把计划经济等同于社会主义的错误观念，是对社会主义传统观念的重大突破。二是社会主义市场经济的提出，是对马克思主义划时代的发展，也是对传统的社会主义计划经济模式的重大突破。为我们确立社会主义市场经济体制改革目标奠定了极为重要的思想基础和理论基础。三是邓小平提出的社会主义市场经济的观点，更新了社会主义经济理论，对社会主义经济学做出了突出贡献。在马克思主义经典著作《资本论》中，一个明显的特点是侧重于从生产关系、阶级关系看问题。这种理论视角，有其历史的理由，却直接影响了后来的社会主义政治经济学。它忽视经济资源的合理配置，主要还是从公有制与私有制、平等与剥削等人际关系角度来展开自己的理论阐述。结果，忽视了生产力的发展问题，这也是社会主义国家多年来忽视发展生产力的一个理论根源。而邓小平有所不同，他是从发展生产力出发来看待问题的。正是根据经济规律和发展生产力的要求，邓小平提出了社会主义市场经济理论。该理论的提出和发展，使社会主义经济理论从观点、内容到体系结构都发生根本性变化。四是邓小平提出的社会主义市场经济思想，使人们对社会主义经济制度和经济体制问题

① 《邓小平文选》第 3 卷，第 367 页。

有了新的认识。邓小平认为计划经济和市场经济不是各种经济制度的根本区别，而是可以为不同经济制度所用的方法和手段。所以，市场经济体制不存在姓“社”姓“资”的问题。同一种基本经济制度，可以采用不同的经济体制；同一种经济体制，也可以为不同的基本经济制度服务。这些新的认识，为我们坚持社会主义基本经济制度提供了新的理论支撑，也为促进生产力更快发展提供了更大的选择范围和更多的可能性。五是邓小平关于市场经济的论断表明：只有正确看待中国与外国之间关系，才能积极吸收和借鉴世界的文明成果，更好促进我国的现代化建设。受传统观念的影响，长期以来，人们习惯于从社会制度角度来看待中国同外国（主要是西方国家）之间的关系，比较强调的是社会主义和资本主义的区别，这有一定的合理性和正确性。但如果把这个角度当作根本甚至惟一的角度，就存在很大缺陷。邓小平提出社会主义搞市场经济，就是积极吸收了西方国家的文明成果，这体现了一种新的认识，即看待中国与外国的关系，除了社会制度角度，还有其他角度，这就是生产力角度。从这个角度来看，由于我国现阶段的生产力比较落后，尚未实现工业化和现代化，而西方国家已经实现了工业化和现代化，他们的许多经验教训对于我国都有重要的借鉴意义。

三、我国经济体制改革目标模式的确立

建立社会主义市场经济体制是人类历史上的一个伟大创举。因为迄今为止，在社会主义条件下搞市场经济，历史上是没有先例的，没有现成的经验可以借鉴。中国从传统的高度计划经济体制向社会主义市场经济体制转变，是一个根本变革。实现这个变革，是按照积极稳妥的原则，采取了渐进的改革策略，逐步向前推进的。第一步，在 1981 年十一届六中全会通过的《关于建国以来党的若干历史问题的决议》中提出“计划经济为主、市场调节为辅”的公式，并得到 1982 年党的十二大肯定。这是对大一统的高度集中的计划经济的突破；第二步，是 1984 年十二届三

中全会通过的《关于经济体制改革的决定》明确提出了“有计划的商品经济”，突破了把计划经济与社会主义对立起来的传统观念，第一次肯定了社会主义经济是商品经济，把商品经济当作是社会主义的内在属性；突破了把指令性计划当作社会主义计划经济根本特征的传统观念，肯定了指导性计划也是计划的一种形式，从而从根本上动摇了传统计划经济的基础。到1987年十三大进一步发展了社会主义商品经济理论，提出了“国家调节市场，市场引导企业”的经济运行模式。并明确指出，社会主义商品经济与资本主义商品经济的区别不在于市场与计划的多少，而在于所有制的不同，社会主义市场体系不仅包括商品市场而且还包括生产要素市场；第三步，1992年邓小平视察南方发表重要讲话提出社会主义市场经济理论，党的十四大正式把“社会主义市场经济”作为我国经济体制改革的目标模式，提出建立健全社会主义市场经济体制是我国经济体制改革的方向。1993年12月党的十四届三中全会作出了《中共中央关于建立社会主义市场经济体制若干问题的决定》，全面系统地阐明了建立社会主义市场经济的基本框架和战略部署，中国的经济改革进入了以建立社会主义市场经济为目标的新的历史阶段。社会主义市场经济新体制的最终确定将引起我国经济体制各个方面内容的重大变化，而这种变化将促进生产力更快发展。由于有了科学、合理的社会主义市场经济体制作为社会主义基本经济制度的具体实现形式，基本经济制度的合理性和优越性才能真正实现，并充分显示出来。

四、党的十三届四中全会以来，社会主义市场经济理论的发展和社会主义市场经济体制的完善

1.党的第三代领导对社会主义市场经济理论的发展。

党的十三届四中全会以来，我国的经济建设取得了巨大成就，社会主义市场经济体制日趋完善，社会主义市场经济理论得到了充分发展。

第一，提出了分三步实现第三步战略目标的经济发展战略步

骤。1993 年 11 月中共十四届三中全会通过的《中共中央关于建立社会主义市场经济体制的若干问题的决定》明确规定，社会主义市场经济体制是同社会主义基本经济制度结合在一起的，建立社会主义市场经济体制，就是要使市场在国家宏观调控下对资源配置起基础作用。在党的十五大上又将邓小平提出的第三步战略更加具体化为“分三步走实现‘第三步’战略目标的新世纪发展战略，即第一步在 2010 年实现国民生产总值比 2000 年翻一番，使人民的小康生活更加宽裕，形成比较完善的社会主义市场经济体制。第二步是到建党一百周年使国民经济更加发展，各项制度更加完善。第三步是到 2050 年建国一百周年时基本实现现代化，达到中等发达国家水平。

第二，提出了经济、社会、资源环境可持续发展战略。1994 年 3 月通过了《中国二十一世纪议程》确定实施可持续发展战略。1995 年在党的十四届五中全会闭幕时的讲话中江泽民指出，在现代化建设中，必须把实现可持续发展作为一个重大战略。要把控制人口、节约资源、保护环境放到重要位置，使人口增长与社会生产力的发展相适应，使经济建设与资源、环境相协调，实现良性循环。党的十六大进一步提出，走新型工业化道路，大力实施可持续发展战略的思路。

第三，提出了促进经济持续、快速发展的科教兴国战略。1994 年 5 月 6 日中共中央、国务院做出《关于加速科学技术进步的决定》，确定实施科教兴国战略。6 月 14 日中共中央、国务院召开全国教育工作会议，江泽民在会上发表讲话，要求真正把教育摆在优先发展的战略地位。党的十六大进一步强调，教育是发展科学技术和培养人才的基础，在现代化建设中具有先导性全局性作用，必须摆在优先发展的战略地位。

第四，提出了实现“两个具有全局意义的根本性转变”的经济建设方针。20 世纪 80 年代以后随着经济、人口、资源环境关系问题的日益突出，党对经济发展的方式进行了深入的分析，1995 年 9 月十四届五中全会通过的《中共中央关于制定国民经济和社会发展“九五”计划和2010年远景目标的建议》中提出，要实现我们的奋斗目标，促进国民经济持续、快速、健康发展和社会全面进步，关键是要实行两个具有全局意义的根本性转变，一是经济体制从传统的计划经济体制向社会主义市场经济转变，一是经济增长方式从粗放型向集约型转变。为此，党的十六大又进一步提出了经济建设和经济体制改革的八项方针、政策。

第五，改革由体制外向体制内逐步推进。中国是发展中的社会主义国家，正处于社会主义初级阶段，从这个实际出发，我们实行了以公有制为主体、大力发展多种经济成分的方针，使改革从体制外向体制内逐步推进。这是中国成功走向市场经济道路的主要特点。在经济体制改革中，我们在坚持公有制为主体的前提下，积极发展了其他经济成分，突破了原有的过分单一的所有制结构，新成长起来的非国有经济成分，一出现就表现出了很大的活力，在改革中迅速壮大，不仅推动了市场在配置资源中作用的扩大，而且有力推动了国有经济的改革，从而形成了改革从体制外向体制内推进的态势。

第六，提出了实施西部大开发，促进地区经济协调发展的战略。中国是一个大国，由于各地区的自然环境、资源条件、经济基础等方面的差异，地区经济发展很不平衡。如何处理好区域间经济发展的问题，充分发挥地区优势具有重要的意义。党的十五届四中全会提出开发西部地区，2000年1月19日国务院召开西部开发会议，从此揭开了轰轰烈烈的西部大开发序幕。这是对邓小平“两个大局”思想的进一步深化。

第七，坚持“引进来”和“走出去”相结合，全面提高对外开放水平发展战略。十六大指出，进入21世纪头二十年，是我国经济和社会发展极为重要的时期。为此，我们必须坚持“引进来”和“走出去”相结合的战略，全面提高对外开放水平，以更加积极的姿态，抓住机遇，迎接挑战，在更大范围、更广领域、更高层次上参与国际经济技术合作和竞争，充分利用国际国内两个市场，优化资源配置，拓展发展空间，形成全方位、多层次、宽领域的对外开放格局，以促进改革和发展，发展我国的开放型经济。

第八，继续深化经济体制改革，千方百计扩大就业，不断改善人民生活。

2.今后经济建设和经济体制改革的主要任务。

党的十六大根据世界经济科技发展新趋势和我国经济发展新阶段的要求，指出我们在本世纪头二十年经济建设和改革的主要任务是：完善社会主义市场经济体制，推动经济结构战略性调整，基本实现工业化，大力推进信息化，加快建设现代化，保持国民经济持续快速健康发展，不断提高人民生活水平。十六大报告提出了许多新的思路：走新型工业化道路，大力推进科教兴国和可持续发展战略；全面繁荣农村经济加快城镇化进程；积极推进西部大开发，促进区域经济协调发展；健全现代市场体系，加强和完善市场调控；深化国有资产管理体制，健全社会保障等。这些新思想、新思路都是我们党不断总结实践经验，不断进行理论探索得来的认识成果。

第二节 社会主义初级阶段的所有制结构

一、公有制为主体、多种所有制经济共同发展的社会主义初级阶段的基本经济制度

生产资料所有制，是指生产资料的归属问题，包括人们对生产资料的占有、支配、使用、收益和处分所形成的经济关系。在法律上表现为所有权和占有、支配、使用、收益和处置权。其中，所有权是所有制的主要内容，通常就是依据所有权主体的不同来区分生产资料所有制的性质。生产资料所有制结构，是指各种不同的生产资料的所有制形式，在一定社会经济形态中所处的地位、所占的比重，以及它们之间的相互关系。

我国社会主义初级阶段坚持以公有制为主体、多种所有制经

济共同发展的基本经济制度。邓小平曾反复强调：“在改革中坚持社会主义方向，这是一个很重要的问题。……社会主义有两个非常重要的方面，一是以公有制为主体，二是不搞两极分化。”①党的十五大高举邓小平理论的伟大旗帜，认真总结我国改革开放以来对所有制结构调整和改革的经验，指出：“公有制为主体，多种所有制经济共同发展，是我国社会主义初级阶段的一项基本经济制度。这一制度的确立，是由社会主义性质和初级阶段国情决定的：第一，我国是社会主义国家，必须坚持公有制作为社会主义经济制度的基础；第二，我国处在社会主义初级阶段，需要在公有制为主体的条件下发展多种所有制经济；第三，一切符合‘三个有利于’的所有制形式都可以而且应该用来为社会主义服务。”②

1.社会主义必须建立、坚持和发展公有制经济这个主体，这是马克思主义的一条基本原则。

生产资料公有制是社会主义生产关系的基础，使劳动者成为生产资料的共同主人，从而铲除了剥削制度的经济根源；使劳动者成为生产和社会的主人，人们形成了根本利益一致基础上的平等竞争、互助互利的合作关系；生产资料不再是剥削手段和条件，为实行按劳分配提供了前提，成为全体社会成员走向共同富裕的根本保证；公有制还使整个国民经济成为一个统一整体，为国家保持国民经济协调发展提供了条件。我国的生产资料公有制，是在新民主主义革命胜利和通过社会主义改造建立的，并在社会主义建设中不断发展壮大。坚持公有制经济的主体地位，这是由它的性质及其在国民经济中的作用决定的。具体讲，第一，公有制是社会主义制度根本特征，是社会主义经济关系的基础，决定着社会主义生产关系的各个方面，是社会主义上层建筑的经济基础。没有公有制就没有社会主义的经济制度和政治制度。第

① 《邓小平文选》第 3 卷，第 138 页。

② 江泽民：《高举邓小平理论伟大旗帜，把建设有中国特色社会主义事业全面推向二十一世纪》第 22 页。

二，公有制经济与我国已有很大发展的社会化大生产相适应，代表着社会发展的方向。第三，公有制经济控制着国民经济命脉，拥有现代化的物质技术力量，是现代化建设的主要支柱，是国家财政收入的主要来源，也是国家宏观调控的主要物质基础。第四，坚持公有制的主体地位是发展社会主义市场经济的要求。社会主义市场经济是与社会主义基本制度结合在一起的。只有坚持公有制为主体，国家才能有力地进行宏观调控，保证市场机制的功能和作用得以充分发挥，保证社会效益和经济效益的全面提高，保证市场经济的社会主义方向。第五，坚持公有制的主体地位是社会主义本质的要求。只有坚持公有制为主体，并使其不断发展壮大，才能最大限度地解放和发展生产力，消灭剥削和两极分化，最终实现共同富裕，并为最终过渡到共产主义创造条件。

2.多种所有制经济共同发展。

所有制结构是否合理，还要把生产关系一定要适合生产力发展的规律作为理论根据，看其是否符合生产力发展的水平和要求，是否有利于生产力的发展。我国社会主义脱胎于半殖民地半封建社会，生产力非常落后，近代工业在旧中国只有10%左右。新中国成立以后，我国的社会主义生产力获得迅速发展，社会经济面貌发生了巨大变化。但从总体上来说，我国生产力水平仍然比较低，而且发展不平衡，呈现出多层次的状况。同这种比较落后、不平衡、多层次的生产力的状况相适应，必然是发展多种所有制结构才能促进生产力的进一步发展。早在60年代初，在恢复和发展农业生产问题上，邓小平就指出："就是在生产关系上不能完全采取一种固定不变的形式，看用哪种形式能够调动群众的积极性就采用哪种形式"。①

但我们在实行改革开放之前的长时期里，在所有制结构上盲目追求"一大二公三纯"，重全民、轻集体、排挤个体、消灭私营经济，虽使公有制占了统治地位，却使社会生产力发展缓慢。邓小平指出："社会生产力发展缓慢，人民的物质和文化生活条

① 《邓小平文选》第1卷，第323页。

件得不到理想的改善，国家也无法摆脱贫穷落后的状态。这种情况，迫使我们在一九七八年十二月召开的党的十一届三中全会上决定进行改革。”[①]十一届三中全会以来，我们党认真总结以往在所有制问题上的经验教训，制定了以公有制为主体、多种经济成分共同发展的方针，逐步消除所有制不合理对生产力的羁绊，出现了公有制实现形式多样化和多种经济成分共同发展的局面。现在我国的个体经济、私营经济和外资经济等非公有制经济在国民经济的很多领域发挥着重要作用，它们不仅创造了大量的就业机会，减少了国家的资金投入，提供了多样化的商品和服务以满足社会多方面的需要，而且同市场经济联系紧密，特别是在竞争性领域，表现出较强的经济活力。在我国经济体制改革和实现经济发展战略中，将发挥公有制经济不可替代的特殊作用。

3.公有制经济和非公有制经济统一于社会主义现代化建设的进程中。

邓小平反复强调：“我们在改革中坚持了两条，一条是公有制经济始终占主体地位，一条是发展经济要走共同富裕的道路，始终避免两极分化。我们吸收外资，允许个体经济发展，不会影响公有制经济为主体这一基本点。”[②]

实践证明，公有制和非公有制多种形式共同发展，有力地促进了我国社会主义生产力的发展，增强了社会主义国家的综合国力，提高了人民的生活水平。经济连续20年来以年均近10%的速度发展，提前5年实现了国民生产总值比1980年翻两番的目标，2002年实现国内生产总值102 398亿元，经济总规模居世界第6位，谷物、肉类、钢铁、煤炭、水泥等产量已居世界第一，12亿中国人民已基本上解决了温饱问题，已有相当数量的人口达到小康水平。这些都充分说明，一切符合“三个有利于”的所有制形式都可以而且应该为社会主义服务。十六大报告强调要坚持和完善以公有制为主体、多种所有制经济共同发展这一基

① 《邓小平文选》第3卷，第134页。

② 《邓小平文选》第3卷，第149页。

本经济制度，并从三个方面深化了认识，提出了新的要求：第一，公有制是社会主义经济制度的基础，是国家引导、推动经济和社会发展的基本力量，是实现最广大人民根本利益的重要保证，“必须毫不动摇地巩固和发展公有制经济。”第二，个体、私营等多种形式的非公有制经济是社会主义市场经济的重要组成部分，对充分调动各方面的积极性、加快生产力发展具有重要作用，“必须毫不动摇地鼓励、支持和引导非公有制经济的发展。”第三，公有制经济和非公有制经济不是对立的，各种所有制经济完全可以在市场竞争中发挥各自优势，相互促进、共同发展，必须把“坚持公有制为主体，促进非公有制经济发展，统一于社会主义现代化建设的进程中”。根据国家统计局的研究，我国非公有制经济在国内生产总值中所占比重已由1978年的0.9%上升到2001年的38.5%，成为保证整个国民经济持续发展的重要力量。虽然公有制经济在整个国民经济中所占的比重有所下降，但其主体地位未变，国有经济仍具有较强的控制力。2001年，全国国有资产总计109 316.4亿元，其中国有企业中国有资产总量为59 827.2亿元。按照十六大确立的基本经济制度所指明的方向，国家调整和完善所有制结构的有关政策措施正在逐步落实，各种经济成分在整个国民经济中所占的比例和发展范围会逐步趋于合理，以公有制为主体、多种所有制经济共同发展的所有制结构，将会进一步解放和发展生产力，实现我们建设有中国特色社会主义的目标。

二、坚持公有制的主体地位，毫不动摇地巩固和发展公有制经济

1.公有制经济的含义和地位。

我国建立的社会主义公有制过去主要采用全民所有制和集体所有制两种形式。随着经济体制的改革和所有制结构的调整，公有制实现形式多样化。党的十五大明确指出，要全面认识公有制经济的含义。公有制经济不仅包括国有经济和集体经济，还包括

混合所有制经济中的国有成分和集体成分。

国有经济，即社会主义全民所有制经济，是指由全体社会成员共同占有生产资料的所有制形式，在我国由国家代表全体人民所有，采取国家所有制形式，所以称为国有经济。它是同较高的社会化生产力相适应的一种较高的公有制形式，是我国社会主义经济制度的主要经济基础。国有经济控制着国民经济的命脉，对经济发展起主导作用。这种主导作用，主要体现在控制力上，要从战略上调整国有经济布局，把增强国有经济的控制力和竞争力提到首位，同强调公有制经济注重质的提高一起，使人们对公有制经济的地位和作用的认识，从单纯看它们在国民经济中所占的比重，扩展到从质和量的统一的观点去考察和分析。就是要：一方面集中力量搞好一大批关系国民经济命脉、具有一定经济规模、处于排头兵地位的国有大型企业的改革和发展，以资本为纽带，通过市场组建跨地区、跨行业、跨所有制和跨国经营的大企业集团，并以此带动一批中小企业的健康发展；另一方面要采取改组、兼并、租赁、承包经营和股份合作制、出售等形式，放开搞活国有小企业，形成企业优胜劣汰的竞争机制。

集体经济，即社会主义集体所有制，是指由部分劳动群众共同占有生产资料的一种公有制形式。它实现了在集体经济组织的范围内劳动者在生产资料上的平等，不存在剥削关系，是我国社会主义公有制经济的重要组成部分。我国集体所有制包括农村集体经济和城镇集体经济。集体经济为国家提供了绝大多数的粮食和农副产品，众多的工业消费品、出口产品和劳务，而且可以体现共同致富的原则，可以广泛吸收社会分散资金，缓解就业压力，增加公共积累和国家税收。改革开放以前，国家对集体经济的管理采用国有经济的办法。在农村，实行“三级所有，队为基础”、“政社合一”的人民公社制，集中劳动和经营；在城镇，实行政企合一，统负盈亏，成为各级政府主管部门的附属物。但又把集体经济当作公有制的低级的、过渡的形式，人为地造成国有经济与集体经济的差别。这限制了公有制经济优越性的发挥。

改革首先从农村展开，废除人民公社制，实行家庭联产承包责任制，发展乡镇企业和商品经济。1978 年到 2002 年，我国粮食产量由 3.047 亿吨增加到 4.5711 亿吨，农民人均年纯收入由 133.6 元猛增到 2476 元。[①]城镇集体经济也进行了重大改革，经营自主权扩大，对于发展生产、满足人民需要、繁荣市场、稳定物价、扩大出口、吸收劳动就业都发挥了重要作用。今后，要坚持鼓励和帮助城乡多种形式集体经济的发展，使其对发挥公有制的主体作用做出更大的贡献。

混合所有制经济，是指在生产社会化和专业分工进一步发展的条件下，各种不同所有制经济按照一定的原则，并主要以入股的方式将生产要素组织起来，进行统一经营、按股分红并承担有限责任的所有制经济形式。现阶段，我国混合所有制经济主要包括股份经济、跨所有制所组成的企业和企业集团、中外合资经营和中外合作经营经济等。这种混合所有制经济中的国有成分和集体成分，其资本和收益归国家和集体所有，无疑当属于公有制经济，其中由国家和集体控股的还掌握了控制权，更具有明显的公有制经济性质。随着改革的深化，在进一步调整和完善所有制结构过程中，国家对各种混合所有制经济鼓励发展，加强引导，其在整个公有制经济中所占比重将越来越多，越来越重要，将会扩大公有经济的支配范围，增强公有制的主体地位。

就全国而言，坚持公有制的主体地位既有量的规定，也有质的规定。从量上来看，公有制的主体地位主要表现在公有资产在社会总资产中占优势；从质上看公有制经济的主体地位主要体现在国有经济控制国民经济命脉，对经济发展起主导作用；就不同的地方和不同的产业而言，可以有所差别，对关系国民经济命脉的重要行业和关键领域，国有经济必须占支配地位。在其他领域，可以通过资产重组和结构调整，以加强重点，提高国有资产的整体质量。只要坚持以公有制为主体，国家控制国民经济命

① 《2002 年国民经济和社会发展统计公报》见人民日报 2003 年 3 月 1 日第六版。

脉，国有经济的控制力和竞争力就会得到增强，在这个前提下，国有经济比重减少一些，不会影响我国的社会主义性质。

2.公有制实现形式的多样化。

所有制的实现形式，指人们对生产资料的所有、占有、支配、使用等方面的经济关系借以实现的具体形式，实际上是企业财产的组织形式、资本的组合方式和资产的经营形式等。经过二十多年的改革开放，目前我国各种公有制经济的发展状况，使我们看到公有制实现形式发生了明显的变化，即公有制实现形式的多样化。这也是我们坚持“三个有利于”的标准，实行所有权和经营权的分离，大胆探索公有制的经营方式和组织形式的结果。邓小平在谈到企业改革时就指出：“用多种形式把所有权和经营权分开，以调动企业积极性，这是改革的一个很重要的方面。”① 因此，公有制实现形式可以而且应当多样化。所谓公有制实现形式多样化，就是指一切反映社会化生产规律的经营方式和组织形式都可以大胆利用。在对公有制经济进行改革中，要继续努力寻找能够极大地推动生产力发展的公有制实现形式。党的十六大指出，要深化国有企业改革，进一步探索公有制特别是国有制的多种有效实现形式，大力推进企业的体制、技术和管理创新。除极少数必须有国家经营的企业外，积极推行股份制，发展混合所有制经济。实现投资主体多元化，重要的企业由国家控股。按照现代企业制度的要求，国有大中型企业继续实行规范的公司制改革，改善法人治理结构。推进垄断行业改革，积极引入竞争机制。通过市场和政策引导，发展具有国际竞争力的大公司大企业集团。进一步放开搞活国有中小型企业。深化集体企业改革，继续支持和帮助多种形式的集体经济的发展。

股份制。股份制是指通过投资入股的形式组建的一种现代企业制度。它产生和发展于资本主义社会，在国外已大量存在，但在我国却一直争论不休。党的十五大作了明确规定：股份制是现代企业的一种资本组织形式，它有利于所有权和经营权的分离，

①《邓小平文选》第3卷，第192页。

有利于提高企业和资本的运作效率，资本主义可以用，社会主义也可以用。不能笼统地说股份制是公有还是私有，关键看控股权掌握在谁手中。国家和集体控股，具有明显的公有性，有利于扩大公有资本的支配范围，增强公有制的主体作用。在我国建立现代企业制度改革中，大部分企业要变为投资主体多元化的股份制经济，这有利于实现政企分开，转换企业经营机制，使企业按照市场经济规律进行活动。

合作经济。合作经济是劳动者在自愿的基础上，通过资金、劳动力、技术、设备以及其他要素联合起来进行合作生产与经营的一种经济形式。它把生产资料的共同占有同劳动者个人占有有机地结合在一起，特别是能够较好地适应现阶段农村生产力发展的状况和农业生产特点，有利于调动广大农民的生产积极性，有利于促进农村产业结构的调整和农村市场经济的发展。应在坚持自愿互利的基础上，发展多种形式、多层次的合作经济，推动农业生产力的发展。

股份合作制。股份合作制是兼有股份制和合作制的特点为一体的一种公有制实现形式。它是劳动者的劳动联合和资本联合为主的集体经济。股份合作制企业中的成员既是劳动者，又是投资者，共同劳动，共担风险，利益共享。使劳动者与企业利益结为一体，强化了职工的主人翁地位和责任感，激发了广大职工的积极性。目前城乡大量出现的各种各样的股份合作制经济，是改革中的新事物，要支持和引导，提倡和鼓励，不断总结经验，使之逐步完善。

三、非公有制经济是社会主义市场经济的重要组成部分

非公有制经济是指公有制经济范畴以外的、以私有经济为经营基础的社会经济形式。在我国它主要包括个体经济、私营经济、外资经济等。其共同的基本特征是：企业的生产资料归私人所有，投资者可以独自对其生产经营活动进行管理和决策；除个体经济外，私有经济一般都以雇佣劳动为主；除了法定的税收以

外，企业的经营成果归企业所有者自主支配。在社会主义初级阶段，非公有制经济对满足人们多样化的需要，增加就业，充分调动各方面的积极性，加快生产发展，促进国民经济的进步具有重要作用，它接受国家宏观经济调节，受社会主义基本经济规律的制约，是我国社会主义市场经济的重要组成部分，我们必须毫不动摇地鼓励、支持和引导非公有制经济的发展。

个体经济。个体经济是指劳动者占有生产资料并以个人劳动和个体经营为基础的经济形式。社会主义条件下的个体经济，一般都具有规模小、工具简单、操作方便、经营灵活的特点，与分散、细小、社会化程度低的生产力相适应，也有可能同社会化大生产的某些环节相联系。在那些以劳务为主和适宜分散经营的领域，在国家和集体还不能有效经营而群众又十分需要的行业，都应长期大力地发展个体经济，以弥补现代化大企业生产的不足。个体经济的发展能起到其他经济形式不可替代的作用：可以充分利用零星分散的资源，发展生产，增加社会财富，既能节省国家投资，又能增加财政收入；可以促进城乡交流，活跃市场，又可挖掘民间的特殊技艺、发展传统手工艺和服务，满足人民各方面的需要，增加出口和创汇产品；可以广开就业门路，吸纳城乡剩余劳动力等。到 2001 年，我国个体工商户已有 2433 多万户，从业人员达 5441.85 万人，实现总产值 7320 亿元。对个体经济既要依法保护其合法权益和公平竞争，又要进行监督管理，引导鼓励其健康发展。

私营经济。私营经济是指以生产资料私人占有和雇佣劳动为基础的私有制经济。目前，主要经营建筑、加工制造、采矿、农副业、商业、运销、饮食、服务等行业。到 2001 年，私营企业有 202.9 万多户，私营企业投资者 460 万多户，共创产值 12317 亿元。私营经济中雇主和雇佣劳动者之间存在剥削和被剥削关系。但在我国生产力比较落后，又有大量剩余劳动力必须自谋出路，而不少劳动者缺乏经营素质和专业技能，也缺少资金不能从事个体经营，只能打工成为雇用劳动者。同时，公有制经济还不能覆盖整个经济领域。在这种情况下，发展私营经济，有利于劳动者就业，有利于充分利用人力、财力、物力搞活经济，发展生产，有利于培养和造就经营管理人才。但必须通过国家法律、经济、行政等手段加强管理和监督，鼓励和引导其合法经营，健康发展。

外资经济。外资经济主要包括中外合资企业、中外合作经营企业中外商投资部分，以及外商独资企业。外资，是指我国大陆以外的投资，既包括外国人的在华投资，又包括港澳台地区的投资。中外合资企业，是指我国同外商共同投资、共同经营管理、共担风险、共负盈亏的企业。中外合作经营企业，是指由外商提供资金、设备、技术等，我方出土地、劳动力合作经营的企业。外商独资企业，是指外商经我国批准，在我国境内租赁土地，独自投资、独自经营管理、自负盈亏的企业。十几年来，我国已批准外资企业近 30 万家，已有近一半企业开业投产，这些境外和海外的投资，无疑是要获取利润的。但在社会主义国家的管理和调节下，同社会主义经济有着紧密的联系。它们都要遵守我国的法律，接受我国政府的指导、监督和管理。合资、合作经营企业还包含着社会主义公有制的股份，其中相当部分是由国家和集体控股的。因此，外资经济不是一般的资本主义经济。外资经济的发展，不仅可以扩大建设资金来源，增加社会财富，增加国家税收，促进国民经济发展，而且可以促进我国人才的培养、经济技术水平和管理水平的提高。正像邓小平指出的那样：“一个三资企业办起来，工人可以拿到工资，国家可以得到税收，合资合作的企业收入还有一部分归社会主义所有。更重要的是，从这些企业中，我们可以学到一些好的管理经验和先进的技术，用于发展社会主义经济。这样做不会也不可能破坏社会主义经济。”①

① 《邓小平文选》第 3 卷，第 138~139 页。

第三节 社会主义初级阶段的分配制度

一、坚持和完善以按劳分配为主体、多种分配方式并存的分配制度

个人收入的分配方式是由所有制的性质决定的。由所有制关系决定的人们之间的利益关系，最终是要通过分配关系来实现的。我国社会主义初级阶段以公有制为主体，多种所有制经济共同发展的所有制结构，客观上要求以按劳分配为主体、多种分配方式并存的分配制度。这一具有中国特色的分配制度同现阶段所有制结构一起，构成了我国社会主义初级阶段的基本经济制度，为社会主义市场经济体制的建立和发展提供了基本制度的保证。

1.按劳分配是社会主义公有制经济的基本分配原则。

个人消费品实行按劳分配，是由社会主义社会的客观经济条件决定的：第一，生产资料的社会主义公有制是实行按劳分配的前提条件。公有制使劳动者成为生产资料的共同主人，排除了依靠生产资料所有权无偿占有他人成果的可能性。并且，在公有制经济中劳动者只能提供劳动。同时，按劳分配是劳动者对生产资料共同占有权在收入分配上的实现形式。第二，在社会主义社会，分工还存在，劳动还存在着重大差别，劳动还是谋生的手段，这是实行按劳分配的直接原因。这是因为劳动者还没有得到全面发展，劳动者所提供的劳动有差别，只有把劳动贡献同劳动报酬联系起来，实行按劳分配，才能调动劳动者的积极性，促进生产力发展。第三，社会生产力发展的水平，是实行按劳分配的物质基础。由于生产力发展水平还不高，不能提供极大丰富的社会产品以充分满足人们的各种需要，还不能实行按需分配。由此可见，按劳分配是社会主义的客观经济条件所决定的，具有客观必然性，是社会主义特有经济规律。

马克思主义的按劳分配原则，是指凡是有劳动能力的人都应

尽自己的能力为社会劳动，社会以劳动作为分配个人消费品的尺度，按照劳动者提供的劳动数量和质量分配个人消费品，等量劳动领取等量报酬，多劳多得，少劳少得，不劳动者不得食。所以，按劳分配是人类历史上崭新的分配制度。它从根本上否定凭借占有生产资料而剥削他人劳动成果权利，是对一切不劳而获的剥削制度的否定。按劳分配，多劳多得，少劳少得，不劳不得，又是对平均主义、“大锅饭”的否定，按劳分配所承认的人们的劳动差别及由此产生的个人消费品分配和富裕程度的差别，不会产生贫富悬殊过大的差距。正像邓小平所说：“社会主义发展生产力，成果是属于人民的。就是说，在我们的发展过程中不会产生资产阶级，因为我们的分配原则是按劳分配。当然分配中还会有差别，但我们的目的是共同富裕。”①

所以，坚持按劳分配是社会主义的一个重要特征，是体现社会主义本质的一项基本制度。

另外，随着社会主义市场经济体制的建立，以公有制为主体、多种所有制经济的共同发展和公有制实现形式的多样化，必然导致分配形式的多样化，同时也使按劳分配的实现形式与马克思的设想有很大的区别，呈现出新的特点：首先，按劳分配的主体多元化，出现无数个市场分配主体，主要是企业，而不是以国家为代表的社会。公有制企业是自主经营、自负盈亏的经济实体，具有相对独立的经济利益。企业根据劳动者向企业提供的劳动数量和质量来进行个人收入的分配，劳动者直接从企业领取报酬。因此，“等量劳动领取等量报酬”还不可能在全社会范围内按统一标准实现。其次，企业只有将产品售出，将个别劳动转化为社会劳动、转化为价值，才能进行个人收入的分配。所以，分配还不能以每个劳动者的自然劳动时间为尺度，而是以商品交换实现的价值量反映的社会必要劳动时间为尺度。再次，劳动者领取的是货币工资，按劳分配是通过商品货币形式来实现，必然受市场供求、价格、货币的实际购买力、市场平均工资率的影响。

① 《邓小平文选》第3卷，第255页，人民出版社出版。

这些特点说明，在社会主义初级阶段和市场经济条件下，虽然资本、技术等生产要素必然要参与分配，但是按劳分配的实质并没有变化，按劳分配仍然是公有制经济在分配关系上的实现形式。在所有制结构以公有制为主体的前提下，分配结构仍然是以按劳分配为主体。

2.多种所有制经济决定了多种分配方式并存的分配结构。

社会主义初级阶段，随着所有制结构的调整和改革，确立了以公有制为主体、多种所有制经济共同发展的基本经济制度，这就决定了分配形式必须实行以按劳分配为主体、多种分配方式并存的分配制度。除了占主体地位的按劳分配之外，还存在着多种分配方式。主要有：（1）个体劳动收入。即城乡个体劳动者使用自己的生产资料，依靠本人及家庭成员的生产和经营活动所取得的收入，也包括国家企事业单位的职工利用业余时间从事劳动而获得的收入。（2）按劳动力价值所取得的收入。这主要指在私营经济和外资经济中工作的劳动者所获得的工资收入。这是他们劳动力价值的转化形式。（3）经营收入，这是指在实行承包、租赁等经营方式中，企业经营者由于生产、销售等经营状况较好而取得的收入。（4）资产收益。是指随着企业之间实行横向经济联合的发展，有的企业将自己所有的资金向其它企业投资、参股，或向银行及其它单位提供资金等形式所取得的利润、股息、红利、利息等收益；社会成员通过储蓄、购买债券、证券投资等形式取得的利息、股息、红利等收入。（5）资本收入，这主要指外资经济中外国和台、港、澳资本家取得的利润，以及我国私营业主取得的收入。（6）其它各种收入，如技术转让收入、技术和信息咨询服务收入、房地产使用权转让的收入等。这些多种分配方式，大部分可以归为按生产要素分配。在社会主义市场经济条件下，生产要素包括资本、劳动力、土地、技术、信息等。它们在财富的生产过程中发挥巨大的作用，它们是商品使用价值的形成因素之一，并影响商品使用价值的变化。因此，尽管马克思主义认为，物化劳动不能创造价值，但生产要素所有者投入各种生产要素，应该取得相应的收入。这些收入的存在，不仅是市场经济发展的必然，而且有利于资源的充分利用，有利于生产力的发展和人民生活水平的提高。我们要在按劳分配为主体的前提下，把按劳分配和按生产要素分配结合起来。党的十六大报告提出“确立劳动、资本、技术和管理等生产要素按贡献参与分配的原则”第一次确认了按生产要素贡献分配的合理性，将财富的创造与财富的分配内在地统一起来，为解决困扰人们已久的“剥削”悖论提供了新思路，是社会主义初级阶段分配理论的重大突破。

二、效率优先，兼顾公平，最终实现共同富裕

改革开放以来的短短二十年间，我们认真贯彻以按劳分配为主体、多种分配方式并存的基本经济制度，坚持“效率优先、兼顾公平”的原则，允许和鼓励一部分地区、一部分人先富起来，以此来带动全国人民走共同富裕的道路，使我国的国民收入水平大幅度提高，人民生活有了明显的改善。

1.让一部分地区和一部分人，通过诚实劳动和合法经营先富起来。

早在改革开放之初，针对平均主义、“大锅饭”的分配方式，邓小平就指出：“为国家创造财富多，个人的收入就应该多一些，集体福利就应该搞得好一些。不讲多劳多得，不重视物质利益，对少数先进分子可以，对广大群众不行，一段时间可以，长期不行。”①他提出：“在经济政策上，我认为要允许一部分地区、一部分企业、一部分工人农民，由于辛勤努力成绩大而收入先多一些，生活先好起来。这是个大政策，一个能影响和带动整个国民经济的政策。”②此后，邓小平反复阐述先富与共同富裕的关系，揭示走向共同富裕的客观规律。他强调：“我的一贯主张是，让一部分人、一部分地区先富起来，大原则是共同富裕。一

① 《邓小平文选》第2卷,第146页。

② 《邓小平文选》第2卷,第152页。

部分地区发展快一点，带动大部分地区，这是加速发展、达到共同富裕的捷径。”[①]实现共同富裕是社会主义本质所要求的目标。但共同富裕不等于也不可能使全社会所有成员同步富裕、同等程度富裕。在社会主义初级阶段，实行允许和鼓励一部分地区、一部分人先富起来的政策，这是邓小平把马克思主义原理同我国实际相结合，对我国实践的历史经验教训总结的基础上提出来的分配原则。第一，贯彻按劳分配原则，就有富裕程度的差别，由于劳动者的体力、智力不同，勤奋程度不同等，因此所得到的劳动报酬和富裕程度就会出现差别。第二，多种所有制形式和多种分配方式也会造成富裕程度的差别，在市场经济条件下经济单位的技术和经营水平不同，市场应变能力不同，投入生产要素的多少不同，因而造成效益的差别和个人收入的差别。第三，不同地区存在着差别。由于历史和现实的原因，自然和资源条件的差异，造成各地区经济文化发展的不平衡，同时各地区因地制宜、发挥优势、扬长避短的主动性、自觉性也有差别，必然造成地区之间的差别。可见，允许一部分人和一部分地区先富起来的政策是符合我国的国情的，也是符合事物发展不平衡规律的。

2.以共同富裕为目标，既要反对平均主义，又要防止收入悬殊。

邓小平一再强调：“我们允许一部分人先好起来，一部分地区先好起来，目的是更快地实现共同富裕。正因为如此，所以我们的政策是不使社会导致两极分化，就是说，不会导致富的越富，贫的越贫。坦率的说，我们不会容许产生新的资产阶级。”[②]

按照邓小平这一系列的论述，我们实行一部分人、一部分地区先富起来的政策，就要坚持：一是鼓励、支持和保护勤劳致富、守法致富；二是采取有效措施进行调节，避免地区差别过大，防止个人收入过分悬殊；三是提倡先富帮后富，先富带后富。激励和带动全国加速发展，使全国各族人民都能比较快地富

① 《邓小平文选》第3卷，第166页。

② 《邓小平文选》第3卷，第172页。

裕起来，实现共同富裕。实行一部分人、一部分地区先富起来，带动和帮助其他地区、其他的人，逐步达到共同富裕，还要坚持效率优先、兼顾公平的原则。党的十五大指出，把按劳分配和按生产要素分配结合起来，坚持效率优先，兼顾公平，有利于优化资源配置，促进经济发展，保持社会稳定。

坚持按劳分配为主体，多种分配方式并存的制度，把按劳分配和按生产要素分配结合起来，要依托市场分配机制的运行来实现。其所体现的原则集中表现为效率优先，兼顾公平。效率，是指人们工作中所消耗的劳动量与所获得的劳动成果的比率。效率标准是市场经济的普遍原则。效率的高低，特别是资本运营效率的高低直接决定着企业的生产经营收入，进而决定着个人收入的多少。公平，是一个多学科使用的多元概念。经济意义上的公平包括市场公平和社会公平。社会公平是指如何处理社会经济中的各种利益关系，也就是合理分配的问题。即分配活动在社会一定时期的经济、政治、思想、道德、法律所允许和承受的限度内，对每个社会成员都公正平等。在社会主义条件下，公有制使劳动者成为生产资料的主人，消灭了剥削制度，实行等量劳动领取等量报酬。这就从整体上实现了社会主义平等和社会公平。但社会主义还不可能实现绝对的公平，还不可避免地存在着社会成员富裕程度上的差别。这是社会主义市场公平的一种体现。所以，在社会主义社会，还只能实现分配机会上的平等，而不可能实现分配结果上的平等。邓小平指出："社会主义原则，第一是发展生产，第二是共同致富。"[①]这就是说，要大力提高生产效率，促进生产力的发展，坚持效率优先来发展生产；同时要防止收入过分悬殊、防止两极分化，达到共同富裕，也就实现了社会公平。效率与公平是社会主义所追求的相辅相成的辩证统一的目标。首先，社会主义的本质既要求提高效率，也要求实现公平，只有不断提高生产效率，才能解放和发展生产力，使社会财富增加，不断满足人民日益增长的物质和文化生活需要，最终达到共同富

① 《邓小平文选》第 3 卷，第 172 页。

裕，实现社会公平。同时，实现社会公平又是激发和调动劳动者积极性、创造性的重要因素，使劳动者提高生产效率，解放和发展生产力。其次，公平与效率互相促进。只有提高效率，才能创造出更多更加丰富的社会财富，为实现公平创造物质条件。同时，实现社会公平又是促进提高效率的重要条件。二者相辅相成、互相促进，都是为了最终实现共同富裕。再次，效率和公平不可偏废，如果片面强调效率，忽视公平，使收入差距过分悬殊，甚至造成两极分化，不仅挫伤劳动者的积极性，挫伤效率，带来社会不安定，而且也偏离了社会主义原则。反过来，如果片面强调公平，搞平均主义，也会抑制劳动者积极性，影响效率的提高，也背离了按劳分配原则。

分配制度的改革，打破了传统的平均主义，确立了“效率优先、兼顾公平”的原则，极大地调动了广大人民群众的生产积极性，促进了相当一部分地区和一部分人先富了起来。但由于我国正处于新旧体制转轨交替阶段，法制还不健全，分配制度还不完善，宏观调控滞后，一些单位和个人钻政策和法律的空子，或利用垄断地位获取超过全社会平均水平的超额收入，或偷漏税收，使部分财政收入向个人转移等等。这种非劳动和非效益因素的增多，使收入差距被不合理地扩大了，同时，在社会主义初级阶段，由于私有制经济的存在和发展市场经济的需要，在一定范围内仍然存在产生两极分化的经济条件。所以，我们必须完善分配结构和分配方式，规范调节收入分配。依法保护合法收入，允许和鼓励一部分人通过诚实劳动和合法经营先富起来，允许和鼓励资本、技术等生产要素参与收益分配。坚决取缔非法收入，对侵吞公有财产和利用偷税逃税、权钱交易等非法手段牟取利益的要坚决依法惩处。整顿不合理收入，对凭借行业垄断和某种特殊条件获得个人额外收入的，必须纠正。调节过高收入，完善个人所得税制，开征遗产税等新税种。规范收入分配，使收入差距趋向合理，防止两极分化。同时，国家将加大对中西部地区支持的力度，优先安排基础设施和资源开发项目，进一步发展东部地区同中西部地区多种形式的联合和合作，更加重视和积极帮助少数民族地区发展经济，逐步缩小地区差距，扶持贫困地区脱贫致富。

十六大报告进一步为我们指明了深化分配制度改革的原则和方向：第一，确立劳动、资本技术和管理等生产要素按贡献参与分配的原则，完善按劳分配为主体、多种分配方式并存的分配制度。第二，坚持效率优先、兼顾公平，既要提倡奉献精神，又要落实分配政策，既要反对平均主义，又要防止收入悬殊。第三，以共同富裕为目标，扩大中等收入者比重，提高低收入者收入水平。

三、建立、健全社会保障体系

1.社会保障的涵义及其作用。

社会保障，是国家和社会依据一定的法律和规定，对国民收入进行分配和再分配，对社会成员的基本生活权利予以保障的一种分配制度和社会政策，特别是对生活有特殊困难的人们的基本生活权利给予保障的社会安全制度。社会保障的基本目标是满足人们的基本生存需要。这是保证劳动力再生，从而保证社会再生产得以顺利进行的必要条件。在社会主义条件下，社会保障是社会主义本质的体现，是对再分配的一种合理调节，是实现社会公平的一个重要方面。

社会保障对经济发展和社会进步有着十分重要的作用：第一，调整社会经济关系，通过向社会及其成员统筹保障基金，分配给维持基本生活有困难的人们，消除分配不平等带来的负面作用，在一定程度上缩小贫富差别，维护应有的社会公平。第二，维护和提高劳动者的素质，使劳动者解除生老病死、失业、伤残等后顾之忧，潜心工作，并为劳动者及其子女接受教育和职业培训提供必要的物质条件，不断提高劳动技能和科学文化水平。第三，维护社会安定，保证社会成员通过社会保障体系获得基本生活需要，消除可能产生的不安定因素。第四，有利于劳动力的流动和劳动用工制度的改革。

2.社会保障制度的主要内容和职能。

社会救济。这是国家和社会对因历史原因、自然条件恶劣、遭受灾害和其它不幸事故而无法维护最低生活水平的社会成员提供物质帮助的制度。其职能是国家和社会对因年老病痛、鳏寡孤独、身心障碍等丧失劳动自救能力的人提供终身救济；对因历史和自然条件等原因所造成长期不能解决温饱的个人和家庭，给予经济上不定期的救济，帮助他们及早脱贫；以及对因遭受自然灾害和不幸事故而一时无法维持最低生活水平的社会成员，给予临时性的救助等。

社会保险。这是国家通过立法由劳动者、劳动者工作单位(或社区) 和国家共同筹集资金，在劳动者及其亲属遭遇年老、疾病、工伤、生育、死亡、失业等风险时，给予一定的补偿，以保证其基本生活的制度。它包括：养老保险、失业保险、伤残保险、死亡保险、生育保险、医疗保险等。社会保险不同于商业保险。商业保险是自愿投保，实行商业化管理。而社会保险则是国家通过立法来举办，不带有赢利性，是强制性的，是每一个劳动者必须履行的权利和义务。这是社会保障体系中的基本部分。

社会福利。这是国家或社会根据立法和有关政策，为有关社会成员提供旨在保证一定的生活水平和尽可能提高生活质量的服务和资金的社会保障制度。它包括：国家和各种社会团体举办的社会福利性质的事业，如社会福利院、孤儿院、康复机构等；由国家或社会提供各种必要的补贴，如食品补贴，物价补贴，住房补贴等；由行业或单位对本系统的职工提供各种津贴、福利设施及兴办各种福利事业；以及实行义务教育等。这不仅是为了保证社会成员的基本生活需要，而且是为了提高社会成员的物质文化生活水平。因而，是高层次的社会保障制度。

社会优抚。这是国家和社会按照规定对那些为保卫国家安全和人民生命财产而作出贡献的人及其家庭，提供保证一定生活水平的资金和服务的一种特殊的社会保障制度。它包括：国家和社会对法定的优抚对象实行社会优待和褒扬；退役军人的安置，如落户、就业，发放安置费用、伤残抚恤等。这是属于特殊层次的社会保障制度。除此之外，社会保障还包括社会互助、个人积累保障等。

3.建立有中国特色的社会保障体系。

我国原有的社会保障制度在实践中发挥了重要作用。但它是与计划经济体制相适应的，存在着不少弊端，如社会保障覆盖面小，社会保障项目少，保险基金管理不规范，国家和企业保障负担过重等，因此它难以适应社会主义市场经济发展的需要，必须通过改革，建立多层次、高效率的有中国特色的社会保障体系。

(1) 建立有中国特色的社会保障体系的重要性和紧迫性。

第一，是建立和发展社会主义市场经济体制的需要。社会保障体系是社会主义市场经济中的一个重要支柱。劳动力配置要通过市场双向选择、竞争上岗，原有的企业化保障制度难以适应；在市场经济运行中，不可避免地会有一部分人因失业、伤残、年老疾病等失去生活来源，只有通过社会保障来解决。同时建立新的社会保障制度，能吸收大量的各种社会保险基金，可成为资金配置的重要来源，有利于市场经济的运行。

第二，是以公有制为主体、多种所有制经济共同发展及劳动制度改革的需要。原有保障制度只有国有和部分集体企业的职工和国家机关、事业单位职工才能享受各项社会保险，而不包括其他经济形式中的劳动者。这在客观上限制了企业自主用工和不同所有制之间的劳动力的合理流动，既不利于建立新的劳动用工制度，又不利于其它所有制经济的发展。

第三，是建立现代企业制度的需要。长期以来“企业办社会”的状况严重，负担沉重，影响了劳动生产效率的提高和发展后劲，而且新老企业负担不均，妨碍了企业之间的平等竞争。建立现代企业制度，要使企业真正成为自主经营、自负盈亏的市场主体，实现结构优化、政企分开，就必须卸掉国有企业的沉重历史包袱，建立新的社会保障体系。

第四，是减轻国家负担，适应我国生产力发展水平的需要。

原有的社会保障制度的筹资方法，国有企业是采取营业外列支、实报实销、冲减利润，实际是由国家负担。这同我国生产发展水平低、人口多、底子薄的国情不相适应。而且，随着我国人口的老龄化，到2002年，65岁以上人口已达9377万人，国家财政用于社会保障的负担过重，势必影响国家的宏观调控能力，不利于生产力的发展，必须建立国家、企业、个人三个方面合理承担费用、多层次的社会保障体系。

第五，是发展农村经济，维护广大农民利益，使农业适应商品化、市场化的需要。随着农村家庭联产承包责任制的推行和农业生产商品化、社会化的发展，原来的集体保障功能不再发挥应有作用。同时，农业生产的社会风险增大，农民之间的收入差距扩大。为了促进农村商品经济的发展和农村的繁荣，必须相应建立健全农村的社会保障制度。

(2) 有中国特色社会保障体系的框架。

建立有中国特色的社会保障体系，必须从我国国情出发，总结经验教训，吸收和借鉴国外的有益经验，形成适合我国生产力水平、资金来源多渠道、保障方式多层次、权利与义务相统一、管理和服务社会化的社会保障体系。

一是社会保护系统。包括社会救济、社会福利、社会优抚等。其保障基金，主要由国家财政承担，其它社会机构也可予以资助，凡符合条件的都可无偿享受，为其提供最基本的社会保障。

二是社会保险系统。主要包括养老保险、失业保险、医疗保险、工伤保险等，这是社会保障的主体部分，也是建立新的社会保障体系的主要工程。养老保险，在城镇，由国家统一立法、分级分类管理，覆盖各种经济成分的全体职工。它是由基本养老保险、企业补充养老保险、个人储蓄性保险组成的多层次结构。基本养老保险由企业和个人共同承担，实行社会统筹与个人账户相结合；企业根据自身的经济承受力，为职工建立补充保险；个人根据家庭收入状况自愿进行储蓄保险。在农村，养老以家庭保障为主，结合社区扶持，并随着工业化和城市化进程，逐步与城镇养老保险接轨。失业保险，在国家统一立法和管理下，覆盖各种经济形式中的中国职工，费用由企业和个人共同支付、国家补贴。医疗保险，在城镇，由国家统一立法，各有关部门协同管理，覆盖各种经济成分的中国职工，费用由单位和个人共同负担，国家补贴，实行社会统筹与个人账户相结合。在农村，进一步发展和完善合作医疗制度。工伤保险，在国家统一立法和一体化管理下，覆盖城镇各种经济形式中的中国职工。费用由用人单位缴纳、地区统筹、国家补贴、实行与安全生产相衔接的差别费率，分档次使用。上列各种社会保险项目，都有普遍性、强制性、互助性、储蓄性、补偿性等特点，是主要采取社会互助和自我保障结合的方式，依法强制执行。

三是商业保险系统，主要包括各种商业性保险、补充企业保险和个人储蓄积累保险，实行自愿投保、商业化管理。

思考题

1.为什么说公有制为主体、多种所有制经济共同发展的所有制结构是我国社会主义初级阶段的一项基本经济制度?

2.如何正确理解公有制经济的主体地位及其实现方式的多样化?

3.如何理解非公有制经济是我国社会主义市场经济的重要组成部分?

4.试述十三届四中全会以来党对社会主义市场经济理论的发展。

第八章

中国特色社会主义政治

本章学习重点

没有民主就没有社会主义，就没有社会主义的现代化；中国特色的社会主义民主政治制度建设具有紧迫性和长期性；发展社会主义民主政治，建设社会主义政治文明，是全面建设小康社会的重要目标。政治体制改革的目标和主要任务；依法治国的涵义；建设社会主义法制国家是一个长期的过程。

第一节 中国特色社会主义的民主政治制度

民主作为一种国家制度，属于政治上层建筑，是在一定的经济基础上产生并受一定的经济关系制约。“任何民主，和一般的任何政治上层建筑一样，归根到底是为生产服务的，并且归根到底是由该社会中的生产关系决定的”。①这清楚地说明，民主的作用首先在于维护统治阶级的利益，是一定的阶级进行政治统治的工具，具有鲜明的阶级性。在人类历史上，无论是古代民主还是近现代民主，也不论民主采取什么形式，都是统治阶级的意志和利益的反映，都是掌握国家政权的统治阶级共有共享的民主。不论何时何地，掌握国家政权的阶级总是决定着其民主的实质，而一定的阶级的民主总是与一定阶级的专政联系在一起的，一旦民主的扩展超越了阶级的限度，危及了阶级的统治地位，专政就要发挥其维护统治阶级利益的作用。

一、人民民主专政是有中国特色的无产阶级专政

旧中国半殖民地半封建社会的特殊历史条件决定了中国新民主主义革命的结果是建立起工人阶级领导的、以工农联盟为基础的人民民主专政的政权。我国人民民主专政的实质是无产阶级专政，这是因为：它是以工人阶级为领导，以工农联盟为基础的国家政权；它是新型民主、新型专政的国家政权，是绝大多数人民享有民主权利而对极少数敌人实行专政的政权。新中国建立后，它担负着社会主义改造、消灭剥削制度和剥削阶级、完成过渡到社会主义的任务。社会主义制度确立后，它又承担着保卫社会主义制度、领导和组织社会主义建设的任务。

人民民主专政具有显著的中国特色：从阶级结构来看，人民民主专政更为科学地表明了我国的阶级状况。社会主义社会，剥

① 《列宁选集》第2版，第4卷，第493页。

削阶级被消灭，他们当中的大多数人已经成为自食其力的劳动者。享有民主权利的"人民"的范围已包括了一切拥护社会主义制度的爱国者和拥护祖国统一的爱国者。被专政的对象只是极少数敌对分子；从政党关系来看，人民民主专政实行的是共产党领导下的多党合作制度；从政权组织形式看，人民民主专政的组织形式是人民代表大会制度；从概念的表述看，人民民主专政的提法，突出了人民民主和人民专政两个方面，强调对人民实行民主，对敌人实行专政。确切地表明了我国的阶级状况和政权的广泛基础，明确地表明了我国政权的民主性质，符合我国的国情，并有着突出的优点。

在新的历史时期，邓小平坚持了人民民主专政理论，明确指出："依靠无产阶级专政保卫社会主义制度，这是马克思主义的一个基本观点。"①"坚持社会主义就必须坚持无产阶级专政，我们叫人民民主专政。"②在我国现阶段，阶级斗争还将在一定范围内长期存在，在某种条件下还有可能激化。因此，没有人民民主专政，就不能巩固和发展社会主义。

二、坚持和完善人民代表大会制度

人民代表大会制度是我国人民民主专政的政权组织形式，是我国根本的政治制度，是人民当家作主、行使民主权利的主渠道，是我国的政体。人民代表大会制度体现了一切权力属于人民这一社会主义的根本原则。人民行使国家权力的机关是全国人民代表大会和地方各级人民代表大会。全国人民代表大会是国家的最高权力机关，行使国家立法权，各级国家行政机关、审判机关、检察机关都由同级人民代表大会产生，对它负责，受它监督。这样，既适应了人民当家作主的本质要求，又适应了我国幅员辽阔、民族众多、政治经济文化发展不平衡的国情，形成了具有中国特色的政体。没有人民代表大会制度，人民的意志就得不

---

① 《邓小平文选》第 3 卷，第 379 页。

② 《邓小平文选》第 3 卷，第 365 页。

到反映和集中，人民决定和管理国家，参与社会的重大事务的权力就无从实现。因此，人民代表大会制度从根本上体现了人民行使当家做主的权力。一切权力属于人民，这是我国人民代表大会制度的核心内容。

人民代表大会制度在本质上体现的是社会主义民主。尽管它的发展和完善都要受到我国历史文化传统、经济发展状况和人民素质的制约，要经历一个较长的历史过程，但它所体现的社会主义民主政治方向不能动摇。邓小平强调："资本主义社会讲的民主是资产阶级的民主，实际上是垄断资本的民主，无非是多党竞选、三权鼎立、两院制。我们的制度是人民代表大会制度，共产党领导下的人民民主制度，不能搞西方那一套。"①

三、坚持和完善共产党领导的多党合作和政治协商制度

邓小平指出："在中国共产党领导下，实行多党派合作，这是我国具体历史条件和现实条件所决定的，也是我国政治制度中的一个特点和优点。"②中国共产党领导的多党合作和政治协商制度，是马克思主义政党理论和统一战线学说与我国革命具体实践相结合的产物，是我国的一项基本政治制度。它既不同于西方的两党制或多党制，又不同于一党制。共产党是执政党，民主党派是参政党。共产党和民主党派合作的基础是四项基本原则，共产党和民主党派团结协商的基本方针是"长期共存、互相监督、肝胆相照、荣辱与共"。在国家政治生活和各项事业中，由于中国共产党居于领导的地位，党的路线、方针、政策正确与否，工作做得好坏，关系着国家的前途和社会主义事业的成败。同时，由于共产党是执政党，主观主义、官僚主义和宗派主义的习气依然存在。因此，对于共产党来说，更加需要听取来自各个方面包括各民主党派的不同意见，需要接受各个方面的批评，以利于集思广益，取长补短，克服缺点，减少失误。在新的历史时期，要完

① 《邓小平文选》第 3 卷，第 240 页。

② 《邓小平文选》第 2 卷，第 205 页。

善共产党领导的多党合作和政治协商制度，必须巩固和发展新时期的爱国统一战线，充分发挥人民政协在政治协商和民主监督中的作用，加强民主党派参政、议政的职能，支持民主党派和无党派人士担任国家机关领导职务，进一步巩固我们党同党外人士的联盟。

四、坚持和完善民族区域自治制度

民族区域自治制度，是一项有中国特色的社会主义民主制度。它在社会主义新型民族关系中贯彻民主原则，对团结和调动我国各少数民族的积极性，保证国家长治久安和民族团结，起了重大作用。

民族区域自治制度是指，在我国领土范围内，在中央政府的集中统一领导下，遵循宪法的规定，国内各少数民族依照有关法律、法规，以聚居区为基础，建立自治地方，设立自治机关，行使自治权，享受当家作主、管理本民族事务的、综合民族和地区为一体的自治制度。

实行民族区域自治，是单一制国家实现民族平等联合与团结的最佳形式，是我国人民在社会主义国家政治制度、民主政治建设方面的一大创举。民族区域自治地方都是中华人民共和国不可分离的部分，同整个国家的关系是中央和地方的关系，在遵守国家宪法、法律、服从中央和上级国家机关领导的同时，民族区域自治地方的自治机关享有一系列的自治权利，有权自主管理地方性事务，发展本地区的政治、经济、文化、教育等事业。它既强化了中华各民族内在的凝聚力，保证了我国多民族国家空前的统一、团结，又保证了各少数民族处理内部事务的权利，有利于各个民族的进步和社会主义民主的发扬；民族自治与区域自治的结合，不仅使聚居区的民族能够享受到自治的权利，而且使杂居的民族也能够享受到自治的权利。民族区域自治的实质就是把作为国家形态的社会主义民主贯彻到民族关系中去，在统一的多民族国家内，使聚居区的少数民族能自主管理本民族内部地方性的事务，保障少数民族的平等地位，充分发挥各族人民参加中国特色社会主义建设的积极性，有力地促进各民族的共同发展和共同繁荣，巩固祖国的统一和各民族的团结。

第二节 发展社会主义民主政治，建设社会主义政治文明

一、没有民主就没有社会主义，就没有社会主义的现代化

1978 年，邓小平在深刻总结了十年“文化大革命”中推行的“大民主”带来的无政府状态，人民民主权利被剥夺，社会主义民主遭到破坏的惨痛教训之后，提出：“为了保障人民民主，必然加强法制。”[①]1979 年，他又一次旗帜鲜明地指出：“没有民主就没有社会主义，就没有社会主义的现代化。”[②]

民主作为一种国家制度有两个方面的内容：其一，由哪个阶级掌握政权，居于统治地位，享有民主，这是民主的本质，属于国体，我国的国体是人民民主专政；其二，如何实现民主，采取什么形式组织政权，这是民主的实现形式，属于政体，我国的政体是人民代表大会制度。民主的这两个方面是密切联系、不可分割的，民主的本质、内容决定民主的形式，民主的形式又是民主的本质、内容的必然要求、具体表现和保证条件。社会主义民主的本质核心是人民当家作主，人民真正享有公民的各项权利，享有管理国家和社会事务的权力。

邓小平始终把民主政治建设同社会主义联系在一起，同社会主义现代化联系在一起，认为没有民主就没有社会主义，就没有社会主义的现代化。党的十六大报告指出：发展社会主义民主政治，建设社会主义政治文明，是全面建设小康社会的重要目标。

① 《邓小平文选》第 2 卷，第 146 页。

② 《邓小平文选》第 2 卷，第 168 页。

1.建设民主政治是社会主义制度的本质要求和内在属性。

社会主义的经济基础是生产资料公有制。它反映在政治上，必然要求广大的劳动群众享有管理国家事务和社会事务的民主权利，所以社会主义与民主是不可分割的。只有不断发展和完善社会主义民主，使人民群众的民主权利得到有效保障，才能充分调动他们的积极性，增强主人翁的责任感，从而保证社会主义建设事业的不断发展。

2.社会主义民主建设是社会主义现代化建设的重要任务。

社会主义现代化建设是以经济建设为中心，包括民主法制建设和精神文明建设三位一体的全面建设。社会主义现代化建设的根本目标和任务就是：在经济方面创造出比资本主义国家更高的社会生产力；在政治方面创造出比资本主义国家更完善的民主；在思想文化方面创造出高度的精神文明，概括地讲，就是要把我国建设成为“富强、民主、文明的社会主义现代化国家”。

3.建设社会主义民主政治，是社会主义经济建设和精神文明建设顺利发展的政治保证。

在社会主义现代化建设中，经济建设是中心，它为社会主义民主政治建设提供物质基础；精神文明建设为经济建设和民主政治建设提供精神动力、智力支持和思想保证；而经济建设和精神文明建设都要靠发展社会主义民主来保证和支持，只有发展社会主义民主，才能正确地集中人民群众的意见和要求，形成真正符合人民群众的利益和需要的路线、方针、政策，引导经济建设、精神文明建设沿着正确的方向发展，并及时纠正实践中可能出现的偏差。同时只有发展社会主义民主，才能保证人民群众创造的物质文明成果和精神文明的成果真正属于人民，使各项事业的发展符合人民的利益和意志。

二、我国社会主义民主政治建设的紧迫性和长期性

尽管自建国以来，尤其是改革开放以来，我国的民主政治建设取得了很大的成就，但由于我国现实的社会主义民主政治是在

十分落后的经济文化基础上建立起来的，民主政治建设的实践时间短，所走过的道路十分曲折。因此，它的发展是不充分的，在具体制度、具体形式上也是不完备的，需要从中国的国情出发，尽快完善与经济建设和精神文明建设相配套的社会主义民主制度。在社会主义初级阶段，我们一方面要看到发展民主的必要性和紧迫性，同时又要看到民主建设的长期性和艰巨性。这主要是因为：

1.我国还没有根本摆脱经济文化落后的状态，更不具备高度民主所需要的高度发达的经济文化。

目前，我国生产力发展水平低且很不平衡，人民生活也不富裕，全民族的科学文化水平还比较低，文盲、半文盲占全国总人口的四分之一。在我国，要创造民主得以高度发达的经济文化条件，还需要相当长的历史时期。

2.封建意识残余和资产阶级思想影响长期存在。

旧中国留给我们的，是封建专制思想影响多，民主法制思想少。建国后,我们对肃清思想政治方面的封建残余影响的重要性又估计不足,以致时至今日仍在毒害人们的头脑,忽视民主政治的建设。此外，还有资产阶级思想的影响。如一些人划不清社会主义民主和资本主义民主的界限,盲目追求资产阶级民主，有的人热衷于绝对的民主自由,把社会主义民主同无政府主义混为一谈,有的人为追求个人极端自私的目的而违反破坏民主和法制。这一切都是发展社会主义民主的严重障碍,但要完全清除它们,却远不是一朝一夕所能做到的。

3.认识和掌握建设社会主义民主政治的规律要有一个探索认识的过程。

人们对客观规律的认识不可能一次完成，对于社会主义民主政治发展过程的认识，对于适合我国国情的民主形式、制度、措施、办法的选择，对于民主建设中不断出现的新情况、新问题的处理，都没有现成的答案。对此，只能依靠反复实践和探索，从中国的国情出发，有步骤、有秩序地推进，不能急于求成。所以，民主政治建设是一个长期的过程。

社会主义初级阶段的历史条件，决定了在我国建设社会主义民主政治是一个长远的奋斗目标。从我国现阶段的实际情况出发，民主建设的基本方针应当是着眼于实效，着眼于调动基层和群众的积极性，致力于基本制度的完善。既要反对急于求成，提出不切实际的主张和要求，也要反对安于现状，止步不前，以及各种消极情绪。要努力探索社会主义民主政治的发展规律，批判地借鉴和吸收外国先进经验，同时致力于创造发展社会主义民主所需要的条件。

三、发展社会主义民主政治，建设社会主义政治文明，是全面建设小康社会的重要目标

1.建设社会主义政治文明的提出。

党的十六大报告指出：发展社会主义民主政治，建设社会主义政治文明，是全面建设小康社会的一个重要目标。我们党在理论上提出社会主义物质文明建设和精神文明建设，强调要加强民主与法制建设，已经有二十多年了，而明确提出政治文明建设则是近几年的事。江泽民同志首先提出这一科学概念。在2001年1月10日与出席全国宣传部长会议的同志座谈时指出："法治属于政治建设、属于政治文明，德治属于思想建设、属于精神文明。"在2002年"5·31"重要讲话中，他明确提出："发展社会主义民主政治，建设社会主义政治文明，是社会主义现代化建设的重要目标。"2002年7月16日，江泽民同志在考察中国社会科学院的讲话中又明确指出："建设有中国特色的社会主义，应是我国经济、政治、文化全面发展的进程，是我国物质文明、政治文明、精神文明全面建设的进程。"在十六大报告中，进一步把社会主义物质文明、政治文明、精神文明一起确立为社会主义现代化全面发展的三大基本目标，从而使中国特色社会主义的理论和实践更加走向成熟和完善。

2.政治文明与物质文明、精神文明之间的关系。

所谓文明，在广义上讲，是指人类在社会历史发展过程中所创造的各种成果和财富的总和。文明的内涵是非常丰富和复杂的。人类社会的发展和进步，从总体上讲，是经济、政治、文化形态的有机结合、互相作用的统一体。与之相适应，人类文明也是一个有机系统，包括物质文明、政治文明和精神文明三个方面。人类在经济领域中创造的财富，主要表现为社会物质生产和经济生活的进步即物质文明；在政治领域中创造的财富，主要表现为社会政治制度和政治生活的进步即政治文明；在文化领域中创造的财富，主要表现为社会精神产品和精神生活的进步即精神文明。在社会生活中，这三个方面存在着交织、渗透和转化的情形。社会在发展，各种文明也在不断发展，从低级走向高级。人们在衡量社会进步的水平时，常常把这三个方面所创造的文明成果作为一种标志。

我国社会主义现代化建设要取得成功，归根到底取决于生产力的不断发展，物质文明建设的不断进步，而这种发展和进步，离不开政治文明提供的政治动力和政治保障，离不开精神文明提供的精神动力和智力支持。社会主义社会应该是物质文明、政治文明和精神文明全面发展的社会，实现现代化的过程是包括经济、政治、文化发展在内的社会不断全面进步的过程。深刻认识这一点，对于我们自觉地把握和运用客观规律来加快现代化建设，是一个关系全局的重大问题。牢牢把握这一点，我们就能沿着正确的方向和道路前进，就能正确处理全局和局部的关系，同心同德、步调一致地推进我国的现代化事业。

十六大报告总结的十条基本经验，提出的推进经济建设和经济体制改革、政治建设和政治体制改革、文化建设和文化体制改革的任务和政策措施，既是二十多年来我们大力发展物质文明、政治文明和精神文明的伟大实践经验的科学总结，也是我们继续全面推进这一伟大实践所必须遵循的原则和努力完成的任务。

全面建设小康社会，是我国实现现代化伟大目标一个必经的发展阶段。十六大确立的全面建设小康社会的经济、政治、文化发展的目标，具有承上启下、继往开来的深刻含义。在政治方面，就是要使社会主义民主更加完善，社会主义法制更加完备，依法治国基本方略得到全面落实，人民的政治、经济和文化权益得到切实尊重和保障，基层民主更加健全，社会秩序良好，人民安居乐业。在研究和加强政治文明建设的时候，我们要正确地判断它的历史地位和作用，既要看到它的发展会受物质文明和精神文明发展水平的制约和影响，又要看到它会反作用于物质文明建设和精神文明建设。符合社会前进要求的政治文明，不仅可以为物质文明和精神文明的发展提供制度和法律保障，而且会影响以至决定它们的发展方向和进程。在整个文明系统中，政治文明起着规范和保证的作用。实现全面建设小康社会的政治目标，不仅是为实现全面建设小康社会各项奋斗目标提供重要保证的需要，也是为我国社会主义现代化建设事业不断顺利发展提供保证的需要。

四、发展社会主义民主政治要把坚持党的领导、人民当家作主和依法治国有机统一起来

1.人民当家作主是社会主义民主政治的本质要求。

第一，人民当家作主是社会主义国家制度的本质。民主政治作为一种特定的政治形式，是以特定政治统治的确立为前提的。民主作为国家制度，具有民主和专政两种不同功能，总是统治阶级享有民主，而对被统治阶级来说则意味着专政。资产阶级民主国家照例是占统治地位的剥削阶级的国家。不过资产阶级自身的民主通过国家权力即借助公共权力的形式虚假地表现为普遍民主，与封建制度相比劳动人民有了政治和法律形式上的民主自由，但实质上仍然处于被统治的地位。我国是工人阶级领导的以工农联盟为基础的社会主义国家，在人民内部实行民主，只对占人口极少数的敌对分子实行专政。在这里，国家权力的拥有者和劳动人民是同一个主体。所以，国家的一切权力属于人民是社会

主义国家制度的核心内容和根本准则，人民当家作主是社会主义的政治本质。

第二，人民当家作主是社会主义经济制度决定的。民主是市场经济的要求。市场经济的基本特点是等价交换和自由竞争，这反映在政治上的要求就是平等和自由。平等和自由在法律规定上就是权利，而实现这种权利的形式也就是民主。社会经济关系是从两个层面上决定政治上层建筑的。首先，占支配地位的生产资料所有制关系以及由此形成的利益关系，决定着政治上层建筑的性质。其次，产品的价值实现方式以及由此形成的社会成员利益实现方式，决定着社会政治权力的构成、运行方式和规则。我国的社会主义市场经济是公有制占主体、多种所有制经济共同发展的市场经济，决定了这种民主是人民民主。社会主义公有制的主体地位、利益关系和政治权力，决定了占人口绝大多数的广大人民应该而且能够以其平等的经济地位和政治地位参与政治生活而实现平等的政治权利。

第三，人民当家作主是社会主义的价值取向和不断发展的目标。社会主义革命的社会意义，正是在于资产阶级剥削和压迫劳动人民的非正义性。革命的目的，首先就是为了从经济上消灭人剥削人的制度，政治上推翻剥削阶级的统治，建立人民自己的国家。胜利了的社会主义确认工人阶级和劳动人民是国家的主人，拥有决定公共事务的最高权力，人民的利益是社会的最高利益和政治生活的最大价值取向。社会主义还要把民主原则贯彻到经济和各个社会领域，促进经济、政治、文化的不断发展，使每个社会成员完全平等、自由、自主地参加社会公共事务的管理。

2.发展社会主义民主政治必须实行依法治国。

实行依法治国，政治法治化，对发展社会主义民主有着重要的意义。“依法治国，就是广大人民群众在党的领导下，依照宪法和法律规定，通过各种途径和形式管理国家事务，管理经济文化事业，管理社会事务，保证国家各项工作都依法进行，逐步实现社会主义民主的制度化、法律化，使这种制度和法律不因领导人的改变而改变，不因领导人的看法和注意力的改变而改变。”①

第一，法治使人民意志上升为法律，实现人民主权。法律以国家机器为后盾。社会主义法律是人民利益和意志的集中表现。社会主义国家不仅以根本法确认人民当家作主的地位，而且以专门法律保障人民各项政治权利的行使，同时惩罚一切侵犯人民政治权利的行为。

第二，法治能够体现和保障民主政治制度，促进政治民主化。社会主义国家，人民通过选举把权力委托给代表来行使。这种政体意味着在政治权力的持有者与受托行使者之间存在一定的分离，隐含着某种政治失控的危险，即政治权力不是按照权力所有者的意志和利益，而是凭掌权人的意志、情绪甚至利益而运行，导致公共权力异化。因此，必须制定宪法，宣告人民主权，公民的权利和自由不受非法剥夺；规定国家权力的范围和行使程序。确立起一种限制公共权力、保障公民有管理国家的平等权利的政治制度。公民权利的保障意味着公民依法享有平等参与国家政治生活的各种权利，这种政治权利是由公共权力确定的社会成员实现利益分配的政治资格，可以说是人民主权在公民个体上的延伸和拓展，因而公民政治权利的实现是民主发展的不竭源泉。

第三，法治可以形成和维护民主政治的秩序。法治通过宪法和根据宪法原则制定的法律、法规的实施，不仅使民主政体的结构得到确认和有效保障，而且使政治结构框架内的各种政治关系成为法律关系即政治主体之间的权利和义务关系而有序运行。立法机构依照法律程序立法；行政机构要限制自由裁量权，依法行政；司法机构独立行使司法权。法律保障公民、政党及其他政治团体政治参与的权利和自由，同时对政治参与的内容、方式、途径做出规定。公民的政治自由以不妨碍公共利益和他人的自由权利的实现为限度。法治使民主政治运行保持稳定有序的状态。

3.党的领导是人民当家作主和依法治国的根本保证。

①江泽民:《高举邓小平理论伟大旗帜，把建设有中国特色社会主义事业全面推向二十一世纪》,第34页。

第一，在社会主义的中国，共产党在国家政治生活中居于领导地位，实现人民当家作主和依法治国，党的领导是根本的保证。共产党的领导是建设社会主义民主和法治国家的政党条件。工人阶级的阶级要求和政治活动，必须通过自己的政党来领导和实现。人民选择共产党作为执政党，是同党在历史上的作用分不开的，更是因为人民选择了社会主义道路，而共产党代表了社会主义。我国作为人民民主专政的社会主义国家，工人阶级处于领导地位，而工人阶级的领导是通过自己的先锋队共产党实现的。是否坚持共产党的领导是关乎国家性质的根本问题。社会主义民主政治不仅是由共产党领导建立的，而且只有在共产党领导下坚持不懈地进行建设才能沿着正确的方向前进。作为马克思主义政党的共产党是代表着人类崇高理想和最大公无私的政党。我们党以真正实现人民民主为己任，在复杂的历史条件下，担负起抵御种种压力、巩固人民民主专政和不断推进民主与法治建设的历史重任。

人民当家作主是民主的社会主义本质，因而是发展社会主义民主政治的根本立足点和归宿；民主要求法治，宪法和法律是党的主张和人民意志的统一。坚持党的领导是人民当家作主和依法治国的根本保证，而党的领导的实质是组织和支持人民当家作主，实现人民当家作主和依法治国是党对发展社会主义民主政治领导作用和保证作用的体现。把坚持党的领导、人民当家作主和依法治国有机统一起来，是符合发展社会主义民主政治的内在要求的。

第二，全面落实依法治国的基本方略，必须坚持中国共产党的领导。这是坚持依法治国与党的领导相统一的政治前提。中国共产党是中国特色社会主义事业的领导核心，党的领导是人民当家作主和依法治国的根本保证。在全面落实依法治国基本方略的过程中，始终坚持党的领导，就是要在制度和法律上维护和保证中国共产党在国家中的执政地位，保证党在国家政权组织中的领导核心作用，保证党对大政方针和全局工作的政治领导，保证党的主张和人民意志相统一，并通过法定程序使党的主张上升为国家意志，成为一切国家机关、社会组织和公民必须遵守的具有普遍约束力的法律。

坚持依法执政，实现党的领导与依法治国的统一，是坚持党的先进性的体现。党的先进性是党获得最广大人民信任和拥护、巩固党的执政地位的根本条件。作为中华人民共和国的执政党，党要长期执政，领导人民推进中国特色社会主义事业，全面建设小康社会，实现中华民族的伟大复兴，党的先进性要体现社会主义本质和现代政治文明的先进的法治理念、法治原则，使党的先进性具体体现在党的执政能力和执政方式中。

坚持依法执政，实现党的领导与依法治国的统一，是坚持执政为民的体现。我们党要始终代表中国最广大人民的根本利益，就要始终坚持执政为民。这是我们党长期执政的出发点和最终归宿。共产党执政就是领导和支持人民当家作主，最广泛地动员和组织人民群众依法管理国家和社会事务，管理经济和文化事业，维护和实现人民群众的根本利益。

坚持依法执政，实现党的领导与依法治国的统一，就是要使党的领导方式和执政方式符合法治原则，使党的执政活动在宪法和法律范围内进行。中国共产党是代表最广大人民根本利益的执政党，在法律面前，同其他政党、团体、组织一样，都必须在宪法和法律范围内活动。宪法和法律是人民意志的体现，也是党的主张的体现，不能把两者对立起来。党要善于领导，就要善于把党的主张及时通过法定程序变成国家意志，上升为法律。这对于推进社会主义民主政治建设，建设社会主义政治文明具有全局性的重要意义。

全面贯彻依法治国基本方略，坚持依法执政，实现党的领导与依法治国的统一，必须改革和完善党的领导体制。要按照总揽全局、协调各方的原则，根据宪法的规定和人民代表大会制度的根本要求，规范党委与国家政权组织的关系。从体制上保证人大依法履行国家权力机关的职能，将改革和发展的重大决策和立法相结合；改革与完善干部人事制度，保证党组织推荐的人选依法成为国家政权机关的领导人员；要通过体制改革支持和保证政府履行法定职能，依法行政；要推进司法体制改革，要从制度上保证审判机关和检察机关依法独立公正地行使审判权和检察权。

坚持依法执政，实现党的领导与依法治国的统一，必须增强法制观念，不断提高依法执政的能力。共产党员特别是党的领导干部要树立依法执政的观念，要成为遵守宪法和法律的模范。这是我们党领导人民全面贯彻依法治国的基本方略，建设社会主义法治国家的重要任务。

坚持党的领导、人民当家作主和依法治国的有机统一，是建设社会主义政治文明的根本要求。党的领导是社会主义民主政治的根本保证，人民群众是社会主义民主政治建设的主体力量，人民当家作主是社会主义民主政治的本质要求，依法治国是社会主义民主政治的根本特征和实现党领导人民治理国家的基本方略。社会主义政治文明建设是一个系统工程。把握这一系统工程各个组成部分的特殊作用及其相互配合，是推进社会主义政治文明建设的重要环节。

五、依法治国，建设社会主义法制国家，是社会主义政治文明的重要内容和根本保证

坚持依法治国、建设社会主义法制国家，就是要使立法机关按照严格的法定程序制定法律，并形成完备的社会主义法律制度体系，反映广大人民群众的利益和意志；政府和公职人员必须严格依法行政，依法办事，依法管理国家的政治、经济、文化和其他各项社会事务；司法机关必须严格执法，坚决维护法律的严肃性和权威性，确保法律在全国范围内的统一实施，做到有法可依，有法必依，执法必严，违法必究；全体公民具有良好的法律意识和法律素质，学法懂法，自觉守法。

六、巩固和发展民主团结、生动活泼、安定和谐的政治局面，是建设社会主义政治文明的重要目标

巩固和发展民主团结、生动活泼、安定和谐的政治局面，就要正确认识和处理社会主义初级阶段的矛盾。一是正确处理经济、政治和文化的关系，通过发展先进生产力，改革和完善生产关系，为建设社会主义政治文明提供物质基础和物质支持；二是正确处理改革、发展、稳定的关系，坚持以发展作为党执政兴国的第一要务，走改革创新的道路，从根本上消除束缚生产力发展的体制性障碍，改革和完善党的领导方式和执政方式、领导体制和工作制度，使社会主义政治制度充满活力。三是正确处理人民群众的当前利益和长远利益、局部利益和整体利益的关系。

第三节　建设社会主义政治文明，推进政治体制改革

一、政治体制改革的必要性

政治体制，从广义上是指一个国家的政体，也就是一个国家政权的组织制度和运行机制。狭义上是指一个国家政治制度的基本框架，即政党、议会、政府、法院、中央和地方政府的组织形式和相互关系。在这个意义上说，政治体制是指与国家根本制度相适应的具体领导制度、组织制度和工作制度，包括国家政权的组织形式以及权限划分，中央机关与地方机关相互关系的结构形式，组织协商各种机构的管理原则和方法等。

政治体制改革，就是要在坚持基本政治制度的前提下，对具体的政治制度进行改革。我国原有的政治体制强调高度集权，它是继承革命战争年代党的一元化领导，并受前苏联模式影响，在社会主义改造时期确立的。这种政治体制在当时的历史条件下，在恢复国民经济，进行社会主义改造，建立社会主义工业体系等

方面，都起过积极的作用。但当国家转入全面经济建设后，它的不适应性逐步暴露出来，在相当长的时间内，我国政治体制中存在着事实上的领导职务终身制，党政不分，权力过分集中，以及官僚主义等问题。这些弊端破坏了党的民主集中制原则和国家政治生活的民主化，最终导致了“文化大革命”的发生。为克服我国已有政治体制存在的弊端，实现全面建设小康社会的奋斗目标，推进政治体制改革是十分必要的。

1.政治体制改革是经济体制改革深化发展的迫切需要。

邓小平指出：“政治体制改革同经济体制改革应该相互依赖，相互配合。只搞经济体制改革，不搞政治体制改革，经济体制改革也搞不通，因为首先遇到人的障碍。”[①]原有政治体制是适应高度集中的计划经济体制建立起来的，存在着党政不分，政企不分，权力高度集中，机构林立庞大，法制不健全等现象。这必然滋生官僚主义，助长不正之风，造成机构臃肿、人员冗滥、办事效率低下、财政负担沉重等弊端。所有这些都严重妨碍着社会主义市场经济体制的建立，妨碍人民群众积极性、创造性的发挥。所以，现在经济体制改革每前进一步，都深深感到政治体制改革的必要性。不改革政治体制，就不能保障经济体制改革的成果，不能使经济体制改革继续前进，就会阻碍生产力的发展，阻碍四个现代化的实现。只有进行政治体制改革，才能为经济体制改革的深入扫清道路，才能巩固经济体制改革取得的成果。

2.政治体制改革是社会主义民主政治建设自身发展的需要。

社会主义民主政治建设的目标就是发扬社会主义民主，调动广大人民的积极性。调动人民的积极性就是最大的民主。我们过去建立的高度集权的政治体制，在一定的时期内，曾经发挥过积极的作用。但在实际工作中也逐步形成了权力过分集中的现象、官僚主义现象、家长制现象、干部领导职务终身制现象，以及形形色色的特权现象。这些都严重地束缚了社会主义民主政治的发展。因此，只有改革原有的政治体制，逐步健全人民群众参加管

① 《邓小平文选》第3卷，第164页。

理的形式和制度，才能充分调动各方面的积极性，推进社会主义现代化建设。

3.政治体制改革也是保证国家长治久安和稳定发展的需要。

从遵义会议到社会主义改造时期，我们党和国家在政治生活中一直比较注意实行集体领导，实行民主集中制，党内民主生活比较正常。可惜这些好的传统后来没有得到很好的坚持和发扬，甚至遭到破坏，这是“文化大革命”得以发生的一个重要原因。正如邓小平所指出：“我们过去发生的各种错误，固然与某些领导人的思想、作风有关，但是组织制度、工作制度方面的问题更重要。这些方面的制度好可使坏人无法任意横行，制度不好可以使好人无法充分做好事，甚至会走向反面。”①领导制度、组织制度问题更带有根本性、全局性、稳定性和长期性。因此，需要通过政治体制改革，使社会主义民主制度化、法律化，才能从根本上保证国家的长治久安和稳定发展。

二、推进政治体制改革的基本要求

党的十四大明确规定：“政治体制改革的目标，是以完善人民代表大会制度，共产党领导的多党合作和政治协商制度为主要内容，发展社会主义民主政治。”党的十五大做出了继续推进政治体制改革的决策，并对政治体制改革的一系列基本问题做出了明确的概括和阐述：“我国经济体制改革的深入和社会主义现代化建设跨世纪的发展，要求我们在坚持四项基本原则的前提下，继续推进政治体制改革，进一步扩大社会主义民主，健全社会主义法制，依法治国，建设社会主义法治国家。”这里不仅说明了继续推进政治体制改革的必要性，而且指明了政治体制改革的方向和目标，突出了依法治国，建设社会主义法治国家，这是一项更高的目标和要求。

按照上述目标和要求，党的十五大提出在当前和今后一段时间，政治体制改革的主要任务是：发展民主，加强法制，实行政

① 《邓小平文选》第2卷，第333页。

企分开、精简机构，完善民主监督制度，维护安定团结。党的十六大报告指出：政治体制改革是社会主义政治制度的自我完善和发展。推进政治体制改革要有利于增强党和国家的活力，发挥社会主义制度的特点和优势，充分调动人民群众的积极性和创造性，维护国家统一、民族团结和社会稳定，促进经济发展和社会全面进步。

党的十六大报告提出政治体制改革的任务是：

第一，坚持和完善社会主义民主制度。健全民主制度，丰富民主形式，扩大公民有序的政治参与，保证人民依法实行民主选举、民主决策、民主管理和民主监督，享有广泛的权利和自由，尊重和保障人权。坚持和完善人民代表大会制度，保证人民代表大会及其常委会依法履行职能，保证立法和决策更好地体现人民的意志。优化人大常委会组成人员的结构。坚持和完善共产党领导的多党合作和政治协商制度。坚持“长期共存、互相监督、肝胆相照、荣辱与共”的方针，加强同民主党派合作共事，更好地发挥我国社会主义政党制度的特点和优势。保证人民政协发挥政治协商、民主监督和参政议政的作用，巩固和发展最广泛的爱国统一战线，全面贯彻党的民族政策，坚持和完善民族区域自治制度，巩固和发展平等团结互助的社会主义民族关系，促进各民族共同繁荣进步。全面贯彻党的宗教信仰自由政策，依法管理宗教事务，积极引导宗教与社会主义社会相适应，坚持独立自由自办的原则。认真贯彻党的侨务政策。

第二，改革和完善党的领导方式和执政方式。这对于推进社会主义民主政治建设，具有全局性作用。党的领导主要是政治、思想和组织领导，通过制定大政方针，提出立法建议，推荐重要干部，进行思想宣传，发挥党组织和党员的作用，坚持依法执政，实施党对国家和社会的领导。党委在同级各种组织中发挥领导核心作用。集中精力抓好大事，支持各方独立负责、步调一致地开展工作。进一步改革和完善党的工作机构和工作机制。按照党总揽全局、协调各方的原则，规范党委与人大、政府、政协以及人民团体的关系，支持人大依法履行国家权力机关的职能，经过法定程序，使党的主张成为国家意志，使党组织推荐的人选成为国家政权机关的领导人员，并对他们进行监督；支持政府履行法定职能，依法行政；支持政协围绕团结和民主两大主题履行职能。加强对工会、共青团和妇联等人民团体的领导，支持他们依照法律和各自章程开展工作，更好地成为党联系广大人民群众的桥梁和纽带。

第三，改革和完善决策机制。正确决策是各项工作成功的重要前提。要完善深入了解民情、充分反映民意、广泛集中民智、切实珍惜民力的决策机制，推进决策科学化民主化。各级决策机关都要完善重大决策的规则和程序，建立社情民意反映制度，建立与群众利益密切相关的重大事项社会公示制度和社会听证制度，完善专家咨询制度，实行决策的论证制和责任制，防止决策的随意性。

第四，深化行政管理体制改革。进一步转变政府职能，改进管理方式，推行电子政务，提高行政效率，降低行政成本，形成行为规范、运转协调、公正透明、廉洁高效的行政管理体制。依法规范中央和地方的职能和权限，正确处理中央垂直管理部门和地方政府的关系。按照精简、统一、效能的原则和决策、执行、监督相协调的要求，继续推进政府机构改革，科学规范部门职能，合理设置机构，优化人员结构，实现机构和编制的法定化，切实解决职能交叉、人员臃肿和多重多头执法等问题，按照政事分开原则，改革事业单位管理体制。

第五，深化干部人事制度改革。努力形成广纳群贤、人尽其才、能上能下、充满活力的用人机制，把优秀人才集聚到党和国家的各项事业中来。以建立健全选拔任用和管理监督机制为重点，以科学化、民主化和制度化为目标，改革和完善干部人事制度，健全公务员制度。扩大党员和群众对干部选拔任用的知情权、参与权、选择权和监督权。实行党政领导干部职务任期制、辞职制和用人失察失误责任追究制。完善干部职务和职级相结合的制度，建立干部激励和保障机制。探索和完善党政机关、事业单位和企业的干部人事分类管理制度。改革和完善干部双重管理体制。打破选人用人中论资排辈的观念和做法，促进人才合理流动，积极营造各方面优秀人才脱颖而出的良好环境。

第六，加强对权力的制约和监督。建立结构合理、配置科学、程序严密、制约有效的权力运行机制，从决策和执行等环节加强对权力的监督，保证把人民赋予的权力真正用来为人民谋利益。重点加强对领导干部特别是主要领导干部的监督。加强对人财物管理和使用的监督。强化领导班子内部监督，完善重大事项和重要干部任免的决定程序。改革和完善党的纪律检查体制，建立和完善巡视制度。发挥司法机关和行政监察、审计等职能部门的作用。实行多种形式的领导干部述职制度，健全重大事项报告制度、质询制度和民主评议制度。认真推行政务公开制度。加强组织监督和民主监督、发挥舆论监督的作用。

第七，维护社会稳定。完成改革和发展的繁重任务，必须保持长期和谐稳定的社会环境。各级党委和政府要满腔热情地解决人民群众工作和生活中的实际问题。要深入调查研究，区别不同情况，加强思想政治工作，正确运用经济、行政和法律等手段，妥善处理人民内部矛盾特别是涉及群众切身利益的矛盾，保持安定团结的局面。加强政法工作，依法严厉打击各种犯罪活动，防范和惩治邪教组织的犯罪活动，坚决扫除社会丑恶现象，切实保障人民群众生命财产安全。坚持打防结合、预防为主，落实社会治安综合治理的各项措施，改进社会管理，保持良好的社会秩序。加强国家安全工作，警惕国际国内敌对势力的渗透、颠覆和分裂活动。

第八，扩大基层民主，确保人民群众依法直接行使民主权利。实行村民自治。从党的十三届四中全会以来的十五年中，我们在农村普遍实行了村民自治。1998 年 11 月 4 日，九届人大常委会第五次会议通过了《中华人民共和国村民委员会组织法》，大大推进了依法实行村民自治的力度，保障了人民群众基本的民主权利。随着村民自治法律体系的确立，村委会选举的民主化、规范化程度逐步提高，已完成了由原来的委任制到选举制、由等额选举到差额选举、由间接选举到直接选举的转变。以民主决策、民主管理、民主监督为主要内容的经常性民主实践活动逐步开展起来，村民代表会议、村务公开、财务公开逐步制度化。有效地保障了农民群众的知情权、决策权、参与权和监督权。

完善城市居民自治。在推行村民自治的同时，我党还积极完善城市居民自治，建设管理有序、文明祥和的新型社区。很多城市把社区建设作为城区民主建设的突破口和立足点，积极探索具有中国特色、时代特征、本地特点的社区建设之路。总的思路是：通过政府主导、单位支持、群众参与，将社区内的各种社会力量整合成为一个有机的整体，使各种社区资源得到充分开发利用，以满足居民日益增长的各种需求，在促进社区政治、经济、文化、环境协调发展的同时，促进城区民主工作从区街走向社区。

坚持和完善职工代表大会等企事业民主管理制度。江泽民同志在党的十六大报告中指出：坚持和完善职工代表大会和其他形式的企事业民主管理制度，保障职工的合法权益。职工代表大会制度是企业职工参与民主决策、民主管理、民主监督的基本制度，是职工行使民主管理权利的机构。党中央、国务院把以职工代表大会为基本形式的企业民主管理制度，作为国有企业领导体制改革的重要内容，贯彻党的全心全意依靠工人阶级根本指导方针、扩大基层民主、推进企业改革发展稳定的重要措施，给予高度重视。经过各级工会的努力，我国建立职工代表大会制度的单位已达 31.4 万个，有效地推动了中国基层民主的建设、发展和巩固。

三、实现社会主义民主政治的制度化、规范化和程序化与政治体制改革密切相关

在党的十六大报告中，江泽民强调：要着重加强制度建设，

实现社会主义民主政治的制度化、规范化和程序化。这是坚持和完善社会主义民主制度的关键。

民主政治的制度化。在我国历史上，封建社会持续时间较长，因而缺乏民主和法制的传统。现在仍有许多人缺乏正确的民主观，不重视人民主权原则，所以，必须着力使民主制度化，以规范人们的行为，保障人民的民主权利。

民主政治的规范化。由于人民民主的实质就是人民当家作主，国家的决策和举措应该保障最广大人民的利益和要求。这必然要求有一整套民主的科学的决策机制，即必须实现民主过程的规范化，以保证民主原则指导下的民主实践。

民主政治的程序化。民主政治也是程序政治，没有规范、实用的操作程序作保证，民主就是空中楼阁。程序不是可有可无的形式与摆设，而是切实履行民主原则的重要保证。不讲程序的民主，绝不是真正的民主。

社会主义民主政治的制度化、规范化和程序化与社会主义政治体制改革是紧密联系在一起的。

1.社会主义政治体制改革推动和促进着社会主义民主政治的制度化、规范化和程序化。

民主政治的基本实现形式是国家的政治体制。我国民主政治的制度化、规范化和程序化，必须通过改革原有的国家政治体制来实现。具体而言，就是从具体国情出发，从制度上理顺党与政府的关系、党与国家权力机构的关系以及政府与人民的关系。依法治国，使党、政府和公民的行为得以规范，使党的政策上升为国家法律后得以顺利贯彻，使立法机关的权威得以巩固；通过党政分开和政企分开，使党和政府的权力得以从社会领域逐步缩小；通过民主监督，使人民政协及其他社会团体的监督功能得以充分发挥。

2.社会主义民主政治的制度化、规范化和程序化是社会主义政治体制改革成果的体现和保障。

把社会主义民主政治的具体内涵以刚性的制度确定下来，按照一定的规范和程序，加以贯彻执行。社会主义政治体制改革一方面是为了适应经济体制改革的需要，同时也是为了满足广大人民对民主的要求，政治体制改革对民主政治的推动，必须以制度化的形式固定下来。从这一点来说，民主政治的制度化、规范化和程序化实际上保障了政治体制改革的成果。

第四节 依法治国，建设社会主义法制国家

一、实行依法治国的基本方略

发展社会主义民主，健全社会主义法制，依法治国，是邓小平理论的重要内容，也是共产党领导人民治理国家的基本方略。

1.社会主义民主与法制的辩证关系。

发展社会主义民主，必须健全社会主义法制。建设社会主义高度民主，从社会主义民主的发展与现状来看，实现民主的制度化、法律化是最基本的要求。邓小平强调：“必须使民主制度化、法律化，使这种制度和法律不因领导人的改变而改变；不因领导人的看法和注意力的改变而改变。”[①]对社会主义民主与法制关系的这一认识，是对社会主义国家民主的实践，特别是对我国“文化大革命”的教训的深刻总结。社会主义国家民主建设之所以先后出现了严重的挫折，一个重要的原因，就是因为法制不健全。我党关于社会主义民主与法制关系的这一认识，为建设高度的社会主义民主指明了方向。

法制是国家以法律形式确定下来的制度。它由国家权力机关确定，并且依靠国家机器保证实行。一个国家的法律制度要么是独裁专制的，要么是民主的。法制是民主的形式和具体化，只有法制化了的民主，民主才有了体现和保障。在阶级社会里，离开了法律和国家暴力机器的强制力，民主制度将不复存在。

① 《邓小平文选》第 2 卷，第 146 页。

社会主义的民主和法制是维护大多数人的利益的民主和法制。它排除了资产阶级民主和法制的局限性和虚伪性，相互之间更为密不可分。二者的关系如下：

第一，社会主义民主是社会主义法制的内容和基础。社会主义民主是社会主义法制的内容。社会主义法制必须以社会主义的民主为内容，离开了社会主义民主，社会主义法制就丧失了它的社会主义性质。社会主义法制的实施，必须以发扬社会主义民主为条件，社会主义法制的制定，更要通过充分的民主，社会的各项法律条文、措施的有效实行，政法部门固然起作用，但归根到底必须依靠人民群众的力量。

第二，社会主义法制是社会主义民主的体现和保障。宪法和法律明确规定了人民作为国家的主人所享有的民主权利和范围，使人民的正当民主权利得到法律的确认。宪法和法律规定了人民管理国家的民主程序，从而保障人民能够正常地、有效地行使权利。宪法和法律规定了对人民民主权利的保障措施，主要有两个方面：一是社会主义法制既规定了公民的民主权利，也规定了公民应尽的各项义务，体现了权利和义务的一致性原则，这就为所有公民都能享有和行使民主权利创造了条件；二是规定对妨碍和破坏人民民主权利的行为所实行的制裁措施，使人民民主权利不受侵害。总之，社会主义的民主原则，人民群众的民主权利都需要通过具体的制度形式和法律明确规定下来，才能确保社会主义民主的顺利实现，及时制止违背社会主义民主原则和侵犯人民群众合法权利和自由的行为。

第三，社会主义民主的发展，有赖于社会主义法制建设。而社会主义法制完备化的程度，又受着社会主义民主发展程度的制约。社会主义法制建设的基本要求——“有法可依，有法必依，执法必严，违法必究”必须要做到。其中主要包括法的制定和法的实施两个方面，法律的制定是法的实施的前提。依法办事，建立并维护正常的法律秩序是中心环节。民主的原则和发展要求不断通过新的法律制度加以反映，做到有法可依，然后依靠法律的权威与国家的强制力，严格执法，做到有法必依，保证民主的实现。因此，不断地完善立法，严格地执法守法，厉行法治，才能推动社会主义民主的发展。社会主义法制的力量来源于人民群众，在于它体现了人民群众的利益、意志和愿望，对人民群众来说，社会主义法制是保护公民合法权益的有力武器。随着人民群众民主意识的提高，对社会主义法制将会提出更高的要求。

总之，社会主义民主和社会主义法制互相依存，缺一不可。离开法制讲民主的“法制无用论”是错误的，离开民主、迷信法制的“法制万能论”也是不对的，正确的办法是把社会主义民主和社会主义法制紧密结合起来。

二、依法治国的涵义和重要意义

1.依法治国的涵义。

关于依法治国的科学涵义江泽民在党的十五大报告中明确指出：“依法治国，就是广大人民群众在党的领导下，依照宪法和法律规定，通过各种途径和形式管理国家事务，管理经济文化事业，管理社会事务，保证国家各项工作都依法进行，逐步实现社会主义民主的制度化、法律化，使这种制度和法律不因领导人的改变而改变，不因领导人看法和注意力的改变而改变。”这个论断明确揭示了依法治国的主体、客体、依据和目标，是对依法治国的科学概括。

第一，依法治国的主体是人民群众。我国宪法明确规定，国家的一切权力属于人民，人民通过人民代表大会等途径和形式，依法管理国家事务和社会事务。

第二，依法治国的客体是国家事务、经济文化事业和社会事务。依法治国就是要保证对所有这些事业、事务的管理工作都要依法进行。

第三，依法治国所依的法，最重要的是宪法和法律。我国的宪法和法律体现了广大人民的意志和社会发展规律的统一，因此，必须根据宪法和法律办事，维护宪法和法律的尊严。

第四，依法治国的目标是实现社会主义民主的制度化、法律化。

为了保障人民民主，必须加强法制。必须使民主制度化、法律化，使这种制度和法律不因领导人的改变而改变，不因领导人的看法和注意力的改变而改变。

2.依法治国的重要意义。

依法治国是邓小平建设有中国特色社会主义理论的重要组成部分。党的十五大根据邓小平的民主法制思想，提出了“依法治国，建设社会主义法制国家”的治国方略，这标志着我国社会主义民主法制建设将进入一个更加注重法律实施，真正实现依法治国的阶段。

第一，依法治国是发展社会主义市场经济的客观需要。市场经济是法治经济，社会主义市场经济是社会主义法治经济。需要有完备的法律体系对社会主义市场体系的一切方面进行规范、引导、制约和保障。这样才能使市场经济得以正常运转，得到健康发展。

第二，依法治国是建设社会主义民主政治的基本保证。民主同法制紧密相连，人民的民主权利和基本权利、国家政治生活的民主制度和运作程序、经济生活的民主化、社会生活的民主自由等，都需要有法制加以确认、规范并通过严格执法加以保障。任何违反法律的所谓民主，都会对社会秩序和他人的民主权利造成损害，必然危害社会主义民主政治的建设。

第三，依法治国是社会文明进步的重要标志。人类社会发展的历史过程，从封建专制主义到资产阶级民主法制，再到社会主义民主法制，这是人类社会不断走向文明的过程。社会主义法治是社会主义精神文明在国家和社会生活中的重要体现。

第四，依法治国是维护社会稳定和国家长治久安的重要保障。社会稳定、安定团结，是我们各项事业顺利发展的前提。稳定压倒一切。要保持稳定，就必须保证人民充分享有民主权利，各种犯罪活动才能受到有力打击和有效控制，各种人民内部矛盾能得到正确处理。而要做到这些，最关键最靠得住的办法就是实行依法治国。

三、加强社会主义法制建设，推进依法治国进程

适应社会主义市场经济发展、社会全面进步和加入世贸组织的新形势，加强立法工作，提高立法质量，到2010年形成中国特色社会主义法律体系。坚持法律面前人人平等。加强对执法活动的监督，推进依法行政，维护司法公正，提高执法水平，确保法律的严格实施，维护法制的统一和尊严，防止和克服地方和部门的保护主义。拓展和规范法律服务，积极开展法律援助。加强法制宣传教育，提高全民法律素质，尤其要增强公职人员的法制观念和依法办事能力。党员和干部特别是领导干部要成为遵守宪法和法律的模范。

党的十一届三中全会以来，特别是党的十四大以来，我国立法工作取得了重大进展。初步形成了以宪法为核心的社会主义法律体系，从根本上扭转了过去那种无法可依的局面。但是，也应当看到，我国现行的法律体系还带有旧的计划经济体制的痕迹，许多重要的法律法规，特别是在加入WTO之后有关市场经济的法律法规亟待制定和完善，形成有中国特色的完备的社会主义法律体系还有相当的距离。我们要建立一个法制国家，依然任重而道远，还有许多的工作要做。

1.推进司法体制改革。

党的十六大报告指出：社会主义司法制度必须保障在全社会实现公平和正义。按照公正司法和严格执法的要求，完善司法机关的机构设置、职权划分和管理制度，进一步健全权责明确、相互配合、相互制约、高效运行的司法体制。从制度上保证审判机关和检察机关依法独立公正地行使审判权和检察权。完善诉讼程序，保障公民和法人的合法权益。切实解决执行难问题。改革司法机关的工作机制和人财物管理体制，逐步实现司法审判和检察同司法行政事务相分离。加强对司法工作的监督，惩治司法领域

中的腐败。建设一支政治坚定、业务精通、作风优良、执法公正的司法队伍。

2.要建立独立、稳定的法律职业队伍，形成具有良好职业道德和法律知识素养的法学家阶层。

这是法制建设的基础工程。目前，我国司法和执法人员的整体素质还不高，加强法律职业队伍的建设，提高司法和执法人员的思想道德素质和业务素质，具有十分重要的意义。另外，法律人才的缺乏也严重制约着我国法制建设的发展，还需要有一大批专业的法律人才，才能缓解法律人才不足的问题，扩大司法与执法人员的规模仍是当前和今后一段时期法制建设的主要任务。

3.要加强普法教育，增强全民法律意识。

健全社会主义法制，不仅是立法机关、司法机关的事情，而且也是全体人民的事情。社会主义法制是建立在人民自觉遵守、执行和维护法制基础上的。从这个意义上说，社会主义法制建设的根本问题是教育人的问题。邓小平就特别强调："要讲法制，真正使人人懂得法律，使越来越多的人不仅不犯法，而且能积极维护法律"。[①]为了提高人们遵纪守法的自觉性，一方面要进行思想道德教育和提高公民科学文化素质，另一方面还要进行民主、法制教育，增强全民的公民意识和法律意识，使越来越多的人不仅不犯法，而且能积极维护法律。

总之，健全社会主义法制是发展社会主义民主和建立社会主义市场经济的要求，加快我国社会法制化的步伐具有特殊的紧迫性和重要性。但是，由于历史和现实条件的制约，我国的法制化进程不可能在短期内完成。要认识到健全社会主义法制的长期性、复杂性和艰巨性。社会主义法制建设是一个逐步完备的过程，需要我们做好长期奋斗的思想准备。

① 《邓小平文选》第2卷，第254页。

思考题

1.为什么说没有民主就没有社会主义，就没有社会主义的现代化？

2.如何把坚持党的领导、人民当家作主和依法治国有机结合起来？

3.为什么必须依法治国，建设社会主义法制国家？

第九章

中国特色社会主义文化

本章学习重点

社会主义文化是社会主义的重要特征。全民建设小康社会，必须大力发展社会主义文化，建设社会主义精神文明。依法治国和以德治国相辅相成。在我国社会主义现代化建设的总体布局中，精神文明建设居于重要的战略地位。社会主义文化建设必须坚持以马列主义、毛泽东思想和邓小平理论为指导，全面贯彻“三个代表”重要思想，坚持党的基本路线和基本方针，加强思想道德建设，发展教育科学文化，培养“四有”公民，提高全民族的思想道德素质和科学文化素质，团结和动员各族人民把我国建设成为富强、民主、文明的社会主义现代化国家。

第一节 中国特色社会主义文化建设的战略地位

一、社会主义文化是社会主义的重要特征，是社会主义制度优越性的重要表现

党的十五大报告指出：有中国特色社会主义的文化就其内容来说，同社会主义精神文明是一致的。虽然文化是相对于经济和政治而言的概念，精神文明是相对于物质文明而言的概念,从这个角度看，这两个概念是有区别的。但是社会主义的文化和社会主义精神文明的内容基本上是互相涵盖的。而且从目的和功能来看，社会主义文化和精神文明都是以人为对象，以培育适应社会主义现代化需要的有理想、有道德、有文化、有纪律的新人为目标。因此，就指导思想、主要内容和目的功能来说，社会主义的文化和社会主义精神文明是一致的。社会主义精神文明或社会主义文化是社会主义社会的重要特征，是社会主义制度优越性的重要表现。过去在讲到社会主义特征的时候，人们往往强调剥削制度的消灭和生产资料的公有，按劳分配，国民经济有计划按比例地发展，以及工人阶级和劳动人民的政权。这些都是正确的，但是还不足以完全包括社会主义的特征。社会主义还必须有一个特征，就是以共产主义思想为核心的社会主义精神文明。没有这种精神文明，就不可能建设社会主义。

第一，社会主义文化是社会主义社会有机统一体中的重要组成部分。每一个社会都包括经济、政治、文化三个大的方面。社会主义社会作为一种社会形态，当然也是这样。经济是基础，是最终起决定作用的因素；政治是经济的集中体现和保证；思想文化则是一定经济和政治的反映，并给予经济和政治以巨大的反作用。这三个方面相互依赖、相互影响，共同推动人类社会不断发展和前进。所以，社会主义社会不但要有高度发展的物质文明，而且还必须要有高度发展的精神文明。只有经济、政治、文化协

调发展，物质文明和精神文明高度发达，才是合格的具有中国特色的社会主义。邓小平指出：“在社会主义国家，一个真正的马克思主义政党在执政以后，一定要致力于发展生产力，并在这个基础上逐步提高人民的生活水平。这就是建设物质文明。过去很长一段时间，我们忽视了发展生产力，所以现在我们要特别注意建设物质文明。与此同时，还要建设社会主义的精神文明，最根本的是要使广大人民有共产主义的理想，有道德，有文化，守纪律。”①因此，在社会主义现代化建设过程中，只有充分认识文化建设的重要战略意义，才能与时俱进，不断推动文化创新，全面建设小康社会。

第二，社会主义文化，是社会主义区别于其他社会的重要标志，是社会主义制度优越性的重要表现。社会主义社会同其他社会的区别，不仅表现在经济和政治方面，更主要地表现在思想文化方面、精神文明方面。具体地讲，社会主义精神文明是以马列主义、毛泽东思想、邓小平理论为指导，由“三个代表”重要思想统领的，坚持为人民服务、为社会主义服务，以培育有理想、有道德、有文化、有纪律的社会主义新人，提高全民族的思想道德和科学文化素质，促进物质文明建设为目标的社会主义文化。这些无疑都是社会主义社会区别于其他社会的重要标志。同时，社会主义的经济、政治与文化，是互为条件、互相促进、有机统一的，社会主义文化是社会主义制度优越性的重要表现。在中国，社会主义制度为社会主义精神文明的发展提供了必要的前提，而社会主义精神文明的不断蓬勃发展则正是社会主义制度优越性的重要表现。

二、社会主义文化是社会主义现代化建设的重要目标和重要保证

在我国社会主义现代化建设的总体布局中，精神文明建设居于重要的战略地位。我国社会主义现代化建设的总体布局是以经

① 《邓小平文选》第 3 卷，第 28 页。

济建设为中心，坚定不移地进行经济体制改革，坚定不移地进行政治体制改革，坚定不移地加强精神文明建设，并且使这几个方面互相配合，互相促进，把我国建设成为富强民主文明的社会主义现代化国家。在建设有中国特色社会主义事业的历史进程中，越是集中力量发展经济，越是加快现代化建设的步伐，就越是需要加强有中国特色的社会主义精神文明建设。高度发达的社会主义精神文明是社会主义现代化的一个重要战略目标，任何忽视社会主义精神文明建设的倾向，都会贻误现代化建设的全局，会犯历史性的错误。建设社会主义精神文明，是我国社会主义现代化建设的重要保证。

1.社会主义精神文明是使我国现代化建设沿着正确方向发展的保证。

社会的物质生产总是要受到一定的社会政治思想、道德观念的影响和制约。社会主义作为人类追求进步的理想制度，是与消灭剥削、消除两极分化、实现共同富裕等联系在一起的。因此，我们所进行的现代化建设是以增进全社会广大劳动人民群众的普遍福祉为立足点的社会主义现代化建设,它必须以“三个有利于”作为衡量标准,必须坚持社会主义的方向而不能偏离这个方向。

2.社会主义精神文明为社会主义现代化建设提供强大的精神动力和科学、文化等智力支持。

首先社会主义精神文明，渊源于中华民族五千年文明史，又植根于有中国特色社会主义的实践，是凝聚和激励全国各族人民的重要力量，是综合国力的重要标志。只有建设社会主义精神文明，才能在全社会形成共同理想和精神支柱；才能使全国各族人民团结一致，克服任何困难，绕过一切暗礁，最终达到现代化的彼岸。邓小平指出：“不加强精神文明的建设，物质文明的建设也要受破坏，走弯路。光靠物质条件，我们的革命和建设都不可能胜利。”[1]其次，放眼全球，科学技术突飞猛进，知识经济时代已经到来，国力竞争日趋激烈。衡量一个国家的实力，已经不是

① 《邓小平文选》第3卷,第144页。

单看军事实力或经济实力的强弱，而是看包括经济、政治、军事、文化等各种力量在内的综合国力的强弱。

3.社会主义精神文明为社会主义现代化建设创造良好稳定的社会环境提供保证。

没有安定团结的政治局面，社会环境动荡不安，现代化建设就无法进行。只有加强社会主义精神文明建设，才能营造良好的文化环境，提高社会文明程度，在全社会形成团结、互助、平等、友爱的人际关系；只有加强社会主义精神文明建设，努力抓好法制教育，才能使公民懂得自己的权利和义务，提高人们遵纪守法的自觉性，消除各种丑恶现象；也只有加强社会主义精神文明建设，普及科学知识，反对唯心论和各种迷信，扫除愚昧，才能为巩固和发展现代化建设所必需的安定团结的社会环境提供实际的保证。

三、正确认识和处理政治、经济、文化建设的相互关系，大力发展社会主义文化，全面建设小康社会

文化是综合国力的重要组成部分。当今世界激烈的综合国力竞争，不仅包括经济实力、科技实力、国防实力等方面的竞争，也包括文化实力和民族精神的竞争。经济全球化的迅速发展，不仅带来货物、服务、资本、人员等在各国之间的频繁流动，而且带来思想意识、价值观念、行为方式在世界范围内的激烈碰撞。总体上处于弱势地位的广大发展中国家，不仅在经济上面临巨大压力，在文化发展上也面临严峻挑战。我国加入世界贸易组织后，对外开放进入新的发展阶段。如果不能迅速建立自己的文化优势，就难以在激烈的国际竞争中捍卫自己的战略利益，就会处于被动守势。作为世界上最大的发展中国家，我们必须弘扬自己的文化理想，高举自己的文化旗帜，在世界文化交流和竞争中把我国建设成为文化强国，使中国特色社会主义文化不仅在中国人民中间，乃至在全世界人民中间都具有强大的吸引力和感召力。

全面建设小康社会，不仅应当有繁荣的经济，也应当有繁荣的文化。丰富健康的文化生活是衡量人们生活质量的重要标志，也是实现人的全面发展的决定性因素。世界上每个成熟的民族都有属于自己的特有文化形态和文化个性，而这种特有的文化就成为民族亲和力和凝聚力的重要源泉。渊源于中华五千年文明、植根于当代伟大实践的中国特色社会主义文化，是中华民族身份的象征，是最广泛团结全国人民乃至全球华人的旗帜，是激励各族人民建设伟大祖国、实现民族复兴的强大精神支柱。在当代中国人民的伟大奋斗中，要不断增强中华民族的凝聚力、创造力，造就一代又一代有理想、有道德、有文化、有纪律的公民，必须结合新的实践和时代发展要求，大力发展社会主义文化，建设社会主义精神文明，把亿万人民紧紧吸引在中国特色社会主义文化的伟大旗帜下。

1.先进文化是社会主义物质文明建设的强大动力。

文化是人类的精神活动及其产品的总称，它和经济、政治相互联系，相互影响，相互作用。经济是政治和文化的物质基础，构成人类文明发展的物质形态；政治是经济的集中体现，构成人类文明发展的政治形态；文化是经济和政治在观念形态上的反映，构成人类文明演进的精神形态。文化不仅反映着一定时期的经济、政治状况，而且以巨大的反作用推动或阻碍经济发展和社会进步。人类文明越发展，文化的地位和作用就越突出。当今，文化已经成为社会经济发展不可或缺的重要资源，是国家综合国力的重要内容。一个国家或民族强大与否，不仅取决于经济实力、科技实力，同时也取决于文化的影响力、凝聚力、号召力。随着科学技术的发展和知识经济的来临，世界各国特别是正在向现代化目标迈进的发展中国家，对文化的价值、地位的认识越来越明晰、越来越提高。文化对经济发展的巨大支持作用，主要表现在理论指导、智力支持和产业支撑等方面。经济制度的选择、经济战略的提出、经济政策的制定等，无不受到社会文化背景的影响以及决策者知识水平的制约。文化给物质生产、交换、分配、消费以导引，在一定程度上规定着经济发展的方向和方式。改革开放二十多年来，我国经济持续快速健康发展的一个重要原因，就在于体制改革、理论创新，大大解放和发展了我国的社会生产力。在微观经济领域，文化的经济意义亦十分明显。从较高层面上看，企业也是一种文化的载体。文化以科学、知识、信息的形式，直接物化到劳动过程和物质产品中去，渗透于设计、生产、流通、消费等经济活动的各个环节，促进经济效益和劳动生产率的提高。在当今时代，以知识、技术、智能为特征的智力密集型的文化产业，已经成为现代经济的重要组成部分，其产业规模、经济效益与日俱增，在国民经济中所占比重越来越大。在发达国家，文化产业已经与石油产业、航空产业比肩而立。据统计，我国文化产业的产值已约占国内生产总值的 1/5，并呈现出逐年递增的趋势。目前,我国一些地方在发展特色经济时纷纷打出“文化”牌,“文化搭台,经贸唱戏”,正是文化作用的生动写照。

2.先进文化是社会主义政治文明的重要依托。

政治受经济的制约，也受文化的制约；政治影响文化，促进文化，又以相应的文化为其生存的条件。先进文化及其结晶对人类社会的政治文明发展起着启蒙、引导的作用。马克思主义认为，社会科学中的重大发现，比自然科学更能影响社会进步和变革。如文艺复兴运动推动了资本主义制度的诞生；科学社会主义理论指导了国际共产主义运动的发展和社会主义制度的建立；“五四”新文化运动开启了我国新民主主义革命运动的序幕；20世纪 70 年代末的解放思想、拨乱反正把我国带进改革开放的新时期等等。因此，文化对政治的影响作用稳定、持久，不可低估。从特定意义上说，文化是一定政治结构、政治组织运作的基本条件，政治的运作要以一定的文化作为思想基础。

我国是社会主义国家，人民群众是国家的主人，是先进生产力和先进文化的创造主体。推进我国的民主政治建设，依法治国，建设社会主义法治国家，必须以不断发展的先进文化为依托。其中需要广大人民群众提高当家作主的意识，学会正确行使民主权利，培育参政议政的能力，并认识到高度民主是我国社会主义现代化建设的一个重要目标。没有现代的文化观念，没有充分的民主法制意识，就不可能有真正的民主政治，也就谈不上建设有中国特色的社会主义政治文明。

推进我国政治文明建设，必须用先进文化武装广大人民群众，坚持以科学的理论武装人，以正确的舆论引导人，以高尚的精神塑造人，以优秀的作品鼓舞人，坚定对马克思主义的信仰，坚定对社会主义的信念，增强对改革开放和现代化建设的信心，增强对党和政府的信任，培育一代又一代有理想、有道德、有文化、有纪律的社会主义公民，构建我国社会主义政治文明的深厚文化基础。

3.先进文化对提升国民素质具有重要作用。

人是社会文明进步的主体。人的素质状况关系着国家和民族的面貌与发展。人的体力、智力、创造力以及凝聚力、向心力构成的合力，作为综合国力的重要组成部分，它的内核是国民的综合素质，包括体力素质、智力素质、文化素质、科技素质、政治素质、道德素质等。在各种社会资源中，人力资源具有能动性，对其他资源具有整合功能。综合国力持续增长的决定性因素是人的创造潜力的充分开发，人力资源的充分利用，以及对青少年德智体美的培养与开发。知识经济对国民素质提出了更高的要求，只有培育出高素质的人才，并充分发挥他们的积极性和创造力，知识经济才能获得发展的动力。党的十五大报告指出：我国现代化建设的进程，在很大程度上取决于国民素质的提高和人才资源的开发，必须着力提高全民族的思想道德素质和科学文化素质，为经济发展和社会全面进步提供强大的精神动力和智力支持。人的全面发展必须靠先进文化来引导，人的素质的提升要靠文化教育的力量才能实现。

4.文化还是一种强力的黏合剂，能够增强民族的凝聚力。

先进文化不仅将共同地域、共同历史背景、共同社会心理和共同语言的人群联结在一个民族共同体中，而且可以超越地域、风俗、语言的界限，将国内各个民族联结成团结和睦的民族大家庭。历史悠久、薪火相传的中华文化是联结中华各民族的纽带，使中华儿女凝为一体，同心同德地为民族整体利益和长远利益而不懈奋斗。江泽民同志在美国哈佛大学演讲时，曾概括了中华民族的优秀文化传统，即团结统一、独立自主、爱好和平、自强不息。这种共同的中华文化没有因政治制度的更迭变迁而被冲断，也没有因经济的变革而被分离，而是随着社会、经济、政治的发展日益繁荣昌盛，并始终成为凝结各族人民的强大力量。在当代中国，面向现代化、面向世界、面向未来的，民族的科学的大众的社会主义文化，更成为凝聚和鼓舞全国各族人民和海外炎黄子孙抵御外侮，发愤图强，实现中华民族伟大复兴的强大力量。

改革开放以来，我国经济社会长足发展，人民生活总体上达到小康水平，人们对精神文化生活提出了新的更高要求。这不仅给文化建设注入了新的动力，也使得精神文化产品的生产与人民群众日益增长的精神文化需求之间的矛盾更加突出。坚持以人为本，大力发展社会主义文化，不断满足人民群众日益增长的多层次精神文化需求，推动人的全面发展，全面建设小康社会，已经成为我国现代化建设的一项重大而紧迫的任务。

四、依法治国和以德治国相辅相承

法律和道德作为上层建筑的组成部分，都是维护、规范人们思想和行为的重要手段，它们既相互区别又相互联系、相互补充。法律以其权威性和强制手段规范社会成员的行为，道德以其说服力和劝导力提高社会成员的思想认识和道德觉悟。道德规范和法律规范应该相互结合，统一发挥作用。

把依法治国与以德治国紧密结合起来，是建设有中国特色社会主义文化的内在要求。江泽民同志提出的以德治国与依法治国相结合的思想，是对我们党领导人民治理国家方略的完善和发展，是我们党第一次明确地、系统地阐述法治和德治的关系。正确认识和理解德治与法治的关系，对建设有中国特色社会主义具有十分重要的意义。法治与德治，从来都是相辅相成，相互促进的。法制文明属于政治建设和政治文明，德治属于思想道德建设和精神文明，两者对于中国先进文化的建设都是非常重要的。法律是硬约束，具有强制性和权威性；道德是软约束，具有感召力和引导力。只有把两者结合起来，既发挥法律对人们思想和行为的强制性规范和约束作用，又发挥道德对人们思想和行为的教育引导和自我启发功能，才能使人们不失去正确的目标并有正确的行为规范。在社会主义市场经济发展过程中，特别需要强调依法治国与以德治国的紧密结合。市场经济要求的是公平和效率，需要尊重个人自由和个人利益，这对于促进经济的发展，具有重要的作用。但是市场机制本身也有一定的盲目性和破坏性。这些消极的东西仅仅依靠道德建设是不够的，必须依靠法律来规范和遏制。当前，在文化建设上，落实依法治国与以德治国的有机结合，应当坚持尊重个人合法权益与承担社会责任相统一，注重效率与维护社会公平相协调，使遵纪守法、诚实守信、利人利己、共同发展，成为人们的内在觉悟和自觉行为，成为推动建设有中国特色社会主义文化事业不断前进的精神动力。

1.实现法治与德治的结合，要建立适应社会主义市场经济要求的道德体系。

这种道德体系要以马列主义、毛泽东思想、邓小平理论和“三个代表”重要思想为指导，以为人民服务为核心，以集体主义为原则，以爱祖国、爱人民、爱劳动、爱科学、爱社会主义为基本要求，以社会公德、职业道德、家庭美德为基本内容。还要坚持尊重个人合法权益与承担社会责任相统一，坚持注重效率与维护社会公平相协调，坚持先进性要求与广泛性要求相结合，坚持道德教育与社会管理相配合。

2.在实践中坚持法治与德治的结合。

一是在建立社会主义市场经济体制的过程中搞好法治与德治的紧密结合。社会主义市场经济是法治经济，靠法治才能维护市场秩序，实现宏观调控。但必须看到，当前社会的经济成分、分配方式、就业方式和生活方式更加多样化，社会关系发生了很大的变化。过分追求个人利益导致的惟利是图、假冒伪劣、坑蒙拐骗等欺诈行为屡禁不止，拜金主义、享乐主义、个人主义滋生。要规范市场秩序，调整各种利益关系，就要靠法治来规范和引导，但也要靠德治。要运用道德这一特殊调整手段，解决市场经济带来的各种消极因素对人们的思想造成的不良影响；将各种利益矛盾调整到社会可控的范围之内，避免利益矛盾的激化和对抗，并逐渐缓和乃至最终化解那些影响社会稳定的利益矛盾。这就是说，社会主义市场经济也是道德经济，靠德治来提高人们的道德境界，规范和调节人们的经济行为，保障和促进社会主义市场经济健康发展。

二是在建设有中国特色社会主义政治的过程中搞好法治与德治的紧密结合。建设有中国特色社会主义的政治，就是在中国共产党的领导下，在人民当家作主的基础上，依法治国和以德治国相结合，发展社会主义民主政治。在发展社会主义民主政治的过程中，既要依照宪法和法律规定，通过各种途径和形式管理国家事务，管理经济文化事业，管理社会事务，保证国家各项工作都依法进行，逐步实现社会主义民主的制度化、法律化，使这种制度和法律不因领导人的看法和注意力的改变而改变，又要和德治相结合。法是要靠人来实行的，广大干部群众的思想道德状况同他们的法律意识、法制观念密切相关，决定着他们遵纪守法的水平和执行法律的程度。因此要大力提高广大干部群众的思想道德素养；大力增强广大干部群众的法律意识和法制观念，坚决破除重权轻法、以权压法的思想；深入持久地开展普法教育，使法制观念深入人心，从而真正使法治和德治在社会主义民主政治发展过程中更好地结合，加快推进社会主义现代化。

三是在建设有中国特色社会主义文化的过程中搞好法治与德治的紧密结合。在以思想道德建设为核心的社会主义文化建设过程中，牢固树立建设有中国特色社会主义的共同理想，牢固树立坚持党的基本路线不动摇的坚定信念；实现以思想道德修养、科学文化水平、民主法制观念为主要内容的公民素质的显著提高；实现以积极健康、丰富多彩、服务人民为主要要求的文化生活质量的显著提高；实现以社会风气、公共秩序、生活环境为主要标志的城乡文明程度的显著提高；在全国范围形成物质文明建设与精神文明建设协调发展的良好局面。这些都离不开法治，法治为文化建设提供重要保障，思想道德建设又为法治提供重要条件。

法治是相对人治而言的，就是用法律制度来规范和管理国家事务的一种治国方略。它是先进生产力发展的客观要求，是真正实现人民当家作主的根本保障，体现了广大人民群众的愿望和根本利益。实行依法治国是保证国家长治久安、经济持续发展、人民生活不断改善的一项重要举措。而“以德治国”讲的德，是社会主义道德，是无产阶级道德与中华民族传统美德有机结合的产物，既有五千年优秀传统道德的土壤为积淀，又充分体现了时代特征，是时代发展与历史继承相统一的道德。以德治国并不是对依法治国的否定，是在强调加强法治的前提下实行的德治。社会主义法治的出发点和落脚点是惩恶扬善，只有对违法犯罪以严厉打击，才能不断强化人们正确的道德价值判断，提高人们扬善的自觉性。历史证明，离开法治的所谓德治或者离开德治的所谓法治，结果都必然会使整个社会失范，甚至变成人治或专治。同时还要看到，德治是实行法治的根本保证。无论从立法还是司法实践中，都离不开社会主义道德的保证，再完备的法律都是靠人来执行的，特别是对执法者说来，如果道德水平低下，就会把法律作为谋私或滋生腐败的工具和土壤。法治与德治的实行，首先要做到依法治吏，以德治官，从而推进整个社会法治与德治的实行。通过对违法犯罪行为的制裁和对合法行为的保护与奖励，既可以培养人们的守法意识，又可以提高人们的道德观念。法律规范必须有道德作为价值基础，同时道德状况制约着立法的发展，道德水准的提高，会为法的制定创造条件，对法的实施起着促进作用。法治与德治的辩证结合，才是完备的治国方略。当然德治既是治国的手段，也是社会发展进步的目标。从个人的角度看，人的自我发展很重要的内容是人格的自我完善，而人格的完善主要依赖于道德水准的提高，一个道德水准低下的人是不会有健康人格的。同时，道德与法治比，它是人类社会一个永恒的概念，只要人类社会存在，就离不开道德的规范。而法治则是历史的范畴，人类社会发展到一定阶段，它就会自然消亡。从这个角度上讲，德治的意义更加广泛、更加深远。

第二节 中国特色社会主义文化建设的根本任务和基本内容

一、有中国特色社会主义的先进文化

江泽民在庆祝建党八十周年大会上的讲话中明确指出："在当代中国，发展先进文化，就是发展有中国特色社会主义的文化，就是建设社会主义精神文明。"一般说来，先进文化主要是指科学的、健康的、符合最广大人民群众的根本利益的、代表未来发展方向和有利于社会进步的文化。先进文化是人类文明进步的结晶，也是人类精神文明的载体。衡量先进文化的标准有一个一般标准和特殊标准。人类先进文化的一般标准是有利于生产力的解放和发展，有利于社会全面进步，有利于人自身的解放和发展。文化又是一种特殊的社会历史现象，它与具体的国家、民族的具体历史条件相联系，因而具有自身的特点。在当代中国，先进文化就是有中国特色社会主义的文化，其内容同改革开放以来我们党一贯倡导的社会主义精神文明是一致的。有中国特色社会主义的文化，是凝聚和鼓励全国各族人民的重要力量，是综合国力的重要标志。它渊源于中华民族五千年文明史，又植根于有中国特色社会主义实践,具有鲜明的时代特点,它反映我国社会主义经济和政治的基本特征,又对经济和政治的发展起巨大促进作用。

1.中国先进文化的发展趋势和要求。

江泽民同志在庆祝建党八十周年大会上的讲话中说："坚持以马克思列宁主义、毛泽东思想、邓小平理论为指导，立足于建设有中国特色社会主义的实践，着眼于世界科学文化发展的前沿，不断地发展健康向上、丰富多彩的，具有中国风格、中国特

色的社会主义文化，满足人民群众日益增长的精神文化需求，引导广大人民群众从思想上精神上正确武装和不断提高起来。这也是我们党始终站在时代前列，保持先进性的根本体现和根本要求。”这就是我们要牢牢把握的中国先进文化的发展趋势和要求。

因此，中国先进文化应该把握的主要方面包括：一是坚持以马克思列宁主义、毛泽东思想和邓小平理论为指导。二是要有鲜明的民族性。我国几千年历史留下的丰富的文化遗产，我们应该取其精华，去其糟粕，结合时代精神加以继承和发展，做到古为今用，对中华民族的优秀文化传统、党和人民从“五四”运动以来形成的革命文化传统，积极继承和发扬。三是这种先进文化是面向社会主义现代化、面向世界、面向未来的文化，对中国优秀的传统文化也要结合时代精神加以继承，同时必须结合新的时代的要求，结合人民群众精神文化生活的需要，积极进行文化创新，努力繁荣先进文化。四是要吸收和借鉴包括资本主义社会在内的人类社会创造的一切文明成果，着眼于世界科学文化发展的前沿，形成民族的科学的大众的社会主义文化。

2.把握和代表中国先进文化的前进方向。

把握和代表中国先进文化的前进方向，就是通过确定文化建设的指导思想，规定文化的前进方向，通过制定和推行文化建设的方针政策，影响文化建设的发展。就是要在内容和形式上积极创新，不断增强中国特色社会主义文化的吸引力和感召力，保持和发挥社会主义文化的先进性，促进社会主义文化的繁荣。八十多年来我们党高举中国先进文化的前进旗帜，努力建设和弘扬反映革命、建设和改革要求的新文化，荡涤旧社会遗留下来的和国外渗透进来的腐朽没落的旧文化，从思想上精神上极大地解放和激励了广大干部群众，在全党和全国人民中形成了凝聚人心、统一意志的正确指导思想和共同理想。把握和代表中国先进文化的前进方向，这是由党的性质和指导思想以及现阶段党的根本任务决定的。中国共产党是中国工人阶级的先锋队，党的指导思想是马克思列宁主义、毛泽东思想和邓小平理论。党在社会主义初级阶段的根本任务是建设有中国特色的社会主义。马克思主义吸收了世界优秀的文明成果，科学地解释了人类社会历史发展的客观规律，是无产阶级认识世界和改造世界的强大思想武器。我们党自诞生起，就把马克思主义作为指导思想和行动指南。马克思主义普遍原理同中国具体实践相结合，有两次历史性飞跃，产生了两大理论成果。实践证明，作为毛泽东思想的继承和发展的邓小平理论，是指导中国人民在改革开放中胜利实现社会主义现代化的正确理论。邓小平理论是当代中国的马克思主义，是马克思主义在中国发展的新阶段。在当代中国，只有邓小平理论，而没有别的理论能够解决社会主义的前途和命运问题。把握和代表中国先进文化的前进方向，要求我们用全民族的共同理想把全国各族人民凝聚在一起，全面贯彻“三个代表”的重要思想，共同致力于建设有中国特色的社会主义伟大事业。全国各族人民在实践共同理想的同时，实现个人的理想和抱负。

二、中国特色社会主义文化建设的根本任务和目标

中国特色社会主义的文化，是面向现代化、面向世界、面向未来的，民族的科学的大众的文化。江泽民在党的十五大报告中指出，建设有中国特色社会主义，必须着力提高全民族的思想道德素质和教育科学文化素质，为经济发展和社会全面进步提供强大的精神动力和智力支持，培育适应社会主义现代化要求的一代又一代有理想、有道德、有文化、有纪律的公民。这是我们文化建设长期而艰巨的任务。因此，社会主义文化建设的根本任务和目标至少应该包括三个方面的内容和层次。

首先是社会主义文化建设的总的目标和任务：着力提高全民族的思想道德素质和教育科学文化素质促进人的全面发展。人的素质是社会历史的产物，又给历史发展以巨大的影响。在社会主义社会，努力提高全体公民的素质，将使社会劳动生产率不断提高，使人与人之间的关系更加和谐，使整个社会的面貌发生深刻变化。这是我国改革开放和社会主义现代化建设事业获得成功的

必不可少的条件。而提高人的素质，培养人的素质，是精神文明建设的特有功能。如果说，物质文明建设是以物为对象，是人对自然进行改造，从而获得必要的物质生活资料，那么，精神文明建设则主要是以人为对象，引导人们自觉地改造和丰富自己的主观世界，从而提高改造客观世界的能力。这不但是民族振兴的大计，也是人类获得自身解放的根本途径。

其次是社会主义文化建设的基本目标和任务:培养“四有”公民，为社会主义现代化建设输送优秀的人才和合格的劳动者。邓小平讲：“有一点要提醒大家，就是我们在建设具有中国特色的社会主义时，一定要坚持发展物质文明和精神文明，坚持五讲四美三热爱，教育全国人民做到有理想、有道德、有文化、有纪律。这四条里，理想和纪律特别重要。我们一定要教育我们的人民，尤其是我们的青年，要有理想。”[①]因此，“有理想、有道德、有文化、有纪律”是对我国社会主义现代化建设者最基本的要求。人是要有道德的，道德能帮助人们更好地认识社会现实，正确地调节人与人之间的社会关系，激发我们建设现代化建设的热情。而理想、信念是我们从事革命和建设的强大思想武器，没有了理想，我们就在精神上已经解除了武装。科学文化则是社会主义现代化建设的智力支持。一个文盲半文盲占很大比重的国家是很难实现现代化的。当然，社会主义现代化建设没有纪律也是不行的，没有纪律就没有秩序，而没有秩序就什么也搞不成功。

第三是现阶段社会主义文化建设的具体目标和任务。党的十四届六中全会通过的《中共中央关于加强社会主义精神文明建设若干重要问题的决议》中指出从1996年到2010年的十五年我国社会主义精神文明建设主要目标是：在全民族牢固树立建设有中国特色社会主义的共同理想，牢固树立坚持党在社会主义初级阶段的基本路线不动摇的坚定信念；实现以思想道德、科学教育水平、民主法制观念为主要内容的公民素质的显著提高；实现以积极健康、丰富多彩、服务人民为主要要求的文化生活质量的显著

① 《邓小平文选》第3卷，第110页。

提高；实现以社会风气、公共秩序、生活环境为主要标志的城乡文明程度显著提高，在全国范围形成物质文明建设和精神文明建设协调发展的良好局面。

因此与我国国民经济和社会发展规划相配合，党的十六大进一步强调，目前我国文化建设和文化体制改革的任务是：

1.坚持弘扬和培育民族精神。

民族精神是民族文化的核心和灵魂，是一个民族赖以生存和发展的精神支撑。十六大报告指出，必须把弘扬和培育民族精神作为文化建设极为重要的任务，纳入国民教育的全过程，纳入精神文明建设全过程，使全国人民始终保持昂扬向上的精神状态。

2.切实加强思想道德建设。

坚持依法治国和以德治国相结合，建立与社会主义市场经济相适应，与社会主义法律规范相协调，与中华民族传统美德相承接的社会主义思想道德体系。

3.大力发展教育和科学事业。

教育是发展科学技术和培养人才的基础，在现代化建设中具有先导性全局性作用，必须摆在优先发展的战略地位。在全社会形成崇尚科学、鼓励创新、反对迷信和伪科学的良好氛围。

4.积极发展文化事业和文化产业。

发展文化产业是市场经济条件下繁荣社会主义文化，满足人民群众精神文化需要的重要途径。为此必须不断完善文化产业政策，继续深化文化体制改革。

三、社会主义思想道德建设

社会主义精神文明建设的基本内容包括思想道德建设和教育科学文化建设两个方面。

思想道德建设决定着精神文明建设的性质和方向，是社会主义精神文明建设的根本，对社会政治经济的发展具有巨大的能动作用。社会主义思想道德建设所要解决的是整个民族和全社会形成共同理想和精神支柱问题，它的基本任务是坚持爱国主义、集体主义、社会主义教育，加强社会公德、职业道德、家庭美德建设，引导人们树立建设有中国特色社会主义的共同理想和正确的世界观、人生观、价值观。

理想，是人们在实践中形成的具有实现可能性的对未来美好的向往和追求，是人们世界观、人生观、和社会历史观在奋斗目标上的体现。作为一种社会意识形态，理想是社会存在的反映。理想建设是思想道德建设的核心。人类认识的层次性决定了理想深刻而丰富的内容。从内容上来讲，理想包括生活理想、职业理想、道德理想和社会理想。社会理想是一定社会的阶级或个人对未来社会治理结构的向往和追求。党的十二届六中全会把革命理想划分为共同理想和最高理想两个大的层次。体现了无产阶级和共产党人的社会理想。现阶段我国各族人民的共同理想是建设有中国特色的社会主义，把我国建设成为富强民主文明的社会主义现代化国家。这个共同理想，是从社会主义初级阶段这一基本国情出发的，它集中了我国工人、农民、知识分子和其他劳动者、爱国者的利益和期望，是保证全体人民在政治上、道义上、精神上一致克服一切困难，争取胜利的强大思想武器，要坚持用这个共同理想来动员和团结全体人民。建立共产主义社会是中国共产党人和先进分子的最高理想。

道德，是人类在社会实践中形成的，依靠内心信念、社会舆论和传统习惯来维持的，以善恶为标准，用以调节人与人之间包括个人与集体、社会之间关系的价值观念和行为规范的总和。它是由经济基础所决定的思想文化上层建筑的重要组成部分。社会主义思想道德是由道德基本原则、核心、基本道德规范和众多具体规范所构成的有机整体。社会主义道德建设就是要以为人民服务为核心，以集体主义为原则，以诚实守信为重点，以爱祖国、爱人民、爱劳动、爱科学、爱社会主义为基本要求，认真贯彻公民道德建设实施纲要，大力弘扬爱国主义，大力倡导文明礼貌、助人为乐、爱护公物、保护环境、遵纪守法的社会公德，大力倡导爱岗敬业、诚实守信、办事公正、服务群众、贡献社会的职业道德，大力倡导尊老爱幼、男女平等、夫妻和睦、勤俭持家、邻里团结的家庭美德，在全社会形成团结互助、平等友爱、共同前进的人际关系。我们要在全社会树立和发扬社会主义的道德风尚，同时提倡毫不利己、专门利人、公而忘私、勇于献身、全心全意为人民服务的共产主义美德。引导人们在遵守基本行为准则的基础上，追求更高的思想道德目标。

1.社会主义道德建设要大力弘扬爱国主义。

爱国主义作为一种体现人民群众对自己祖国深厚感情的崇高精神，历来是动员和鼓舞人民团结奋斗的一面旗帜，是推动我国社会历史前进的巨大力量，是全国各族人民共同的精神支柱。爱国主义是一个历史范畴，在社会发展的不同阶段、不同时期有不同的具体内容。而实现现代化是中华民族振兴的理想，是中国人民的执著追求。在现阶段，爱国主义主要表现为献身于保卫和建设社会主义现代化事业，献身于促进祖国统一的事业。

在当代中国，爱国主义与社会主义本质上是统一的。社会主义制度的确立，巩固和发展了新民主主义革命的成果，为我国社会生产力的发展和社会进步提供了可靠的保证，展现了光明的前景。社会主义集中体现着国家、民族、人民的根本利益。社会主义是中国人民的历史选择，是中国走向现代化的必由之路。今天，全体社会主义劳动者、拥护社会主义的爱国者，都越来越自觉地认识到，只有社会主义能够救中国，只有社会主义能够发展中国，只有把爱国主义与社会主义有机地统一于建设有中国特色社会主义的伟大实践，才能在改革开放中胜利实现中华民族的全面振兴。为了促进国家统一大业，党和政府提出了“和平统一、一国两制”的方针。我们并不要求所有拥护祖国统一的爱国者都赞同社会主义制度，只要他们赞同“和平统一、一国两制”，我们就要同他们加强团结。国家要统一，民族要复兴。我们坚信，通过全体中华儿女共同努力，祖国的完全统一就一定能够早日实现。弘扬爱国主义，必须坚持各民族的团结，反对分裂主义，积极发展平等、团结、互助的社会主义新型民族关系。我们所提倡的爱国主义，决不是狭隘的民族主义。认真学习世界各民族的长处，积极引进先进的科学技术和经营管理经验，尊重一切和我们平等交往的外国政府和外国朋友，努力扩大同他们之间的友好合作，增强我们自力更生的能力，加快我国的发展，这本身也是爱国主义的内容和体现。

2.社会主义道德建设要以为人民服务为核心。

为人民服务是中国共产党的根本宗旨，也是中国共产党人在长期的革命和建设实践中，为人民的利益英勇奋斗，甚至不惜牺牲自己的生命，形成的革命精神和道德风尚。进入社会主义社会后，为人民服务的思想同社会主义制度相联系，更为广大人民群众普遍接受。党的十四届六中全会第一次以决议的形式，明确地肯定了为人民服务是社会主义道德的核心，为我们加强社会主义思想道德建设指明了正确方向。为人民服务是社会主义经济基础和政治制度的客观要求。以公有制为主体、多种所有制经济共同发展的基本经济制度，要求各种所有制经济有利于社会主义社会生产力的发展，有利于增强社会主义国家的综合国力，有利于提高人民的生活水平。发展社会主义民主政治，保证人民当家作主，也要求国家体现人民的意志，全心全意为人民服务。

为人民服务是社会主义市场经济健康发展的要求。社会主义市场经济体制不仅同社会主义基本经济、政治制度结合在一起，而且同社会主义精神文明结合在一起。这就要求在运用经济、法律、行政手段来规范和调节市场活动的同时，也要用道德的手段来规范和调节人们的经济行为，保障和促进商品生产和交换的正常进行，约束市场自身的弱点和消极方面，防止把经济活动中的商品交换原则引入党的政治生活和国家机关的政务活动。在发展社会主义市场经济过程中，加强以为人民服务为核心的社会主义道德建设，有利于引导人们反对见利忘义、惟利是图，正确处理竞争和协作、自主和监督、效率和公平、先富和共富、经济效益和社会效益等关系，形成健康有序的社会生活秩序。坚持以为人民服务为核心进行社会主义道德建设，可以更好地实现先进性要求与广泛性要求的有机结合。

3.社会主义道德建设要以集体主义为原则。

集体主义是社会主义道德的基本原则，是社会主义国家坚持和提倡的价值导向。集体是相对的，在我国社会主义初级阶段，集体主义原则中所维护的集体利益，是以无产阶级为核心的全体劳动人民的利益。在社会主义社会中，国家、集体和个人的利益在根本上是一致的，如果有矛盾，个人的利益要服从国家和集体的利益。为了国家和集体的利益，为了人民大众的利益，一切有革命觉悟的先进分子必要时都应当牺牲自己的利益。由于国家利益、集体利益在根本上是一致的，又决定着社会成员有着共同的利益，必然要求社会成员坚持集体主义原则。坚持集体主义原则，就要求社会成员正确地处理国家、集体和个人三者利益的关系。当个人利益同国家利益、集体利益发生矛盾时，个人要顾全大局，以国家利益为重，使个人利益服从国家利益和集体利益。

以集体利益为原则进行社会主义道德建设，也要求国家和集体要重视和依法保障个人的正当利益。没有对公民个人正当利益的保护，没有个人积极性的发挥，社会主义国家和集体的利益也不可能有效地实现。改革开放以来，中国共产党纠正了过去在这方面发生的把集体利益同个人利益对立起来的错误倾向，实行了一系列正确的方针、政策，依法保护个人利益，鼓励人们通过合法经营和诚实劳动获取正当经济利益，允许一部分人先富起来；同时，又引导公民个人对社会负责，对人民负责，鼓励人们发扬国家利益、集体利益、个人利益相结合的社会主义集体主义精神，极大地调动了公民的积极性。

以集体主义为原则进行社会主义道德建设，要反对极端个人主义和利己主义。改革开放以来，由于各种复杂原因，在我们社会中也出现了一些片面追求个人利益、小团体利益，置国家和集体利益于不顾，甚至不惜损害国家和集体利益，一切向“钱”看的错误倾向。邓小平强调：“中国在经济上文化上落后，并不是一切都落后。一些外国在技术上管理上先进，并不是一切都先进。我们的党和人民浴血奋斗多年，建立了社会主义制度。尽管这个制度还不完善，又遭受了破坏，但是无论如何，社会主义制度总比弱肉强食、损人利己的资本主义制度好得多。……由于我们在社会主义革命和社会主义建设的历史上犯过错误，就对社会主义丧失信心，认为社会主义不如资本主义，这种思想是完全错误的；由于要肃清封建主义残余影响，就认为可以去宣扬资本主义的思想，也是完全错误的。我们从来主张，在社会主义社会中，国家、集体和个人的利益在根本上是一致的，如果有矛盾，个人的利益要服从国家和集体的利益。为了国家和集体的利益，为了人民大众的利益，一切有革命觉悟的先进分子必要时都应当牺牲自己的利益”。①

四、社会主义教育科学文化建设

教育科学文化建设，要解决的是提高整个民族科学文化素质和现代化建设的智力支持问题。江泽民在党的十六大报告中明确指出，教育是发展科学技术和培养人才的基础，在现代化建设中具有先导性全局性作用，必须摆在优先发展的战略地位。因此，教育和科学，是文化建设的基础工程，直接关系到我国21世纪社会主义事业的全局。我国是一个文盲半文盲人口较多的发展中国家，要实现社会主义现代化，更加需要大力发展教育、科学和文化。

教育是一种培养人的社会活动，人类社会知识信息的传递，人类个体自身素质的提高，都有赖于教育的发展。教育担负着提高劳动者素质和培养专门人才的重要任务，是现代科技发展的智力基础，是一个民族发展和振兴的最根本的事业。发展教育是经济持续增长、科技不断发展创新、社会全面进步的必要条件，也是提高全民族素质、发挥我国人力资源优势、加快社会主义现代化建设步伐的必由之路。社会主义物质文明建设离不开教育，社会主义精神文明建设离不开教育，社会主义民主政治建设同样也离不开教育。因此，教育是实现社会主义现代化的基础。发展教

① 《邓小平文选》第2卷，第337页。

育就是要全面贯彻党的教育方针，坚持教育为社会主义现代化服务，为人民服务，与生产劳动和社会实践相结合，培养德智体美全面发展的社会主义建设者和接班人；坚持教育创新，深化教育改革，优化教育结构，提高办学效率，推进素质教育，造就高素质的劳动者；加强教师队伍建设，提高师资业务水平，加大教育投入，普及九年义务教育；发展继续教育，构建终身教育体系，形成开放的学习型社会。

科学技术是第一生产力，而且是先进生产力的集中体现和主要标志。科学技术的突飞猛进，给世界生产力和人类经济社会的发展带来了极大的推动。我们必须敏锐地把握这个客观趋势。在我国，科学技术的现代化是实现社会主义现代化的关键，是提高劳动生产率的决定性因素。四个现代化，关键是科学技术的现代化。科学技术的现代化，是物质文明建设的重要基础和保证，也是精神文明建设的基础工程。没有现代科学技术，就不可能建设现代农业、现代工业、现代国防。没有科学技术的高速度发展，也就不可能有国民经济的高速度发展。科学技术在提高人们思想道德水平、民主法制观念方面也起着重要的作用。社会科学具有与自然科学同等的重要性,能够帮助人们树立正确的世界观和方法论，肃清封建残余思想，摆脱宗教迷信的束缚，促进人们更新观念，改变陈规陋习等。因此，发展科学技术就必须认真贯彻落实科学技术是第一生产力的重要思想，继续实施科教兴国战略，依靠科技进步提高经济增长质量；加强基础科学研究和高新技术研究，推进关键技术创新和系统集成，实现技术跨越式发展，坚持以信息化带动工业化，以工业化促进信息化，走新兴工业化道路；制定科学和技术长远发展规划，深化科技管理体制改革，优化科技资源配置，加大科技资金投入，提高科技创新与产品研发能力；扩大国际科技合作与交流，积极吸收世界各国先进的科学技术和科技成果。

坚持自然科学与社会科学并重，充分发挥哲学和社会科学在经济和社会发展中的重要作用。哲学社会科学是人们认识世界改造世界的重要武器，积极发展哲学社会科学，这对于坚持马克思主义在我国意识形态领域的指导地位，对于探索有中国特色社会主义的发展规律，增强我们认识世界、改造世界的能力，有着重要意义。发展哲学社会科学，要把改革开放和现代化建设的重大理论和实践问题作为研究的主攻方向，坚持理论联系实际，注重研究全局性、前瞻性、战略性的重大课题，积极探索有中国特色社会主义经济、政治、文化的发展规律，对当代世界的新变化和各种思潮进行科学分析，做出正确的认识。要坚持百家争鸣的方针，提倡科学严谨的学风，鼓励不同学术观点的相互切磋。

繁荣、发展文学艺术、新闻出版、广播影视等文化事业，是社会主义文化建设的重要内容，对于提高民族素质，促进经济发展和社会全面进步，具有重要作用。随着互联网的普及，社会信息化程度的不断提高，文学艺术、新闻出版、广播影视等对人们的思想道德、价值观念、行为模式、生活习惯等的影响更加直接而广泛。因此，繁荣学术和文艺，发展新闻出版、广播影视等文化事业，必须要贯彻“二为”方向，“双百”方针。邓小平同志指出：“现在有些同志对于西方各种哲学的、经济学的、社会政治的和文学艺术的思潮，不分析、不鉴别、不批判，而是一窝蜂地盲目推崇。对于西方学术文化的介绍如此混乱，甚至连一些在西方国家也认为低级庸俗或有害的书籍、电影、音乐、舞蹈以及录像、录音，这几年也输入不少。这种用西方资产阶级没落文化来腐蚀青年的状况，再也不能容忍了。”[①]因此，繁荣文学艺术的首要任务是多出优秀作品，弘扬主旋律，提倡多样化，努力创作出更多思想艺术性统一、具有强烈吸引力感染力、深受群众欢迎的优秀作品。要通过有血有肉、生动感人的艺术形象，以人民群众喜闻乐见的形式，真实地反映丰富的社会生活，努力用社会主义思想教育人民。对于缺乏审美价值，没有社会效益，只是迎合感性直观刺激的低级趣味的文学、艺术、广播影视作品，要严加取缔。

---

① 《邓小平文选》第 3 卷，第 44 页。

深入持久地开展群众性精神文明创建活动，大力倡导社会公德、职业道德、家庭美德，营造良好的社会文化环境也是社会主义精神文明建设不可或缺的内容。为此要一手抓繁荣，一手抓管理，促进文化市场健康发展。积极推进卫生体育事业的改革和发展，加强文化基础设施建设。提倡健康文明的生活方式，不断提高群众精神文化生活的质量。此外，还要采取各种有效措施，坚持不懈地倡导尊重知识、尊重人才的风气，使全社会形成尊重崇敬教师、科学家、艺术家的良好社会风尚。

第三节 社会主义精神文明建设的指导思想和基本方针

一、社会主义精神文明建设的指导思想

中共十四届六中全会通过的《关于加强社会主义精神文明建设若干重要问题的决议》明确指出：我国社会主义精神文明建设，必须以马克思列宁主义、毛泽东思想和邓小平理论为指导，坚持党的基本路线和方针，加强思想道德建设，发展教育科学文化，以科学的理论武装人，以正确的舆论引导人，以高尚的精神塑造人，以优秀的作品鼓舞人，培育有理想、有道德、有文化、有纪律的社会主义公民，提高思想道德素质和科学文化素质，团结和动员各族人民把我国建设成为富强、民主、文明的社会主义国家。这是精神文明建设总的指导思想，也是精神文明建设总的要求。因此，在当前新的历史条件下，建设有中国特色社会主义文化必须坚持和巩固马克思主义、毛泽东思想和邓小平理论的指导地位，用“三个代表”的重要思想统领社会主义文化建设。有中国特色社会主义的文化，是有中国特色社会主义事业的重要组成部分，是面向现代化、面向世界、面向未来的，民族的科学的大众的文化。它以马克思列宁主义、毛泽东思想、邓小平理论为指导，全面贯彻“三个代表”要求，实行弘扬主旋律、提倡多样化的方针，既坚持爱国主义、集体主义、社会主义思想在文化中

的主旋律作用，又提倡文化内容与形式的多样化发展；既坚持“为人民服务、为社会主义服务”的方向，又贯彻“百花齐放、百家争鸣”的方针。

马克思主义认为，文化作为意识形态，是上层建筑的组成部分。它是由经济基础决定的，同时又对经济基础起反作用。社会主义的文化是由社会主义经济基础决定的，同时又为社会主义经济基础服务。社会主义文化之所以优于封建主义文化和资本主义文化，就是因为有马克思主义作指导。在党的指导思想问题上，决不允许搞指导思想的多元化。同样，在建设有中国特色社会主义文化问题上，也是这样。这关系到我们整个文化建设的性质和方向，关系到全国各族人民团结奋斗的思想政治基础。在当今社会主义与资本主义两种社会制度同时存在、相互对立和竞争的条件下，尽管在表面上和形式上有淡化意识形态趋向，但是，实质上两种社会制度之间意识形态领域里的斗争仍然是异常激烈的。西方资本主义国家对社会主义国家采取了“两手战略”：一手是采取直接的军事手段和其他霸权主义行径，进行战争威胁和武装干涉，力图推翻社会主义国家政权；另一手是采取“和平演变”战略，对社会主义国家进行文化渗透，用西方的资产阶级价值观，搞乱人们的思想，打一场“没有硝烟的战争”。在这种情况下，社会主义国家惟有坚持马克思主义在文化建设中的指导地位，批判地继承借鉴传统文化和外来文化，以先进的社会主义文化来抵御西方国家的文化渗透，才能牢牢把握住意识形态领域斗争的主动权，才能代表中国社会主义先进文化的前进方向，否则，后果不堪设想，这一点，已经被国际共产主义的经验教训所证明。我们必须认真吸取前苏联东欧各国共产党的历史教训，在社会主义现代化建设的过程中，始终坚持马克思主义在我国意识形态领域中的指导地位，自觉地用邓小平理论武装头脑，按照“三个代表”的要求，加强社会主义文化建设事业。

现在有人公开鼓吹指导思想多元化，反对马克思主义的指导地位，认为马克思主义是在一百多年前的欧洲形成和发展的，并且认为马克思主义只是众多学说中的一种流派而已，对当代中国已经没有指导意义。还有些人说：如果说马克思主义好，为什么马克思主义指导的前苏联、东欧共产党都失败了?为什么马克思主义指导的这些国家都比不上资本主义国家?之所以产生种种疑问，有思想认识问题，也有思想方法问题。我们党的各级组织和党员干部必须宣传党的指导思想，为人民群众解疑释惑。实践证明，马克思主义虽然形成于一百多年前的欧洲，但马克思逝世后的一百多年，恰恰在许多方面验证了马克思主义关于人类社会发展的历史规律和趋势的论断是正确的。比如，马克思、恩格斯曾说，人类与自然界最理想的境界是人与自然的和谐共生，人与环境协调发展，而不是谁战胜谁、谁征服谁的问题。今天，全世界都已达成共识，要坚持走可持续发展的道路。马克思和恩格斯在19世纪就说过，社会主义将会变成现实的社会制度。这一科学预见在20世纪也已成为现实。不管社会主义受到什么困难甚至挫折，社会主义制度的建立和发展的过程本身就已经对人类社会的历史进程产生了重大影响，而且这种影响有利于整个人类走向文明和进步。况且资本主义也从社会主义那里吸收了许多好的东西。所以不能轻率地说马克思主义已经过时了。马克思主义在当今世界还是具有旺盛的生命力的。马克思主义有没有过时的东西呢?当然有。因为任何一种思想理论都是一定历史条件下的产物，受到历史时代的局限，马克思主义也不例外。马克思主义的某些具体观点是会过时的，但是，马克思主义作为一种思想理论体系，作为一种科学的世界观和方法论却没有过时。我们今天说坚持马克思主义，就是坚持马克思主义的世界观和方法论，至于具体内容和观点，必须结合新的时代特征，进行批判的继承，并同本国实际和时代特征相结合进行丰富和发展。作为我们党的指导思想的毛泽东思想和邓小平理论正是这样形成的。实践证明，只有坚持以马克思主义科学理论为指导，把马克思主义基本原理同本国实践和时代特征结合起来的党，始终代表先进文化的前进方向，才能真正发挥工人阶级先锋队的作用。

二、中国特色社会主义文化建设的基本指导方针

中国特色社会主义文化建设必须坚持“为人民服务、为社会主义服务”的方向和“百花齐放、百家争鸣”的方针。这是繁荣我国社会主义科学文化事业的保证。为人民服务、为社会主义服务是社会主义文化的本质表现，是社会主义文化与资本主义文化的根本区别。只有坚持“二为”方向，我们的文学艺术才能健康发展、日益繁荣，才能有持久的生命力，为人民群众喜闻乐见。坚持“百花齐放、百家争鸣”的方针，努力发扬社会主义的艺术民主和学术民主，提倡艺术上不同形式和风格的自由发展，科学上不同学派的自由争论是我党一贯的主张，是进一步解放思想和发展马克思主义的需要，也是建设两个文明的需要。毛泽东在1956年4月的中央政治局扩大会议上，明确提出“百花齐放、百家争鸣”是繁荣社会主义科学和文化艺术事业的基本方针，并对此进行了阐释。所谓“百花齐放”是指文学艺术上不同的形式和风格可以自由发展。所谓“百家争鸣”是指科学上不同的学派可以自由争论。实践证明这是一条推动社会主义文化建设的正确方针。党的十六大指出，在当代中国发展先进文化，必须坚持“为人民服务、为社会主义服务”的方向和“百花齐放、百家争鸣”的方针，弘扬主旋律，提倡多样化。坚持以科学的理论武装人，以正确的舆论引导人，以高尚的精神塑造人，以优秀的作品鼓舞人。大力发展先进文化，支持健康有益文化，努力改造落后文化，坚决抵制腐朽文化。文艺工作者要深入群众、深入生活为人民奉献更多无愧于时代的作品。新闻出版和广播影视必须坚持正确导向，互联网站要成为传播先进文化的重要阵地。

三、继承和发扬中华民族优秀文化和革命文化传统，积极吸收世界文化优秀成果，增强中国特色社会主义文化的吸引力和感召力

先进文化既是人类文明进步的结晶，又是人类文明进步的旗帜，是推动人类继往开来、与时俱进的强大精神力量。文化是否

先进关键是看能不能从根本上反映和促进生产力发展的要求，代表和维护最广大人民的根本利益。发展中国先进的文化，必须正确认识和处理中国先进文化与传统文化、外来文化的关系，不断增强中国特色社会主义文化的吸引力和感召力。在当代中国，先进文化就是面向现代化、面向世界、面向未来的，民族的科学的大众的社会主义文化。因此，她不但植根于中国传统文化和革命文化之中，还必须广泛地吸纳世界上一切优秀文化的精华。一部人类文化发展史，就是一部文化创新的历史，而文化创新与文化继承相联系，在创新的过程中必然要在优秀的历史文化传统中吸取丰富的营养。割断历史、否定传统，不承认文化的继承性不符合事物发展的辩证法。江泽民同志在庆祝建党八十周年大会上的讲话中指出：发展社会主义文化，必须继承和发扬一切优秀的文化，必须充分体现时代精神和创造精神，必须具有世界眼光，增强感召力。中华民族的优秀文化传统，党和人民从“五四”运动以来形成的革命文化传统，人类社会创造的一切先进文明成果，我们都要积极地继承和发扬。我国几千年历史留下了丰富的文化遗产，我们应该取其精华、去其糟粕，结合时代精神加以继承和发展，做到古为今用。同时必须结合新的实践和时代的要求，结合人民群众精神文化生活的需要，积极进行文化创新，努力繁荣先进文化，把亿万人民紧紧吸引在有中国特色社会主义文化的伟大旗帜下。这一论述为我们正确认识和处理中国先进文化与传统文化、外来文化的关系，积极推进文化创新指明了道路。

继承和发扬中华民族的优秀文化传统做到“古为今用”，首先必须对传统文化做具体分析，把封建主义的东西与非封建主义的东西区别开来。而且封建主义的东西也有它产生、发展和灭亡的过程，当其产生、发展之时往往具有一定的历史进步意义。因此，应当对封建主义文化进行批判的利用，吸取其精华，剔除其糟粕。其次继承和发扬中华民族的优秀文化传统必须把立足点放在今天，要在今天新的社会主义现代化建设实践基础上去继承和创新。要弘扬“勤劳勇敢，崇尚自由，刚健有力，自强不息，天下兴亡、匹夫有责，艰苦奋斗、不怕牺牲，毫不利己、专门利人”的优秀思想和光荣传统。决不能让愚昧、没落的封建主义的东西沉渣泛起而危害社会。

对于外来文化特别是现代西方资产阶级文化，邓小平指出：“经济上实行对外开放的方针，是正确的，要长期坚持。对外文化交流也要长期发展。经济方面我们采取两手政策，既要开放，又不能盲目地无计划无选择地引进，更不能不对资本主义的腐蚀性影响进行坚决的抵制和斗争。为什么在文化范围的交流，反倒可以让资本主义文化中对我们有害的东西畅行无阻呢?我们要向资本主义发达国家学习先进的科学、技术、经营管理方法以及其他一切对我们有益的知识和文化，闭关自守、故步自封是愚蠢的。但是，属于文化领域的东西，一定要用马克思主义对它们的思想内容和表现方法进行分析、鉴别和批判。西方如今仍然有不少正直进步的学者、作家、艺术家在进行各种严肃的有价值的著作和创作，他们的作品我们当然要着重介绍。”①因此，积极推进社会主义文化创新，还必须善于从其他国家和民族的文化中吸取营养。不但要从中国改革开放和现代化建设的实际出发，学习和借鉴外国一切先进的文明成果，而且要有时代眼光、世界眼光，要善于从世界文化发展的前沿出发，学习和采用最先进的科技手段，借鉴和创造具有科技优势和富于表现力的新形式，描绘和讴歌在全面建设小康社会的过程中人民群众新的精神风貌和新的时代生活内容。

在改革开放条件下，中国先进文化与中国传统文化、外来文化的关系问题，已成为建设中国先进文化的一个突出问题。有人认为中国先进文化的出路应当是“儒学的复兴”；也有人提出西方文化才是先进文化，中国先进文化的前进方向就是“西化”。对此，我们认为：这两种思潮所说的“文化”都不是当代中国先进文化。只有建设有中国特色的社会主义文化，才是当代中国先进文化。儒家文化是我国传统文化的重要内容，在我国封建社会

① 《邓小平文选》第 3 卷，第 43~44 页。

的长期发展过程中居于主流文化的地位，对中华民族的发展起过重要作用，在有中国特色社会主义文化建设中，我们当然要继承和发扬包括儒家文化在内的中国传统文化的精华。但是，如果不加分析地全盘肯定、甚至盲目崇拜儒家文化，抹杀“五四”运动以来新文化事业的巨大成就，否定建设有中国特色社会主义文化是当代中国的先进文化，进而否定马克思主义对我国文化建设的指导地位，就在文化建设的根本方向上出现了错误。至于把西方文化当作当代中国的先进文化，鼓吹“全盘西化”，不但不符合中国的实际，而且会导致民族虚无主义，丧失民族自尊心和自信心，后患无穷。当今世界正发生重大而深刻的变化，经济全球化、政治多极化、文化多元化的趋势不可逆转。中国的发展离不开世界，对外开放是建设有中国特色社会主义的一项基本国策。我们要探索如何在扩大对外开放、迎接世界新科技革命的情况下，既吸收外国优秀文明成果，又弘扬民族传统文化精华，坚持中国先进文化的前进方向，防止和消除文化垃圾的传播，抵御敌对势力对我国进行“西化”、“分化”的图谋，这是在建设有中国特色社会主义进程中必须认真解决的历史性课题。

第四节 努力促进人的全面发展

一、努力促进人的全面发展是马克思主义关于建设社会主义新社会的本质要求

历史的进步是社会发展和人的发展相一致的过程。江泽民在“七一”讲话中明确指出:“我们要在发展社会主义社会物质文明和精神文明的基础上，不断推进人的全面发展。”人的全面发展意味着人类逐步获得解放，成为真正自觉自由的历史主体，这是马克思关于建设社会主义新社会的本质要求。早在一百多年前，马克思就深刻地指出，社会主义和共产主义是比资本主义更高级的、以每个人全面而自由发展为原则的社会形式。中国共产党浴

血奋斗的八十年，就是为了使人民摆脱社会和自然的束缚，追求人的全面发展和社会的全面进步的八十年。21世纪我们的重要使命，就是要在不断完善社会主义制度的条件下，坚持以经济建设为中心，以社会生产力的发展为基础，以每个人的全面发展为目标，通过全社会各个方面的共同努力，积极地创造各种有利条件，不断地推进人的全面发展和社会的全面进步。

1.人的全面发展是人类社会历史发展的必然趋势。

人的全面发展理论是马克思主义理论的重要组成部分。在马克思看来，人的全面发展是人类社会历史发展的必然趋势。社会有机体是社会和人的统一，历史的进步也就是人类的进步，社会进步总是历史地具体客观地体现在人的自由全面发展的程度上。其中，社会环境是人的发展的外部条件，人本身的主体因素是这种发展的内在条件。因此，人的全面发展首先依赖于社会的发展，高度发展的社会生产力和它所创造的物质条件，是构成个人全面发展的现实基础。当然制约着人的先天遗传因素和后天因素通过人作为主体的自觉的、能动的活动而相互作用，在认识世界和改造世界的过程中也促使人本身得到全面的发展。同时，人的全面而自由的发展不只是具有个体的意义，马克思从凝结着人的自然力、意识性和社会规定性的社会实践出发，认为人是现实的、活生生的人。就是说，人，首先是“从事实际活动的人”，是“进行物质生产的人”；其次还是处于一定社会条件和生产关系中的人。人的实践活动受一定的物质活动条件和一定的社会形态及一定的社会结构所制约。在此基础上，马克思全面揭示了人的本质：“人的本质不是单个人所固有的抽象物，在其现实性上，它是一切社会关系的总和。”①“每个人的自由发展是一切人的自由发展的条件。”②为了实现所有人的全面发展，首先必须实现个人的全面发展。个人的全面发展是指由自然和社会长期发展所赋

① 《马克思恩格斯选集》第2版，第1卷，第56页，北京，人民出版社，1995年。

② 《马克思恩格斯选集》第2版，第1卷，第294页，北京，人民出版社，1995年。

予人的一切潜能的最充分、最自由、最全面的开发调动。个人的全面发展包含两层意思，一是人的能力和才能的全面发展，包括人的体力和智力、感觉能力和思维能力以及人的交往能力等等。主体能力是人本质力量的表现，是人从事自觉能动活动的内在根据，是人进一步发展的基础。因此，人的全面发展首先就应当是人的能力和才能的全面而自由的发展。二是人的个性的全面发展，包括个人所特有的生理和心理素质、思维方式和行为方式等等。人的个性是一个人区别于他人个性特点的特殊性。只有每个人的个性的全面发展，才能显示出社会成员的千差万别，丰富多彩，才能推动社会的全面发展。相对于社会发展而言，人的发展是指“每个人”即“社会的每一个成员”的发展，可以从全面发展、自由发展、充分发展三个方面衡量人的发展。全面发展是从广泛性上谈人的发展，它与片面发展相对，指人的各个方面才能和能力的协调发展。人的全面发展并不排除某个人在某个方面的特殊才能的发展，并不否认人的个性发展，并不是要把人塑造成一模一样的完人，事实上这也是不可能的。即使所有的人都得到了全面发展，人与人之间还是会有差别的，每个人还会有自己的特长和个性，还会有自己的风格。

自由发展是从自主性上谈人的发展，它指的是人自觉地发展自己的才能，施展自己的力量。马克思多次强调这一点，如“个人的独创的和自由的发展”，“全部才能的自由发展”，“不受阻碍的发展”等。一定历史阶段的人的片面的发展，在某种意义上也是一种不自由的发展。就是说一个人在某个或某些方面得到发展，往往并不是根据自己的意愿和天赋而自主选择的，而是被外界所强加的，或者是由于外在的压力而不得不做的选择。这种不自由的发展，虽然也能使人的某个方面的才能得到一定的发挥，但这种发展往往使人感觉痛苦。充分发展是从程度上谈人的发展。人的才能和能力的发展有个程度问题，人总是向着更高的程度发展自己的才能。充分发展是与全面发展和自由发展联系在一起的。人的才能的充分发展是许多方面相互协调的发展，而不是单一方面的发展，不是某一方面的畸形发展。在人的发展中，马克思突出强调的是“全面发展”。全面发展把人的自由发展和人的充分发展都包含在其中了。

2.未来共产主义社会应该是每个人自由而全面发展的社会。

人的发展是一个不断提高、不断完善的漫长的历史过程，是与社会经济发展相统一的过程。从总体上看，社会发展有三种历史形态，即自然经济、商品经济和产品经济。马克思根据社会关系发展与人的发展的内在联系，把人的发展过程概括为由低向高演变的三个历史阶段，而只有未来共产主义社会才应该是每个人自由而全面发展的社会。

第一阶段是人的依赖关系占统治地位的阶段，即前资本主义阶段。在这个阶段中，个人没有独立性，直接依附于一定的社会共同体，人们之间的社会联系只限于共同体内部，只是在孤立的地点和狭窄范围内发生的地方性联系。在这种原始的社会关系下，无论个人还是社会，都不能想象会有自由而充分的发展，因为这样的发展是同个人和社会之间的原始关系相矛盾的。这是社会发展也是人的发展的第一种历史形态。在这个时期，人对人的依赖关系制约着人的行动，人的生产活动及其社会关系呈现出原始共产主义的和谐状态。同时人自身的发展非常贫乏、狭隘，被历史打上了沉重的自然胎记，具有极其简单、粗陋的性质。此后，人类社会又经过了奴隶社会和封建社会，人们所依赖的共同体也由初期的氏族部落发展为农村公社、城市和行会。但是，封闭的自然经济把人限制在狭窄的天地之内，个人的活动仍然局限于孤独的领域，由私有制和剥削制度所决定，奴隶主和地主最终决定着奴隶和农民的命运，人对人的依赖关系并没有发生根本性的变化。

第二阶段是以物的依赖关系为基础的人的独立性阶段，即资本主义阶段。在这个阶段中，社会形成了普遍的物质交换、全面的关系、多方面的要求以及整体的能力的体系。由于社会关系以异己的物的关系的形式同个人相对立，人的发展依然受到社会关系的束缚和压抑。在资本主义社会，个人交往所依赖的血缘关系、等级差别被彻底打破了，普遍的商品货币交换原则渗透到社会各个领域中，人对人的依赖关系被人对物的依赖关系所取代了。商品货币交换原则和社会关系渗透着资产阶级的私利，具有片面的经济性质。因此，这种关系对于劳动者个人并不是全面而自由发展的条件，相反它却凌驾于劳动者个体之上，阻碍人的全面和自由发展。马克思认为在资本主义条件下，物本身成了最高目的，无止尽地攫取和占有物质财富成为人生奋斗的目标，而占有物的多少成为衡量人的自由的主要尺度，物及其抽象形式货币成了“看得见的神”。

第三阶段是自由个性的阶段，即共产主义阶段。它是建立在个人全面发展和他们共同的社会生产能力成为他们的社会财富这一基础之上的。在这一阶段，社会关系不再作为异己力量支配人，而是置于人们共同的控制之下。人们将在丰富、全面的社会关系中，获得自由全面的发展，成为具有自由个性的人。由于每个人的自由而全面的发展必然要与他人发展和人类社会发展相一致，所以人类未来社会的发展必然采取通过个人能力和素质的全面发展的这一最有效的发展形式。

二、人的全面发展与社会生产力和经济文化的发展是互为前提和基础的

社会主义制度的建立，实现了社会关系的根本变革，为人的全面发展开辟出无限广阔的前景。但是在社会主义初级阶段是否还要追求人的全面发展的目标，是理论上长期以来没有解决的重大问题。改革开放二十多年来，我们坚持解放思想、实事求是的思想路线，强调以经济建设为中心，实现社会全面发展，这是理论和实践上的重大突破与创新。虽然社会全面发展已经包含了人的全面发展的内容，但还没有明确而具体地提出社会主义初级阶段也要坚持不懈地追求人的全面发展这个目标。社会主义实践说明，要保持社会主义强大的生命力，要体现社会主义制度的优越

性，在社会主义初级阶段也要追求人的全面发展的目标。

第一，人的全面发展是社会主义发展的重要目标。目前，我国还处于社会主义初级阶段，在所有制结构上是以公有制为主体、多种所有制形式并存；在生产力发展上，呈现出多层次性，其总体水平还相当落后；在物质文化生活水平上，人们刚刚摆脱贫困状态，进入小康水平的发展阶段。在这种情况下，提出人的全面发展这个目标，是对马克思主义理论的重大创新。这是因为经济发展和人的发展之间存在着辩证统一的关系，人的全面发展离不开经济发展，只有经济不断发展，才能为人的全面发展提供物质条件。同时也要看到，人的全面发展是一个相当长的历史过程，也是一个不断提高、不断完善的过程。我们只有经过长期的不断追求，不断努力，不断实践，才能最终实现这个目标。人的全面发展的过程，人在追求全面发展过程中的努力、奋斗和实践，又反过来促进了经济的发展和社会的进步，把社会主义社会推向前进。在社会主义社会中，社会主义制度为人的全面发展创造了有利条件，我们要充分利用这些条件促进人的全面发展，使人们充分享受到社会主义制度的优越性和社会主义发展所带来的物质上、精神上、政治上的成果。社会主义通过推进人的全面充分发展这个目标，来调动人们拥护社会主义、热爱社会主义、建设社会主义的积极性，通过追求人的全面发展来推动社会主义不断向前发展。只有社会主义的不断前进，才能最终实现人的全面发展。

第二，人的全面发展是社会主义优越性的具体体现。虽然世界上有很多人被资本主义的经济至上、个人利益至上的价值观所迷惑，但资产阶级所拥有的那部分精神遗产并不能代表人类文明的最高目标和追求方向。因为生产资料由少数人所占有的资本主义制度决定了在资本主义社会不可能实现人的全面发展。资本主义制度必然导致社会收入分配的两极分化，国家只是资本家的总代表，政府是资本家的代言人，而且资本主义社会普遍存在精神空虚、道德堕落、损人利己、尔虞我诈。这种畸形的社会不会以人的全面发展为目标，也不可能实现人的全面发展。而在社会主义制度下，人民当家作主，坚持共同富裕，消除两极分化，使人民的生活有保障。广大人民群众为着共同的目标而奋斗，思想积极向上，精神生活丰富充实，人与人之间团结互助，只有社会主义才能促进人的全面发展。

第三，人的全面发展是社会主义现代化建设的重要内容。我们现在进行的现代化建设，是代表最广大人民根本利益的中国共产党领导下的社会主义现代化建设。中国进行社会主义现代化建设，与西方资本主义国家的现代化建设的根本不同点在于发展经济不是最终的目的，而是作为使人得到全面发展的手段和条件。一切工作都是为了满足人民群众日益增长的物质文化生活的需要、积极促进和推动人的全面发展这个最终目的。经济发展能够为社会发展中一些问题的解决创造物质条件，但不能代替这些问题的解决。在社会主义与资本主义的较量与竞争中，社会主义的优越性不仅要体现在更高的经济增长率上，同时还要体现在对人的全面发展的促进上。社会主义现代化建设的这一性质和特点根本区别于资本主义现代化建设的性质与特点，它决定了进行社会主义现代化建设离不开对马克思主义关于人的全面发展目标的追求。在我国社会主义初级阶段，既要加快发展经济，推进现代化建设，迅速增强国家经济实力，不断提高人们的物质生活水平，同时又要在生产力不断发展的基础上，不失时机地促进人的全面发展，积极推进人的现代化建设。我们有优越的社会主义制度，在社会主义制度下进行现代化建设，能够做到使经济发展与人的全面发展及其他领域的发展相协调，通过人的全面发展带动和实现社会的全面进步，通过我们的长期努力，最终实现人的全面发展的目标。人的全面发展是历史的产物，归根到底是社会生产力发展的产物。无论对社会进步还是对人的发展来说，大力发展社会生产力都是一项最为重要的任务。然而生产力的高度发展并不直接等于人的全面发展。如果一个人的生产条件使他只能牺牲其他一切特性而单方面地发展某一方面的特性，只提供他发展一种特性而不是其他特性的材料和时间，那么这个人就只能单方面地、畸形地发展。这种情况在当今生产力高度发达的资本主义社会中广泛地存在着。因此人的全面而自由的发展，还要求有高度发达的生产关系、高度发达的政治关系和文化关系。高度发达的生产力、生产关系以及政治关系和文化关系是人的发展的外在条件，人的本身的主体因素则是这种发展的内在条件。二者不能在分离的状态下孤立地发展，相反，二者是紧密联系、不可分割的。

三、人的自由全面发展是逐步提高、永无止境的历史过程

第一，加强物质文明建设，实现人民共同富裕，为人的全面发展提供物质条件。人是社会的人，社会是人的社会，人的发展离不开社会的发展，而社会的发展最终要归结到人的全面发展。社会的发展从根本上表现为生产力的发展。如果说社会生产力是判断一个社会发展水平高低的历史尺度，那么人的发展则是判断一个社会是否健全和完善的价值尺度。要实现人的全面发展，就必须大力发展生产力，建设社会主义物质文明。在十六大报告中，江泽民同志明确指出：“全面建设小康社会，最根本的是坚持以经济建设为中心，不断解放和发展生产力。”在社会主义初级阶段，尤其是要把集中力量发展社会生产力摆在首要地位。只有把经济搞上去了，人的全面发展才有坚实的物质条件。实现共同富裕是社会主义的本质要求，满足人民群众日益增长的物质文化需求是社会经济发展的根本目标。要尽快使全国人民过上殷实的小康生活，并不断向更高水平前进。要大胆进行体制改革，积极探索既与社会主义初级阶段生产力水平相适应，又能够保证人民群众聪明才智得到充分发挥的新体制。要使社会主义制度的优越性让人看得见、摸得着、感受到，尽一切可能为人民群众提高自身素质和专业技能，积极参与各种社会活动，充分发挥自己的特长，努力为社会创造物质和精神财富，提供平等的参与机会。要坚持贯彻党的富民政策，在发展经济的基础上，努力增加城乡

居民的收入。要鼓励依法经营，勤劳致富，促使先富带后富，逐步实现共同富裕。随着改革开放和现代化建设的深入，不断提高人民群众的生活质量，建立和完善社会保障体系，保证人民群众安居乐业，能在生活困难的时候得到社会的帮助和接济，积极维护社会稳定。

第二，努力建设社会主义政治文明，充分发挥人民群众的主观能动性和伟大创造精神，实现人民群众自己的愿望和利益。人民群众当家作主是社会主义民主的本质特征。发展和完善社会主义民主制度，是实现人的全面发展的基本政治条件。我们应通过不懈地努力，建立和完善社会主义民主政治，从而使人民群众的积极性、主动性和创造性能够充分发挥。要在党的领导下，继续推进政治体制改革，进一步扩大社会主义民主，健全社会主义法制，建设有中国特色社会主义民主政治，不断增强党和国家的活力。要坚持依法治国方略，发展社会主义民主。要依法维护和保障人民群众的民主权利，不断提高人民群众的参政议政水平和能力。要充分发挥人民群众的主观能动性和伟大的创造精神，保证人民群众依法管理好自己的生活，实现自己的愿望和利益。要保证人民充分行使民主选举、民主决策、民主管理、民主监督的权利。要使人民群众切实做到当家有权，作主有位，充分激发人民群众主人翁的责任感、自豪感、主动性和创造热情，更好地投身于建设有中国特色社会主义的伟大事业中来。只有这样，我们才能从政治上处理好同广大人民群众的关系，使人民群众参与到政治体制改革的进程中来,从而推动社会主义民主政治建设的进程。

第三，提高全民族的思想道德素质和科学文化素质，实现人们思想和精神生活的全面发展。要努力提高全民族的思想道德素质和科学文化素质，牢固树立共同理想和信仰，实现人们思想和精神生活的全面发展，努力建设促进人的全面发展的精神文明。首先，要高度重视理想信念和思想道德建设。毛泽东指出，人是要有一点精神的。江泽民同志也指出，物质贫乏不是社会主义，精神空虚也不是社会主义。要在全社会倡导一种积极向上、不懈奋斗的精神。江泽民同志系统回顾总结了我们党历史上的许多崇高精神，如长征精神、延安精神、“两弹一星”精神、大庆精神等等。在进入21世纪的关键历史时刻，江泽民同志在深刻总结我们党和民族精神追求的基础上，又进一步把这些精神简明扼要地概括为“五种精神”：解放思想、实事求是的精神；紧跟时代、勇于创新的精神；知难而进、一往无前的精神；艰苦奋斗、务求实效的精神；淡泊名利、无私奉献的精神。这些精神的概括和总结，为人的全面发展提供了丰富的思想资源和现实指导。其次，要高度重视发展教育事业，使每个人都享有受教育的机会。这是人的全面发展的基本条件。当今世界，国家间的竞争，说到底是人才的竞争，教育是人才培养的基础。另外，随着经济发展而出现的人口膨胀、环境污染、资源枯竭，都为我们的下一步发展敲响了警钟。因此，要促进人的全面发展，必须树立正确的自然观和可持续发展观，正确处理人与自然的辩证关系，建立新的生态伦理观念，树立合理的自然资源的国际分配观念，不能“吃祖宗饭，断子孙路”。要坚持可持续发展战略，促进人与社会、人与自然之间关系的协调与和谐，努力探索一种有利于经济和社会关系协调、资源节约和合理利用、生态环境优化、控制人口增长、生活质量提高的全新的发展模式，努力开创生产发展、生活丰富和生态良好的文明发展道路，实现全社会的可持续发展，从而为人的全面发展提供更加广阔的空间和更加有利的条件。

总之，人的全面发展是一个社会的、历史的、实践的，逐步提高、永无止境的历史过程。它包括经济、政治、文化、社会和自然等各个方面。我们必须把这些因素有机地结合起来、统一起来，而不能顾此失彼，有所偏废。要全面贯彻“三个代表”的要求，不断推动社会生产力的解放和发展，不断地提高全民族的思想道德和科学文化素质，充分发挥人民群众的积极性、主动性、创造性，要在社会不断发展的基础上，使人民群众不断获得切实的经济、政治、文化利益。只有这样，才能把马克思主义创始人提出的“人的全面发展”的伟大理想变为现实，也才能真正把

“三个代表”重要思想落到实处。

思考题

1.如何理解社会主义精神文明是社会主义现代化建设的重要要目标和重要保证?

2.中国特色社会主义文化建设的基本指导方针是什么?

3.如何正确认识和处理中国先进文化与传统文化、外来文化的关系?

4.如何促进人的全面发展?

第十章

“一国两制”和实现祖国的完全统一

本章学习重点

“和平统一、一国两制”是邓小平理论的重要内容。香港、澳门、台湾自古以来就是中国领土不可分割的一部分。“一国两制”是邓小平集中体现了全党的智慧，逐步提出的。它已成为我党和平统一祖国的战略方针和我国的基本国策。

香港问题和澳门问题的成功解决是“一国两制”的伟大胜利。香港和澳门回归祖国具有重大的意义。台湾的前途系于祖国统一，“一个中国”的原则是实现和平统一的基础和前提，任何分裂图谋都是注定要失败的。按照“一国两制”的基本方针和江泽民“八项主张”发展两岸关系，祖国和平统一大业一定能够实现。

第一节“和平统一、一国两制”构想的形成和发展

一、祖国统一是中国历史发展的主流和中华民族的根本利益所在

完成祖国统一大业，是中华民族的根本利益所在，是全中国人民包括台湾同胞、港澳同胞和海外侨胞的共同愿望。统一是中国历史发展的主流。反对分裂，坚持统一，是中华民族自古以来就有的传统。历史证明，祖国统一时期，经济文化迅速发展，民族关系和睦，社会稳定。

1949 年 10 月 1 日，中华人民共和国宣告成立，标志着中华民族的历史开始了一个新纪元。但是，由于种种历史原因，香港、澳门仍分别在英国和葡萄牙的殖民统治之下，台湾则被国民党当局所盘踞，国家统一大业尚未最后完成。其中，香港问题和澳门问题是历史上殖民主义侵略遗留下来的问题，是分别属于中国和英国之间、中国和葡萄牙之间的问题；台湾问题是国内战争遗留下来的问题，属于中国的内政，不容许外国干涉。

香港位于广东省东南沿海，包括香港岛、九龙和新界三部分。香港地区自古以来就是中国的领土。1840 年英国悍然发动了第一次鸦片战争，次年 1 月 26 日英军强行占领香港，并于 1842 年 8 月迫使腐败的清朝政府签订了《南京条约》，将香港割让给英国。1856 年英国联合法国向中国发动了第二次鸦片战争，1860 年 3 月英军以“找寻住宿地”为借口，进驻九龙半岛今尖沙咀一带，同年 12 月，又迫使清政府签订了《中英北京条约》，将位于香港岛对岸、九龙半岛界限街以南的领土，割让给英国。中日甲午战争后，乘西方列强竞相在华划分势力范围之机，英国于 1898 年 6 月再次迫使清政府签订了《中英拓展香港界址专条》，强行租借界限街以北与深圳河以南的大片土地及附近的 230 多个岛屿，租期为 99 年，到 1997 年 6 月 30 日期满。至此，

英国通过三个不平等条约强行占领了整个香港地区。

澳门位于珠江三角洲南端，与广东省珠海市相邻，由澳门半岛、函仔岛和路环岛三部分组成。澳门地区同样自古以来就是中国领土。1553年，葡萄牙商人谎称商船遇风暴，请借澳门曝晒“水渍贡物”，通过贿赂广东地方官吏得以入据澳门。但直至鸦片战争前的近300年间，中国明清政府仍然对澳门拥有并行使主权，依法实行管理，收取赋税。1845年8月，葡萄牙女王玛丽亚二世乘中国在鸦片战争中战败之机，单方面宣布澳门为“自由港”，并在澳门任命了自己的总督。1849年葡萄牙殖民者强行封闭中国设在澳门的海关，侵占关闸，驱走香山县吏，占领了澳门半岛，之后又于1851年、1864年分别侵占了函仔岛和路环岛。1887年12月，葡萄牙政府强迫清政府签订《中葡和好通商条约》（又称《中葡北京条约》），宣布中国“允准葡国永驻管理澳门及属澳之地。”等于承认了葡萄牙对澳门的管治权。1928年4月，中国国民政府外交部通知葡萄牙政府，决定终止《和好通商条约》，但葡萄牙殖民者仍继续占据着澳门。1957年，葡萄牙将澳门列为其8个“海外省”之一，归殖民部管理。1974年葡萄牙“四·二五”革命后，新政府实施“非殖民化”政策，宣布澳门不是殖民地，而是葡萄牙管理的中国领土。

祖国宝岛台湾自古以来是中国领土不可分割的组成部分，它的历史和中华民族的历史息息相关，荣辱与共。17世纪中叶曾沦为荷兰殖民地38年。1662年，民族英雄郑成功率领台湾军民打败荷兰殖民军，台湾回到祖国怀抱。中日甲午战争后，1895年清政府与日本签订了丧权辱国的《马关条约》，割让台湾、澎湖及辽东半岛给日本，直到1945年日本投降为止，日本占领台湾达半个世纪之久。这之后，我国再次恢复了在台湾的主权。大陆解放前夕，随着中国人民解放军的节节胜利，国民党当局率残余势力逃离祖国大陆退守台湾，在美国的全力扶持下与祖国大陆对峙，从而造成了台湾海峡两岸隔绝的状况。台湾的历史与现状，正如杨尚昆于1990年9月24日会见台湾《中国时报》记者时讲的，“台湾本来就是中国的一部分，是中华民族大家庭的一员。历史上台湾与大陆分开几次，都是外来力量造成的。这次两岸分开四十多年，是因为国共两党过去的斗争，也是人为的。”①

中国共产党始终把国家的统一作为自己奋斗的一个重要目标，始终不懈地推进祖国统一的实现，并积极探讨和寻求实现祖国统一的方式和途径。

二、邓小平同志“一国两制”构想的形成与发展

“一国两制”的构想，是以邓小平为代表的中国共产党人把马克思主义与中国实际相结合的产物，是毛泽东构想的继承和发展。这一科学构想的形成,经历了一个不断探索和完善的过程。

1949 年大陆即将全面解放时，为了打破帝国主义的经济封锁，保留港澳地区作为国际通道，我国没有立即收回香港和澳门的主权。但是，中华人民共和国政府从不承认强占港澳地区的不平等条约，多次声明将在适当时机收回港澳主权，未收回前维持现状。

“一国两制”构想的提出首先是从解决台湾问题开始的，其形成和发展大致经历了三个阶段：

第一阶段，和平统一祖国方针的确立。新中国成立初期，中国政府根据当时的国内外局势特别是美国插手台湾问题、阻挠中国统一大业的形势，曾提出武力“解放台湾”的方针和政策。从 1955 年开始，根据形势的变化，开始考虑和平解决台湾问题的可能性。1955 年 4 月，周恩来在访问缅甸期间与吴努总理会谈时说，如果美军撤退，我们可能用和平的方式解放台湾，如蒋介石接受，我们欢迎他派代表来北京谈判。同年 5 月，周恩来总理在全国人大常委会第 15 次会议上宣布：“中国人民解放台湾有两种可能方式，即战争的方式和和平的方式，中国人民愿意在可能的条件下，争取用和平的方式解放台湾。”②这是中国政府第一

① 《十三大以来重要文件选编》(中)第 1259~1260 页。

② 《中国台湾问题》1998 年版，第 63 页。

次公开提出和平解放台湾的主张。以后，毛泽东、周恩来代表党和政府进一步提出和制定了和平解放台湾的具体方针，并通过各种渠道转达给台湾当局。1963年，周恩来将中国共产党对台政策归纳为“一纲四目”。“一纲即台湾必须统一于中国。四目为台湾统一于祖国后，除外交必须统一于中央外，台湾之军政大权、人事安排等悉委于蒋介石；台湾所有军政及经济建设一切费用不足之数，悉由中央政府拨付（当时台湾每年赤字约8亿美元）；台湾的社会改革可以从缓，等条件成熟并尊重蒋的意见，协商决定后进行；双方互不派人做破坏对方团结之举。”①毛泽东、周恩来有关和平解放台湾问题的主张，是“一国两制”理论的思想来源和理论准备。

70年代末80年代初，国际形势出现了新的态势和格局，我国周边环境得到了改善并与世界各国广泛建立了外交关系，特别是中美关系实现了正常化，这为祖国统一提供了有利的外部条件。与此同时，台湾在国际社会中的处境日益孤立，港澳地区与祖国内地的联系也愈来愈密切，祖国统一的客观因素逐步成熟。从而，最终完成祖国统一大业的任务顺理成章地提到了党和国家的议事日程上来，历史的重任落到了当代中国共产党人身上。1978年12月召开的党的十一届三中全会恢复了实事求是的思想路线，提出把工作重心转移到经济建设上来，这对祖国的统一和发展具有全局性、决定性影响。党的十一届三中全会指出，随着中美关系正常化，我国神圣领土台湾回到祖国怀抱、实现统一大业的前景，已经进一步摆在我们的面前。全会进而号召台湾同胞、港澳同胞、海外侨胞，本着爱国一家的精神，共同为祖国统一和祖国建设的事业继续做出积极贡献。

在十一届三中全会思想路线的指导下，1979年元月，全国人大常委会在《告台湾同胞书》中进一步强调，实现祖国的统一，是人心所向，大势所趋，希望台湾当局以民族利益为重，对实现祖国统一做出宝贵的贡献。《告台湾同胞书》中首次正式宣

① 《中国台湾问题》1998年版，第65页。

布了我党和平统一祖国的大政方针，明确指出：（1）一定要考虑现实情况，完成祖国统一大业，在解决统一问题时尊重台湾现状和台湾各界人士的意见，采取合情合理的政策和办法，不使台湾人民蒙受损失；（2）寄希望于一千七百万台湾人民,也寄希望于台湾当局；（3）首先应当通过中华人民共和国政府和台湾当局之间的商谈结束这种军事对峙状态；（4）发展贸易，互通有无，进行经济交流，双方尽快实现通航、通邮，以便尽快促成两岸同胞的直接往来与接触。与此同时，中国人民解放军随即停止对金门、马祖等岛屿的炮击，也不再提“解放台湾”的口号，开始具体贯彻落实和平统一祖国的大政方针。和平统一祖国方针的制定与落实，为“一国两制”构想的形成创造了必要的理论前提与现实可能。

第二阶段，“一国两制”构想的基本形成。

1979 年初，邓小平在访问美国期间发表讲话时指出：“我们不再用‘解放台湾’这个提法了，只要实现祖同统一，我们将尊重那里的现实和现行制度。”①也就是说，只要台湾当局接受和平统一祖国的方针，在统一的中华人民共和国内，允许台湾保留现行的资本主义制度。从而初步表明了“一国两制”的构想。1981 年 9 月 30 日，叶剑英委员长向新华社记者发表题为《关于台湾回归祖国实现和平统一的方针政策》的重要谈话，具体阐明了我党实现祖国和平统一的九条方针。其中，建议举行中国共产党和中国国民党两党对等谈判，实行第三次合作，共同完成祖国统一大业；提出国家实现统一后，台湾可作为特别行政区，享有高度的自治权，并可保留军队，中央政府不干预台湾地区事务；明确肯定台湾现行社会，经济制度不变，生活方式不变，同外国经济、文化关系不变及私人财产、房屋、土地、企业所有权、合法继承权和外国投资不受侵犯等。这标志着“一国两制”构想的内容开始明晰化。正如邓小平讲的，上述政策“虽然没有概括为

① 《香港问题读本》1997 年版,第 61 页。

'一国两制'，但实际上就是这个意思"，[①]即在国家实现统一的大前提下，国家主体实行社会主义制度，台湾实行资本主义制度。在这里，邓小平第一次明确提出了"一国两制"的概念。

1982年9月，邓小平会见英国首相撒切尔夫人时更为明确指出：中国政府准备用"一国两制"的办法解决香港问题的立场。"我们对香港问题的基本立场是明确的，这里主要有三个问题：一个是主权问题，再一个问题，是一九九七年后中国采取什么方式来管理香港，继续保持香港繁荣；第三个问题，是中国和英国两国政府要妥善商谈如何使香港从现在到一九九七年的十五年中不出现大的波动。""关于主权问题，中国在这个问题上没有回旋余地。坦率地讲，主权问题不是一个可以讨论的问题。现在时机已经成熟了，应该明确肯定：一九九七年中国将收回香港。就是说，中国要收回的不仅是新界，而且包括香港岛，九龙。中国和英国就是在这个前提下来进行谈判，商讨解决香港问题的方式和办法。如果中国在一九九七年，也就是中华人民共和国成立四十八年后还不把香港收回，任何一个中国领导人和政府都不能向中国人民交代，甚至也不能向世界人民交代。如果不收回，就意味着中国政府是晚清政府，中国领导人是李鸿章！ 我们等待了三十三年，再加上十五年，就是四十八年，我们是在人民充分信赖的基础上才能如此长期等待的。如果十五年后还不收回，人民就没有理由信任我们，任何中国政府都应该下野，自动退出政治舞台，没有别的选择……"[②]

第三阶段，"一国两制"构想的成熟及法制化阶段。

1982年第五届人大第五次会议通过的《中华人民共和国宪法》第31条对特别行政区作出专门规定，这为两岸实现和平统一，也为中国恢复对香港和澳门地区行使主权后，分别在这些地区按"一国两制"的构想设立特别行政区并实行不同于内地的制度和政策提供了法律依据。至此，"一个国家、两种制度"概念

---

① 《邓小平思想年谱(1975~1997)》,第212页。

② 《邓小平文选》第3卷，第12页。

有了明确表述，并体现在国家大法中，这标志着我党“一国两制”构想的基本成熟。

自1983年起，“一国两制”构想进入科学阐述和不断发展完善的新阶段。当年6月26日，邓小平会见美国新泽西州西东大学教授杨力宇和1984年2月22日邓小平会见美国乔治城大学战略与国际问题研究中心代表团时，系统地提出了中国大陆和台湾和平统一的设想，再次明确使用了“一国两制”的提法。

1984年召开的全国人大六届二次会议正式批准了“一国两制”的构想，并进而成为和平统一祖国的基本国策。1984年12月20日，中英双方正式签署了中英联合声明。1987年4月签定了中葡联合声明。1990年4月，七届人大三次会议审议并正式批准了《中华人民共和国香港特别行政区基本法》，1993年3月1日，八届人大一次会议审议并正式批准了《中华人民共和国澳门特别行政区基本法》。至此，“一国两制”的法律化基本完成。

三、“一国两制”构想的基本内容

“一国两制”的构想，作为我们党和国家完成祖国统一大业的根本指导方针和基本国策，作为建设有中国特色社会主义的重要组成部分，是前人未曾有过的独具一格的创造与发明，是马克思主义在当代中国的新发展。

在一个中国的前提下，国家的主体坚持社会主义制度，香港、澳门、台湾是中华人民共和国不可分割的部分，它们作为特别行政区保持原有的资本主义制度长期不变。其基本内容包括：

第一，坚持“一个国家”。坚持“一个国家”，即中华人民共和国。在国际上代表中国的，只能是中华人民共和国；由全国人民代表大会掌握国家的最高权力；由中央人民政府行使国家主权。坚持“一个国家”，就是指国家主权的不可分性和中华民族的统一性，这是保证香港、澳门和台湾不被外国侵占和分裂出去的基础。“一个国家”是“一国两制”构想的核心、政治前提和根本保证。

第二，实行“两种制度”。实行“两种制度”，即在一个统一的中华人民共和国内，作为国家主体的大陆地区坚定不移地实行社会主义制度；台湾、香港及澳门地区，作为这个统一国家不可缺少和不可分割的组成部分，实行资本主义制度。在统一的中华人民共和国境内，大陆的社会主义不吞并台湾、香港、澳门；台湾、香港、澳门的资本主义也不吃掉大陆的社会主义，而是实行两种不同的社会制度长期共存、和平共处、互相支援、共同发展。

第三，特别行政区实行高度自治。这就是在统一的中华人民共和国内，依法在台湾、香港和澳门地区设置特别行政区，除在外交、国防、宣战、媾和方面服从中央外。特别行政区享有高度的自治权，包括行政管理权、立法权、独立的司法权和终审权，私人财产、房屋、土地、企业的所有权，合法的继承权和外国的投资均受法律保护；同外国的经济、文化关系不变。台湾特别行政区还可保留自己的军队。

第四，实行“一国两制”长期不变。通过修改中华人民共和国宪法和制订有关的法律，保障“一国两制”国策的长期性、稳定性和连续性。依照宪法和共同认可的法律、法规调整各种矛盾，协调各方面的利益，保证国家主体和特别行政区的长治久安和繁荣发展。为此，全国人大不仅修改和补充了国家大法中有关“一国两制”和特别行政区的条款，而且已经颁布了《中华人民共和国香港特别行政区基本法》和《中华人民共和国澳门特别行政区基本法》等一系列法律、法规，作为依法实施“一国两制”构想和完成祖国统一大业的法律基础。“一国两制”构想符合祖国大陆和台湾、香港、澳门地区人民的现实和将来利益，因而是各方可以接受的合情合理的、切实可行的方案，显示了强大的生命力，是炎黄子孙实现祖国统一和民族进步的最佳选择和根本途径。

四、“一国两制”构想的理论意义和实践意义

“一国两制”构想丰富和发展了马克思主义的国家学说。

按照“一国两制”构想，社会主义国家在一定条件下可以为作为国家主体的社会主义经济基础服务，同时也允许和保护一定地区范围内存在的资本主义经济基础和上层建筑，这在马克思主义著作中是从来没有讲过的。按照“一国两制”构想，允许在一个统一的主权国家内有两个不同性质的社会制度长期并存，突破了在一个国家内部只能允许一种社会制度及其相应的政权组织形式，而不允许另一种社会制度及其相应的政权组织形式长期存在的认识。但是，“一国两制”所依据的仍然是马克思主义。正如邓小平指出的:“如果‘一国两制’的构想是一个对国际上有意义的想法的话，那要归功于马克思主义的辩证唯物主义和历史唯物主义，用毛泽东主席的话来讲就是实事求是。这个构想是在中国的实际情况下提出来的。”①

“一国两制”构想丰富了马克思主义原则的坚定性与策略的灵活性相统一的原则。坚持祖国统一，维护国家主权，坚持国家主体的社会主义制度，这是原则问题，是丝毫不能动摇和改变的。同时，充分考虑到台湾、香港、澳门的历史与现状，考虑到当地同胞及各方面人士的意愿，考虑到实现祖国统一的现实可能性，允许两种制度并存,台、港、澳地区保持资本主义制度长期不变,找到有关各方面都能接受的方案。这又表现出极大的灵活性。实践已经证明,“一国两制”是最终实现祖国和平统一的最佳途径。

“一国两制”构想创造性地把和平共处的原则用来处理一个国家的内部问题。和平共处五项原则作为国与国之间关系的准则，在世界上得到了广泛的承认。现在，把它用于解决一个国家两种不同社会制度的地区之间的问题，这是一个创造。邓小平指出：“和平共处的原则用之于解决一个国家内部的某些问题，恐怕也是一个好办法。根据中国自己的实践，我们提出‘一个国家、两种制度’的办法来解决中国的统一问题，这也是一种和平共处。”②

① 《邓小平文选》第3卷,第101页。

② 《邓小平文选》第3卷,第96~97页。

“一国两制”的构想，也是从我国社会主义现代化建设需要有一个和平的国际环境出发的。我国搞社会主义建设需要长期的和平局面。我国解决台、港、澳问题，自然会牵涉到美国、英国、葡萄牙在这些地区的利益。实行“一国两制”可以避免在彼此关系中留下隐患，防止酿成国际争端，有利于太平洋地区的稳定和世界和平。

“一国两制”构想为解决国际争端和世界遗留问题提供了新的思路、新的途径和新的范例。当今世界并不太平，许多长期悬而未决的国家间、民族间的争端引起的矛盾和冲突此起彼伏，很不利于维护世界的和平和稳定。“一国两制”的构想为解决这些问题提供了新的思路和新的经验，即寻找各方都能接受的合情合理的方式方法解决历史遗留问题。邓小平指出：“世界上一系列争端都面临着用和平方式来解决还是用非和平方式来解决的问题。总得找出个办法来，新问题就得用新办法来解决。香港问题的成功解决，这个事例可能为国际上许多问题的解决提供一些有益的线索。”[①]正因为如此，邓小平的“一国两制”构想提出后，受到世界舆论的广泛赞誉，被认为是解决当今世界难题的一个最佳办法。可见，“一国两制”的构想对整个世界和平与稳定都有着深远的意义和影响。

第二节 “一国两制”的成功实践

一、香港和澳门问题的解决是“一国两制”构想的伟大胜利

“一国两制”的构想，已经在解决香港、澳门问题上付诸实践，并取得了巨大的成功。香港和澳门成功回归使这一构想变为现实。

收回香港、澳门并恢复行使中国主权，是中国共产党和中国

① 《邓小平文选》第 3 卷，第 59~60 页。

政府的一贯立场，也是海内外所有炎黄子孙的共同心愿。新中国成立初期，出于打破帝国主义的经济封锁，保留港澳地区作为国际通道的考虑，我国政府没有立即收回香港和澳门的主权，而是采取了“长期打算，充分利用”的方针。

进入20世纪80年代以后，中国共产党和中国政府开始把解决香港和澳门问题，完成祖国统一大业的任务提上了议事日程。1982年9月，邓小平在同英国首相撒切尔夫人的谈话中，明确表达了中国政府对香港问题的基本立场。首先是主权必须收回。其次，按照“一国两制”构想，中国在收回香港后，香港现行的政治、经济制度和生活方式不变，甚至大部分的法律都可以保留，香港仍实行资本主义。第三，在收回香港之前的过渡时期，中英两国政府应采取合作的态度，通过外交途径进行磋商和谈判，尽可能避免香港发生大的波动。第四，坚持“一国两制”，港人治港，保持香港的繁荣和稳定。邓小平指出：“港人治港有个界线和标准，就是必须由以爱国者为主体的港人来治理香港。……爱国者的标准是，尊重自己民族，诚心诚意拥护祖国恢复行使对香港的主权，不损害香港的繁荣和稳定。”①

基于上述原则立场，自1982年起中国政府与英国政府就香港问题开始了反复交涉和谈判。1984年12月19日，中英两国政府首脑在北京正式签署了关于香港问题的联合声明。声明宣布：中华人民共和国于1997年7月1日对香港恢复行使主权，英国政府于同时将香港交还给中国政府；中国政府将根据宪法第三十一条的规定，在香港设立直辖于中央政府的特别行政区，同时保持香港的制度和生活方式不变。从1985年开始，有广泛代表性和权威性的中华人民共和国香港特别行政区基本法起草委员会着手起草《中华人民共和国香港特别行政区基本法》，经过反复的商讨、修改并广泛征求意见，于1990年4月经七届全国人大三次会议审议并正式批准。邓小平对基本法的起草工作非常重视，他指出：“我们的‘一国两制’能不能够真正成功，要体现

① 《邓小平文选》第3卷，第61页。

在香港特别行政区基本法里面。这个基本法还要为澳门、台湾作出一个范例。所以，这个基本法很重要。世界历史上还没有这样一个法，这是一个新的事物。"①起草工作结束后，邓小平称赞说："写出了一部具有历史意义和国际意义的法律。""这是一个具有创造性的杰作。"②香港特别行政区基本法的诞生，标志着"一国两制"构想在实践上取得了重大进展，为香港回归和回归后的繁荣稳定提供了法律依据。

在中英关于香港问题的联合声明签署后不久，中葡两国政府也开始了关于澳门问题的谈判。1987 年中葡两国政府关于澳门问题的联合声明正式签署。声明宣布：中国政府将于 1999 年 12 月 20 日在澳门恢复行使主权并设立澳门特别行政区，实行高度自治和澳人治澳。澳门现行的社会、经济制度和生活方式不变，法律基本不变。随后成立了由各方代表人士参加的澳门特别行政区基本法起草委员会。经过几年的努力，形成了《中华人民共和国澳门特别行政区基本法》，于 1993 年 3 月由八届全国人大一次会议正式通过。澳门回归祖国也取得了重大进展。

1997 年 7 月 1 日，是中华民族历史上一个永垂史册的日子。在这一天，中国政府正式恢复了对香港行使主权，香港顺利地回到了祖国的怀抱。香港回归祖国，标志着"一国两制"构想的重大成功，标志着中国人民在完成祖国统一大业的道路上迈出了重要一步。香港回归祖国后，"一国两制"，"港人治港"、高度自治的方针正在得到切实的贯彻执行，香港继续保持着繁荣稳定的局面，这必将对台湾问题的解决创造有利条件，起到积极的促进作用。

1998 年 5 月，由 100 人（其中澳门各界人士 60 人）组成的澳门特别行政区筹备委员会成立，中国对澳门恢复行使主权的准备工作进入实际操作的阶段。1999 年 4 月，由 200 名澳门永久性居民组成的澳门特别行政区第一届政府推选委员会成立。5 月

---

① 《邓小平文选》第 3 卷，第 215 页。

② 《邓小平文选》第 3 卷，第 352 页。

15日，推委会第三次会议选举何厚铧为澳门特别行政区第一任行政长官人选。1999年12月20日，澳门回到祖国怀抱。这是按照“一国两制”实现祖国统一大业的重要成果，是中华民族的又一大盛事。澳门回归祖国，将标志着外国人占据和统治中国领土的历史彻底结束。

香港澳门问题的成功实践，充分说明“一国两制”是符合社会发展客观规律的科学构想，是合情合理、切实可行的。与此同时,在“一国两制”构想的推动下,大陆与港澳地区的关系日益紧密,人员往来与日俱增,特别是港澳与相邻的大陆东南沿海一带的经济联系已逐渐融为一体。从而一方面带动了港澳地区的进一步繁荣,一方面促进了大陆的社会主义经济建设和改革开放进程。

二、香港、澳门回归后，落实“一国两制”的实践

香港、澳门回归祖国后，政治稳定，实行高度自治，中央政府不干预香港、澳门特别行政区的事务，已得到国际舆论的公认。特别行政区法治有保障，居民的权利和自由有保障。

“一国两制”伟大构想在回归后的香港成功实践的过程中，特区政府坚定地贯彻“一国两制”、“港人治港”、高度自治的方针，严格按照《基本法》办事，组成了行政会议，保证临时立法会的正常运作，依法选举产生了第一届立法会和第一届区议会，依法设立了终审法院，法院独立进行审判，法官不受任何干涉，司法独立的原则在香港得到贯彻执行。香港原有的社会经济制度和生活方式保持不变，法律基本不变。居民的言论、集会等自由得到维护。香港自由港和单独关税区的地位得到巩固和加强，其国际活动的空间不但没有缩小，而且有了实质性的扩大。

1997年10月，香港在回归祖国的三个月后，就遭遇了亚洲金融风暴的冲击。香港自当年8月开始，港元受到国际炒家的投机性狙击，股市开始下滑。进入1998年，国际炒家多次大举进犯香港，导致利率飙升，股市下挫。恒生指数由最高曾达到的16600多点下跌至8月13日的6660点新低。特区政府为反击操

控活动，捍卫港元联系汇率，果断地动用外汇基金入市购买恒指成分股股票，终于维持了金融市场的诚信和稳定。随后，公布一系列技术措施，巩固货币发行局制度，加强财经监管，改善证券市场的运作。政府入市干预的行动以及一系列针对性措施的实施，对于打击抛空炒家、迫使炒家以高价平仓离场，以及防止市场的人为操控，减少造市者再度进袭的机会，保障金融市场的正常运作，发挥了正面作用。

从整体经济情况看，1998 年是自 1961 年以来香港经济出现负增长的第一个年头，是半个世纪以来最急剧的经济逆转。然而，1998 年是香港面对各种困难和挑战的一年，也是香港经济通过艰难的调整争取复苏的一年。特区政府采取了一系列重建信心、转危为机的措施。1999 年，香港本地生产总值在第一季度继续发生 3%的负增长以后，二、三、四季分别正增长 1.1%、4.4%和 8.7%，全年实质增长 2.9%，并有 741 亿港元的国际收支盈余。2000 年实质增长率更高达 10.5%，为近十年来所仅见；吸引外资 644 亿美元，仅次于美国、日本，列世界第三。表明香港经济正走向全面复苏和转型。

当前，关键的问题是实现香港经济的转型。20 世纪 50 年代，香港从传统的以转口贸易为主的自由港，转型为以香港产品出口为主导的自由港；20 世纪 70 年代开始，藉着中国改革开放所提供的机遇，又转型为以服务经济为主的自由港；20 世纪 90 年代以后，经过回归祖国和经历了亚洲金融风暴的冲击，面对经济全球化趋势和资讯(信息)科技、网络经济的兴起，香港进行了第三次经济转型，即成为以创新科技为经济进一步发展提供动力的自由港和服务中心，工商服务业都要应用创新科技，都要提高新的竞争力和增值方向，都要应用网络经济和充分发挥知识的威力。

据世贸组织报告指出，到 2000 年 10 月，香港的外汇资产总值共达 3400 亿港元，在亚洲排名第四，在世界位列第六；2000 年外汇储备 638 亿美元，排全球第七，按人均持有量居全球第二；按人口生产净值计，香港年人均 2.36 万美元，排名全球第 8

位；2000年香港进出口贸易总额达到29336亿港元，居世界第8位；“世界经济论坛”发表的1999年全球竞争力报告，把香港列为世界上第二位具有竞争力的地区，仅次于新加坡；香港国际机场每日航班400班，客运量居世界上第三位，2000年货运量达到196万吨，高居全球第一；香港地下铁路平均每日载客量是213万人次，是世界上一条最繁忙的地下铁路；2000年10月底，香港移动电话总数达到165多万户，成为世界上人均拥有移动电话最多的地区之一；世界第二大成衣出口地，仅次于意大利，但若连同转口贸易计，则香港的成衣总出口便位列世界第一；香港的维多利亚港，是与美国旧金山、巴西里约热内卢齐名的世界三大天然深水良港之一；世界最大的集装箱港口，香港每年港口处理的集装箱量为1 125万个，于1987年取代荷兰的鹿特丹港而登上世界最大集装箱港的宝座，虽然在1990年和1991年曾被新加坡超越，但1992年至今一直居世界第一；香港的转口贸易自20世纪80年代以来蓬勃发展，至1994年香港的转口贸易额已高达9840亿港元，跃居世界第一位。1999年更达到11 784亿港元；香港是当今世界四大国际金融中心之一，如以资本值计算，它是亚洲第二、全球第七大股票市场；若以每日成交额计算，香港为国际上第五大外汇交易市场；自1981年以来，香港已发展成为世界三大金市之一，黄金交易规模列世界第三位；银行数目亦居全球第三，银团贷款则位居世界第五位，股市总市值也进入全球股市的前十名；香港的旅游外汇收入、游客人数和游客人均消费额等指标，均位于世界旅游市场的前列，仅次于美国和加拿大及少数欧洲国家，成为世界旅游市场的远东旅游中心。

在“一国两制”原则下，内地与香港之间的联系正日趋紧密。香港与祖国间的经济联系，是支持香港朝着世界级都会方向发展的最大优势。国家经济蓬勃发展，改革深化，为香港带来全新机会。目前，内地已成为香港最大的贸易伙伴，2002年，香港与内地的贸易额高达1.3万亿港元，约占香港整体贸易额的42%。同时香港也是内地的最大投资者，截至2002年底，来自香港的直接投资额累计达1.59万亿港元，约占内地外来直接投资总额的一半。继20世纪80年代香港制造业进入内地之后，香港的服务业亦开始以各种形式进入内地经济体系，创造新的双赢局面。至于高新科技成果的商品化，以及开发中医中药新产业等方面，两地合作的潜力很大。在我国成功加入“世贸组织”之后，香港与内地合作的发展势头将加强，尤其是在作为香港强项的服务业方面。香港可以与内地一同发展出口导向产业，采用资讯科技，建立营运新模式，从而使经济合作进入新境界。

澳门回归祖国后，穗港澳深珠之间的5万平方公里，已形成一个更紧密整合的区域经济。澳人在区内的投资、消费、置业、旅游、定居等活动，不断增加。澳门迅速扭转了经济负增长的局面，整个区域的经济实力大大提升，并成为这一地区进一步富裕繁荣的动力。

处理好“一国”和“两制”的关系，是事关国家主权统一、现代化建设成功和香港高度自治、繁荣稳定的大事。“两制”之间，即国家的社会主义主体与港澳台的资本主义地区之间，在社会主义初级阶段的长时期中，在经济上应该是相辅相成、互惠互利的关系，有必要建立互动、互补、互助、互促的机制，共同为经济、社会的更加繁荣而努力。

香港、澳门回归后，落实“一国两制”的实践充分证明“一国两制”这一创造性的伟大构想是实现祖国统一大业重要战略方针。

第三节 实现台湾与祖国大陆的完全统一

一、早日解决台湾问题，实现祖国的完全统一，是海内外中华儿女的共同心愿

1.海峡两岸期盼统一。

随着香港、澳门问题的解决，海内外人士对“一国两制”的

模式有了更加具体的认识和体会，打消了人们的疑虑，为用和平方式解决台湾问题奠定了基础。

中国政府解决台湾问题的立场是明确的，除非“台湾独立”，或者帝国主义武力侵略台湾，实现祖国统一就不应用武力方式，而应用和平方式，也就是用“一国两制”实现统一。

为积极促进祖国统一大业的完成，中国共产党和中国政府采取了一系列消除隔阂、促进海峡两岸增加交往、了解和交流的具体政策和措施。1988 年，国务院发布了《关于鼓励台湾同胞投资的规定》；1989 年，在中国政府的积极努力下，大陆和台湾双方各自在香港成立了协调解决海峡两岸商务争议的机构，为沟通双方联系和解决法律纠纷提供了方便。

在海峡两岸人民的强烈要求下，台湾当局调整了大陆政策。1987 年 10 月，台湾当局决定开放民众赴大陆探亲，并在经贸往来、学术、新闻出版等方面采取更为松动的做法，两岸关系进一步缓和。1988 年 7 月，台湾国民党十三大第一次提出《现阶段大陆政策案》，确定在维护官方“三不政策”的前提下，“民间、间接、单向、渐进”开放两岸关系，把过去只做不说，或半明半暗的做法，加以“公开化”和“合法化”。同年 11 月，又宣布有条件地开放大陆同胞赴台探亲、奔丧。1989 年 1 月，台湾当局宣布允许台湾厂商通过第三地区到大陆投资设厂。海峡两岸之间封闭隔绝的局面已被打破。两岸经济联系进一步加强。两岸经济往来的密切，对未来两岸关系的发展将起着越来越重要的作用。

近年来，台胞来大陆探亲、旅游、考察、交流、经商的人数逐年增加。两岸学术、文化、体育交流方兴未艾。台湾记者接踵到大陆采访中共十三大、十四大、十五大、十六大和全国人大、全国政协等重要会议，走访各界、各方面人士，报道在各地的所见所闻，增进了台湾人民对大陆的了解。

1993 年 4 月 27 日，海峡两岸关系协会 (简称海协) 会长汪道涵和台湾的海峡交流基金会 (简称海基会) 董事长辜振甫在新加坡举行会谈，通称“汪辜会谈”。这是海峡两岸授权的民间机构的最高负责人之间首次进行的民间性、经济性、事务性、功能性的会谈。

应该看到，尽管两岸关系出现了可喜的变化，但距和平统一的目标相距甚远。在发展两岸关系的道路上还存在诸多阻力和障碍。主要原因是台湾当局仍然坚持反共拒和立场，禁止直接“三通”并推行“本土化”政策，淡化与大陆的联系。目前台湾当局不承认“一中原则”，两岸关系前景不容乐观。

2.“台独”是没有出路的。

“台独”最早在台湾出现，是在1945年8月驻台日本法西斯旧军人不甘失败阴谋发动“台湾独立”事件开始的。在世界反法西斯战争取得决定性胜利、日本宣布无条件投降时，驻台日本法西斯残余势力不甘心失败，不愿意看到台湾回到祖国的怀抱，以日本少壮军人中官太郎等人为首，勾结台湾少数“皇民化”士绅密谋抗拒中国政府接收台湾，成立地下组织，策动所谓“台湾独立自治运动”。这一阴谋遭到广大台湾人民的反对而破产。

1947年台湾发生“二·二八事件”，混迹其中的“台独”分子廖文毅逃往上海，在那里猖狂地打出“台湾再解放同盟”的牌子，并同美国特使魏德迈联系，提出要台湾脱离中国。1950年初，无法立足的廖文毅在日本右翼势力支持下，跑到日本东京，在那里纠集一批“皇民化”的台湾人，成立了“台湾民主独立党”，公开树起“台独”旗帜。1955年又纠集“自由独立党”和“台湾公会”等在日本的“台独”小团体，宣布成立“台湾共和国临时国民议会”，1956年又在日本右翼支持下，成立所谓“台湾共和国临时政府”，廖自任“大统领(总统)”，在国际上挂出了第一块“台独”的牌子。1960年又成立“台湾独立统一战线”，自任“总裁”。战后日本成为“台独”运动的基地。

美国则是纵容与扶持“台独”势力的又一个大本营。20世纪60年代中期，随着国际形势的变化，随着岛内反对国民党独裁统治的民主运动的开展，“台独”分子乘机迅速壮大自己，其活动重心逐渐由日本转移至美国。1966年，在美成立“全美台湾独立联盟"，实现了海外"台独"运动势力的统合。1970年初，岛内的"台独"分子彭明敏，在美国情报部门的策划下逃往美国，成立了"福尔摩沙研究所"与"台美协会"。同年1月15日，散居于日、欧、美等地的"台独"势力首次集会于美国，建立了以美国为"轴心"、以日本为"接应前哨站"的跨洲组织——"全球台湾人争取独立联盟"(简称"台独联盟")，提出以"建立台湾共和国"为"终极目标"，彭明敏也因此被称为"台独教父"。自此，海外"台独"势力活动进一步扩大。1974年9月，日本、加拿大、美国、巴西与全欧5个地区的台湾同乡会的一些成员，在维也纳成立了"世界台湾同乡联谊会"(简称"世台会")，并宣称走"台湾自决"的道路。1987年，"台独联盟"又改称为"台湾独立建国联盟"。从此，海外"台独"运动进一步扩大，而该联盟一直居中起着主导作用。

1988年李登辉上台后，在李登辉的纵容下，岛内"台独"活动开始由隐蔽走向公开。海外"台独"势力向岛内大肆渗透。1988年8月，在李登辉的允许下，"世台会"第15届年会首次在台北召开，"台独"势力初步实现了"主战场从海外移至岛内，隔海放炮变成岛内生根茁壮"。在李登辉奶水的喂养下，"台独"势力迅速坐大，依附于民进党，从体制外的街头抗争转向透过选举取得合法的政治权力，逐步蚕食了国民党政权。

大量事实证明，"台独"从一开始就是国外反动势力制造、指使和操纵的。1957年，日本外务省官员就曾毫不掩饰地说过："我们可以等到下一代，台湾将成为另外一个国家，那时候，日本将从两个中国获得最大经济利益和最小的政治冒险。""台独"和外国反华势力在妄图破坏中国统一和领土主权完整，损害中华民族的根本利益上，目标是共同的。

"台独"严重损害台湾的经济发展前途。台湾是典型的海岛型经济，地域狭小，资源匮乏，基础工业薄弱，尖端科技脆弱，发展余地受限。台湾未来的生存发展出路在大陆，这是大多数台湾同胞的共识。

实现国家统一，是中华民族长期执著追求的崇高目标，是包括台湾同胞在内的全中国人民的愿望，是极其神圣的民族感情，决不容许任何人亵渎。台湾自古就是中国不可分割的神圣领土。

中国政府主张和平统一，实行“一国两制”。坚持反对任何形式的“两个中国”、“一中一台”、“一国两府”或“台湾独立”，坚决反对任何旨在制造台湾独立的企图和行动。

二、江泽民发展两岸关系，推动祖国和平统一进程的八项主张

1995 年 1 月 28 日，江泽民总书记就解决台湾问题、实现祖国统一大业发表了重要讲话，提出了八项主张：必须坚持一个中国的原则，这是实现和平统—的基础和前提；对于台湾同外国发展民间性经济文化关系，我们不持异议；进行海峡两岸和平统一谈判，是我们的一贯主张；努力实现和平统一，中国人不打中国人；大力发展两岸经济交流与合作，以利于两岸经济共同繁荣，造福整个中华民族；两岸同胞要共同继承和发扬中华文化的优秀传统；充分尊重台湾同胞的生活方式和当家作主的愿望，保护台湾同胞的一切正当权益；欢迎台湾当局领导人以适当身份前来大陆访问，我们也愿意接受台湾方面的邀请，前往台湾等。江泽民同志的讲话，是“一国两制”构想的具体化。这个讲话在海峡两岸和海外侨胞中都引起了强烈反响和热烈欢迎，对推动两岸关系和祖国统一进程产生了深远影响。是我们今后解决台湾问题，推进祖国统一的指针。

1997 年 9 月，江泽民同志在党的十五大报告中再次向台湾当局发出郑重呼吁“作为第一步，海峡两岸可先就在一个中国的原则下，正式结束两岸敌对状态，进行谈判，并达成协议；在此基础上，共同承担义务，维护中国的主权和领土完整，并对今后两岸关系的发展进行规划。希望台湾当局认真回应我们的建议和主张，及早同我们进行政治谈判。在一个中国的前提下，什么都可以谈。只要是有利于祖国统一的意见和建议，都可以提出来。

祖国的统一问题，应当由两岸中国人自己解决。”

三、坚持“一个中国”的原则是发展两岸关系和实现和平统一的基础

“一国两制”的目的是以和平的方式统一中国，而“一个中国”的原则是实现和平统一的基础和前提，放弃了“一个中国”原则，统一也就无从谈起。

“一个中国”原则是在维护国家主权和领土完整的斗争中产生的。1950 年 6 月朝鲜战争爆发之后，美国政府为孤立和遏制中国，不仅派军队侵占台湾，而且抛出“台湾地位未定论”，公然违背自己在《开罗宣言》和《波茨坦公告》中的承诺。以后又在国际社会策动“双重承认”，企图制造“两个中国”。对此中国政府予以坚决的反对，主张和坚持世界上只有一个中国，台湾是中国的一部分，中华人民共和国政府是代表全中国的惟一合法政府，而上述主张也构成了“一个中国”原则的基本涵义。这几年台湾岛内“台独”活动猖獗、“台独”思潮蔓延，特别是台湾当局所采取的一系列实际分裂步骤，试图从根本上改变台湾是中国的一部分的地位，这是中国人民和中国政府决不能容忍和姑息的。“台独”言论和行为破坏了两岸统一的基础，严重阻碍了国家的统一。为此，中国政府在 1993 年 8 月 31 日发表了《台湾问题与中国的统一》白皮书，强调台湾是中国神圣不可分割一部分的地位，系统阐述了台湾问题的由来和中国政府解决台湾问题的基本方针和有关政策。针对台湾当局抛出的“两国论”和坚持“台独”政纲的民进党参选，2000 年 2 月 21 日，中国政府发表了《一个中国的原则与台湾问题》白皮书，再次阐明了“一个中国”的原则和中国政府捍卫“一个中国”原则的坚定决心。

“一个中国”原则具有坚实的法理基础和事实依据。1949 年 10 月 1 日，中华人民共和国中央人民政府宣告成立，取代中华民国政府成为全中国领土内的惟一合法政府和在国际上的惟一合法代表。中华人民共和国政府享有中国领土疆域内的完全主权，

包括对台湾的主权。尽管国民党退踞台湾以后，造成海峡两岸目前的分离状态，国民党政府仍用“中华民国”和“中华民国政府”的旧称，但从1949年10月1日起，中华民国就结束了其历史地位，失去了其代表中国人民的任何法理和事实的根据。1971年10月，第26届联合国大会通过2758号决议，驱逐了台湾当局的代表，恢复了中华人民共和国政府的席位和一切合法权利。承认中华人民共和国政府是代表全中国的惟一合法政府。与台湾当局断绝或不建立外交关系，是新中国与其他国家建交的基本原则。中国政府的正义主张赢得了越来越多的国家和国际组织的理解和支持，“一个中国”原则为国际社会所普遍接受。现在，世界上与中华人民共和国建立了外交关系的国家，都承认只有一个中国，承诺在一个中国的框架内处理与台湾的关系，这是“一个中国”原则不可动摇的事实根据。必须说明的是，台湾问题的性质决定了台湾问题不同于东西德和南北朝鲜问题。东西德和南北朝鲜都是根据第二次世界大战期间及战后一系列国际协议分裂成两个独立国家，又各自被接纳为联合国会员国。两者问题的性质不同，在国际法上的地位也就不同；产生问题的方式不同，解决问题的方式也就不同。德国统一是通过国际谈判和国际协议完成的，实际上是以西德兼并东德的方式实现的。现在台湾有些人主张按“两德模式”处理两岸关系，这是对历史和现实的误解。按照有关国际协议，台湾早巳归还中国，中国政府也恢复了对台主权，虽然海峡两岸尚未统一，但领土和主权并未分割，中国仍是一个中国。因此，台湾问题应当在一个中国的框架内，由中国人自己解决。

“一个中国”原则是中国政府对台政策的基石。自从1987年底海峡两岸隔绝状态被打破之后，两岸的经贸、人员交流得到快速发展。1992年11月，海峡两岸关系协会与台湾的海峡交流基金会达成在事务性商谈中各自以口头方式表述“海峡两岸均坚持一个中国原则”，亦称“九二共识”。1993年成功举行了举世瞩目的“汪辜会谈”，两岸关系的发展呈现着一个良好发展的机会。

但自从李登辉上台执政之后，由于他顽固坚持分裂立场，明统暗独，力图以"对等的政治实体"定位两岸关系，在国际上竭力推行"务实外交"，对两岸关系造成极大的冲击和损害。李登辉从1989年抛出"一国两府论"到1999年抛出"两国论"，不断向"一个中国"的原则挑战，并越走越远，最终导致1996年、1999年两次台海危机。陈水扁上台之后，两岸僵局尚未打破，重新回归"九二共识"成为重启两岸对话和谈判的关键。台湾当局极力回避"一个中国"原则，企图在否定"一个中国"原则前提下重开两岸谈判，为混淆视听，近期又提出两岸官方机构之间的直接接触，企图以所谓"民主、对等、和平"原则取代"一个中国"原则，这当然为中国政府所反对。台湾当局的这种回避"一个中国"原则做法，完全破坏了两岸对话的基础，造成目前两岸陷入政治僵局，严重损害了海峡两岸关系的发展，影响了祖国统一大业的实现。

四、寄希望于台湾人民，努力实现祖国统一

江泽民同志在党的十六大报告中指出解决台湾问题、实现祖国的完全统一。我们寄希望于台湾人民。从"寄希望于台湾当局"，到"寄希望于台湾当局，也寄希望于台湾人民"，再到"寄希望于台湾人民"，表明了中国共产党对台政策的调整变化和工作重心的转移。

中国共产党第一代领导人在提出和平解决台湾问题的主张时，是以在台湾执政的国民党为政治谈判对象的。鉴于台湾国民党当局所持的反对国家分裂、追求统一的基本立场，中国共产党希望国民党及其领导人以民族大义为重，进行第三次国共合作，实现两岸和平统一。1979年全国人大常委会在《告台湾同胞书》中提出，寄希望于1700万台湾人民，也寄希望于台湾当局。

台湾同胞具有光荣的爱国主义传统，在遭受长期殖民统治和国民党专制统治后，形成了强烈的当家作主的愿望和要求，这与岛内少数人主张搞"台独"是有本质区别的。当前台湾的主流民

意是求和平、求安定、求发展，台湾分裂势力的分裂活动不得人心。虽然台湾民众在特殊历史背景下形成了一些复杂的心态，但台湾同胞所具有的爱国主义传统使之成为当前和今后发展两岸关系的重要力量。这就使我们有可能和有必要把发展两岸关系和实现祖国统一，从寄希望于台湾某一政党或执政当局转向寄希望于台湾人民，争取台湾民众。

从目前情况看，争取台湾民众还需要从多方面做长期的艰苦的努力。但祖国大陆经济的蓬勃发展和两岸经济联系的日益紧密，已对岛内民众产生了巨大的影响。两岸已于2001年11月同时加入世界贸易组织，为进一步发展两岸关系提供了新的契机。

五、以最大的诚意尽最大的努力争取和平统一，但决不承诺放弃使用武力

我们有最大的诚意努力实现和平统一，但不能承诺放弃使用武力。和平统一是中国政府既定的方针，但每一个主权国家都有权采用自己认为必要的一切手段包括军事手段，来维护本国主权和领土完整。中国政府在采取何种方式处理本国内部事务的问题上，并无义务承诺放弃使用武力。中国政府自1979年宣布实行和平统一方针以来，始终没有承诺放弃使用武力。

江泽民同志在1995年1月的讲话中指出：我们不承诺放弃使用武力，决不是针对台湾同胞，而是针对外国势力干涉中国统一和搞“台湾独立”图谋的。中国政府在2000年发表的《一个中国原则与台湾问题》白皮书清楚地阐明了中国政府动用武力的三个前提：“如果出现台湾以任何名义从中国分裂出去的重大事变，如果出现外国侵犯台湾，如果台湾当局无限期地拒绝通过谈判和平解决两岸统一问题，中国政府只能被迫采取一切可能的断然措施，包括使用武力，来维护中国的主权和领土完整，完成中国的统一大业。”不承诺放弃使用武力是争取实现和平统一的必要保障，这两者之间不仅不矛盾，而且是相辅相成、互为条件的。不承诺放弃使用武力，才能有效地遏制“台独”与分裂势力

的发展，从而保证祖国和平统一大业的完成。中国政府不承诺放弃使用武力的立场有效地遏制了“台独”势力。为表明中国政府捍卫主权的决心，20 世纪 90 年代以来，中国人民解放军在东南沿海及台湾海峡先后进行了多次重要军事演习，其中 1995 年 7 月、8 月、11 月，1996 年 3 月，1999 年所进行的军事演习最具规模与影响。这一系列军事演习维护了祖国的尊严，显示了中国政府反对国家分裂、反对“台独”的坚定立场，向世界充分展示了中国人民解放军保卫国家领土与主权完整的决心与能力。

中国政府不承诺放弃使用武力的立场，有助于遏制企图分裂中国、干涉中国统一的外国势力。江泽民同志在“七一”讲话中再次表达了同样的意愿和决心：“中国共产党人维护国家主权和领土完整的立场是坚定不移的。我们有最大的诚意努力实现和平统一，但不能承诺放弃使用武力，我们完全有能力制止任何‘台独’分裂图谋。”①

六、台湾问题不能无限期地拖延下去

台湾的前途系于祖国统一，分裂是绝对没有出路的。无限期地拖延统一，是所有爱国同胞不愿意看到的。1986 年邓小平在谈到台湾有必要同大陆统一的理由时说过：“这首先是民族问题，民族的感情问题。凡中华民族子孙，都希望中国能统一，台湾作为中国领土的地位是没有保障的，不知道哪一天又被人拿去了。第三点理由是，我们采取‘一国两制’的方式解决统一问题。大陆搞社会主义，台湾搞它的资本主义。这对台湾的社会制度和生活方式不会改变，台湾人民没有损失。”13 亿中国人民完全有决心、有能力最终解决台湾问题。海峡两岸全体中国人和所有中华儿女，从中华民族的根本利益出发，携手共进，祖国的完全统一和民族的振兴，一定能够实现。

只有祖国统一才是两岸人民的共同福祉，民族的幸事。两岸隔离的状态一天不结束，中华民族蒙受的创伤就一天不能愈合，

① 江泽民《在庆祝中国共产党成立八十周年大会上的讲话》单行本，第 27 页。

中国人民为维护国家统一和领土完整的斗争就不会终止。江泽民同志在"七一"讲话中强烈呼吁："海峡两岸同胞和海外侨胞团结起来，反对分裂，为推动两岸关系发展和祖国和平统一进程而继续奋斗。完成祖国的统一大业是人心所向，是任何人任何势力也阻挡不了的历史潮流。"[①]

思考题

1. "一国两制"构想的主要内容是什么?

2.我国在香港问题上的原则立场是什么?

3.为什么说"一国两制"构想是创造性地发展了马克思主义?

4.试述"一国两制"构想的实践意义。

① 江泽民《在庆祝中国共产党成立八十周年大会上的讲话》，人民出版社，2001年7月版，第45~46页。

第十一章

维护世界和平，促进共同发展

本章学习重点

邓小平将当代国际局势的新变化概括为和平与发展两大主题。根据当代国际局势的变化和发展，邓小平提出中国外交政策的目标是维护世界和平，促进共同发展。为此，处理国家关系必须坚持以和平共处五项原则为基本准则。建立国际政治经济新秩序。

第一节 和平与发展是当今时代的主题

一、和平与发展是当今时代的主题

对时代特征的总体国际形势的科学判断，是马克思主义的一个重要理论问题，也是实践中的社会主义国家确立正确的外交战略的重大现实问题。中国的社会主义现代化建设，需要有一个和平的国际环境，而要创造和维护这一国际环境，必须正确认识和把握我们所处时代的基本特征。

第二次世界大战以后，世界发生了近代以来的第三次科学技术革命，即新科技革命。它对世界经济的发展以及国际经济政治关系的变化，产生了巨大的影响。

首先，新科技革命使世界经济关系发生了重大变化。新科技革命引起的国际分工和经济高度国际化的发展，使世界各国的生产、流通、投资等日益联结为一个整体。无论是发达资本主义国家还是社会主义国家，其经济发展只有在相互依存、相互渗透的条件下才能得以真正实现。当今世界又是一个充满矛盾和激烈竞争的世界，而矛盾和竞争的核心是经济问题，或者说是发展问题。面对这样一个既充满矛盾和竞争，又相互依存和制约的世界，经济发展越来越成为各国的共同要求。

其次，新科技革命和世界经济的发展，使世界政治格局发生了重大变动。从 20 世纪初到 70 年代，以战争与革命相交织的时代主题持续了半个多世纪。在这一期间，资本主义世界充满了激烈的对抗和争斗，由此引发了两次世界大战。现在世界上真正大的问题，带全球性的战略问题，一个是和平问题，一个是发展问题。和平问题是东西问题，发展问题是南北问题。

第三，和平与发展是当代世界主要矛盾的集中体现。抓住了这两大问题，也就抓住了当代世界的主要矛盾，把握了时代的主题。

邓小平对时代主题作出的科学判断以及包含在其中的重要思想，是建设有中国特色社会主义理论的重要组成部分。它为我国社会主义现代化建设创造有利的国际环境和制定正确的外交战略提供了基本依据。

和平与发展这一时代主题的确立，标志着当今时代已进入了一个新的发展阶段。但是，世界新旧格局的转换是一个发展过程。在当今世界，霸权主义和强权政治依然存在，领土争端、民族矛盾、宗教纷争等等因素引发的武装冲突和局部战争连绵不断，不公正、不合理的国际政治经济秩序还未得到改变，发展中国家仍有亿万人民处于贫困之中，人类的生存与发展面临着一系列严峻的挑战。世界仍然不安宁。为创造一个持久和平稳定的国际环境与平等互利合作的世界还需要作出艰苦的努力。中国要实现现代化发展的目标，必须以创造有利于现代化建设的国际环境为基本出发点，制定符合时代特征和本国发展目标的外交战略。

二、当今世界的危机化和经济发展的多样化

党的十五大指出：当前国际形势总体上趋向缓和。世界上各种力量出现新的分化和组合。大国关系正在经历着重大而深刻的调整。各种区域性、世界性合作组织空前活跃。

1.世界经济发展的多样性和不平衡性。

第二次世界大战结束以后，以霸权主义和强权政治为典型特征，以美国经济地位和影响为中心，以资本主义世界经济高速增长为主要标志的旧的国际经济秩序，给国际社会留下了严重的后果。这种旧的国际经济秩序的最明显的特征就在于它的不合理性和不平等性，它是在发展中国家处于基本无权地位的情况下，根据发达国家的利益的需要而建立起来的，它一直使发展中国家处于极不平等的不利地位。由此而导致的“南北问题”已成为当今世界的重大问题，即世界经济发展不平衡，南北经济差距日益拉大。根据联合国 1992 年发表的《人口发展报告》的统计数字显

示，在20世纪60年代，富国比穷国富30倍，到了20世纪90年代，富国的收入比穷国高150倍。另有数字表明，目前西方发达国家人均国民生产总值已超过2万美元，其中少数发达国家超过3万美元，而47个最不发达国家的人均国民生产总值还不到300美元。

南北差距不断扩大，固然有发展中国家的内部原因。但是，不合理、不公正的国际经济秩序是造成南北差距扩大的主要原因。在国际生产领域，旧的资本主义国际分工原则和生产体系没有根本改变，大多数发展中国家至今还是西方发达资本主义国家的廉价原料的供应地和西方剩余资本与产品的倾销场。在日益全球化的国际生产和交换领域，发达国家通过高附加值与高技术的产品交换，造成了发展中国家大量的价值流失；在国际资本市场上，发达国家改变了以往旧殖民主义的战略，实行新殖民主义战略。发展中国家进行大量的资本输出，一方面加强了发达国家对发展中国家经济的参与与控制，另一方面又造成了发展中国家沉重的债务负担。目前发展中国家积欠的外债已接近20 000亿美元。由于需要还本付息，现在流入发展中国家的货币资本已经少于从发展中国家流出的货币资本。整个20世纪90年代发展中国家净流出的资本总额接近3000亿美元。沉重的外债负担严重地妨碍着发展中国家产业结构的调整和经济发展。在国际金融领域中，发达国家及国际垄断组织利用自己所拥有的强大实力，根据自己的需要制定国际货币金融制度，利用其金融制度，和金融垄断地位控制发展中国家；国际金融投机集团在发展中国家的货币及外汇市场上兴风作浪，干扰和破坏发展中国家的金融秩序，从中渔利。1997年国际金融投机集团在泰国等国家进行大规模金融投机，导致了东南亚地区前所未有的金融动荡和经济危机，严重地损害了发展中国家的利益。

旧的国际经济秩序的不合理性阻碍世界经济的发展，引起了多种矛盾，也遭到了越来越多的国家和人民的反对，20世纪80年代以来，旧的国际经济秩序遇到了越来越大的挑战，世界经济体系中出现了动荡、调整、组合的新态势。在西方发达资本主义国家中，美国的经济地位相对下降，西欧、日本的经济实力相对增强；部分新兴工业化国家的快速发展也对西方发达国家构成了挑战，广大发展中国家也在积极地探索各自的发展道路。随着西方国家经济实力均衡化趋势的发展和发展中国家工业化进程的深入，世界经济区域化、集团化浪潮日益高涨，逐步形成了北美、西欧、亚太地区三大经济圈，拉美、非洲的许多第三世界国家也组成了区域性经济集团，世界经济中“多样性”、“板块式”、“网络型”的新型结构不断形成、扩大。世界经济全球化与区域化的趋势并存，随着经济全球化趋势的加强，各国之间经济往来与联系日益增加，各个国家和国际经济组织之间需要就当代世界范围内的经济关系形成共识，制定相应的有利于世界经济合作与发展的新规则和新制度，这将有助于国际经济活动的稳定和促进对不合理的经济关系的调整，世界经济体系亟待在平等、合作的基础上建立起一种新秩序。

2.世界的多极化趋势，即当代世界政治发展的多极化趋势。美苏对抗的两极格局，随着苏联解体而告终。冷战后，世界政治格局逐渐形成了一个超级大国美国与若干强国和若干地区政治经济力量中心崛起的“一超多强”局面，多极化趋势正不断地发展。

超级大国美国，毫无疑问是当今世界的一极。它在国际政治、经济、军事和科技等领域具有举足轻重的影响力。从国际政治角度看，美国具有参与和解决国际重大事务的能力，在联合国安理会具有一票否决权。从世界经济的角度看，美国在全世界近200个国家和地区中，一直是国内生产总值居领先地位的国家。据统计，1999年美国国内生产总值为8.1亿美元，遥居世界之首。从世界军事领域看，美国是当今世界制造和储存战略与战术导弹最多的国家。不仅如此，美国还是制造和出售常规武器最多的国家。从科技领域看，美国是当今世界科技总体水平最发达、处于领先地位的国家。总之，美国是当今世界惟一的尚无任何国家可与之匹敌的超级大国。

欧洲联盟（简称“欧盟”），是1993年11月1日《欧洲联盟条约》即马斯特里赫特条约正式生效后，由欧共体演化而来的。现有15个成员国。20世纪90年代以来，欧盟在经济上大力加强一体化力度，从1999年1月1日开始启用统一的货币欧元，对内对外力求用“一个声音”讲话，国际社会常把它与美、日、中、俄等几个大国相提并论。从国际政治角度看，欧盟国内生产总值已经超过美国，1999欧盟超过8.8亿美元。从军事角度看，欧盟中英、法两国是拥有战略核武器与战术核武器的国家，德国在实现统一后，其武装力量也有较大增长。从科技水平看，欧盟成员国的总体科技水平在世界科技领域中也处于领先位置。总之，把政治、经济、军事和科技等因素综合起来考察，欧盟是当今世界的重要一极。

日本已经发展为世界经济大国。在其国内生产总值中，由于运用高科技而创造的国内生产总值，日本在20世纪80年代末就已名列发达国家之首。从总量上看日本的国民生产总值多年来仅次于美国名列世界第二位。从科技领域看，日本在高科技尤其是在电子、汽车、航天、航海方面许多技术都处于世界领先地位。近年来日本积极参与国际事务，积极调整日俄关系、日中关系和日美关系，这些都表明日本正在凭借其经济大国的实力地位谋求政治大国地位，同时也说明日本是当今世界不可忽视的一极。

俄罗斯，其综合国力与前苏联不可相提并论，其国际地位下降也十分明显。在苏联解体之后，俄罗斯国民经济连年衰退，人民生活水平降低，社会动荡，政局不稳。这一切使得俄罗斯在世界舞台上无法发挥其应有的作用。但是，尽管如此，俄罗斯的军事实力、科技水平和经济发展潜力仍不可低估。俄罗斯拥有辽阔的国土、极其丰富的资源和具有较高素质的国民，一旦俄罗斯改变其现行政策，重新调整其经济、社会结构，摆脱目前困境，俄罗斯未来的经济恢复与发展潜力也不能忽视。近年来俄罗斯积极、频繁地进行国际战略与外交政策的调整，这表明俄罗斯决不会充当美国的小伙计，决不会满足于世界二流国家的国际地位。俄罗斯现在和将来都会为恢复其世界大国形象和大国地位而不断地努力。从总体上看，俄罗斯仍然是当今世界的一极。

中国于 1971 年恢复在联合国的合法席位后，在国际事务中发挥着越来越大的作用。自党的十一届三中全会以来，改革开放政策使我国的国民经济有了长足发展，综合国力和国际地位有了显著的提高，2000 年中国国内生产总值已达 1.18 万亿美元，居世界第 7 位。中国是联合国安理会常任理事国之一，积极参与促进世界和平与发展的正义事业，在全世界特别是在第三世界国家中享有越来越高的威望。事实表明，中国是参与和解决国际事务，维护世界和平，促进世界经济发展的一支重要的力量。中国无疑是当今世界的一极。

综上所述，在当今国际社会大舞台上，对政治、经济、军事和科学等领域具有重大影响的国家或国家集团包括：美国、欧盟、日本、俄罗斯和中国，世界多极化格局的发展趋势日益明显。

第二节　坚持独立自主的和平外交政策

一、中国外交政策的宗旨

维护我国的独立和主权，促进世界的和平与发展，是中国外交政策的宗旨。在新的历史时期，邓小平根据对国际形势变化的最新判断，果断地调整我国的对外政策，改变了一个时期以来奉行的反对苏联霸权主义的“一条线”的战略，更加明确地提出了独立自主的和平外交政策。邓小平明确提出：“我们奉行独立自主的正确的外交路线和对外政策，高举反对霸权主义、维护世界和平的旗帜，坚定地站在和平力量一边，谁搞霸权就反对谁，谁搞战争就反对谁。所以，中国的发展是和平力量的发展，是制约战争力量的发展。"[①]维护我国的独立和主权，促进世界的和平与发展，是我国新时期外交战略的基本目标。

首先，维护国家的独立主权，是新时期我国外交战略的首要目标。

独立自主，是中国人民在长期的反帝反封建战争、国内革命战争、国际斗争和社会主义建设实践中总结出的一条宝贵的历史经验。早在中华人民共和国建国伊始，毛泽东、周恩来等老一辈领导人就确立了我国外交的原则立场是独立自主。在我国社会主义现代化建设的新时期，面对世界和平与发展的新时代，邓小平重新申明和进一步论证了我国独立自主的外交政策目标。邓小平不仅明确提出了"走自己的路，建设有中国特色社会主义"的思想，提出了搞经济建设必须坚持"独立自主，自力更生"的方针；而且还提出了实行对外开放与独立自主是辩证统一的思想，提出了在对外关系中以关心自己的国家利益为最高原则的思想，提出了各国事情应该由各国的党和人民自己去寻找道路、自己解决的思想，等等。这些思想极大地丰富和发展了马克思主义独立自主、自力更生的理论原则，科学地规定了我国在新时期独立自主的和平外交政策目标。

外交上的独立自主，首先在于维护国家的独立、主权和领土完整。邓小平在党的十二大开幕词中说："独立自主，自力更生，无论过去、现在和将来，都是我们的立足点。中国人民珍惜同其他国家和人民的友谊和合作，更加珍惜自己经过长期奋斗而得来的独立自主权利。任何外国不要指望中国做他们的附庸，不要指望中国会吞下损害我国利益的苦果。"[②]社会主义现代化建设不能以牺牲或损害国家的独立和主权为代价，也不可能在离开国家主权原则这一根本前提下得到顺利的发展。独立自主的权利是我国的根本权利，是国内建设和对外交往的基础，因此也是我国一切对外政策的核心目标。所以，在涉及国家独立与主权的问题

① 《邓小平文选》第3卷，第128页。

② 《邓小平文选》第3卷，第3页。

上，我们绝不拿原则作交易。对任何干涉我国内政，损害我国独立、主权和领土完整的企图和行径，不管其采取什么形式，我们都要与之进行坚决的斗争。基于同样的道理，中国也尊重别国的独立、主权和领土完整，支持任何国家和民族反对外来干涉或控制，反对侵略和维护国家独立自主的正义斗争。

实行不结盟，是我国独立自主的外交政策在新时期的一项重要的新发展。邓小平提出：中国的对外政策是独立自主的，是真正的不结盟。中国同任何国家没有结盟关系，完全采取独立自主的政策。中国不打美国牌。中国也不允许别人打中国牌。这是根据20世纪80年代初战略态势和国际关系的特点提出的一个具体的外交政策目标。为实现这一目标，我国在国际关系中改变了以某一特定国家划线的做法，对重大国际问题和事件独立自主地、实事求是地作出判断，决定本国政策的取舍。我们判断是非的标准是看它是否有利于维护世界和平与发展，是否有利于发展各国的友好关系。根据这一目标制订和采取具体的政策措施，不仅有利于扩大我国在国际关系中的主动权，更好地在国际上伸张正义，开展反对霸权主义的斗争，也有利于维护我国独立自主的地位，有利于保持世界格局的力量平衡和维护世界和平。

以维护和实现自己国家利益为最高的准则，是我国独立自主的和平外交政策的集中体现。确定独立自主的外交政策目标的根本目的在于维护和实现自己的国家利益。在20世纪80年代末，邓小平曾指出：改革开放以来，中国实际上是以关心自己的国家利益为最高准则来处理国与国关系和有关的世界性事务的。国家利益始终是在国际关系中起决定作用的因素，意识形态虽然是国家关系中的敏感因素，但从来不是决定性的因素。社会主义国家在对外交往中，同样要维护本国的政治、经济等各方面的利益。在新时期，我国在发展对外关系时，改变了过去那种以意识形态划线的做法，而确立了以维护我国的国家利益为最高原则的做法。这是从当今世界和平与发展已成为时代主题和我国实行改革的实际情况出发，对我国原有的外交政策目标进行的调整。超越社会制度、意识形态的异同去发展国家关系，体现了尊重各国独立与主权和互不干涉内政这一最基本的国际关系的准则。

其次，促进世界和平与发展，是新时期我国外交战略的重要目标。

世界和平是我国改革开放和社会主义现代化建设得以顺利进行的外部环境，也是各国人民生存与发展的前提。因此，邓小平曾反复指出：中国对外政策的目标是争取世界和平。围绕这一目标，邓小平提出了一系列相应的外交政策原则。

维护世界和平，首先要反对霸权主义和强权政治。历史经验表明，帝国主义的侵略扩张和各种霸权主义、强权政治行径始终都是造成紧张局势、冲突和战争的主要根源。20世纪80年代，邓小平基于对国际形势的深刻分析，指出霸权主义和强权政治仍然构成对世界和平的严重威胁。在冷战结束后，美国作为惟一的超级大国，还在充当世界警察的角色，到处伸手、干涉别国事务；西方发达国家，不仅加紧了对社会主义国家的渗透、颠覆与和平演变，也加紧了对广大发展中国家的干涉、控制和颠覆；地区霸权主义和地区冲突也有所抬头，由于历史和现实的种种原因，民族矛盾、国家利益冲突时常演化成国内或地区间的流血冲突，当今世界上仍然存在着许多这样的热点；西方大国为了取得在冷战后世界格局的主导地位，它们之间也围绕着利益得失而展开激烈的较量。针对当前国际关系中霸权主义、强权政治和地区冲突仍然存在，甚至不断发展的状况，邓小平指出世界和平与发展问题还没有得到真正的解决，因此中国人民必须与其他各国热爱和平的人民一起坚决反对霸权主义和强权政治，以维护世界的稳定，促进世界的和平与发展。

世界和平与裁军、军控是不可分割的。所以，邓小平认为，要维护世界和平，还必须反对军备竞赛，推动世界的裁军进程。在冷战状态下，军备竞赛，特别是超级大国的核武库的膨胀，是激化国际紧张局势的重要因素，也是对世界和平的重要威胁。在邓小平上述思想的指导下，我国政府提出了公正、合理、全面、均衡的裁军与军控的原则，并在20世纪80年代以来多次大幅度裁减军队，这表明我国是以实际行动来维持世界和平，为实现和平作出贡献的。

为维护世界和平，邓小平还提出应加强同第三世界国家的团结，发展南南合作。他反复强调，第三世界国家是维护世界和平、反对霸权主义的基本力量，也是世界经济发展的重要因素。中国是发展中的社会主义国家，与广大第三世界国家的命运是共同的，属于第三世界，永远站在第三世界一边。第三世界国家都有遭受霸权主义和强权政治的威胁以及国际经济旧秩序剥削的历史。在过去的斗争中，中国和第三世界国家相互同情、相互支持；今天又面临着发展民族经济、建设自己国家的共同任务。寻求发展、促进经济繁荣是中国与第三世界各国共同面临的历史任务，因此为了争取民族和国家发展的有利外部环境，中国将一如既往地加强同第三世界国家的团结与合作。

二、处理国家关系的根本原则

1.和平共处五项原则的提出和发展。

和平共处五项原则是由中国在20世纪50年代初提出并由中国、印度、缅甸三国共同倡导的。1953年12月31日，周恩来总理接见印度政府代表团时，第一次提出了和平共处五项原则。他说："新中国成立后就确立了处理中印两国关系的原则，那就是，互相尊重领土主权、互不侵犯、互不干涉内政、平等互利、和平共处的原则。"周恩来总理的主张得到了印度方面的积极响应。中印双方经过平等协商，于1954年4月29日发表了谈判公报，并签署了关于西藏地方和印度之间的通商和交通协定。两国政府一致同意把和平共处五项原则完整列入上述公报和协定中。

1954年6月，周恩来总理应邀访问了印度和缅甸。在分别发表的中印、中缅两国总理的联合声明中，都突出了指导两国关系的和平共处五项原则。还特别指出这些原则不仅适用于各国之间，而且适用于一般国际关系中。

1955 年 4 月在印度尼西亚的万隆市召开的有 29 个国家参加的亚非会议上通过了关于促进世界和平与合作的宣言，制定了各国和平友好相处的十项原则。十项原则包括了和平共处五项原则的全部内容。可以说是对和平共处五项原则的引申和发展。这样，和平共处五项原则就超出了中国与印、缅两国之间双边关系的范围，三国的倡仪实际上得到了广大亚非国家的响应。

和平共处五项原则为越来越多的国家所接受，一直发展到今天成为普遍的国际关系的基本准则，这一发展过程的特点是其适用范围的普遍化趋势。和平共处五项原则的发展还表现在内容的日趋丰富和具体上。1963 年 12 月到 1964 年 3 月，周恩来总理访问亚非 14 国时，又在五项原则的基础上提出了“中国处理同阿拉伯国家关系五项原则”、“中国处理同非洲国家五项原则”和中国对外提供经济技术援助的“八项原则”，使和平共处五项原则具体化，进一步丰富和发展了其内容。

2.和平共处五项原则与中国的外交实践。

中国不仅是和平共处五项原则的提出者和倡导者，而且是和平共处五项原则的忠实实践者和执行者。和平共处五项原则载入了我国宪法，成为我国对外关系的基本国策。我国基于和平共处五项原则的外交活动，已成为建设有中国特色的社会主义的伟大实践的组成部分。我国在和平共处五项原则的基础上，同世界上绝大多数国家建立和发展了平等互利、友好合作的外交关系；同缅甸、尼泊尔、蒙古、巴基斯坦和阿富汗，通过互谅互让的和平协商，订立了边界条约，解决了历史遗留下来的边界问题。在中俄边界问题上，已经在诸多方面达成了共识，勘定国界线正在进行，中国同周边大多数国家建立、保持或恢复了睦邻友好关系，同另一些国家的关系正在逐步改善，对于彼此间存在的这样那样的分歧，我们力争通过友好协商加以解决。

我们同美国、日本、统一后的德国以及其他发达资本主义国家，都争取在和平共处五项原则的基础上，以求同存异、平等协商的方式，发展和保持友好关系，努力扩大在政治、经济、文化、科技等方面的交流与合作。至于双方的分歧和矛盾，我们也主张通过平等协商，取得合理解决。

我们同社会主义国家之间，认真贯彻了和平共处五项原则，同一些国家保持和发展了友好关系；同另一些国家以“结束过去，开辟未来”的精神实现了关系正常化，并在新基础上发展友好合作、长期稳定的关系；我们也争取同其余国家改善和发展相互关系。

我们始终把加强和发展同第三世界国家的团结与合作作为对外工作的一个基本立足点。在国际舞台上坚决维护第三世界人民的利益，支持他们为维护民族独立、发展民族经济、抵制外来侵略和干涉，为建立国际经济、政治新秩序而进行的正义斗争。我们支持发展南北关系，促进南南合作，以自己微薄的力量向许多国家和地区提供了不附加任何条件的援助，同更多的国家和地区发展了平等互利的经济、科技合作与交流，有力地增强了第三世界集体自力更生的能力。

总之，中国在国际交往中，一贯主张和坚决实行国家不分大小、强弱、贫富一律平等，对任何国家都一视同仁地实行和平共处五项原则，没有在任何外国留驻一兵一卒，没有侵占别国一寸领土，没有侵犯任何国家的主权，没有把不平等关系强加于任何国家。中国正是以自己忠实执行和平共处五项原则的实际行动，赢得了国际社会对中国外交政策的理解和支持，提高了我国的国际地位。党的十一届三中全会以来，我国适应国际形势的变化，在五项原则基础上积极开展外交工作，开创了外交工作的新局面，为保障党的基本路线的贯彻执行，促进社会主义现代化建设和改革开放，创造了有利的国际环境，同时对于维护世界和平和促进人类进步的事业作出了自己的积极贡献。

3.和平共处五项原则与国际斗争。

和平共处五项原则，是作为霸权主义和强权政治的对立物而提出来的。霸权主义是和平共处五项原则的最大障碍。要在国际关系中实行和平共处五项原则，就必须反对各种形式的霸权主义，既反对超级大国妄图称霸全球的霸权主义，也反对地区霸权主义。江泽民同志指出：为了国际间正常的关系，为了21世纪的世界和平，需要建立国际新秩序。中国主张在和平共处五项原则的基础上建立国际经济政治新秩序。和平共处五项原则是相互关联的，而最重要的一条是互不干涉内政。中国不谋求霸权，也反对以任何形式粗暴地干涉别国内政，把自己的政治制度、经济制度和价值观念强加在别国头上。只要霸权主义和强权政治还没有退出历史舞台，世界就不会安宁，中国主张世界上所有国家不论大小、富贫、强弱，都一律平等，坚决反对以大欺小、以富压贫、以强凌弱。各国的事应由各国人民自己去管，世界上的事应由各国协商解决。这是走向21世纪的中国对外关系的基本主张，要实行和平共处五项原则，就必须反对霸权主义；而和平共处五项原则本身又是识别和反对霸权主义的有力武器。

就社会主义国家与资本主义国家相互关系而言，实行和平共处五项原则还要警惕、抵制和反对国际敌对势力和平演变的图谋。帝国主义者的本性决定了它们是不希望与社会主义中国和平相处的，他们的既定方针是从地球上铲除社会主义制度。他们在用军事手段消灭社会主义的计划破产以后，才不得不接受和平共处五项原则，转而在“和平共处”、“友好合作”的名义下打一场“没有硝烟的战争”，企图“不战而胜”地消灭社会主义国家。国际敌对势力在我们建国50多年以来一直没有停止过对我国的渗透、颠覆和和平演变，而在东欧巨变以后更越来越以我国作为其推行和平演变战略的重点对象。在这种情况下，我们既不能因为反对和平演变而放弃与发达资本主义国家的和平共处，也不能因为与它们和平共处而放松对其和平演变图谋的警惕。警惕和反对敌对势力的和平演变战略，正是坚定不移地实行和平共处五项原则的必要条件。

第三节 建立公正合理的国际政治经济新秩序

一、国际政治经济新秩序的构建

20世纪80年代末、90年代初，世界格局发生一系列剧烈的新变化：国际形势由紧张转向缓和，由对抗转向对话；东欧国家政治剧变，苏联由衰落到解体；世界和平力量与民主力量进一步发展壮大，霸权主义和强权政治受到了大多数国家的谴责。邓小平的建立公正合理的国际政治经济新秩序的主张，正是针对发生了巨大变化的国际形势而提出的。

建立国际政治经济新秩序的基本目标是：顺应当代世界和平与发展的历史潮流，改变超级大国主宰世界的局面，结束霸权主义和强权政治，使世界上所有国家不论大小，主权一律平等，公正、民主、协商解决国际事务。国际新秩序的核心是维护国家主权原则和不干涉他国内政的原则。在建立国际政治新秩序的同时，建立平等、互利、公正、合理的国际经济新秩序，促进各国经济社会的发展和繁荣。党的十五大报告指出："要致力于推动建立公正合理的国际政治经济新秩序。这种国际新秩序是以和平共处五项原则为基础的，符合联合国宪章的宗旨和原则，反映了和平发展的时代潮流。"

邓小平关于建立国际政治经济新秩序的主张具有鲜明的时代感和针对性，它直接针对不公正和不合理的国际政治经济旧秩序而提出。国际旧秩序带有殖民主义和帝国主义的鲜明烙印。就国际政治旧秩序来说，它的基本特征是：霸权主义和强权政治成为支配国际关系的准则和国际行为的规范，超级大国主宰世界，战争威胁人类，大多数国家和民族处于从属和不平等的地位。国际经济旧秩序的基本特征是：以不合理的国际分工为基础的资本主义国家生产体系，使大多数发展中国家的单一经济结构长期得不到改变，并在资金、技术、工业品等方面严重依赖发达国家，工业化进程难以实现，南北差距日益扩大；以不平等交换为基础的国际贸易体系，使发达国家通过压低原材料和初级产品价格，提高工业品和知识产权价格，剥削广大发展中国家；发达国家对工业品生产和世界市场垄断；使发展中国家蒙受巨大的经济损失而长期处于经济落后状态；以垄断为基础的国际货币金融体系和金融组织内少数发达国家对广大发展中国家具有支配地位，对发展中国家的金融秩序和经济发展造成了严重的损害。

社会主义中国所要求建立的国际政治新秩序的具体任务包括以下几项主要内容：

第一，国际政治新秩序的建立必须以和平共处五项原则为基础，推动各国以和平共处五项原则为准则和规范来处理国与国之间的关系。

第二，国际政治新秩序的核心是反对霸权主义和强权政治，尊重各国的独立自主、平等与主权，各国都有权参与协商解决世界事务，坚决改变以大欺小、以强凌弱和由一个或几个大国垄断国际事务的不合理现象。任何国家都不应在世界或某个地区谋求霸权和推行强权。

第三，国际政治新秩序必须使各国人民拥有自己决定自己命运的权利。各国都有权根据本国国情，选择适合自己的社会制度、意识形态、经济模式和发展道路，任何国家都不得将自己的选择强加于别国，以此干涉别国内政。

第四，在新的国际政治秩序中，各国应在互相尊重领土和主权完整的前提下合理解决国际争端和冲突，反对诉诸武力，反对武装入侵和用战争手段解决国际争端。

第五，建立国际政治新秩序要依靠联合国的作用。联合国为维护世界和平与安全，解决人类共同关心的问题发挥着重要作用，在解决地区冲突方面已经作出和正在作出积极努力。在新的形势下，联合国还应该在建立国际政治新秩序的安全保障机制、协调国家利益与国际社会总体利益的冲突方面发挥更大的作用。

中国为建立公正合理的国际政治经济新秩序所作的努力，得到了广大发展中国家的赞赏和支持，同时也得到了发达国家的进步人士的同情和支持。邓小平提出的关于建立国际政治新秩序的主张符合历史潮流，必将对世界的和平与发展产生深远影响。

二、应对国际局势变幻的指导方针

20 世纪 80 年代末 90 年代初是整个世界格局发生剧烈变化的时期，其中一个最重要的方面，就是国际共产主义运动遭受严重挫折，一些社会主义国家出现危机，有的改旗易帜，放弃科学社会主义。在这种情况下，中国往何处去，是我们党面临的一个极其重大的问题。邓小平同志总揽全局，高瞻远瞩，深刻阐明了对复杂国际形势的态度。他指出：“对于国际局势，概括起来就是三句话：第一句话，冷静观察；第二句话，稳住阵脚；第三句话，沉着应付。不要急，也急不得。”[①]他强调，“第三世界一些国家希望中国当头。但是我们千万不要当头，这是一个根本国策。”“中国永远不称霸，中国也永远不当头。”冷静观察，稳住阵脚，沉着应付，决不当头——这十六个字，是当前形势下我国对外关系的重要的指导方针。

1.冷静观察，就是要正确看待形势，正确认识世界社会主义事业的挫折。

在东欧、苏联相继演变或解体、这些国家的共产党纷纷垮台的形势下，国内有些人信心动摇，产生了悲观情绪，以为中国也难逃此厄运；有的则把问题看作是改革开放的必然结果，主张停止或放慢改革的步伐，这实际上说明我们看问题不全面，不深刻，不辩证。邓小平同志以伟大革命家的战略眼光洞察这些问题，深刻指出：“从一定意义上说，其中暂时复辟也是难以完全避免的规律性现象。一些国家出现严重曲折，社会主义好像被削弱了，但人民经受锻炼，从中吸取教训，将促使社会主义向着更加健康的方向发展。因此，不要惊慌失措，不要认为马克思主义

① 《邓小平文选》第 3 卷，第 321 页。

就消失了，没用了，失败了。哪有这回事！”[①]他认为，世界上发生的变化，对我们并非全是坏事，而是困难和机遇并存。“对国际形势还要继续观察，有些问题不是一下子看得清楚，总之不能看成一片漆黑，不能认为形势恶化到多么严重的地步，不能把我们说成是处在多么不利的地位。实际上情况并不尽然。世界上矛盾多得很，大得很，一些深刻的矛盾刚刚暴露出来。我们可利用的矛盾存在着，对我们有利的条件存在着，机遇存在着，问题是要善于把握。”[②]所以，邓小平同志强调：“要冷静、冷静、再冷静，埋头实干，做好一件事，我们自己的事。”

2.稳住阵脚就是在冷静观察的基础上，站稳脚跟，摆正确自己的位置。

1989年“六四”风波以后，一些西方发达国家确实给我们制造了很多麻烦，一会儿是制裁，一会儿是人权问题，对此，邓小平同志坚决地指出：“中国人民不怕孤立，不信邪。不管国际风云怎么变幻，中国都是站得住的。”“中国永远不会接受别人干涉内政。”这是看问题、做事情的基点。事实表明，你越不怕，它们就越拿你没办法。制裁、威胁也就越不灵验，相反，你越示弱，他们就越看不起你，就越要打你的主意。相信中国自己的力量，不妄自菲薄，我们是能够克服困难，取得胜利的。

3.沉着应付，是面对复杂国际形势确定我们对策的指导思想。

它实际上包含了不屈服于西方国家的压力，又不放过任何发展的机会。第一，像邓小平同志指出的那样：“尽管东欧、苏联出了问题，尽管西方七国制裁我们，我们坚持一个方针：同苏联继续打交道，搞好关系；同美国继续打交道，搞好关系；同日本、欧洲国家也继续打交道，搞好关系。这一方针，一天都没有动摇过。”[③]第二，在国内事务方面，正确处理反和平演变与抓经

① 《邓小平文选》第3卷，第383页。
② 《邓小平文选》第3卷，第354页。
③ 《邓小平文选》第3卷，第359页。

济建设的关系。要看到，苏联、东欧发生问题，最根本的原因还是经济没搞上去，使社会主义失去了吸引力。所以，“最终说服不相信社会主义的人要靠我们的发展。”为此，邓小平同志强调，“综观全局，不管怎么变化，我们要真正扎扎实实地抓好这十年建设，不要耽搁”。要抓住机遇发展自己，关键是发展经济。

4.决不当头，是对我们过去几十年活动的经验和教训进行深刻总结后得出的结论。

中国历来不主张自己当头，也不希望有什么党什么样国家来当我们的头。但是，由于各种纷繁的因素，过去有一段时间我们也当过反对“修正主义国家”和“修正主义者”的头。但事实表明，当这种头并不是明智的选择。不但因为卷入了意识形态论争耽误了我们许多宝贵的时间，与发达国家间的差距越拉越大，而且由于没有一个和平的国际环境，我们错过了科技革命的浪潮和许多发展机会，付出的代价是很大的。因此，我们尤其需要把“决不当头”作为重要的指导方针。邓小平同志说得好：“这个头我们当不起，自己力量也不够，当了绝无好处，许多主动都失掉了。”从一定的意义上说，不当头就是用实际行动来表明中国是维护世界和平的重要力量。邓小平同志深刻地表达了这一点：“社会主义中国应该用实践向世界表明，中国反对霸权主义、强权政治，永不称霸，中国是维护世界和平的坚定力量。”

邓小平所概括的这些策略思想，对于指导我国在国际政治舞台上的成功实践，已经显示了积极的作用。可以说，新时期中国外交事业的重大发展，国际地位的日益提高，标志着邓小平外交战略思想的重大胜利。

思考题

1.新时期我国外交战略的基本目标和原则是什么？

2.建立公正合理的国际政治经济新秩序的基本内涵是什么？

3.试述邓小平提出的应付国际局势变幻的指导方针。

第十二章

中国特色社会主义事业的依靠力量和领导核心

本章学习重点

建设有中国特色社会主义事业必须依靠广大工人、农民、知识分子，最广泛最充分地调动一切积极因素，不断为中华民族的伟大复兴增添新力量。中国共产党是工人阶级的先锋队，同时是中国人民和中华民族的先锋队。中国共产党始终是中国特色社会主义事业的领导核心。按照“三个代表”要求，不断加强和改进党的建设。

第一节 中国特色社会主义事业的依靠力量

建设中国特色社会主义必须依靠广大工人、农民、知识分子，最广泛、最充分地调动一切积极因素，不断为中华民族的伟大复兴增添新力量。包括知识分子在内的工人阶级，广大农民始终是推动我国先进生产力和社会全面进步的根本力量。在社会变革中出现的社会各阶层都是中国特色社会主义事业的建设者。

一、建设中国特色社会主义必须依靠广大人民群众

人民群众是决定国家前途的根本力量，是我们党的力量源泉和胜利之本。社会主义事业是全体人民共同的事业，只要紧紧依靠人民群众，善于集中人民群众的智慧和创造力，任何困难都能克服，任何障碍都能排除，任何任务都能完成。失去了人民群众的拥护和支持，党的事业和一切工作就无从谈起。

1.全心全意依靠工人阶级。

全心全意依靠工人阶级是我们党的根本方针。工人阶级的历史地位、社会地位和历史使命决定了工人阶级是中国共产党的阶级基础，是我国社会主义建设的领导阶级和中坚力量，是推动先进生产力发展的基本力量。

第一，工人阶级是先进生产力的代表。工人阶级与最先进的经济形式——社会化大生产相联系。社会化大生产的社会性、先进性决定工人阶级是最进步、最有远大前途的阶级,是觉悟最高、组织性、纪律性和团结精神最强，在社会各阶级中处于领导地位的阶级。工人阶级创造了大部分的社会财富，是我国社会主义现代化建设的主导力量。工人阶级由于在社会主义现代化建设中的主导地位和高度集中统一等特点，是维护国家的安定团结、社会稳定的强大而集中的社会力量。实行改革开放，进行现代化建设，改革束缚生产力发展的生产关系，解放和发展生产力，符合

工人阶级的根本利益，因而工人阶级是改革开放和现代化建设的最基本的动力。改革开放和社会主义现代化建设的全部活动与整个过程，都必须全心全意地依靠工人阶级。随着改革开放和现代化建设的发展，我国工人阶级队伍不断壮大，思想道德素质、科学文化素质也日益提高，知识分子作为工人阶级的一部分，大大增强了工人阶级的科技文化素质。我们实行公有制为主体、多种所有制经济共同发展的基本经济制度，发展社会主义市场经济，实行经济结构战略调整，一些工人群众的工作岗位发生了变化。但这并没有改变我国工人阶级的地位，而且从长远看有利于提高工人阶级的整体素质，发挥工人阶级的整体优势。不管在什么样的变化下，我们都不能忘记中国工人阶级始终是推动中国先进生产力发展的基本力量。

第二，工人阶级是中国共产党的阶级基础。中国共产党从成立之日起，就把自己定为中国工人阶级的政党，始终坚持工人阶级先锋队性质，为保持自身的先进性奠定了坚实的阶级基础。党是工人阶级先锋队，它要领导革命和建设的胜利，必须始终不渝地全心全意依靠工人阶级。

第三，全心全意依靠工人阶级，关键在于维护和加强全体职工的主人翁地位。这就要求在深化改革，建立现代企业制度的过程中，要通过政治的、经济的、法律的、舆论的、行政的手段切实维护工人阶级的权益。在政治上要坚定不移地相信和依靠工人阶级。在经济上要有具体政策措施保障工人阶级的基本利益，同时提高他们的思想道德素质和科学文化素质。在舆论导向上，要大力宣传只有工人阶级才能代表先进生产力发展要求，支持工人阶级当家作主，充分调动他们的积极性创造性，更好地发挥其领导阶级的作用。

2.改革开放和现代化事业必须依靠人数最多的农民。

我国的国情决定了农民不仅是我国新民主主义革命的主力军，而且是我国改革开放和社会主义现代化建设中人数最多的依靠力量，是推动我国社会生产力发展的重要力量。农民问题是我国革命和建设的根本问题。

第一，农业是我国国民经济发展、社会安定、国家昌盛的基础。农业不仅关系着我国十三亿人口的吃饭、穿衣等基本生存条件问题，而且还保证和支持着整个国民经济的运行和稳定发展。

第二，农民不仅是我国新民主主义革命的主力军，而且是我国改革开放和现代化建设中人数最多的依靠力量。依靠广大农民既是对我国历史经验的总结，也是由我国国情和现代化建设的需要所决定的。农民是国家政权最广泛、最深厚的群众基础，农村稳定是整个社会稳定的基础。农民是农业生产和农业现代化建设的主力军，要实现农业现代化和整个社会主义现代化，必须把农民作为主要依靠力量。

第三，依靠广大农民，调动农民的积极性和创造性，关系到国家发展的大局。依靠广大农民，必须充分认识农村、农民、农业问题的极端重要性，充分尊重农民的自主权和创造精神，切实保障农民权益和民主权利，减轻农民负担，不断提高农民的生活水平。要长期稳定家庭联产承包经营责任制等党在农村的基本政策，加强和完善农业立法，巩固工农联盟，改善农村教育状况，提高广大农民的科学文化素质，培养、造就一代新型农民，推动农村社会主义现代化建设的进程。

3.“尊重知识，尊重人才”，充分发挥知识分子的重要作用。

知识分子是工人阶级中掌握科学文化知识较多，主要从事脑力劳动的一部分，是先进生产力的开拓者和从事教育科学文化工作的基本力量，是实施科教兴国的主力军，在改革开放和现代化建设中承担着重大的历史责任，是社会主义建设的重要依靠力量。

第一，科学技术是第一生产力。江泽民在“七一”讲话中强调，科学技术是第一生产力，而且是先进生产力的集中体现和主要标志。科学技术的突飞猛进，给世界生产力和人类经济社会的发展带来了极大的推动。国家之间的竞争更多的是科技力量的竞争，归根到底是人才的竞争。知识分子特别是广大科技人员是科学技术的载体，是经济增长点上的主要支撑因素，他们对加快现代化的历史进程有着特殊重要的作用。知识分子作为人类科学文化知识的重要继承者和传播者，作为“四有”公民的培育者和优秀精神产品的生产者，在实施科教兴国战略、提高劳动者素质和物质文明与精神文明的建设中有着不可替代的作用。

第二，依靠知识分子，充分发挥知识分子的作用。邓小平反复强调要“尊重知识，尊重人才”。现阶段,党和国家不断努力创造更加有利于知识分子施展聪明才智的良好环境。对知识分子在政治上充分信任，工作上放手使用；依法保护知识产权，尊重和保护知识分子的创造性劳动成果；采取各种措施为广大科技人员和知识分子提供施展才华的广阔舞台。

第三，教育者必须先受教育。毛泽东指出：“我们的报纸每天都在教育人民。我们的文学艺术家，我们的科学技术人员，我们的教授、教员，都在教人民，教学生。因为他们是教育者，是当先生的，他们就有一个先受教育的任务。在这个社会制度大变动的时期，尤其要先受教育。”①邓小平也指出，要教育人民，必须自己先受教育。给人民以营养，必须自己先吸收营养。知识分子要更好地承担起工人阶级的历史使命，必须努力学习。要学习马克思主义理论，学习经济、科技、法律等方面的知识，以适应新形势新任务的要求。应牢牢把握中国先进文化的发展趋势和要求，立足于有中国特色的社会主义实践，着眼于世界科学文化发展的前沿，不断发展健康向上、丰富多彩的，具有中国特色的社会主义文化，为社会主义现代化建设提供精神动力和智力支持。

4.最广泛地调动一切积极因素，发挥各社会阶层的作用。

江泽民同志在党的十六大的报告中讲到必须最广泛地调动一切积极因素时提出：必须尊重劳动、尊重知识、尊重人才、尊重创造、这要作为党和国家的一项重大方针在全社会认真贯彻。

在“四个尊重”中，“尊重劳动”被放在首位。报告强调：“要尊重和保护一切有益于人民和社会的劳动。不论是体力劳动

① 《毛泽东文集》第7卷，第271页。

还是脑力劳动，不论是简单劳动，还是复杂劳动，一切为我国社会主义现代化作出贡献的劳动，都是光荣的，都应该得到承认和尊重。”马克思主义是一贯尊重劳动的。劳动创造世界，劳动创造财富。尊重劳动就是要尊重劳动群众。在旧中国，劳动人民处于受压迫的地位时，革命者和进步人士提出“劳工神圣”的口号。解放后，劳动人民当家作主，“劳动光荣”成为新的社会风气。但是，在“左”的一套盛行时，把知识分子同劳动人民割裂开来，对立起来，广大知识分子难以充分发挥自己的才能和作用，为国家和社会多做贡献的积极性和创造性受到压抑。邓小平复出后即强调：“一定要在党内造成一种空气：尊重知识、尊重人才。要反对不尊重知识分子的错误思想。要重视知识、重视从事脑力劳动的人，要承认这些人是劳动者。”

当今世界，从事脑力劳动的人在当代社会生产的地位和社会经济发展中的作用越来越重要。当代社会发展中，存在着从以体力劳动为主转向脑力劳动为主；劳动者趋向知识化、技能化的趋势。在某些发达国家，这种趋势已表明得较明显。但是，从我国的现实情况来看，我们的生产力还比较落后，广大农民还主要从事体力劳动。城镇劳动者中从事体力劳动的还占相当大的比重。要转向以脑力劳动为主还需要一个长远的过程。因此，我们强调脑力劳动、复杂劳动的重要性，强调科技工作和管理劳动的重要作用时，决不能轻视体力劳动和简单劳动，正如江泽民同志在十六大报告中所指出的：“工人阶级、广大农民，始终是推动我国先进生产力发展和社会全面进步的根本力量。”

最广泛、最充分地调动一切因素，当前一个突出的问题是要正确认识和发挥我国社会中新出现的社会阶层的作用。改革开放以来，随着我国经济体制改革的不断深化，我国社会阶层的构成发生了变化，出现了民营科技企业的创业人员和技术人员，受聘于外资企业的管理技术人员、个体户、私营企业主、中介组织的从业人员、自由职业人员等社会阶层。他们与工人、农民、知识分子一样，也是中国特色社会主义事业的建设者，对推进我国的改革开放，推进我国的科技创新和体制创新发挥了不可替代的作用。因此，当前，我们必须“尊重劳动、尊重知识、尊重人才、尊重创造。”营造鼓励人们干事业，支持人们干成事业的社会氛围。最广泛、最充分地调动一切积极因素，不断为中华民族的伟大复兴增添新力量。

5.人民军队是社会主义祖国的保卫者和建设社会主义的重要力量。

中国人民解放军是人民民主专政的坚强柱石，肩负着保卫社会主义祖国、保卫四化建设的光荣使命。没有一支人民的军队，便没有人民的一切。

第一，中国人民解放军是保护人民利益、捍卫社会主义祖国的钢铁长城。

现阶段，虽然阶级斗争已经不是我国社会的主要矛盾，和平与发展是当今世界的主题。但阶级斗争依然存在，国际环境仍然复杂多变，霸权主义和强权政治仍然存在，战争的威胁并未根本消除。为了保卫国家安全，维护祖国统一、独立和主权，促进世界和平与发展，必须积极推进国防和军队的现代化，不断增强国防实力。

第二，中国人民解放军是建设社会主义事业的重要力量。

我国是一个发展中国家，认真搞好军队建设，增强国防实力，是全面增强综合国力的重要内容。同时，人民军队在自觉服从国家建设大局，积极参加经济建设、精神文明建设及抗洪抢险、保卫国家、人民生命财产的战斗中建立了功勋，为社会主义现代化建设做出了重要贡献。

第三，要坚持党对军队绝对领导的根本原则。

按照江泽民提出的“政治合格、军事过硬、作风优良、纪律严明、保障有力”的总要求，以新时期军事战略方针为统揽，要实行科技强军、依法治军，努力把人民军队建设成为一支强大的现代化、正规化革命军队。要加强国防后备力量建设，发展国防科技工业。不断巩固和加强军政军民团结。

二、加强全国各民族的大团结是维护祖国统一，促进社会发展的重要保证

建设有中国特色的社会主义，必须依靠全国各族人民的大团结。民族平等、团结和各民族的互助繁荣，关系到一个国家的命运。

1.加强民族团结。

我国是一个统一的多民族的国家，在漫长的历史发展中，由于各民族相依共存的经济文化联系，由于近代以来各民族在抵御外来侵略和长期革命斗争中结成的休戚与共的关系，经过长期的考验形成了具有强大凝聚力的中华民族。新中国成立以后，确立了各民族平等、团结、互助的新型的社会主义民族关系。邓小平指出："我国各兄弟民族经过民主改革和社会主义改造，早已陆续走上社会主义道路，结成了社会主义的团结友爱、互助合作的新型民族关系。"[①]正确处理民族问题、巩固和发展各民族的团结与合作，对于我国的社会主义建设事业，对于巩固人民民主专政的国家政权，维护祖国统一，对于各民族的自身发展和繁荣，对于各民族的团结和国家的安定团结，都具有重要的意义。各族人民的大团结是社会主义建设事业的重要依靠力量。依靠和加强各民族的团结与合作，是建设有中国特色社会主义的极其重要的内容。

社会主义时期是各民族发展繁荣的时期，社会主义条件下民族关系是劳动人民之间的关系，各民族之间的关系是融洽的。正如邓小平所说："我们的民族政策是正确的，是真正的民族平等。我们十分注意照顾少数民族的利益。中国一个很重要的特点就是没有大的民族纠纷。"[②]但是，由于历史、经济、文化和国际的诸多原因，民族问题依然存在。各民族地区经济、文化发展不平衡；一些地方，民族与宗教问题交织在一起，往往因对宗教问

① 《邓小平文选》第 2 卷，第 186 页。

② 《邓小平文选》第 3 卷，第 362 页。

题处理不慎，引发出一些地方性冲突；资产阶级民族主义思想影响和历史遗留下来的民族隔阂长期存在；极少数民族分裂分子在国际敌对势力支持下，从未停止过分裂祖国和破坏社会主义制度的活动。因此，必须认识民族工作的长期性、复杂性和重要性，发展社会主义新型民族关系，加强各民族的大团结，充分发挥各民族的积极性、创造性。

2.处理民族问题的基本原则和基本政策。

社会主义时期我国处理民族问题的基本原则是：维护国家统一，坚持民族平等、团结、互助，促进各民族共同繁荣。

民族区域自治是我国正确处理民族问题的基本政策，也是我国的一项重要政治制度。所谓民族区域自治，就是在我国领土范围内，在中央政府的统一领导下，遵循宪法的规定，各少数民族依照有关法律，以聚居的地区实行区域自治，设立自治机关，行使自治权，享受当家作主、管理本民族事务、综合民族和地区为一体的自治制度。它的核心是既保障少数民族当家作主，管理本民族、本地区事务的权利，又维护国家的统一。

实践证明，这项制度有利于保障各少数民族自主管理本民族内部事务的权力；有利于巩固和发展平等、团结、互助的社会主义民族关系；有利于调动全国各民族进行社会主义现代化建设的积极性和创造性；有利于促进和发展各民族的共同繁荣和进步；有利于巩固国家的稳定和统一，抵御国内外敌对势力的颠覆和破坏。新时期，坚持和完善民族区域自治制度，充分发挥其优越性，是民族工作的重要任务之一。

三、巩固和发展最广泛的爱国统一战线

中国革命和建设的历史经验证明，在中国共产党的领导下团结一切可以团结的力量，调动一切积极因素，化消极因素为积极因素，组成最广泛的统一战线，是战胜困难，夺取革命和建设胜利的重要保证，是中国共产党在政治上的一个巨大优势。统一战线过去是、现在是、今后仍然是党的一个重要法宝。

1.统一战线是新时期我国革命与建设的一大法宝。

统一战线是夺取中国新民主主义革命胜利的三大法宝之一，是毛泽东思想的重要组成部分。统一战线在社会主义革命和建设的过程中继续发挥着重大作用。十一届三中全会以后，邓小平在新的历史条件下继承和发展了毛泽东统一战线理论。他指出，在我国新的历史时期，“统一战线仍然是一个重要法宝，不是可以削弱，而是应该加强，不是可以缩小，而是应该扩大。”[①]在新的历史时期，统一战线仍然是无产阶级政党总路线和总政策的重要组成部分。建设有中国特色的社会主义，是十分艰巨的事业，需要团结一切可以团结的力量；完成祖国统一大业，反对霸权主义，维护世界和平，也需要团结各方面的力量。在这些方面，统一战线工作有特殊的使命和作用。

第一，统一战线中不仅有八个民主党派和其他社会组织，有上亿的人，而且在为数众多的统战对象中，大多数具有较高的科学文化知识和较丰富的管理经验，是社会主义现代化建设的有用人才。

第二，统战对象中一些人有比较广泛的社会关系，他们具有重要的社会影响，可以通过他们引进外资、引进先进科学技术和人才。

第三，依靠统一战线，能加强同港、澳、台人士和国外侨胞的团结，反对霸权主义，维护世界和平，实现“一个国家，两种制度”的构想，实现祖国的统一大业。

统一战线仍是推动我国社会主义现代化建设事业不断发展的法宝。社会主义时期爱国统一战线具有四大功能：团结的功能，沟通的功能，协调的功能，自我教育的功能。

2.新时期统一战线的内容、基本任务。

我国统一战线在不同的历史时期，随着阶级关系和中心任务的变化而有不同的内容。新时期统一战线是工人阶级领导的，以工农联盟为基础的，全体社会主义劳动者、拥护社会主义的爱国

① 《邓小平文选》第 2 卷，第 203 页。

者和拥护祖国统一的爱国者的最广泛的政治联盟。它是建立在社会主义和爱国主义基础上的，社会主义性质的统一战线。

新时期统一战线的基本任务是：高举爱国主义、社会主义旗帜，团结一切可以团结的力量，调动一切积极因素，同心同德，群策群力，坚定不移地贯彻执行党在社会主义初级阶段的基本路线，为维护安定团结的政治局面服务，为推进改革开放和社会主义现代化建设服务，为健全社会主义民主和法制服务，为促进“一国两制”、和平统一祖国服务。同时，反对霸权主义，为维护世界和平服务。

为实现这一基本任务，要切实加强、巩固和发展新时期爱国统一战线。

3.全面正确地贯彻执行党的宗教政策。

要切实加强、巩固和发展新时期的爱国统一战线，就要全面正确地贯彻执行党的宗教政策，加强同爱国宗教界的团结。我国是一个有多种宗教的国家。新中国成立以后，经过社会经济制度的改革和宗教制度的重大改革，我国的宗教状况已发生了根本性的变化。人民群众的宗教信仰是一个认识问题，精神世界问题，不能用强制的办法解决。依据马克思主义关于宗教问题的基本观点和我国宗教的实际情况，中国共产党确定了尊重和保护宗教信仰自由这一长期的基本政策，并已载入宪法。全面正确地贯彻执行这一基本政策，就必须注意：首先，保护信教自由，同时也保护不信教自由，强迫信教的人不信教或强迫不信教的人信教，都是对宗教信仰自由的侵犯。其次，坚持保护宗教信仰自由政策，要求宗教同国家分离，宗教同学校分离。再次，要使全体信仰宗教和不信仰宗教的群众团结起来，把意志和力量集中到建设有中国特色的社会主义事业这个共同目标上来，这是我们贯彻执行宗教信仰自由政策，处理一切宗教问题的根本出发点和立足点。

广泛团结爱国的宗教界人士和宗教信徒，这是我国最广泛的爱国统一战线的重要任务之一。为此，就要认真贯彻党的宗教政策，维护公民宗教信仰自由的权利，加强对信教群众和宗教界人士的爱国主义和社会主义教育，调动他们的积极性，巩固和发展宗教界的爱国统一战线，抵制境外敌对势力利用宗教进行分裂祖国的活动，为维护稳定、增进团结、统一祖国、振兴中华服务。

第二节 中国特色社会主义事业的领导核心

一、中国共产党是工人阶级的先锋队，同时是中国人民和中华民族的先锋队

中国共产党以工人阶级作为自己的阶级基础，是中国工人阶级的先锋队。党的这一基本性质，是我们党从成立时就明确规定了的，也是党八十多年历史所反复证明的。改革开放以来，中国工人阶级队伍不断扩大，思想道德素质和科学文化素质日益提高，工人阶级的先进性也在发展，党的阶级基础不断增强。因此，我们党必须始终坚持工人阶级先锋队性质，始终全心全意依靠工人阶级。

坚持党的工人阶级先锋队性质，强调党的阶级基础是工人阶级，绝不意味着排斥其他的阶级和阶层。党只有巩固自己的阶级基础，同时又扩大自己的群众基础，才能更好地代表广大人民群众的利益。我们党不仅代表工人阶级和劳动人民的利益，同时也代表整个中华民族的利益。邓小平同志 1956 年在党的八大所作的《关于修改党章的报告》中指出："共产党——这是工人阶级和劳动人民中先进分子的集合体"。[①]应该看到，中国工人阶级是最进步、最有活力和远见的阶级，因而工人阶级的利益与其他人民群众的利益、与中华民族的利益是一致的。作为中国工人阶级先锋队的中国共产党，代表工人阶级的利益，同时也就代表了全体人民和中华民族的利益。

从我们党的历史任务和使命来说。中国共产党从成立起，就

① 《邓小平文选》第 1 卷，第 218 页。

同时肩负着阶级和民族的双重使命。在我们党八十年的奋斗历程中，我们党始终高举着两面旗帜，一面是共产主义的旗帜，一面是爱国主义的旗帜。两面旗帜，缺一不可。这是由中国的基本国情决定的，缺了其中任何一面，就不可能承担起历史的重任，也不可能取得领导核心的地位。这样一种既具有阶级性、又具有民族性的历史任务，决定了我们党既应该是工人阶级的先锋队，又应该是中国人民和中华民族的先锋队。

从我们党所代表的利益来说。我们党不仅为工人阶级的利益而奋斗，也为中国人民和中华民族的利益而奋斗。我们党总是要求自己的党员和干部，要自觉地以人民大众为历史主体，以最广大人民群众的利益和要求为最高标准，要把人民的利益作为制定各项方针政策的出发点和归宿。中国共产党作为中国最广大人民根本利益的代表者，在既是中国工人阶级先锋队的同时，当然也应该是中国人民和中华民族的先锋队。

我们党是马克思列宁主义同中国工人运动相结合的产物，是中国工人阶级的先锋队。工人阶级的先进性在发展，我们党的阶级基础在不断增强，因而，我们党必须始终坚持自己的工人阶级先锋队性质。

我们党是成长于半封建半殖民地社会，党从成立之时起，就以中国人民和中华民族的先锋队的姿态，带领中国人民和中华民族致力于推翻“三座大山”的伟大事业。

振兴中华、建设有中国特色社会主义的伟大事业，是全体中国人民和整个中华民族的伟大事业，需要中国共产党这个先锋队组织来领导，这是十九世纪中叶以来的中国近现代历史所反复证明了的，现在更是不容质疑的。

我们党的宗旨是立党为公、全心全意为人民服务，中国共产党没有自己的私利，共产党不仅仅代表中国工人阶级的意志和利益，而且代表中国人民和中华民族的意志和利益，共产党真正以“天下为公”，这个“天下”，既包括了中国工人阶级，又包括了全体中国人民和整个中华民族。

我们党不是中国工人阶级、中国人民和中华民族的所有成员都能够参加的组织，而是他们中能自觉地为实现党的路线和纲领而奋斗、符合共产党员条件的先进分子，按照民主集中制原则建立起来的组织，是他们的“先锋队”组织。

在党的历史上，1935 年 12 月中共中央政治局瓦窑堡会议决议有“同是中国共产党又是全民族的先锋队”的提法，1939 年毛泽东在《(共产党人) 发刊词》中提出了把中国共产党建设成为“广大群众性的”党的观点，所以中国共产党是“中国工人阶级的先锋队”，同时是“中国人民和中华民族的先锋队”的新概括也是从我们党的历史经验中得出的结论。

“中国工人阶级的先锋队”与“中国人民和中华民族的先锋队”这两个概念，其侧重点虽然有所不同，但实质是完全一致的。前者着眼于党的阶级基础及其先进性，反映的是党与工人阶级之间的本质关系；后者着眼于党的群众基础及其先进性，反映的是党与中国人民、中华民族之间的本质关系。但是，二者又是相互依存，密不可分的。从根本上讲，“中国工人阶级的先锋队”与“中国人民和中华民族的先锋队”都是对我们党的性质的科学定位，二者统一于代表中国先进生产力的发展要求、先进文化的前进方向、最广大人民根本利益的实践之中，统一于整个中国革命、建设、改革的实践，特别是建设有中国特色社会主义事业的实践之中。

在当代中国，强调中国共产党自觉成为中国人民和中华民族的先锋队，有着重要的现实意义。我们党是代表人民执掌全国政权的执政党，党执政的实质在于把人民赋予的权力用来为人民服务，其执政使命就是要把中国最广大人民的根本利益以及集中体现这种根本利益的国家利益维护好、实现好、发展好；党如果不作为中国人民和中华民族的先锋队去自觉实现这个要求，执政基础就不牢固。

二、中国共产党的领导是近代中国社会历史发展的必然选择

中国共产党的领导地位和核心作用，是由工人阶级先锋队性质决定的，是经过长期历史实践考验形成的，是中国近现代历史发展和中国人民长期选择的必然结果。正如邓小平所说："没有中国共产党，就没有社会主义的新中国"。①"没有党的领导，就没有现代中国的一切"。②

1840年鸦片战争后，中国逐步沦为半殖民地半封建社会。帝国主义的侵略和封建主义的压迫，使国家积贫积弱，人民饥寒交迫。中华民族面临两大历史任务：一是争取民族独立和人民解放；二是实现国家繁荣富强和人民共同富裕。为完成这两大任务，近代中国的许多志士仁人同帝国主义和封建主义进行了不屈不挠的斗争，探索外御列强、内求复兴的道路。但终因没有正确思想的指导和先进政党的领导而归于失败。旧中国的社会性质和中国人民灾难深重的悲惨境地没有改变。这个重任历史地落到了中国工人阶级及其先锋队——中国共产党的肩上。

1921年中国共产党诞生后，承担起了领导反帝反封建的革命斗争、争取民族独立和人民解放、实现振兴中国的伟大使命。中国革命进入了崭新的发展阶段。中国人民在中国共产党的领导下空前团结和组织起来。在长期的革命斗争中，以毛泽东为代表的中国共产党人经过反复探索，找到了适合中国国情的革命道路，实现了马克思主义同中国革命实际相结合的第一次飞跃，创立了毛泽东思想，指导革命取得了历史性的胜利，建立了新中国。中国人民从此站起来了，中华民族的发展从此开启了新的历史纪元。

新中国成立以后，中国共产党成为领导全国政权的执政党和社会主义事业的领导核心。在党的领导下，创造性地实现了由新民主主义到社会主义的转变，全面确立了社会主义的基本制度。

---

①《邓小平文选》第2卷，第170页。

②《邓小平文选》第2卷，第266页。

这是中国社会变革和历史进步的巨大飞跃，也极大地支持和推动了世界社会主义事业。正如邓小平指出：“中国一向被称为一盘散沙，但是自从我们党成为执政党，成为全国团结的核心力量，四分五裂、各霸一方的局面就结束了。只要我们党的领导是正确的，那就不仅能够把全党的力量，而且能够把全国人民的力量集合起来，干出轰轰烈烈的事业。”①

中国人民在中国共产党的领导下，取得了为世人瞩目的伟大成就。中国人民实现了梦寐以求的民族独立、人民解放，中国人民真正成为国家主人；彻底结束了旧中国一盘散沙的局面，实现了国家的高度统一和各民族的空前团结；建立了独立的和比较完整的国民经济体系，经济实力和综合国力显著增强，人民生活有了很大提高；建立和巩固了人民民主专政的国家政权，努力改革和发展社会主义民主和法制建设；坚持独立自主的和平外交政策，为争取世界和平与发展经济作出了重要贡献，社会主义中国的国际地位和国际影响与日俱增。“事实充分证明，中国共产党不愧为伟大、光荣、正确的马克思主义政党，不愧为领导中国人民不断开创新事业的核心力量。”②在当代中国，没有任何政治力量可以取代中国共产党的领导地位和执政地位。邓小平指出：“我们党同广大群众的联系，对社会主义事业的领导，是六十年的斗争历史形成的。党离不开人民，人民也离不开党，这不是任何力量所能够改变的”。③

三、中国共产党的领导是建设中国特色社会主义事业的根本保证

在中国这样一个经济文化比较落后的东方大国建设社会主义，是马克思主义发展史上的新课题。中国共产党经过艰辛而有益的探索，取得过重要成就，经历过严重曲折，也付出了巨大代

① 《邓小平文选》第 2 卷，第 267 页。
② 江泽民：《在庆祝中国共产党成立八十周年大会上的讲话》，第 8 页。
③ 《邓小平文选》第 2 卷，第 266 页。

价。十一届三中全会以来，以邓小平为代表的第二代中央领导集体，在长期社会主义建设的基础上，总结国内国际历史经验教训，实现了马克思主义同当代时代特征和当代中国实际相结合的第二次飞跃，形成了当代中国的马克思主义——邓小平理论，开创了建设有中国特色社会主义事业，为实现中华民族的伟大复兴开创了正确道路。

1.党的领导是建设中国特色社会主义事业的根本保证。

在新的历史时期，坚持和加强党的领导是建设有中国特色社会主义事业的根本保证，是社会主义现代化建设的现实需要。建设中国特色社会主义，必须坚持四项基本原则，而坚持四项基本原则的核心是坚持党的领导。“没有党的领导，就没有一条正确的政治路线；没有党的领导，就没有安定团结的政治局面；没有党的领导，艰苦创业的精神就提倡不起来；没有党的领导，真正又红又专、特别是有专业知识和专业能力的队伍也建立不起来。这样，社会主义四个现代化建设、祖国的统一、反霸权主义的斗争，也就没有一个力量能够领导进行。这是谁也无法否认的客观事实。”①这一论述深刻阐明了，在当代中国坚持党的领导，是建设有中国特色社会主义事业的根本前提和保证。

第一，只有坚持党的领导，才能保证现代化建设事业的正确方向。中国只有走社会主义道路才能实现现代化。只有中国共产党的领导，才能够保证现代化建设事业沿着社会主义方向前进，才能保证中国现代化的成功实现。

第二，只有坚持党的领导，才能制定和执行正确的路线、方针、政策，保证现代化建设事业不断取得进步。在中国这样一个经济文化落后的大国建设社会主义现代化，是一个史无前例的伟大事业。只能是根据中国的实际，制定出正确的纲领、路线、方针和政策，只有中国共产党才能担负起这一重任。社会主义初级阶段的纲领，改革开放的国策，建设有中国特色社会主义道路以及社会主义初级阶段的一系列方针、政策，都是由中国共产党制

① 《邓小平文选》第2卷，第266页。

定的，而要坚持党的基本理论、基本纲领、基本路线，推进社会主义现代化事业的发展和改革的深入，关键仍然在于坚持和加强党的领导。

第三，只有坚持党的领导，才能为建设有中国特色的社会主义现代化事业创造一个安定团结的政治局面和社会环境。实现和保持社会政治稳定，是改革开放和现代化建设得以顺利进行的不可缺少的前提条件。要实现和保持稳定，就必须要有一个能够凝聚全国人民力量、能够真正地把握和处理国内外各种复杂矛盾和问题的领导核心。惟有中国共产党才具有解决各种复杂矛盾的能力，从而保证社会政治稳定，国家的长治久安。

第四，只有坚持党的领导，才能正确处理各种复杂的社会矛盾，协调各方面的利益关系，有效地组织和领导现代化建设事业的顺利进行。随着改革开放和社会主义市场经济体制的发展，各种利益关系更加复杂，各种社会矛盾也日渐突现。只有中国共产党能够按照最有利于生产力发展和共同富裕的原则，正确处理现阶段出现的种种矛盾，有效地组织和领导全国各族人民共同进行现代化建设、推动建设有中国特色社会主义现代化事业向前发展。

第五，只有坚持党的领导，才能培养和发扬自力更生、艰苦奋斗的精神，战胜艰难险阻和国内外的敌对势力。中国共产党在长期的革命和建设中形成和发展了一整套优良传统，这是我们的政治优势，是我们治党治国的法宝，任何时候都要坚持。继承和发扬党的自力更生、艰苦奋斗的优良传统。

第六，只有坚持党的领导，才能团结一切可以团结的力量，完成祖国统一大业，有效抵御“和平演变”的图谋，反对霸权主义，维护世界和平。

2.中国共产党始终是中国特色社会主义事业的领导核心。

中国共产党有能力，而且只有中国共产党才能完成领导中国现代化建设的历史使命。因为：

第一，中国共产党有科学理论——马列主义、毛泽东思想、邓小平理论为指导。马克思主义是我们立党的根本指导思想，是全国各族人民团结奋斗的共同理论基础，是认识和改造世界的强大思想武器，是指导中国革命、建设和改革的行动指南。正因为有了马列主义、毛泽东思想、邓小平理论的指导，中国共产党才能带领人民战胜一切艰难挫折，取得一个又一个胜利。

第二，中国共产党有正确的路线、方针、政策。在邓小平理论的指导下，中国共产党确立了社会主义初级阶段的基本纲领和基本路线。根据基本纲领和基本路线，党中央又制定了各方面具体的方针、政策。正是这些路线、方针、政策，为中国的社会主义现代化建设提供了有力地保障。

第三，中国共产党有人民群众的广泛拥护和支持。中国共产党从成立之日起，就把全心全意为人民谋利益作为自己的根本宗旨和行为准则。立党为公，执政为民，清正廉洁，诚心诚意为人民谋利益，这是共产党受到人民群众拥护、领导人民夺取革命和建设事业胜利的奥秘所在。邓小平指出："中国共产党员的含意或任务，如果用概括的语言来说，只有两句话：全心全意为人民服务，一切以人民利益作为每一个党员的最高准绳"。①正是由于党在长期革命斗争中形成的同人民群众的血肉联系，党领导的改革开放和现代化事业反映了人民的意愿，给人民带来了实实在在的利益，因而得到了广大人民群众的拥护和支持。

第四，中国共产党有一支总体上适应新形势新任务要求的干部队伍。正确的政治路线要靠正确的组织路线来保证。办好中国的事情关键在党、关键在人。党和国家的政策能不能保持连续性。实现我国社会主义现代化，关键就是要有一支用马克思主义武装起来的，坚持走社会主义道路的、具有专业知识和能力的高素质干部队伍。

① 《邓小平文选》第 1 卷，第 257 页。

第三节 按照“三个代表”要求，加强和改进党的建设

党的十六大报告指出：在我们这样一个多民族的发展中大国，要把全体人民的意志和力量凝聚起来，全面建设小康社会，加快推进社会主义现代化，必须毫不动摇地加强和改善党的领导，全面推进党的建设新的伟大工程。坚持党的领导，就必须改善党的领导，充分认识从严治党，反对腐败，加强党的建设的重要性。发挥党在社会主义现代化建设中的领导核心作用，就必须加强中国共产党的自身建设，不断提高党的领导水平和执政水平。

一、坚持党的领导必须改善党的领导

在社会主义现代化建设的新时期，党和国家正在经历着深刻而伟大的历史转变，要求党的领导方式、工作方法和领导制度相应地加以改变，以更加适应新形势、新任务的需要。邓小平明确提出：“为了坚持和加强党的领导，必须努力改善党的领导。”① “怎样改善党的领导，这个重大问题摆在我们的面前。不好好研究这个问题，不解决这个问题，坚持不了党的领导，提高不了党的威信。”②一定要正确理解坚持和加强党的领导与改善党的领导的辩证统一关系。

1.改善党的领导。

党的领导主要是政治上的领导，保证正确的政治方向，保证党的路线、方针、政策的贯彻，调动各方面的积极性。但也不能忽视党的思想领导和组织领导。党章明确规定：加强党的建设，必须坚持党要管党的原则和从严治党的方针。这是中国共产党加

① 《邓小平文选》第2卷，第268页。

② 《邓小平文选》第2卷，第271页。

强自身建设的优良传统和宝贵经验。只有坚持这个方针，才能保持党的先进性、纯洁性，才能保持同人民群众的血肉联系，才能使党在前进中经受住各种困难和风险的考验，始终站在时代的前列，担负起历史责任。邓小平指出：“中国要出问题，还是出在共产党内部。对这个问题要清醒……”[①]要聚精会神地抓党的建设。要把从严治党的方针贯彻于党的思想、政治、组织、作风建设的各项工作中去，切实体现到对各级党组织、广大党员和干部进行教育、管理、监督等各个环节中去。各级党组织和每个党员都要严格按照党章党规行事，严格遵守党的纪律。各级领导干部要自重、自省、自警、自励，始终注意讲学习、讲政治、讲正气，保持全党在思想上、政治上、组织上的高度统一。只要坚持从严治党的方针，就能保持党的先进性，增强党的凝聚力和战斗力，使党成为领导建设有中国特色社会主义的坚强领导核心。党的领导主要是政治、思想和组织的领导。这是党的领导的历史经验的科学总结和高度概括。在党的领导工作中，思想领导是基础，组织领导是实现政治领导的保证，政治领导是根本。没有思想领导和组织领导，政治领导就有落空的危险。党的政治领导、思想领导和组织领导是统一的、不可分割的。

2.改革和改善党的领导方式和执政方式，提高党的领导水平和执政水平。

在新时期党和国家所处的环境和所肩负的任务不同。世界各种政治力量斗争错综复杂，以科技和经济为基础的综合国力的竞争日趋激烈。改善党的领导，以更加适应新时期新形势的需要，也是领导好经济建设，实现社会主义现代化的必然要求。

第一，深入学习贯彻“三个代表”重要思想，提高全党的马克思主义理论水平。党在思想理论上的提高，是党和国家事业不断发展的思想保证。必须把党的思想理论建设摆在更加突出的位置。坚持用马克思列宁主义、毛泽东思想、邓小平理论和“三个代表”重要思想武装全体党员。在全党深入进行马克思主义发展

① 《邓小平文选》第3卷，第380页。

史的教育，大力弘扬求真务实、开拓进取、勇于实践、锐意创新的精神，不断深化对共产党执政规律、社会主义建设规律和人类社会发展规律的认识，不断丰富和发展马克思主义。

第二，加强党的执政能力建设，提高党的领导水平和执政水平。要准确把握当代中国社会前进的脉搏，改革和完善党的领导方式和执政方式、领导体制和工作制度，使党的工作充满活力。

党的领导方式和执政方式、领导体制和工作制度的改革和完善，是一项长期的任务，不可能毕其功于一役。特别是随着新世纪新阶段的到来，新的形势和任务对加强和改善党的领导提出了新的要求。十六大报告指出："党的领导主要是政治、思想和组织领导，通过制定大政方针，提出立法建议，推荐重要干部，进行思想宣传，发挥党组织和党员的作用，坚持依法执政，实施党对国家和社会的领导。"这段论述科学地揭示了党的领导的丰富内涵和实施党的领导的方式、途径，既是对我们党多年领导经验的科学总结，也为进一步改革和完善党的领导方式和执政方式指明了方向。

根据十六大报告精神，改革和完善党的领导方式和执政方式、领导体制和工作制度，关键是按照"总揽全局、协调各方"的原则，既保证党委在同级各种组织中发挥核心领导作用，又充分发挥人大、政府、政协以及其他各方面的职能作用。总揽全局，要求各级党委坚持把主要精力放在抓方向、议大事、管全局上，集中精力解决好带全局性、战略性和前瞻性的重大问题，把握政治方向、决定重大事项、安排重要人事、抓好宣传思想工作、维护社会稳定，有效地实施党在各个领域的政治、思想、组织领导。协调各方，要求各级党委从推进全局工作出发，统筹协调好党委与人大、政府、政协、人民团体以及其他方方面面之间的关系，充分调动和发挥各方面的积极性，使之各司其职，各尽其责，相互配合，形成合力。

第三，建设高素质的领导干部队伍，形成朝气蓬勃、奋发有为的领导层。按照革命化、年轻化、知识化、专业化方针，建设一支能够担当重任、经得起风浪考验的高素质的领导干部队伍，特别是培养造就大批善于治党治国治军的优秀领导人才，是党和国家长治久安的根本大计。要认真贯彻领导干部选拔任用条例，注重在改革和建设的实践中考察和识别干部，把那些德才兼备、实绩突出和群众公认的人及时选拔到领导岗位上来。加大培养选拔优秀年轻干部的工作力度，着重帮助他们加强党性修养、理论学习和实践锻炼，全面提高自身素质。进一步做好培养选拔妇女干部、少数民族干部和党外干部的工作。继续做好离退休干部工作。以提高素质、优化结构、改进作风和增强团结为重点，把各领导班子建设成为坚持贯彻“三个代表”重要思想的坚强领导集体。必须不断培养和造就中国特色社会主义事业的接班人，确保党和人民的事业后继有人。

第四，提高党的拒腐防变和抵御风险的能力。

推进党的作风建设，核心是保持党同人民群众的血肉联系。我们党的最大政治优势是密切联系群众，党执政后的最大危险是脱离群众。在任何时候任何情况下，都必须坚持党的群众路线，坚持全心全意为人民服务的宗旨，把实现人民群众的利益作为一切工作的出发点和归宿。要以立党为公、执政为民为根本目的，发扬党的优良传统和作风，按照中央提出的“八个坚持、八个反对”，一靠教育，二靠制度，正确开展批评与自我批评，着力解决党的思想作风、学风、工作作风、领导作风和干部生活作风方面的突出问题，特别是要防止和克服形式主义、官僚主义。认真研究我国社会生活的新变化和群众工作的新特点，把加强和改进群众工作贯彻到党的建设和政权建设的各项工作中去。共产党员首先是各级领导干部，都要努力运用说服教育、示范引导和提供服务等方法，做好新形势下的群众工作，团结和带领群众不断前进。

坚决反对和防止腐败，是全党一项重大的政治任务。不坚决惩治腐败，党同人民群众的血肉联系就会受到严重损害，党的执政地位就有丧失的危险，党就有可能走向自我毁灭。在长期执政的条件下，在对外开放和发展社会主义市场经济的环境中，党必须十分注重防范各种腐朽思想的侵蚀，维护党的队伍的纯洁。各级党委既要充分认识反腐败斗争的紧迫性，又要充分认识其长期性，坚定信心，扎实工作，旗帜鲜明、毫不动摇地把反腐败斗争深入进行下去。

进一步抓好领导干部廉洁自律、查处大案要案、纠正部门和行业不正之风的工作。坚持标本兼治、综合治理的方针，逐步加大治本的力度。加强教育，发展民主，健全法制，强化监督，创新体制，把反腐败寓于各项重要政策措施之中，从源头上预防和解决腐败问题。坚持和完善反腐败领导体制和工作机制，认真落实党风廉政建设责任制，形成防止和惩治腐败的合力。领导干部特别是高级干部，必须以身作则，正确行使手中的权力，始终做到清正廉洁，自觉地与各种腐败现象作坚决斗争。对任何腐败分子都必须彻底查办、严惩不贷。

二、以改革的精神推进党的建设，不断为党的肌体注入新活力

江泽民同志在“七一”讲话中强调：“全党同志要坚持从新的实际出发，以改革的精神研究和解决党的建设面临的重大理论和现实问题，使党始终保持先进性和纯洁性，充满创造力、凝聚力和战斗力。”把推进党的建设与保持党的先进性联系起来，这为党的建设指明了根本的方向。

推进党的建设与保持党的先进性密不可分。党的建设总有自己的目标。这个目标，在不同的时期、不同的环境下有不同的内容，对执政的党和领导夺取政权的党也不一样，但是，归根结底，党的建设都是要把自己能不能得到尽可能多的人的拥护、能不能领导人民前进、不落后于时代作为自己的落脚点。对于马克思主义政党来说，尤其如此。这种要求，归结起来，就是保持党的先进性。

要建设一个先进的党，其根本要求首先表现在必须是以先进阶级为基础，并由先进阶级中的先进分子所组成。马克思主义党的学说认为，任何政党都是代表一定的阶级、阶层和社会集团并为其利益进行斗争的政治组织，任何政党都建立在一定的阶级基础之上，从来都不存在超阶级的政党。由政党的这一本质特点所决定，它的先进与落后就同阶级的先进与落后产生了不可分割的必然联系，阶级基础的先进与否便成为政党先进与否的一个决定性条件。我们之所以说中国共产党是一个先进政党，根本原因就在于它与社会化大生产相联系，因而是以最有组织性、纪律性，具有远大前途和生命力的工人阶级作为阶级基础。一个先进的政党，不但要以先进阶级为基础，而且要由该阶级中的先进分子所组成。

先进政党必定是以先进思想为指导的党。先进的指导思想是党的纲领的理论基石，是凝聚全党意志的灵魂，是党百折不挠的精神支柱，也是党奋斗不息的动力源泉。中国共产党之所以始终保持着自己的先进性，根本的思想基础就在于始终坚持以马克思列宁主义、毛泽东思想、邓小平理论为指导。

先进政党必定是一个组织严密的党。在现代社会，由政党的功能和使命所决定，任何政党都需要建立起与自己社会功能和历史使命相适应的组织制度、组织结构和组织形式。一般说来，一个先进的党，必定是一个有着很强的战斗力，具有强大社会动员功能，能够令行禁止，从基层到中央都充满活力的党。这样一个党，只有依靠民主集中制才能建立起来。

先进性不是一成不变的东西，它没有固定的模式。对马克思主义政党来说，先进性是相对的。昨天是先进的东西，今天可能会变得落后；今天看上去先进的东西，明天可能会变得不再先进。因此，先进性是和顺应时代的要求、走在时代前列相联系的。我们看党的建设是否有成效，归根结底要看通过党的建设，是否提高了党的战斗力和凝聚力，是否增强了党的领导能力和执政能力，提高了党的领导水平和执政水平。在时代不断变化、社会不断前进的条件下，要保持党的先进性，就必须不断改进党的建设。这就要求我们在推进党的建设过程中，始终保持改革的精神。一个马克思主义政党，应当有与时俱进的理论品质。这种品质，既应该体现在对客观世界的认识和改造上，更应该体现在对党自身的建设和改进上。

在新的历史条件下，我们的党员队伍，党所处的地位和环境，党所肩负的任务，确实都发生了重大变化。具体的党的领导体制、领导制度、领导方式和干部制度等方面都出现了和市场经济发展的要求不相适应的情况。这些情况，说明了对党的建设进行改进的必要性。在新时期，我们面临一系列新情况、新问题，解决这些问题的惟一办法，就是把马克思主义的基本原理与当代中国的改革开放实际相结合，以改革的精神进行研究和探索，使党在领导体制、领导制度、领导方式和干部制度等方面，在党员、党的组织、党的干部队伍建设等方面，与时代发展的要求相适应，与建立社会主义市场经济和建设民主政治的要求相适应。不可否认，在党的建设方面，我们历史上积累了极为丰富的经验。但是，今天我们进入了一个新的时代，一个完全不同的历史时期。如果不努力克服党的建设方面存在的不适应及随之出现的严重弊端，党的领导水平和执政水平就很难提高，党和人民群众的关系就会受到损害，党的执政基础就会受到削弱。

以改革的精神推进党的建设，就是要在探索党的建设过程中坚持解放思想、实事求是的思想路线，大胆探索，勇于创新。

坚持解放思想、实事求是，首先要把坚持马克思主义党的学说的基本原理和一切从实际出发结合起来。正如江泽民在庆祝中国共产党成立 80 周年大会上的讲话中指出的，马克思主义是我党的根本指导思想，是全国各族人民团结奋斗的共同理论基础。马克思主义的基本原理任何时候都要坚持，否则，我们的事业就会因为没有正确的理论基础和思想灵魂而迷失方向，我们的事业就会归于失败。马克思主义党的学说是马克思主义基本原理的重要组成部分。坚持马克思主义基本原理，理所当然地包括坚持马克思主义党的学说，包括对这个学说中的基本理论的继承。

在坚持马克思主义党的学说基本原理的同时，又要大力发扬求真务实、勇于创新的精神，以解决我们今天遇到的新问题为目标，创造性地推进党的建设，在实践中不断丰富和发展马克思主义党的学说。要求人们根据它的基本原则和基本方法，不断结合变化着的实际，解决新问题，从而也发展马克思主义理论本身。

江泽民同志在“七一”讲话中，明确提出了“三个解放”的要求：要自觉地把思想认识从那些不合时宜的观念、做法和体制中解放出来，从对马克思主义错误的和教条式的理解中解放出来，从主观主义和形而上学的桎梏中解放出来。这“三个解放”的重要意义是显而易见的。一方面，它和党的十五大关于用新的观点来认识、继承和发展马克思主义“才是真正的马克思主义”，关于离开本国实际和时代发展来谈马克思主义“没有意义”、静止地孤立地研究马克思主义“没有出路”的论述一脉相承，并且从思想上、认识上、思维方式上提出了全面的要求；另一方面，它又是针对当前党的建设的状况而发出的号召，因而具有特殊重要的意义。在党的建设领域中，思想解放的任务较为艰巨。面对党的发展的又一个伟大历史机遇，应当树立这样的信心：中国共产党完全能够通过党的建设的理论创新、实践创新和体制创新，为丰富和发展马克思主义党的学说作出我们的新贡献。

三、加强党的建设的总要求

加强和改进党的建设，一定要高举邓小平理论伟大旗帜，全面贯彻“三个代表”重要思想，保证党的路线方针政策全面反映人民的根本利益和时代发展的要求；一定要坚持党要管党、从严党的方针，进一步解决提高党的领导水平和执政水平、提高拒腐防变和抵御风险能力这两大历史性课题；一定要准确把握当代中国社会前进的脉搏，改革和完善党的领导方式和执政方式、领导体制和工作制度，使党的工作充满活力；一定要把思想建设、组织建设和作风建设有机结合起来，把制度建设贯穿其中，既立足于做好经常性工作，又抓紧解决存在的突出问题。通过锲而不舍的努力，保证我们党始终是中国工人阶级的先锋队，同时是中国人民和中华民族的先锋队，始终是中国特色社会主义事业的领导核心，始终代表中国先进生产力的发展要求，代表中国先进文化的前进方向，代表中国最广大人民的根本利益。

思考题

1.为什么说中国共产党是中国社会主义事业的领导核心？

2.怎样正确理解坚持党的领导与改善党的领导的辩证统一关系？

3.如何正确理解在新时期增强党的阶级基础和扩大党的群众基础的关系？

4.如何把推进党的建设与保持党的先进性联系起来？